武周时期的佛教造型

——以长安光宅寺七宝台的浮雕石佛群像为中心

杨效俊　著

文物出版社

封面设计：周小玮

责任印制：陈　杰

责任编辑：窦旭耀

图书在版编目（CIP）数据

武周时期的佛教造型：以长安光宅寺七宝台的浮雕
石佛群像为中心 / 杨效俊著. —北京：文物出版
社，2013.8

（陕西历史博物馆学术文库）

ISBN 978 – 7 – 5010 – 3609 – 7

Ⅰ.①武…　Ⅱ.①杨…　Ⅲ.①佛像－造像－研究－
中国－680～712　Ⅳ.①K879.34

中国版本图书馆 CIP 数据核字（2012）第 261225 号

武周时期的佛教造型

——以长安光宅寺七宝台的浮雕石佛群像为中心

杨效俊　著

＊

文 物 出 版 社 出 版 发 行

（北京东直门内北小街 2 号楼）

http://www.wenwu.com

E-mail：web@wenwu.com

北京君升印刷有限公司印刷

新 华 书 店 经 销

850×1168　1/32　印张：16.125

2013 年 8 月第 1 版　2013 年 8 月第 1 次印刷

ISBN 978 – 7 – 5010 – 3609 – 7　定价：68.00 元

一　德感题十一面观音菩萨像
长安三年（703）铭，现藏于日本
东京国立博物馆（图采自百桥明穗、
中野彻编：《世界美术大全集东洋
编第 4 卷"隋·唐"》，第 172 页，
图 137）

二　十一面观音菩萨像
年代为长安年间（推测），现藏
于日本东京国立博物馆（图采自
《三藏法师之道》，第 188 页，图
140）

三　王璿题阿弥陀三尊像

长安三年（703）铭，位于西安旧
宝庆寺塔二层西南面

四　韦均题阿弥陀三尊像

长安三年（703）铭，现藏于日本
东京国立博物馆

五　高延贵题阿弥陀三尊像
长安三年（703）铭，现藏于日本
东京国立博物馆

六　李承嗣题阿弥陀三尊像
长安三年（703）铭，现藏于日本
东京国立博物馆

七　萧元眷题弥勒三尊像

长安三年（703）铭，现藏于日本
东京国立博物馆

八　姚元景题弥勒三尊像

长安四年（704）铭，现藏于日本
东京国立博物馆

九 弥勒佛三尊像

年代为长安年间（推测），
位于西安旧宝庆寺塔二层西
北面

一〇 三尊像

年代为长安年间（推测），
现藏于日本东京国立博物馆

一一　三尊像

年代为长安年间（推测），现藏于
西安碑林博物馆（图采自《中国国
宝展》(2004)，第 152 页，图 119)

一二　三尊像

年代为长安年间（推测），位于西
安旧宝庆寺塔二层西面

一三　三尊像
年代为长安年间（推测），位
于西安旧宝庆寺塔二层东北面

一四　三尊像（降魔印主尊）
年代为长安年间（推测），现
藏于日本东京国立博物馆

一五　三尊像（降魔印主尊）
年代为长安年间（推测），
现藏于日本东京国立博物馆

一六　三尊像（降魔印主尊）
年代为长安年间（推测），
现藏于日本东京国立博物馆

一七　五尊像（降魔印主尊）
年代为长安年间（推测），
位于西安旧宝庆寺塔二层东面

一八　杨思勖题弥勒三尊像
年代为开元十二年（724）前
后（推测），现藏于日本九
州国立博物馆

一九　弥勒佛三尊像

年代为开元十二年（724）前后（推测），现藏于日本东京国立博物馆

二〇　弥勒佛三尊像

年代为开元十二年（724）前后（推测），现藏于日本东京国立博物馆

二一　杨思勖等题三尊像

开元十二年（724）铭，现藏于日本
奈良国立博物馆（图采自东武美术館
等编：《佛陀展——宏大的旅程》，
第81页，图55，NHK，1998年）

二二　内侍题佛三尊像

年代为开元十二年（724）前后（推
测），位于西安旧宝庆寺塔二层东
南面

二三　内侍题佛三尊像
年代为开元十二年（724）前后
（推测），现藏于日本九州国
立博物馆

二四　内侍题佛三尊像主尊

二五　三尊像

年代为开元十二年（724）前后
（推测），现藏于日本东京国立
博物馆

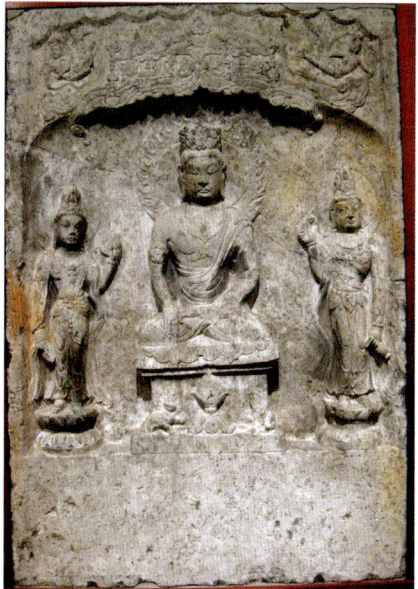

二六　三尊像

年代为开元十二年（724）前后
（推测），现藏于日本东京国立
博物馆

二七　萧元昚题弥勒佛三尊像主尊
长安三年（703）铭，现藏于日本东京
国立博物馆

二八　杨思晶题弥勒佛三尊像主尊
年代为开元十二年（724）前后，现藏于
日本九州国立博物馆

二九　德感题十一面观音菩萨像侧面
日本东京国立博物馆东洋馆

三〇　德感题十一面观音菩萨像背面
日本东京国立博物馆东洋馆

三一 昭陵附近广济寺遗迹陀罗尼经幢的正面佛龛

三二 昭陵附近广济寺遗迹陀罗尼经幢台座
周围的八尊菩萨像

内　容　提　要

　　本书首先对武周时期（680～712）的佛教造型进行了综合研究，在此基础上对武周佛教造型的代表作品——长安光宅寺七宝台的浮雕石佛群像进行了个案分析。

　　第一章是对武周时期佛教建筑与造型的综合研究。着重分析了武周时期佛教寺院建筑的布局特征和建筑物形制。对寺院的庄严物品—石质纪念性物品分奉纳石塔、龛像、碑和经幢进行了全面的类型分析。其次，参考石窟寺现存基准作，着重分析了曾是寺院礼拜像的单体石佛像的类型。从奉纳石塔、龛像和佛像可见武周时期佛教造型的时代和地域特征。如长安地区的四面奉纳石塔和四方佛的结合关系经过初唐时期，在武周时期定型化。但是在洛阳地区没有发现这种关系。在长安地区显教图像在佛教造型中占主流地位，是礼拜像和石质纪念性物品的主要图像。而在洛阳地区伴随着佛教的最新发展，华严教、禅宗、杂密三派新的佛教造型引人注目。

　　第二章在第一章类型分析的基础上，研究了武周风格的形成过程、特点及传播。

　　隋代，伴随着定州曲阳地区的汉白玉材料，北齐的造像技术传入长安，以长安地区北周地域造像风格为基础，吸收以定州和青州为代表的北齐和南朝造像传统，长安地区出现了融和性的造像，进入贞观后期进一步发展为长安风格。以洛阳龙门石窟的绝对编年和长安寺院佛像的相对编年谱系为基础，本章研究了长安、洛阳两京佛教造型的发展阶段。高宗时期，长安风格传入洛阳，并与洛阳的地域风格融和。接着以长安七宝台造像、彬县大佛寺造像和洛阳龙门石窟奉先寺造像为中心分析了武周时期中央风格的形成：690 年武周时期的中央风格率先在洛阳形成，到长安年间（701～704）达到顶点。这种中央风格影响了各地的造像，在中原、河西、西南三区分别形成有地域特色的造像。武周中央风格还广泛影响了东亚各国的造像。受此风格影响，在统一新罗时代的朝鲜半岛、白凤时期的日本也形成了佛教造像的古典风格。

第三章研究了和长安光宅寺七宝台浮雕石佛群像相关的两个图像学问题：降魔印佛像和十一面观音菩萨像。从图像学的角度考察了这两个图像的尊名、尊格、造型以及其建筑、礼仪空间。结论是降魔印佛像为武周时期释迦牟尼佛，始建期七宝台浮雕像的图像为四方四佛。十一面观音的性质是护法神。通过这两个图像可见武周时期显教与杂密的关系，显教造型仍然居于主流地位。

第四章是对七宝台浮雕石佛群像的风格和复原研究。本章以有铭文的浮雕像为基准作品、从图像和风格两个方面将 32 件浮雕像分为始建期与修补期。本书认为这些浮雕群像的性质为集团奉纳像、原来是奉纳石塔的庄严物品，参考同时期奉纳石塔的造型，推测七宝台的这尊石塔原来由塔基、塔身、塔刹三部分组成。塔基的正面中央原来应安置浮雕群像中唯一的五尊像，周围为七尊守护佛法的十一面观音像。塔身各层是有组织的四面龛像，以当时长安地区四面塔与四方佛的结合关系来看，各层的南面应安置降魔印佛像，为现在佛释迦佛；与其相对的北面应安置未来佛弥勒佛；西面为西方净土的教主阿弥陀佛，东面为琉璃世界的教主药师佛。这四方四佛的建筑图像程序是：南北方象征从现在到未来永远的佛法，东西方象征生前疾病治疗和死后归宿所关系的人生问题。这尊石塔所在的"七宝台"推测为位于光宅寺中央的高台高层木构建筑，其形制类似洛阳供奉大佛的天堂。七宝台始建期的壁画主要由尉迟派画家描绘，主题为降魔成道佛像，与奉纳石塔正面的降魔印释迦佛像的佛教意义相一致。该群像融和了长安、洛阳的造型传统。始建期和修补期造像的风格差异反映了武周风格和盛唐风格的差异。始建期的造像是武周时期中央风格的代表作、也是中国佛教造像古典风格的代表作。

第五章从武周时期的佛教造型与政治的密切关系入手分析了武周时期两京地区的佛教视觉文化。以700年为界，武周时期的佛教视觉文化分为前后两个阶段：前期以洛阳为中心，形成了与"武周革命"对应的视觉文化；后期以长安为中心，可见与初唐长安佛教视觉文化融合的倾向。武周时期佛教视觉文化的来源是印度的佛教视觉文化。武周时期佛教对政治制度和社会结构产生影响，并渗透到意识形态领域。通过僧侣集团、内道场、官寺分析了佛教对国家政治和礼制的影响。与前代不同的是，武周时期神权与王权统一，佛教成为国家政治制度和礼制的重要部分。

成果与创新点：

本书以现地调查的作品为中心、通过综合研究和个案分析取得了以下三个成果。

首先是依据近年寺院考古发现的基准作品建立了北朝至唐代长安地区佛教造型的谱系，充实了洛阳地区和山西省唐代佛教造像的谱系和编年，推动了"唐代佛像的分期"这个重大课题。

二是通过对武周时期佛教造型的综合研究，揭示了唐代佛教发展史上最兴盛时期的面貌。

三是通过重新对七宝台浮雕群像的调查和研究解决了前人研究中存在的风格、分期和复原研究问题，详细论证了七宝台浮雕石佛群像在中国佛教美术史上的地位。

目 录

绪　论

作为佛教造型研究的武周时期包括武周王朝及其前后风格形成和持续的时间，从 681 至 712 年。

武周时期（681～712）的佛教造型是唐代佛教造型的一个重要组成部分，因其在唐代佛教艺术史中占有重要的地位而有进行综合研究的必要。对武周时期佛教造型的综合研究具有以下三方面的意义：第一，因为如何看待武周时期的佛教造像在唐代佛教艺术史上的位置是唐代佛教造像分期问题的关键，所以对武周时期佛教造型的综合研究有助于明确初唐和盛唐的分界线，推动唐代佛教造像的分期研究。第二，对武周风格的特征、源流和影响的研究，有助于全面认识这个中国佛教艺术史上的古典风格。第三，通过对武周时期佛教造型的普遍性和具有代表性的佛教造型个案——长安光宅寺七宝台浮雕石佛群像的特殊性的结合研究，对其进行新的风格、图像和复原研究，从而获得对这类典型个案新的认识。

一　前人的研究方法

首先对研究的方法进行一简要总结。

（一）佛教艺术史的研究方法

从 20 世纪 20 年代开始，外国学者对中国佛教艺术的研究主要是从艺术史的角度进行的：将佛教造像作为艺术品对待，研究它们的艺术和宗教价值。首先是风格分析法，其次是图像学解释法。基于古典艺术史学认为艺术风格具有独自的发展规律、能够反映艺术发展的本质，因此，最开始外国艺术史学者对中国佛教雕刻的研究也是从总结其风格变化开始的。如 Osvald Siren（龙喜仁）在其 1925 年出版的著作 *Chinese Sculpture from the Fifth to the Fourteenth Century*（《五至十四世纪中国的雕塑》）中兼顾地域性和时代性变化，将中国雕塑分为古典时期、过渡时期、成熟时期和衰微时期。风格分析所关注的是雕塑艺术的要素：比例、量感，以及雕塑所传达的现实主义。迄今为止，前人的研究普遍认为唐代的雕塑形成了中国古典风格，即区别于其他民族的古典规范性，就佛教造像而言是形成了以龙门石窟奉先寺的卢舍那大佛为代表的中国理想佛像。这种理想佛像形成的过程中融和了中国各地造像传统，并将外来影响完全消化，完成了中国化的表现。这种高度洗练、纯粹的古典造像风格也具有国际性，传播至东亚各地，并激发了各国古典风格的形成。图像学[1]的分析基于所有的造型都是有宗教含意的假设，其目的是建立这些形式和佛教的关系。目前的研究主要是依据佛教经典和造像题记来考证单尊造像的尊名、尊格、多躯造像的组合关系、造像与佛教仪轨的关系。图像学扩展开来，就是图像背后的佛教教义和信仰的状况，以及它们的社会、地域、时代特征。在风格分析和图像学两大基本方法的基础上，近年艺术史学还倡导一些新的研究思路。2001 年，巫鸿以敦煌第 323 窟的历史实例分析来提倡一种"建筑和图像程序（architectural and pictorial program）"方法[2]：其基本前提是以特定的宗教、礼仪建筑实体为研究单位，目的是解释这个建筑空间的构成以及所装饰的绘画和雕塑的内在逻辑。根据这种方法，研究者希望研究那些具有"原创性（originality）"的完整"作品（work）"的"历史性（historicity）"。在阐释这种研究方法时，巫鸿将佛教艺术的研究分为低、中、高三个层次。"低层研究"：考释单独图像；"中层研究"：揭示一个石窟寺（或墓葬、享堂以及其他礼仪建筑）及所饰画像和雕塑的象征结构、叙事模式、设计意图及主顾（patron）的文化背景和动机；"高层分析"：宏观艺术与社会、宗教、意识形态一般性关系的研究。巫鸿认为中层研究是今后要加强的研究。

（二）佛教考古的研究方法

以宿白为首的石窟寺考古研究者在长期的实践和研究中，探索出了以石窟寺考古为代表的佛教考古的研究方法。1998年徐苹芳发表《中国石窟寺考古学的创建历程——读宿白先生〈中国石窟寺研究〉》[3]一文，在为宿白的论著《中国石窟寺考古》作书评时，系统回顾中国石窟寺考古学的创建历程，总结了宿白在长期的实践中总结出来的石窟寺考古学：用考古学的方法来研究石窟寺遗迹，包括四个研究程序：考古学的清理和集录，洞窟、造像、壁画的类型组合与题材的研究，分期分区的研究，关于社会历史的、佛教史的和艺术史的综合研究。这种石窟寺考古学与佛教艺术史的研究方法显然是不同的，因为不同而引起了具体个案分析时的争议。最典型的争议是宿白与长广敏雄二人由云冈石窟的分期而引起的学术讨论。与宿白的石窟寺考古学的方法不同的是，长广敏雄认为石窟寺研究的根本是雕塑论，第一、应从石窟构造与佛像及其一切雕刻、彩画的风格出发；第二、弄清造像铭记；第三、参考可靠的历史资料、文献；第四、参照研究史。宿白则指出风格论和雕塑论的局限性，并认为分期的目的不仅是为了解决时间问题，更重要的是它们所反映的社会意义。徐苹芳提出论争的实质是两个根本问题：一是中国历史考古学应如何对待历史文献；二是中国历史考古学应该如何运用类型学。徐苹芳支持宿白的论点，并认为因为历史时期的社会文化的复杂性，类型学的排比有时并不能反映它们的真正内在联系，因此必须将考古发现的遗迹遗物置于大的历史环境之中，按照不同的对象，分别予以解释。以中国石窟寺的研究为例，既要考虑整个历史的发展，又要从佛教史上予以特殊解释。

（三）佛教视觉文化的研究方法

近年，艺术史学界视觉文化（Visual Culture）的理论和方法

武周时期的佛教造型

开始盛行。与古典艺术史学注重学科的独立性和艺术品的绝对价值的哲学相反，视觉文化将研究对象从艺术品（Fine Art）扩展到视觉材料（Visual Material），研究目的由探索艺术价值扩展到社会文化的范畴。在方法上也提倡打破学科界线、多学科综合（inter‑discipline）的方法。将佛教造像与其他门类的艺术品结合起来进行综合研究。在这个大的氛围中，佛教视觉文化的研究也开展起来了。综合从政治、社会、民族、性别（gender）等角度来考察佛教艺术的研究富有成效。

最有代表性的是对唐代佛教艺术与政治关系的研究。汪娟探讨了唐代弥勒信仰与政治的关系[4]，以及唐代弥勒信仰与其他佛教宗派的关系[5]。颜娟英在论述七宝台佛教造像时综合运用历史学和艺术史的方法，从三个典型案例（光宅寺舍利发现、万象神宫与《大云经疏》、七宝台与《华严经》《金光明经》的翻译）论证了武周政治与佛教造型密切结合的关系[6]。2004年出版的宁强的著作 *Art，Religion and Politics in Medieval China*（《中古中国的艺术、宗教与政治》）[7]研究了敦煌第220窟这一典型个案，强调了石窟艺术与家族、政治的关系，在具体分析中以细腻地分析艺术品的建筑和礼仪环境见长。此外，他认为敦煌第96窟的大佛像与龙门石窟卢舍那大佛所体现的是与一般佛像的男性造型特征所不同的女性特征，是象征女皇武则天的"女性佛陀"（Female Buddha），在远离都城的敦煌地区表现女皇武则天的神圣存在[8]。

以上所述三个流派的研究方法并不是对立的关系，而是不同的时代针对不同的研究对象而产生的。如何综合三派之长处，全面系统地对唐代佛教造型进行研究是新时代的使命。佛教艺术史的风格和图像分析作为基本方法，在解析单个作品或图像时仍很有价值。但是今后，随着佛教考古的发展，建立完整详细的石窟寺、寺院考古报告，并在此基础上加强"中间层次"分析，有针对性地研究有原创性的典型建筑作品，在时代和地域上形成相当规模后，便可以开展范围更广的佛教视觉文化研究。

二　前人的研究成果及存在的问题

前述唐代佛教艺术研究的三种理论和方法的不同运用会导致对同一问题的不同论点，如针对唐代佛教造像的分期问题即存在争议。佛教艺术史研究者立足于造像风格的变化，分期主要体现某种风格的形成、发展和衰微；而佛教考古学派则综合考虑造像的风格和图像，并结合其历史背景，分期的目的在于反映其社会意义。此外各派分期的依据也存在差异。在选择分期的基准作品时，有的学者如水野清一，以石窟造像为中心，参考有纪年的传世品；而有的学者，如松原三郎，认为石窟造像以外的传世品比石窟造像更能反映时代变化，所以应该以单体造像为分期的基准。这种选择基准作品的分歧导致了不同的分期结果。

前人研究中基本都将618年至755年间的唐代雕刻分为初唐、盛唐两期。然而，有关初唐、盛唐造像的具体特征、分界线并未取得一致意见。关于武周期存在与否也存在争议。武周期是否形成了一种独立的造像风格？前人研究中一种意见认为武周期作为过渡期，未形成独立的风格。这种意见中又分为武周期属于盛唐前段或初唐后段两种观点。另一种意见认为武周期并非只是一个风格的过渡期，而是独立风格的形成期。

在武周期作为过渡期的意见中，以水野清一为代表的观点以683年或680年作为初唐和盛唐的分界线，在这种分期中武周期属于盛唐前段。1950年水野清一将唐代618年到755年之间的137年间的佛教造像以683年为界分为初唐、盛唐两个时代。接着又将两个时代各分为两期。第三期为则天期（684～704或705）之间的21年。他认为武周时期长安光宅寺七宝台的石佛像代表盛唐前期的风格[9]。1982年松原三郎以680年为界线对初唐、盛唐进行分期[10]。1988 年，大桥一章进一步增强了水野清一的分期论点的说服力，论证龙门石窟（极南洞、东山擂鼓台三洞、看经洞）以外的宝庆寺（七宝台）石像与神龙二年（706）的观音像同属盛唐期的造像[11]。1989 年，町田甲一也持同一分期意见[12]。在这派意见中关于武周期和盛唐的玄宗期的关系问题存在争议，一种意见认为它们是连续发展；另一种意见认为它们存在较大差异。1966 年松原三郎在《唐代玄宗期造像考——石雕与木雕》一文中指出了这两个时代造像的差异[13]，尤其是进入 8 世纪以后，佛像素材呈现多样化。1995 年颜娟英在《盛唐玄宗期佛教艺术的转变》[14]一文中认为这二期存在巨大差异。她从中央的佛教政策、士人集团与僧团之间新思潮的兴起入手来全面探讨玄宗期佛教艺术的各种变化，如造像中心从京城长安向四川地区的移动、密教造型的兴起等。武周期作为过渡期的意见中，另一种观点以 704 年作为初唐和盛唐的分界线，在这种分期中武周期属于初唐期后段。而这类分期主要依据是唐代的石窟寺造像。1997 年，曾布川宽在综述隋唐的石窟造像[15]时将唐代分为四期：初唐（618～704）、盛唐（705～763）、中唐（764～846）、晚唐（847～907），并指出造像的兴盛期在初唐与盛唐。敦煌石窟唐代造像的分期一般以 712 年为界，分为初唐（618～712）和盛唐（712～781）。武周期属于初唐期后段。

　　另一种意见认为武周期并非只是一个风格过渡期，而是独立风格的形成期，尤其是在龙门石窟显著存在这种武周风格。丁明夷认为这种风格就是唐代造像的代表风格。1979 年，丁明夷在《龙门石窟唐代造像的分期与类型》[16]一文中，从石窟寺考古的角度对龙门石窟进行了分期。他基于七个"型"的进展阶段，将唐代龙门石窟分为三期。第二期由垂拱型（武则天前期）和圣历型（武则天后期）组成。垂拱型（武则天前期）作为"唐代造像的代表形式"，具有内容丰富、形式多样、形体丰满、具有曲线美等特征。这种形式特征进一步发展、固定为圣历型（武则天后期）。与丁明夷的分期不同的是，曾布川宽在《龙门石窟唐代造像的研究》[17] 中，将龙门石窟唐代 618 年至 741 年间的 123 年间的佛教造像分为五期。武周期为第四期，即从天授元年（690）至神龙元年（705）之间的十四年。这两种唐代龙门石窟分期的代表意见虽然在界线上存在不同，但共同点是认为龙门石窟武周期作为一个独立时期而显著存在。

因为存在以上对初唐、盛唐分期的分界线的争议以及缺乏对武周时期佛教造像风格特征的明确认识，所以不易判断大量无纪年的单体造像的相对年代。特别是长期以来对唐代天龙山石窟、长安光宅寺七宝台的浮雕石佛群像、龙门石窟擂鼓台三洞等东山诸窟等重要个案的年代存在争议。而对这些典型个案年代的争议又引起对其风格的争议。此外、唐代造像的普遍分期与各石窟的分期之间的差异也值得注意。

天龙山石窟中唐代石窟因为缺乏确凿的纪年，因此关于年代存在诸多争议。分歧在于天龙山石窟的唐代洞窟中是否有高宗、武周期的洞窟。一种意见认为所有的唐代洞窟都开凿于武周以后。代表性的意见有：1966 年，Harry Vanderstappen 和 M. rhie[18] 将唐代天龙山石窟造像的风格与有纪年的唐代造像相比较，认为唐代天龙山石窟（第 4、5、7、11、13、14、15、17、21 窟）造像的年代在 715 年至 750 年之间。1997 年，颜娟英[19] 依据景龙元年（707）的《大唐勿部将军功德记》，认为唐代天龙山石窟的开凿年代在神龙二年（706）以后。另一种意见认为高宗、武周期是天龙山石窟开凿的鼎盛期。李裕群继 1992 年的分期研究[20] 之后，2003 年在进行了石窟寺的全面考古调查后，依据洞窟形制、题材内容、造像特点将唐代洞窟分为前后两段。前段约为武则天执政时期（684～704），洞窟开凿的顺序大致为：先有 4、5、7 窟，第 6 窟紧接其后。后段约为中宗至睿宗时期（705～712），洞窟开凿的顺序为 11～15 窟，18～21 窟，第 17 窟可能稍晚，个别洞窟如第 9 窟可延续至玄宗开元初期（713～720）左右[21]。此外，铃木洁[22]从风格演变的角度，认为唐代天龙山石窟的造像年代从武后期延续至 750 年，可分为四期：第 4、5 窟为武后期（680～700），第 14 和 18 窟侧壁为 700～710 年，第 6、21 窟为710～730 年，第 17、18 正壁为 730～750 年。

　关于长安光宅寺七宝台浮雕石佛群像的年代有两种代表性的意见。一种意见认为造像分别属于不同的时期。1950 年，福山敏男[23]将 29 件石刻从风格上分为三群，认为 A 群的造像年代为贞观前期，B 群的造像年代为长安年间，C 群的造像年代为开元年间。另一种意见认为所有的造像都是同一时期制作的。颜娟英认为所有的造像都是长安年间制作的。她认为开元年间修补七宝台石刻的两则铭文与造像的实际制作年代没有关系，即所有的造像都是长安年间制造的，而且所有的造像并不存在风格的差异[24]。水野清一也持此说[25]。因对制作年代的争议也引发了关于七宝台石刻造像在唐代佛教艺术史上意义的不同意见。一种意见认为七宝台的造像是初唐风格古典的完成。1987 年町田甲一认为七宝台的造像与美国宾西法尼亚大学博物馆所藏神龙二年（706）的观音像，以及天龙山石窟诸像同样都可以称为初唐风格古典的完成的代表作品。这些造像都显示出初唐的紧张感缓驰后的端正之美。1997 年清水善三认为七宝台的石造像是中国雕刻古典风格的完成之作。他进一步论述了古典风格的形成过程，并将其特征总结为：通过量感的把握、调和与均衡的原理而创造出准确的比例而表现对象的立体感。在创造出优美的形象的同时防止雕塑流入现实的、物质的低俗感。在高宗、武周时期完成的古典风格进入玄宗期（712 年即位）以后便出现衰落的趋势、同时过度写实和强调肉感的新风格在形成。如天龙山石窟的造像和推测为八世纪前半期的河北大理石像[26]。另一种意见认为七宝台的造像是盛唐风格的代表，持这种意见的有田边三郎助[27]。

关于龙门石窟东山诸窟的年代存在争议。依据龙门石窟的编年谱系和有确切纪年的洞窟，前人对绝对年代不明的东山诸窟从风格和图像的角度进行相对年代的研究。张乃翥等学者认为擂鼓台三洞都是武周期的石窟[28]，久野美树认为中洞和南洞为武周时期[29]，袁德领认为中洞为武周期[30]。但是，古正美认为三洞都是中宗期营造的[31]。

那么，该如何看待武周时期的佛教造像在唐代佛教艺术史上的位置呢？这将成为下一步研究分期问题的关键。本书认为在今后的研究中除了调和佛教艺术史和佛教考古学的理论和方法外，还要注重建立更加全面可靠的分期基准作品谱系。除了惯常采用的石窟造像和传世品，近年寺院遗址不断考古出土的造像因为具备确凿的地点和年代，其中有纪年铭的作品也应该列入分期的基准作品。如何综合各地零散资料，收入最新考古成果，并反映时代性和地域性，建立唐代佛教造像的编年基准作品谱系是今后的重要课题。此外，前人的分期研究着重于造像的风格变化，对图像的变化注意不足。然而，从隋、初唐，经过武周期，直至盛唐，佛教信仰的变化引起了图像内容的变化，再导致造型门类（genre）的变化、风格变化，我们必须注意这一系列的因果关系。

三　现存武周时期的佛教造型

（一）纪年作品

本文选取曾经是寺院庄严物品的石造纪念性物品（塔、龛像、碑、经幢）和石佛像中有确切纪年的作品作为武周时期佛教造型的基准作品（参见表一、表二、表三、表四）。这些基准作品有些是考古发掘出土物品，有些是传世作品，现在收藏于各国博物馆。

（二）石窟

长安附近的石窟：

慈善寺石窟：第2号窟内右壁上部小龛与慈善寺南崖9号龛的雕造年代大致可定在武周时期[32]。这些造像富有曲线的身体覆盖在薄衣之下，装饰品极少，表现出与七宝台菩萨像相同的风格。

彬县大佛寺：韩伟对彬县大佛寺石窟进行分期，其中的第二期为盛唐时期。"有确切年代的造像有1号、5号和10号窟，题记共16处，盛唐题记有12处。除'景龙'一条是唐中宗李显的年号外，其余均为武则天的年号。……彬县大佛寺10号窟大约就是在武则天掀起的崇佛潮流中建造起来的。其时佛教徒利用贞观时期建造的大佛洞为基础，在它的东面另开一窟，窟内广开造像。"[33]韩伟文中所谓10号窟俗称"千佛洞"。李淞认为"千佛洞的造像时间非常集中，主要龛像都是武周长寿至长安年间的十年来中完成的。像主的身份也十分明确，多数为当地的官吏以及宗室成员，李齐及妻武氏的具体家族关系，还有待于日后进一步探明。"[34]以下是千佛洞中有明确纪年的武周时期的窟龛造像：因为不同研究者对彬县大佛寺都有不同的编号[35]，本文所引用的是常青著《彬县大佛寺造像艺术》[36]的编号和资料。

千佛洞东门柱东壁的Q123：二尊菩萨坐像，相对而坐。

下方左侧刻有长寿二年（693）"比丘神智造像记"。

下方右侧刻有长寿三年（694）"中大夫行豳州司马李承基敬造出家菩萨像记"。

千佛洞中心柱东壁的Q32：半跏趺坐菩萨像六尊，一行。下方有三则题记，两则为证圣元年（695）。推测三题记同为证圣元年供养六尊地藏菩萨时所刻。

证圣元年："宣德郎行豳州司户参军事元思叡造地藏菩萨像记"。

"朝散郎行豳州司法参军元海等造地藏菩萨像记"。

证圣元年（695）："朝仪郎行豳州司户参军事云景嘉造地藏菩萨像记"。

Q32 左侧有万岁通天二年（697）"元巖题记"。

千佛洞中心柱西壁的 Q19 为圆拱龛内二尊相对的菩萨坐像。

Q19 下方刻有圣历元年（698）题记："给事郎行豳州新平县丞高叔夏造地藏菩萨像记"。

千佛洞东门柱东壁的 Q126 为圆拱龛，内造一佛二菩萨像，佛像为坐像，施禅定印。

左侧有圣历三年（700）"朝议郎行新平县令郑希古敬造一佛二菩萨像记"。

千佛洞窟室西壁的 Q73、Q74 左侧、Q71 的右上角刻有长安二年（702）题记："皇堂侄女彭城县主敬造等身像三躯千佛五铺记"。

Q74 的下方题记："皇堂侄女彭城县主武氏造等身释迦观音势至像记"。

千佛洞窟室东壁的 Q90 龛内为一佛二菩萨像（三尊立像）。

Q90 龛左侧碑为"豳州司马柱国汉川郡开国公敬造等身释迦像记"。

千佛洞窟室东壁的 Q91 龛内造一佛二弟子二菩萨二天王二力士二狮二供养人像。

左侧刻有长安二年（702）"通议大夫行豳州司马柱国汉川郡开国公李齐造像记"。

千佛洞窟室西壁的 Q69 为尖拱龛，龛内为一佛二菩萨像。

Q69 下方有景龙二年（708）"敬造观世音菩萨与药师琉璃光佛像记"。

铜川金锁关摩崖造像：前人对该摩崖造像均有调查研究。李淞认为依据铭文，武周时期的佛龛有垂拱三年（687）、垂拱四年

（688）、永昌年间（698）纪年龛三处[37]；据白文调查，"金锁关位于同官故城以北 15 公里处马栏山西侧的峭壁上，坐北面南，南北长约 50 米，高约 30 米，岩质属黄色砂岩，极易风化。金锁关摩崖造像目前现存 19 龛，1 窟，题记 8 则，其中有垂拱三年（687）至永昌元年（689）的纪年题记四则"[38]。以下引用白文所发表调查资料[39]：

垂拱三年（687）闰正月七日，金锁关 10：一佛二菩萨，"垂拱三年闰正月七日邵思元／代父母所生父母和家大小平安敬造阿弥陀像一躯"。

垂拱四年（688），金锁关 6：一佛二菩萨，"垂拱四年三／思父母所／父母合家大小平安"。

永昌元年（689）三月十七日，金锁关 13：一佛二菩萨，"大唐雍州同官县永昌元年三月十七日邵思贤／七王／生父母合家大小平安敬造阿弥陀像一躯了"。

永昌元年（689）十月十七日，金锁关 16：一佛二菩萨，"永昌元年十月十七日邑子／元寺／月"。

除了以上有确切纪年的武周时期的窟龛之外，从风格推测为武周时期的陕西石窟还有：旬邑县马家河石窟的中心塔柱窟，耀县药王山的观音像龛。

洛阳附近的石窟：

龙门石窟中有以下确切武周时代纪年的洞窟：

延载元年（694）：净土洞。

万岁通天元年（696）：八作司洞。

天授年间（690～692）：擂鼓台中洞"大万伍千佛像龛"。

长安四年（704）：龙华寺洞。

除了以上有确切纪年的武周时期的洞窟之外，1941 年水野清一、长广敏雄在《龙门石窟的研究》[40]一书中依据洞窟内的纪年造像记认为双洞、万佛洞、极南洞、看经洞、擂鼓台南洞（天授年间：690～692）为武周时期的洞窟。1988 年温玉成在《龙门唐窟排年》[41]中认为：摩崖三佛辍工于长寿年间（692～694）、卢公洞纪年为万岁通天二年（697）、宝塔洞辍工于长安年间（701～704）、二莲花北洞完工于长安年间（701～704）、擂鼓台南洞完工于天授年间（690～692）。张丽明统计了从武周至中宗时期（690～710）的龙门石窟纪年洞窟有 28 处[42]。以下龙门石窟武周时期的纪年龛参考张丽明的统计结果并补充了其他学者的统计结果。

垂拱元年（685）十二月：万佛洞南甬道，尼法净龛，一佛二菩萨。

垂拱二年（686）二月八日：万佛洞北甬道，张师满龛，一佛二菩萨，阿弥陀。

垂拱二年（686）七月十五日：双窑（北）北甬道，魏庄妻龛，一佛二菩萨，阿弥陀。

垂拱三年（687）二月十六日：清明寺西壁，苏伏宝龛，一佛二菩萨。

垂拱三年（687）二月十六日：清明寺北壁，薛福妻龛，一佛二菩萨。

垂拱三年（687）二月十六日：清明寺北壁，戴婆同等龛，一佛二菩萨。

垂拱三年（687）三月：清明寺北壁，申思思龛，三佛。

垂拱三年（687）四月八日：双窑外西壁，孝节龛，一佛二菩萨。

垂拱三年（687）四月八日：双窑外南壁，金真龛，一佛二菩萨，阿弥陀。

垂拱三年（687）四月八日：汴州洞南（559），刘孝光龛，一佛二弟子二菩萨，阿弥陀。

垂拱三年（687）六月廿五日：双窑北甬道，徐节龛，一佛二菩萨，阿弥陀。

垂拱四年（688）三月廿一日：丝行窟外北壁，秦弘龛，一佛二菩萨。

垂拱四年（688）：555 窟外南壁　宋行端龛，一菩萨。

永昌元年（689）三月七日：汴州洞窟门外，安乡富龛，一佛，阿弥陀。

永昌元年（689）□月十五日：丝行北壁，惠澄善寂龛，一佛二弟子二菩萨，释迦。

载初元年（689）三月二日：清明寺南壁，张元福龛，一佛二菩萨，阿弥陀。

载初元年（689）三月：清明寺西壁，刘大癸妻姚龛，一佛二菩萨，阿弥陀。

天授元年（690）□月□日：丝行西壁，行文昌龛，一佛二菩萨，阿弥陀。

天授二年（691）一月一日：双窟甬道南，甘罗龛，二佛。

天授二年（691）二月八日：双窟外西壁，德藏龛，一佛二菩萨，阿弥陀。

天授二年（691）二月廿五日：双窟外西壁，玄呆龛，七躯，业道。

天授二年（691）三月廿日：清明寺窟外西壁，□任龛，一佛二菩萨，阿弥陀。

天授二年（691）三月廿日：双窟外南壁，李二娘龛，一佛二菩萨，阿弥陀。

天授二年（691）三月廿日：535 窟外西壁，张元福龛，一佛二菩萨，药师。

天授二年（691）四月十四日：蔡大娘龛南壁，蔡大娘龛，一佛二菩萨，药师。

天授二年（691）四月□日：双窟外北壁，李居士龛，一佛二菩萨，药师。

天授二年（691）：丝行西壁，同行者龛，一菩萨，观世音。

天授二年（691）：老龙洞北壁，杨行则龛，一佛二菩萨，卢舍那。

如意元年（692）闰五月五日：清明寺西壁，丁君意龛，一佛，阿弥陀。

证圣元年（695）正月十四日：双窟外西壁，神泰龛，廿五佛。

证圣元年（695）：万佛洞栈道窟内北壁，豆卢志静龛，阿弥陀。

圣历元年（698）四月廿三日：清明寺甬道北，马神贵龛，一佛二菩萨，阿弥陀。

大足元年（701）三月八日：擂鼓台刘天洞上方下龛：阎门冬龛，一佛二弟子二菩萨二力士，菩提像[43]。

长安元年（701）十二月八日：擂鼓台刘天洞上方上龛：张阿双龛，一佛二弟子二菩萨二力士，药师像[44]。

长安二年（702）九月：莲花洞北壁，高文妻龛，一佛，阿弥陀。

长安四年（704）二月廿四日：清明寺甬道南，宋婆龛，一佛二菩萨。

巩县石窟有明确纪年的武周时期的洞窟有以下：

永隆二年（681）十月：第 19 龛下：永隆二年（681）十月题记。

文明一年（684）月六日：石窟寺大殿：文明一年（684）月六日题记。

延载一年（694）八月十六日：第 52 龛右：延载一年（694）八月十六日题记。

久视一年（700）六月二十八日：第 50 龛右：久视一年

（700）六月二十八日题记。

山西省

前述对天龙山唐代石窟的年代存在争议。Sirén、水野清一、铃木洁[45]、李裕群[46]认为唐代天龙山石窟的开始年代为武周时期；但 Harry Vanders tappen & M. rhie[47]、颜娟英[48]认为所有的唐代洞窟都开凿于武周时期以后，所有的唐代洞窟的时代为开元年间到天宝年间。关于天龙山唐代造像的研究很丰富，但对武周时期的洞窟目前没有定论。

山西省晋城市西北约 7.5 公里处的泽州县巴公镇南连氏村东的碧落寺石窟的中窟、东窟推测为高宗、武周时期，造像风格表现出长安、洛阳寺院石窟造像的风格特征[49]。中窟平面约呈梯形，南面开窟门，其余三面壁基坛上造一佛二弟子二菩萨二天王像，有"大周万岁通天二年（697）"与"大周万岁登封元年（696）"两处武周时期的纪年题记。窟门外东壁小龛各有隶书题记和楷书题记一方，其中杂有武周新字，说明这些补刻小龛佛像的年代都在武周时期。综合这些题记和佛像风格看，中窟的开凿年代在武则天称帝前的高宗时期。东窟的窟形和造像与中窟相同而略小，造像风格相似，因此推测东窟的年代可能晚于中窟，但开凿时间相距不远。

山东省

驼山第 1 龛右壁有长安年间纪年造像龛，三处题记所在均为壁面补凿之小龛，故第 1 龛年代必在长安年间以前，但相距不会太远，因此推测其为武周时期的洞窟[50]。

长安二年（702）尹思真造像记。

长安二年（702）任玄览造观世音菩萨记。

长安三年（703）李怀赝造弥勒像记。

东平理明窝摩崖造像的第 1 号大龛中第五、六、七像的造型、背光纹饰、题记所铭基本一致，可视为一组作品。三像间有

二则长安三年（703）题记，推测同为长安年间造像。推测第 6
龛为武周时期。[51]

甘肃省

庆阳北石窟寺武周时期的纪年洞窟有两个。

如意元年（692）：第 32 窟（中心柱式）[52]。

证圣元年（695）：第 257 窟。

推测第 263 窟[53]为武周时期的洞窟，"此窟无造像铭文，但
从造像风格与雕造技巧分析，与 32 窟正壁武则天如意元年的造
像并无二致，两者时代不会相距很远。"[54]。

炳灵寺石窟第 51、52、53、54 窟为永隆二年（681）[55]。

须弥山石窟第 105 窟（桃花洞）与第 5 窟（倚坐大佛）推测
为武周时期的洞窟。

敦煌莫高窟武周时期的纪年洞窟有以下：

第 96 窟：延载二年（695），北大像（弥勒倚坐像），据《莫
高窟记》。

第 332 窟：圣历元年（698），中心柱窟，据《李君莫高窟佛
龛碑》（前庭南侧）[56]与敦煌遗书 P2551 号。

第 335 窟：据窟内垂拱二年（686）、圣历（698～700）、长
安二年（702）发愿文。

从图像和风格推定为武周时期的洞窟有以下：

第 323 窟：载初元年（689）以前[57]。

第 321 窟：证圣（695）—圣历（699）之间[58]。

第 331 窟：贺世哲认为该窟是李克让之父的功德窟，与第
332 窟属于同类窟[59]。

第 334 窟：邻近第 335 窟。

第 123、124、125 窟：这一组洞窟中第 123 窟有武周万岁年
号，向达认为是"万岁三年（697）"[60]。因此推测这组洞窟为武
周时期的洞窟。

第 32 窟的风格与第 123、124、125 大致相同,推测为同时代的洞窟[61]。

第 217 窟有"嗣玉"人名,据此推测为武周时期的洞窟[62]。

西千佛洞第 7 窟因为南壁有"如意元年(692)五月十七日绘记",推测为武周时期的洞窟。

四川省

武周时期的石窟洞窟有以下:

广元千佛崖第 535 号窟(莲花洞):窟内遗有"大周万岁通天□年"补凿小龛,表明了大龛开凿年代下限,推测开凿于武周前期,即公元 690 ~ 697 之间[63]。

推测为武周时期的洞窟:

广元千佛崖第 400 号窟(中心柱式窟)[64]。

千佛崖第 493 号窟:依据窟北(右)壁右上方神龙二年(706)的题记,窟内主尊弥勒佛为神龙以前的作品,推测为武周时期[65]。

蒲江飞仙阁第 60 龛:有永昌元年(689)题记[66]。

四 长安光宅寺七宝台浮雕石佛群像的意义

(一)和光宅寺七宝台相关的历史文献

第一类是地理志。例如:《长安志》卷八、《两京城防考》卷三、《唐会要》卷四八。这些地理志文献中按时间序列记述建筑物。值得注意的有两点:一是仪凤二年(677)光宅坊发现舍利,因此建造"光宅寺"。二是"武太后始置七宝台,因改寺额焉",因武则天的命令建立七宝台,因之寺院的名称也改为"七宝台寺"。

第二类是艺文类文献。例如:《历代名画记》卷三、《寺塔记》卷下、《唐画断》(《太平广记》卷二一一)。这些艺文类文献中记述了光宅寺的建筑、残存佛教造型的作者、图像和风格,以及主题等方面的信息。

第三类是高僧传中与光宅寺相关的资料。例如：《宋高僧传》中《光宅寺僧竭传》、《慧忠》、《释法成》，《广弘明集》卷二十二《光宅寺释法云咨二谛义》、《光宅寺释敬脱咨二谛义》。

第四类是近代以前金石学者著录的石刻铭文。

南宋的《宝刻类编》记录了一件七宝台石雕的残题[67]。

顾炎武（1613～1682）著《金石文字记》卷三记录了六件[68]。

叶奕苞（约1650～1680）著《金石录补》卷二及卷八记录了三件[69]。

毕沅（1781）著《关中金石记》卷八记录了十件[70]。

朱枫（1759）著《雍州金石记》卷四记录了九件[71]。

孙星衍（1802）著《寰宇访碑录》卷三记录了十一件[72]。

钱大昕（1805）著《潜研堂金石文字目录》卷五及卷六记录了三件[73]。

王昶（1805）著《金石萃编》卷六五记录了九件[74]。

黄本骥（1822）著《隋唐石刻拾遗》卷下记录了一件[75]。

（二）前人的研究

《长安史迹研究》中记载了足立喜六1906年至1910年在西安调查中所见宝庆寺佛殿北部的墙壁上镶嵌着二十尊浮雕石佛像，并提到"据说石佛原在光宅寺，韩建改筑长安城时，才移到此处"[76]。《支那佛教史迹》（一卷）也收录了反映七宝台的浮雕石佛群像流失前镶嵌于西安宝庆寺佛殿内壁的照片。1915年出版的大村西崖著《支那美术史雕塑篇》中收集了七宝台浮雕石佛群像刚刚流入日本时的资料。据记录，长安三年的高延贵造像、王璿造像、韦均造像、姚元之造像、萧元眘造像、李承嗣造像、德感造像、长安四年的姚元景造像是日本人早崎君的收藏品[77]。

由以上记载可知，在1910年至1915年的五年间，原来镶嵌于西安宝庆寺佛殿内壁的七宝台石佛群像从中国流失。流入日本的藏品最早是早崎君的藏品。现在这批石佛群像分别收藏于日本东京国立博物馆、奈良国立博物馆、九州国立博物馆、文化厅。流入美国的收藏于弗利尔美术馆、旧金山亚洲艺术博物馆。

20 世纪以后，围绕着这批浮雕石佛群像展开了一系列的研究。从艺术史角度的研究主要是关于浮雕石佛群像的数目、制作年代、风格、图像和复原问题。代表性的研究者有福山敏男、本山路美、杉山二郎、颜娟英等。关于这些先行研究的主要观点和存在的问题在第四章有详细的综述。

（三）光宅寺七宝台浮雕石佛群像的意义

第一，七宝台浮雕石佛群像是武周佛教造型的代表作。

通过对其进行个案分析，有助于深刻理解武周时期佛教造型的一般规律在七宝台特殊个案的具体体现；而七宝台这个年代确凿，风格、图像以及造型规范的武周中央佛教造型的代表作则成为判断和研究其他武周时期佛教造型的可靠依据和标准。例如，中国石窟寺考古学者依据七宝台浮雕造像中有明确纪年的作品来判断其他地区发现的武周时期佛教造像的相对年代。此外，通过对该典型个案的风格、图像、复原的重新研究，有助于复原武周长安年间的佛教视觉文化，有助于理解武周时期佛教造型与政治、礼仪、社会的密切关系。

第二，七宝台浮雕石佛群像是武周风格的代表作。

如前文所述，关于长安光宅寺七宝台浮雕石佛群像的年代，有两种代表性的意见。对应这种年代认识的分歧，对其风格和在中国佛教艺术史上的位置的认识也存在分歧。本书试图从武周时期的佛教造型的综合研究和初唐至盛唐佛教造型风格的演变出发，重新研究七宝台浮雕石佛群像所代表的武周风格。通过对武周风格特征的研究可以了解初唐风格、武周风格、盛唐风格的发展演变过程，明确武周风格作为初唐和盛唐分界线的意义。

第三，七宝台浮雕石佛群像是中国佛教造型古典风格的代表作，对研究中国雕塑古典风格的形成等课题有重要意义。

学术界认为七宝台浮雕石佛群像是中国佛教造型古典风格的代表。如町田甲一[78]认为七宝台的浮雕石佛群像是初唐风格古典完成的典型例证。其他作品如美国费城宾夕法尼亚大学博物馆所藏的神龙二年（706）观音菩萨像、天龙山石窟的诸佛像也是古典风格的代表。这些造像呈现出初唐的紧张气氛舒缓之后的端正之美。1997 年清水善三认为七宝台的浮雕石佛群像是中国雕刻古典风格的完成之作，并论述了这种古典风格的形成过程，并确定其特征：在立体感的表现方面遵循调和与均衡的原理而把握端正的身体比例，在通过匀称的量感传达出优美的印象的同时，适度地表现出现实感和物质性[79]。虽然以上研究者确认七宝台浮雕石佛群像是中国佛教造型古典风格的代表作，并参照唐代的其他雕塑作品论述其形成和发展过程，但均未从中国佛教艺术史整体的角度出发深刻论述这种古典风格的渊源和影响力，因此，将七宝台浮雕石佛群像放入中国佛教艺术史考察其历史位置，从 8 世纪亚洲佛教艺术史的整体版图中考察其源流，将有助于全面理解中国佛教古典风格的形成和影响力。

五 本书的研究目的及方法

七宝台浮雕石佛群像相关的前人研究已经很丰富，但在数目、制作年代、风格、图像和复原等方面仍存在分歧，在佛教艺术史上的位置也有争议。本研究最初的出发点是为了解决这些存在的问题。首先，基于七宝台浮雕石佛群像绝不是偶然的孤立个案、其存在必有其广泛的时代背景的假设，对武周时期的佛教造型进行全面的综合研究，总结出图像和风格方面的特征。其次，总结出武周时期石造纪念性造型建筑与图像的程序和规律。七宝台浮雕石佛群像具有集团奉纳像的性质，它的造型必定遵循同时代这类造型的一般规律。再次，重新研究该群像的图像和风格，以有确切纪年的造像为基准将其分为始建期和修补期。按照武周时期石造纪念性造型规律，并参考同时代的奉纳石塔，对始建期的群像重新进行复原研究。最后，研究中国佛教艺术史上七宝台浮雕石佛群像的位置，进而探讨七宝台浮雕石佛群像所代表的中国佛教雕刻古典风格的源流。

研究方法分为三个层次。

首先是基础层面的实地调查资料。系统调查和收集长安、洛阳地区从初唐至盛唐时期寺院遗迹出土的佛教造型资料以及中国和世界各博物馆收藏的唐代佛教艺术品资料，并将这些资料整合，将反映时代性和地域性的石质佛教造型做成谱系。这个谱系针对前人研究的问题点，注重通过基准作品详细证明以长安、洛阳为中心的两京地区初唐时期至盛唐时期佛教造型的风格和图像的变化过程。通过这个基准作品谱系可以判定很多无纪年的单体造型的相对年代。

其次是对武周时期佛教造型进行全面的造型门类分类研究，总结主要造型门类的形制与内容特征，研究武周风格的源流、形成过程、特征和影响。针对七宝台浮雕石佛群像研究中存在争议较大的两个图像问题——降魔印佛像和十一面观音菩萨像，在武周时期显教与杂密共存、但以显教为主体的时代背景中进行图像学研究。

最后，以武周时期佛教造型的综合研究成果为基础，结合两个图像学研究成果，参考同时期的石造纪念性造型，对七宝台浮雕石佛群像始建期的造像进行复原研究。依据"建筑与图像程序（architectural and pictorial program）"[80]、探索七宝台这个具有"原创性（originality）"的"作品（work）"的"历史性（historicity）"。同时在礼仪和建筑空间中考察其意义，并寻找其与政治和社会的密切关系，研究由浮雕石佛群像复原而成的奉纳石塔这个石造纪念性造型的构成原理、象征意义、礼仪活动和供养者

（patron）的背景和目的。在以上研究的基础上，研究武周时期佛教视觉文化的机制，探讨武周时期出现的中国佛教史和艺术史上的重要课题：“佛教的礼治化”和“佛教建筑礼制化”。

〔1〕常宁生编译：《艺术史的图像学方法及其运用》，《世界美术》2004 年第 1 期，第 70 ~ 76 页。

〔2〕巫鸿：《敦煌 323 窟与道宣》，胡素馨主编：《佛教物质文化：寺院财富与世俗供养国际学术研讨会论文集》，第 333 ~ 334 页，上海书画出版社，2003 年，上海。

〔3〕徐苹芳：《中国石窟寺考古学的创建历程——读宿白先生〈中国石窟寺研究〉》，《文物》1998 年第 2 期，第 54 ~ 63 页。

〔4〕汪娟：《唐代弥勒信仰与政治关系的一个侧面——唐朝皇室对弥勒信仰的态度》，《中华佛学学报》第四期（1991 年 7 月），第 288 ~ 296 页。

〔5〕汪娟：《唐代弥勒信仰与佛教诸宗派的关系》，《中华佛学学报》第五期（1992 年 7 月），第 193 ~ 231 页。

〔6〕颜娟英：《武则天与唐长安七宝台石雕佛相》，《艺术学》第 1 期（1987 年 3 月），第 41 ~ 47 页；颜娟英：《唐长安七宝台石刻的再省思》，陕西省考古研究所编：《远望集——陕西省考古研究所华诞四十周年纪年文集》（下），第 829 ~ 842 页，陕西人民美术出版社，1998 年，西安。

〔7〕Ning Qiang, *Art, Religion and Politics in Medieval China*, University of Hawai`I Press, 2004, Honolulu.

〔8〕Ning Qiang, Gender Politics in Medieval Chinese Buddhist Art：Images of Empress Wu at Longmen and Dunhuang, Oriental Art, pp. 28 ~ 39.

〔9〕水野清一：“一〇、唐代雕刻的诸相”，《世界美术全集 8 · 中国Ⅱ》，第 43 页，平凡社，1950 年，东京；水野清一：《唐代的佛像雕刻》，《佛教美术》No. 9（1950 年），第 3 ~ 30 页。

〔10〕松原三郎：《中国佛教雕刻的变迁》，松原三郎：《中国的美术（1）雕刻》，第 104 ~ 108 页，淡交社，1982 年，京都。

〔11〕大桥一章：《奉先寺诸像的建造与白凤、天平雕刻》，龙门文物保管所、北京大学考古系编：《中国石窟·龙门石窟》第二卷，第 243 页，平凡社、文物

出版社，1992 年，北京。

〔12〕"第 5 章 唐时代"，町田甲一著：《概说东洋美术史》，第 175 ~ 183 页，国际书院，1989 年，东京。

〔13〕松原三郎：《唐代玄宗期造像考——石雕与木雕》，松原三郎：《中国佛教雕刻史论》，第 179 ~ 190 页，吉川弘文馆，1995 年，东京。

〔14〕颜娟英：《盛唐玄宗期佛教艺术的转变》，《"中央研究院"历史语言研究所集刊》第六十六本，第二分（1995 年 6 月），第 559 ~ 670 页。

〔15〕曾布川宽：《隋·唐的石窟雕刻》，百桥明穗、中野彻编：《世界美术大全集 东洋编第 4 卷"隋·唐"》，第 183 页，小学馆，1997 年，东京。

〔16〕丁明夷：《龙门石窟唐代造像的分期与类型》，《考古学报》1979 年第 4 期，第 519 ~ 545 页。

〔17〕曾布川宽：《龙门石窟唐代造像的研究》，《东方学报》（京都）第六十册（1988 年 3 月），第 199 ~ 397 页，

〔18〕Harry Vanderstappen & M. rhie, The Sculpture of T'ien Lung Shan: Reconstruction and Dating, *Artibus Asiae*, VoLXXVII（1965/66），pp. 216 ~ 220.

〔19〕颜娟英：《天龙山石窟再省思》，台湾"中央研究院"历史语言研究所：《中国考古学与历史学之整合研究》，第 839 ~ 918 页，1997 年，台北；颜娟英：《盛唐玄宗朝佛教艺术的转变》，《"中央研究院"历史语言研究所集刊》第六十六本，第二分（1995 年 6 月）第 577 ~ 578 页。

〔20〕李裕群：《天龙山石窟分期研究》，《考古学报》1992 年第 1 期，第 35 ~ 61 页。

〔21〕李裕群："三 太原地区石窟寺的分期"，李裕群、李钢编著：《天龙山石窟》，第 165 ~ 175 页，科学出版社，2003 年，北京。

〔22〕铃木洁：《天龙山唐朝窟编年试论》，町田甲一先生古稀纪年会编：《佛教美术史论丛》，第 187 ~ 278 页，吉川弘文馆，1986 年，东京。

〔23〕福山敏男：《宝庆寺派石佛的分类》，《佛教艺术》第 9 号（1950 年），第 31 ~ 43 页。

〔24〕颜娟英：《武则天与唐长安七宝台石雕佛相》，《艺术学》第 1 期（1987 年 3 月），第 41 ~ 47 页；颜娟英：《唐长安七宝台石刻的再省思》，陕西省考古研究所编：《远望集——陕西省考古研究所华诞四十周年纪年文集》（下），第 829 ~ 842 页，陕西人民美术出版社，1998 年，西安。

〔25〕水野清一：《唐的佛像雕刻》，《佛教艺术》No. 9，第 14 ~ 15 页。

〔26〕清水善三:《镰仓雕刻中的"宋风"——序论的考察》,《佛教美术史的研究》,第 210～213 页,中央公论美术出版,1997 年,东京。

〔27〕田边三郎助:《隋·唐的佛像》,百桥明穗、中野彻编:《世界美术大全集东洋编第 4 卷"隋·唐"》,第 203～204 页,小学馆,1997 年,东京。

〔28〕东方文化研究所水野清一、长广敏雄著:《龙门石窟的研究》,第 122～123 页,座右宝刊行会,1941 年,东京;张乃翥:《龙门石窟擂鼓台三窟考察报告》,《洛阳大学学报》第 10 卷第 3 期(1995 年 9 月),第 53～59 页。

〔29〕久野美树著,李茹、赵声良译:《龙门石窟擂鼓台南洞、中洞试论》,《敦煌研究》2009 年第 3 期,第 8 页。

〔30〕袁德领:《龙门石窟擂鼓台中洞之研究》,《敦煌研究》2003 年第 4 期,第 26～30 页。

〔31〕古正美:《龙门擂鼓台三洞的开凿性质与定年——唐中宗的佛王政治活动与信仰》,龙门石窟研究所编:《龙门石窟一千五百周年国际学术讨论会论文集》,第 166～182 页,文物出版社,1996 年,北京。

〔32〕张燕、王建新、张建林:《慈善寺、麟溪桥窟龛造像的分期与编年》,西北大学考古专业、日本赴陕西佛教遗迹考察团、麟游县博物馆编著:《慈善寺与麟溪桥——佛教造像窟龛调查研究报告》,第 101 页,科学出版社,2002 年,北京。

〔33〕韩伟:《陕西石窟概论》,《文物》1998 年第 3 期,第 71 页。

〔34〕李淞:《陕西佛教艺术》,艺术家出版社,第 82 页,1999 年,台北。

〔35〕韩伟:《陕西石窟概论》,《文物》1998 年第 3 期,第 70～71 页;白文:《关中隋唐西方净土造像图像志研究》,第 214～236 页,陕西出版集团、三秦出版社,2010 年,西安。

〔36〕常青:《彬县大佛寺造像艺术》,现代出版社,1998 年,北京。

〔37〕李淞:《陕西佛教艺术》,第 118～119 页,艺术家出版社,1999 年,台北。

〔38〕"附录 5　关中地区摩崖造像",白文:《关中隋唐西方净土造像图像志研究》,第 248 页,陕西出版集团,三秦出版社,2010 年,西安。

〔39〕"关中唐代摩崖造像列表",白文:《关中隋唐西方净土造像图像志研究》,第 252～253 页,陕西出版集团,三秦出版社,2010 年,西安。

〔40〕"别表第二　龙门石窟洞名称对照表并造窟年代表",水野清一、长广敏雄:《龙门石窟的研究》,座右宝刊行会,1941 年,京都。

〔41〕温玉成:《龙门唐窟排年》,龙门文物保管所、北京大学考古系编:《中国石

窟·龙门石窟》第二卷，第 194～213 页，平凡社、文物出版社，1992 年，北京。

〔42〕"附表二：龙门石窟武周纪年龛一览表"，张丽明：《河南洛阳市龙门北市香行像窟的考察》，《考古》2002 年第 5 期，第 54～55 页。

〔43〕张乃翥：《龙门石窟擂鼓台三窟考察报告》，《洛阳大学学报》第 10 卷第 3 期（1995 年 9 月），第 57 页。

〔44〕张乃翥：《龙门石窟擂鼓台三窟考察报告》，《洛阳大学学报》第 10 卷第 3 期（1995 年 9 月），第 57 页。

〔45〕铃木洁：《天龙山唐朝窟编年试论》，町田甲一先生古稀纪念会编：《佛教美术史论丛》，第 187～217 页，吉川弘文馆，1986 年，东京。

〔46〕李裕群：《天龙山石窟分期研究》，《考古学报》1992 年第 1 期，第 35～61 页；李裕群、李钢：《天龙山石窟》，第 153～175，科学出版社，2003 年，北京。

〔47〕Marilyn Rhie, A Tang Period Stele Inscription and Cave XXI at Tien - lung Shan, *Archives of Asian Art*, 1974/75, pp. 6～33; Harry Vanders tappen & M. rhie, The Sculpture of Tien Lung Shan: Reconstruction and Dating, *Artibus Asiae*, 17/3 (1965－66), pp. 189～200.

〔48〕颜娟英：《天龙山石窟的再省思》，"中央研究院"历史语言研究所主编：《中国考古学与历史学之整合研究》，第 869 页，1997 年，台北。

〔49〕中央美术学院石窟艺术考察队、山西省泽州县旅游文物管理中心：《山西晋城碧落寺石窟调查记》，《文物》2005 年第 7 期，第 82～90 页。

〔50〕阎文儒：《云蒙山与驼山》，《文物》1957 年第 10 期，第 30～33 页；李裕群：《驼山石窟开凿年代与造像题材考》，《文物》1998 年第 6 期，第 54～55 页。

〔51〕张总、郑岩：《山东东平理明窝摩崖造像》，《文物》1998 年第 8 期，第 74～79 页。

〔52〕甘肃省文物工作队、庆阳北石窟寺文管所：《庆阳北石窟寺》，第 31～38 页，文物出版社，1985 年，北京。

〔53〕甘肃省文物工作队、庆阳北石窟寺文管所：《庆阳北石窟寺》，第 34～35 页，文物出版社，1985 年，北京。

〔54〕甘肃省文物工作队、庆阳北石窟寺文管所：《庆阳北石窟寺》，第 35 页，文物出版社，1985 年，北京。

〔55〕董玉祥：《炳灵寺石窟唐代龛窟的分期与造像题材的论述》，古正美主编：《唐代佛教与佛教艺术》，第 244～245 页，觉风佛教艺术文化基金会，2006 年，台湾新竹。

〔56〕宿白：《中国石窟寺研究》，第 262 页，文物出版社，1996 年，北京。

〔57〕王惠民：《武则天时期的密教造像》，《艺术史研究》第一辑（1999 年），第 261 页。

〔58〕史苇湘：《敦煌莫高窟的宝雨经变》，《1983 年全国敦煌学术讨论会文集（石窟、艺术编）》，第 68～83 页，甘肃人民出版社，1985 年，兰州；李玉珉：《敦煌莫高窟第三二一窟壁画初探》，《美术史研究集刊》第十六期（2004 年），第 49～78 页。

〔59〕贺世哲：《从供养人题记看莫高窟部分洞窟的营建年代》，《敦煌莫高窟供养人题记》，第 203 页，文物出版社，1986 年，北京。

〔60〕向达：《西征小记》，《唐代长安与西域文明》，第 285 页，重庆出版社，2009 年，重庆。

〔61〕王惠民：《武则天时期的密教造像》，《艺术史研究》第一辑（1999 年），第 261 页。

〔62〕王惠民：《武则天时期的密教造像》，《艺术史研究》第一辑（1999 年），第 261 页。

〔63〕雷玉华、王剑平编著：《广元石窟》，第 31～35 页，巴蜀书社，2002 年，成都。

〔64〕雷玉华、王剑平编著：《广元石窟》，第 45～47 页，巴蜀书社，2002 年，成都。

〔65〕雷玉华、王剑平编著：《广元石窟》，第 36～37 页，巴蜀书社，2002 年，成都。

〔66〕罗世平：《巴中石窟三题》，《文物》1996 年第 3 期，第 64 页。

〔67〕《宝刻类编》卷二，《石刻史料新编》初编第二二册，第 18429 页，新文丰出版社，1977 年，台北。

〔68〕《石刻史料新编》初编第十二册，第 9239、9243 页，新文丰出版公司，1977 年，台北。

〔69〕《石刻史料新编》初编第十二册，第 9244、9052 页，新文丰出版公司，1977 年，台北。

〔70〕《石刻史料新编》二编第十四册，第 10609～10671 页，新文丰出版公司，

1977 年，台北。

〔71〕《石刻史料新编》初编第二十三册，第 7143～7144 页，新文丰出版公司，
　　　1977 年，台北。

〔72〕《石刻史料新编》初编第二十三册，第 19887～19889 页，第 19892 页，新文
　　　丰出版公司，1977 年，台北。

〔73〕《石刻史料新编》初编第二十五册，第 18794～18804 页，新文丰出版公司，
　　　1977 年，台北。

〔74〕《石刻史料新编》初编第二册，第 1106～1110 页，新文丰出版公司，1977
　　　年，台北。

〔75〕《石刻史料新编》续编第十四册，第 10340 页，新文丰出版公司，1977 年，
　　　台北。

〔76〕足立喜六著，王双怀、淡懿诚、贾云译：《长安史迹研究》，第 227～228
　　　页，三秦出版社，2003 年，西安。

〔77〕大村西崖：《支那美术史雕塑篇》，第 569～572 页，佛书刊行会图像部，
　　　1915 年，东京。

〔78〕町田甲一著：《概说东洋美术史》，第 177～178 页，国际书院，1989 年，
　　　东京。

〔79〕清水善三：《镰仓雕刻中的"宋风"——序论的考察》，《佛教美术史的研
　　　究》，第 210～213 页，中央公论美术出版，1997 年，东京。

〔80〕巫鸿：《敦煌 323 窟与道宣》，胡素馨主编：《佛教物质文化：寺院财富与世
　　　俗供养国际学术研讨会论文集》，第 333～334 页，上海书画出版社，2003
　　　年，上海。

第一章　佛教建筑与造型

第一节　寺院建筑

一　寺院布局特征

（一）全国的寺院

关于武周时期全国的寺院总数虽然没有确切的文献记载，但从武周之前贞观年间与之后开元年间全国的伽蓝数比较可见，增加了两千所。

据《大慈恩寺三藏法师传》记载："计海内寺三千七百一十六所。计度僧尼一万八千五百余人。"[1]可见贞观二十二年（648）全国寺院有3716所。

据《法苑珠林》卷一百"兴福部"记载："右三代已来一国寺有四千余所。僧尼六万余人。经像莫知亿载。译经一千五百余卷。"[2]

开元末全国有佛寺5358所[3]。

《唐六典》卷四"尚书礼部"记载："凡天下寺总五千三百五十八所。三千二百四十五所僧，二千一百一十三所尼。每寺上座一人，寺主一人，都惟那一人，共纲统众事。"[4]

推测武周时期全国的寺院总数有四千至五千所。从历史文献来看，从680年开始全国修建寺院的数量增加。寺院增加的主要原因是武周国家崇佛的政令。载初元年（689）武周王朝诏令各州置大云寺。据《旧唐书》卷六"则天皇后"条记载："（载初元年）秋七月，……有沙门十人伪撰大云经，表上之，盛言神皇受命之事，制颁于天下，令诸州各置大云寺。……九月九日壬午，革唐命，改国号为周。改元为天授。"[5]据《唐会要》卷四十八记载："天授元年十月二十九日，两京及天下诸州，各置大云寺一所。"[6]在此政令之下，全国各地都兴建了国寺大云寺。一时间大云寺遍及武周国土。长寿元年（692）武周国家安定西域，在安西都护府下设龟兹（Kucha）、于阗（Khotan）、疏勒（Kashgar）、碎叶（Tokmak）四郡，同时在四郡设立国寺——大云寺[7]。另一条有效的政令是天授二年（691）三月颁布"释教在道法之上制"[8]的诏令规定："……自今已后，释教宜在道法之上，缁服处黄冠之前，庶得道有识以归依，极群生于回向。"即从法律上确立佛教优于道教的地位，因此也推动和扶持了佛教寺院的兴建。除了政令强有力的推进作用之外，武周皇室贵族崇佛的态度和功德行为也促进了寺院的建立。《唐会要》卷四十八"寺"记载武则天及其家族所建立的寺院有以下：

崇福寺："林祥坊。本侍中杨恭仁宅。咸亨二年九月二日，以武后外氏宅立太原寺。垂拱三年十二月，改为魏国寺。载初元年五月六日，改为崇福寺。"[9]

光宅寺："光宅坊。仪凤二年，望气者言此坊有异气，敕令掘，得石碗，得舍利万粒，遂于此地立为寺。"[10]

荐福寺："开化坊。半以东，隋炀帝在藩旧宅。武德中，赐尚书右仆射萧瑀为园。后瑀子锐尚襄城公主，不欲与姑异居，遂于园后地造宅。公主卒后，官市为英王宅。文明元年三月十二日，敕为高宗立为献福寺。至六年十一月，赐额改为荐福寺也。"[11]

天女寺："敦业坊。贞观九年，置为景福寺，武太后改为天女寺。"[12]

敬爱寺："怀仁坊。显庆二年，孝敬在春宫，为高宗、武太后立之，以敬爱寺为名，制度与西明寺同。天授二年，改为佛授记寺，其后又改为敬爱寺。"[13]

福先寺："游艺坊。武太后母杨氏宅。上元二年，立为太原寺。垂拱三年二月，改为魏国寺。天授二年，改为福先寺。"[14]

长寿寺："嘉善坊。长寿元年，武后称齿生发变，大赦改元，仍置长寿寺。"[15]

崇先寺："证圣元年正月十八日，以崇先府为寺，开元二十四年九月一日，改为广福寺。"[16]

圣善寺："章善坊。神龙元年二月，立为中兴，二年，中宗为武太后追福，改为圣善寺。寺内报慈阁，中宗为武后所立。"[17]

8世纪前后，武周全国寺院兴盛。伽蓝的规模超过宫殿，建筑非常豪华，消耗了大量的土木材料。而且，寺院拥有水碾、庄园等附属财产，全国财产的七八成都变成了寺院的财产。不仅都市里林立规模宏大、形式壮观的寺院，连荒凉的乡间也矗立着为数众多的经坊、精舍。狄仁杰等从维护国家的经济利益出发，反对广建伽蓝和过度崇佛造像。

久视元年（700）狄仁杰上书认为伽蓝的膨胀妨害了国家的利益，反对武则天在洛阳的白马坂建造大像的计划："今之伽蓝，制过宫阙，穷奢极壮，画绩尽工，宝珠殚于缀饰，环材竭于轮奂。……里陌动有经坊，阛阓亦立精舍。……水碾庄园，数亦非少。"[18]

虽遭反对，武则天仍坚持造像计划。长安四年十月九日敕："大像宜于白司马坂造为定，仍令春官尚书、建安王攸宁充检校大像使。"监察御史张廷珪谏曰："……陛下信心归依，壮其塔庙，广其尊容，已遍于天下矣。……如佛所言，则陛下倾四海之财，殚万人之力，穷山之木以为塔，极冶之金以为像，虽劳则甚矣，费则多矣，而所获福缘，不愈于殚劳之匹夫，沙门之末学，受持精进，端坐思惟，理亦明矣。"[19]

（二）伽蓝布局特征

据前人研究，隋唐时期伽蓝布局依据塔的有无分为两种[20]。

有塔类型的寺院中依据塔的位置分为三型：前塔后殿型、双塔型、单塔和佛殿各处一院的多院型。无塔类型的寺院中依据院的数量分为：单院式、几进庭院的纵列式、多数院构成的大型寺院式。

武周时期继承初唐，流行双塔式和单塔·佛殿分离式伽蓝布局。

双塔式：初唐时期道宣在著作中对寺院的布局有所规定：以中央建筑物为中心对称布局建筑物，在中轴线的左右两侧对称布局侧院[21]。伽蓝的中央安置主体建筑："前佛殿"，其两侧安置三层的楼式建筑。两侧这种三层楼式建筑物初唐时期一般称为阁或台。而且为了与两侧的三层楼式建筑平衡，推测中央的主体建筑也应该保持二三层楼的高度。虽然长安寺院的考古资料较少，但参考《寺塔记》、《历代名画记》等文献记录和初唐时期敦煌、龙门石窟的美术、建筑资料可见这样主体建筑两侧配置阁楼式的伽蓝布局方法应当在初唐长安流行。文献中将主体建筑两侧的附属阁楼建筑或称为"东西阁"。例如《历代名画记》卷三记载"千福寺……东阁。肃宗置天台智者大师碑"[22]，洛阳大云寺"阁上婆叟仙，并尉迟画。黄犬及鹰最妙。"[23]

敦煌莫高窟隋唐时期的壁画中出现很多主体建筑两侧配置附属阁楼的伽蓝布局画面。例如：隋代的第423窟、第436窟、第419窟；初唐时期的第205窟、第321窟、第338窟、第341窟、第68窟；盛唐时期的217窟、第45窟、第225窟，这些洞窟中西方净土变中描绘的寺院中央主体建筑的两侧配置附属阁楼建筑。萧默依据敦煌石窟第205窟及第217窟的经变画认为初唐时期伽蓝的中心为二层的阁楼建筑，两侧安置二层阁楼的可能性很高[24]。

龙门石窟奉先寺的中央主体建筑的两侧配置附属阁楼建筑。

上元二年（675）造立主尊卢舍那大佛两侧的胁侍弟子和菩萨像；调露元年（679）在主尊的南边建立大奉先寺[25]。从现在崖上龛壁残存屋顶穴痕（安梁卯孔及屋顶斜槽痕迹）推测原来中央为七间大殿，两侧为三间配殿。这三座建筑都是斜倚崖面的一面坡形式。

唐渤海国上京龙泉府城遗迹考古出土第 1 号佛殿两侧的配殿遗迹。主佛殿和两侧的配殿间有廊道。这样的布局很可能受到来自长安的伽蓝布局的影响。

龚国强认为初唐时期长安流行主体建筑两侧配置附属阁楼的伽蓝布局形式有三个原因[26]。

第一，这种伽蓝布局在隋以前已经形成。

据《长安志》卷五记载，后秦时姚兴在长安的逍遥园建立逍遥宫。据记载逍遥宫殿庭左右两侧有高达百尺的阁楼建筑。

据现藏陕西西安碑林博物馆的《宕昌公晖福寺碑》记载北魏太和十二年（488）王遇[27]为二圣（文明太后和孝文帝）各造三级浮图一座，由此可见晖福寺的伽蓝配置可能以法堂为中心，对称布局两座三级佛塔。

"（王遇）于本乡南北旧宅上为二圣造三级浮图各一区。"[28]

第二，道宣在《戒坛图经》中规定了伽蓝布局的标准。

第三，唐代寺院，特别是国家大寺的配置受到宫殿建筑的很大影响。初唐时期宫殿建筑的代表大明宫的大殿麟德殿和含元殿都是左右对称布局阁楼，通过廊道或飞廊将大殿与左右阁楼相连。考古发现已确证这种建筑结构。

除了这种双塔式伽蓝布局之外，盛唐时期开始盛行在寺院中央布局高层阁楼[29]。根据龚国强的研究，高层阁楼代替佛殿和塔成为寺院的中心。这种伽蓝布局图在敦煌壁画中多次出现。在高层阁楼中安置佛像的传统在北魏时期已经存在。

《长安志》卷八"崇仁坊"条下宝刹寺："佛殿，后魏时造。

四面立柱，当中构虚，起两层阁，榱栋屈曲，为京城之妙。"[30]

武周时期位于长安怀远坊的大云寺就是这种布局。《长安志》卷十与《历代名画记》卷三均有记载。

《长安志》卷十"怀远坊唐大云寺"条记载："寺内正中立宝阁，崇百尺，时人谓之七宝台。"

"东南隅大云经寺……武太后初，此寺沙门宣政进大云经。经中有女主之符。因改为大云经寺。遂令天下每州置一大云经寺。此寺当中宝阁崇百尺。时人谓之七宝台。寺中有浮图。东西相值。东浮图之北佛塔名三绝塔。隋文帝所立。塔内有郑法轮，田僧亮，杨契丹画迹。及巧工韩伯通塑作佛像。故以三绝为名。"[31]

《历代名画记》卷三关于怀远坊大云寺有如下记载："大云寺东浮图北有塔，俗呼为七宝塔。隋文帝造。冯提伽画瘦马并帐幕、人物。已剥落。又东壁、北壁郑法轮画。西壁田僧亮画。外边四面杨契丹画本行经。"[32]

由以上文献可见，大云寺是以宝阁为中心，东西两侧安置佛塔的"品"字形伽蓝布局，而且中心建筑阁楼的名称随着时代而变迁。隋代因其内壁有三位名家的画迹而被称为"三绝塔"。武周时期伴随着大云经的流布，寺院名称改为大云经寺，宝阁的名称也变为"七宝台"。

光宅寺的伽蓝布局应该遵守以上所述初唐至武周时期伽蓝布局的一般规律。即中央主体建筑的两侧配置阁楼建筑，那么中央的主体建筑应该为七宝台，两侧配置普贤堂和文殊堂。七宝台为高耸的阁楼建筑，是光宅寺伽蓝的中央建筑。

除了以上所述大云经寺和光宅寺，隋唐时期的双塔式伽蓝还有法界尼寺、千福寺、崇福寺、保寿寺、大兴善寺等。

单塔与佛殿分别式：寺院中重要的佛殿依中轴线排列，塔院则离开中轴线，安置在别院中。这种布局的寺院在隋代已经存在。武周时期这种类型的代表性寺院有大慈恩寺和大荐福寺。

大慈恩寺：大雁塔位于西院。大慈恩寺规模宏大，寺内各类建筑众多，《长安志》卷八进昌坊条载："半以东大慈恩寺。寺西院浮图，六级崇三百尺。"可见大雁塔位于寺西院。

大荐福寺：主体佛殿位于开化坊南半坊；浮图院位于南部安仁坊；寺院与塔院之间被道路隔开。开化坊"半以南大荐福寺"；《长安志》卷七安仁坊条载"西北隅荐福寺浮图"，注云"院门北开"。

（三）武周时期寺院遗迹的考古发现

如前述武周时期长安的怀远坊有大云经寺。据《长安志》卷十与《历代名画记》卷三等文献记载，大云寺以宝阁为中心，东西两侧安置一塔。伽蓝布局的平面呈"品"字形。

中国各地残存武周大云寺的遗迹和遗物。

山西省猗氏县（临猗县）残存大云寺遗迹。和该寺相关的遗物有两件，一件是天授二年（691）石碑（表三之25号，图三五）。该石碑石灰岩质，高203厘米。背面有"大周大云寺奉为神圣皇帝敬造涅槃相碑一区"与"唐天授二年镌造"的刻铭。正面浮雕释迦佛传的八个场面。该石碑现藏山西省博物馆。另一件是《大云寺弥勒重阁碑》。《山右石刻丛编》卷五辑录有《大云寺弥勒重阁碑》全文，碑文共三十四行，行六十五至六十八字不等，正书。题"前校郎杜登撰"，大云寺碑文称："天授二年二月二十四日准制置为'大云寺'；至三年正月十八日，准制回换额为'仁寿寺'"。据鲁迅1915年考证，《大云寺弥勒重阁碑》为唐天授三年立，在山西猗氏县仁寿寺[33]。该碑现藏山西省博物馆。

甘肃省泾川县残存大云寺遗迹[34]。1964年甘肃省泾川县城城北水泉寺东南约一里处一砖砌石室出土一舍利石函，函盖刻"大周泾川大云寺舍利之函总一十四粒"，石函四周铭刻"泾州大云寺舍利石函铭并序。……爰从大周延载元年岁次甲午七月癸未朔十五日己亥迁于佛殿之下崇圣福焉……"记载了延载元年（694）朝散大夫行司马平昌孟诜和其他泾州地区的官吏及僧侣六十余人将隋代瘗埋舍利的石函从坍塌废弃的古塔下请出并重新瘗埋的过程。瘗埋舍利的地点是泾州大云寺。从铭文可知武周时期泾州大云寺内有壮丽的佛殿建筑，并瘗埋舍利，具有神圣的意义。泾州大云寺右侧为原来瘗埋舍利的古塔。因此可见泾州大云寺可能在原有寺院的基础上改建并改名为大云寺。有观点依据《广弘明集》卷十七"泾州于大兴国寺起塔将造函，三家各献旧磨好石，非界内所有，因而用之，恰然相称"，认为"舍利石函"应属于大兴国寺所有，或武则天时代改建为大云寺时，又将石函刻上"大周泾州大云寺舍利之函总一十四粒"十六个字[35]。

河南省的大云寺遗存。据《金石萃编》所录河南《大云寺碑》[36]："高一丈三尺一寸，广五尺二寸，三十一行，行七十七字，隶书额题大云寺皇帝圣祚之碑九字篆书今在河内县"，"……河内大云寺者本随（隋）文帝所□□□□也……镇以太行之险，绕以洪河之流。……有唐立极□□□因揆日占○增饰崇丽自隆周鼎革品……大周大足元年岁次辛丑五日癸酉朔十五日丁亥建"。《金石萃编》注释中提到："金石录有此碑，……碑云河内大云寺者本随（隋）文帝所置长寿寺也。"可见武周大足元年（701）所置河内大云寺为原来隋文帝所置长寿寺，至唐有所增建，武周时期改为大云寺。

山东省的大云寺遗存。2003年济南市考古研究所在济南市老城区县西巷考古发掘中发现一处重要佛教文化遗存，地宫底部出土《开元寺修杂宝经藏地宫记》石碑，证明开元寺位置在今县西巷一带。出土佛教造像中有一尊坐像，四方形底座，上置束腰莲台。坐像头部残，身着双领下垂式袈裟，内着僧衣，内衣一角从右侧搭于左臂之上。右手屈臂前伸，手残；左臂平伸，左手置于左膝之上。须弥座正面有铭文："大周万岁登封元年二月八日，大云寺律师功德，幼怀聪敏，早习玄猷，智达苦源，妙闲帝实，虽蒙法印，未离人尘，身抱休疴，发兹弘愿，敬造阿弥陀像一躯，愿得除愈，上为金轮皇帝，下及庶益之灵、内外眷属，普及无边……"[37]依据铭文该造像为大云寺僧功德所供养。结合该造像铭文及出土造像中武周时期弥勒造像所占数量较多，而且个体较大，研究者推测齐州开元寺的前身是大云寺的可能性很大[38]。

龙门奉先寺遗迹经过了调查和考古发掘。龙门奉先寺是调露元年（679）创建的敕愿寺[39]。然而开元十年（722）伊水的洪水将奉先寺与天竺寺同时摧毁，之后奉先寺与附近的龙花寺合并[40]。考古工作者1980年开始调查奉先寺的寺域[41]。第一层台地的西端残留凸起的坚固夯土基址为奉先寺最高的场所，判断其为华严阁遗迹。华严阁俗称"讲经台"，据北宋时代的文献[42]，北宋时代华严阁仍存在。武周时期华严教以龙门为中心兴盛，推测这个华严阁应该与法藏等华严教高僧的活动有密切关系。1997年至2000年洛阳市文物管理局与意大利那波里大学东方文化研究所共同发掘了该遗址，确认其为奉先寺遗址。考古发掘一间殿堂遗址和下水管道。殿堂遗迹出土建筑材料和瓦等7～8世纪的遗物，同时还出土7～8世纪的石刻佛像、铜钱、瓷器等生活用品等大量珍贵的遗物[43]。奉先寺西北出土的石造墓门，推测为北禅宗第七祖义福的墓门。据史料记载义福的葬礼极其隆重："以二十年卒，有制谥号曰大智禅师，葬于伊阙之北。送葬者数万人。中书侍郎严挺之躬行丧服，若弟子焉，又撰碑文。"[44]从以上考古发现可以确认奉先寺是武周时期的皇家寺院。该寺院中和华严教及禅宗相关的建筑占据重要位置。奉先寺遗迹考古发掘的佛像显示出和龙门石窟造像风格高度的一致性，但表现出寺院造像特征，如碑像和龛像丰富，圆雕石造像代表了当时的最高水平。

二 建筑物形制

依据文献记载，武周时期寺院中有多种多样的殿堂。如垂拱三年（687）洛阳龙门香山寺的建筑物有危（高）楼、飞阁、八角浮图。法藏《华严经传记》卷第一记载："中天竺国三藏法师地婆诃罗，唐言日照。……以垂拱三年十二月二十七日，体甚康体，告门人曰：'吾当逝矣。'右胁而卧，无疾而终于神都魏国东寺。会葬者数千万人。圣母闻之，深加悲悼，施绢千匹，以充殡礼。道俗悲慕，如丧所亲。香华辇舆瘗于龙门山阳，伊水之左。门人修理灵龛，加饰重阁，因起精庐其侧，扫洒供养焉。后因梁王所奏请，置伽蓝，敕内注名为香山寺。危楼切汉，飞阁凌云。石像七龛，浮图八角。驾亲游幸，具题诗赞云尔。"[45]

（一）建筑物类型

依据建筑物的形制和规模可分为楼、堂、阁、台等建筑物。

1. 楼

如意年中（692）河北恒州解慧寺三门楼，据《八琼室金石补正》录有恒州"开元寺三门楼题刻"，其中朝请郎行槁城县主簿李宥于大历十二年（777）撰《解慧寺三门楼赞》记载修建于如意年间的三门楼的形制为二层，一层为三门，门上有楼。

"……去如意年中，有高僧日宝，弃世从道，秉心安禅，悟真如达无生……愿修佛事，随喜兴功……然后雕朱粉，镂文彩，基上为门，门上为楼，三门之义，其大矣哉……"[46]

2. 堂

永昌元年（689）隆阐法师怀恽（善导的弟子）在长安实际寺修造净土堂。据《隆阐法师碑》记载，净土堂为用雕刻、绘画庄严的非常华丽的高层阁楼式建筑。隆阐法师在净土堂内供奉阿弥陀三尊像，墙壁挂绣佛像，与其他庄严具一起布置出华丽的佛堂内部场面。

《隆阐法师碑》："于是广劝有缘，奉为九重万乘四生六趣造净土堂一所。莫不虬栋凌虚、虹梁架回、丹楹艳日、青瑑延风。……雕瓮画拱之异，穷造化之规模；圆珰方镜之奇，极人天之巧妙。又于堂内造阿弥陀佛及观音势至，又造织成像并余功德、并相好奇特，颜容湛粹……"[47]

3. 台

七宝台：二层，阁楼式，第四章有专门研究。

4. 阁

依据金石记录，有被称为弥勒阁的阁楼式建筑。

唐大德寺造像并建弥勒阁碑铭：河南省"大德寺者，荆河之□□也。……禅营宝塔，特造僧房。……今建石碑像一躯……复营弥勒阁一所。金铃宝铎，和而乐已……"（这一行位于碑侧。见《金石萃编补正》）。石高三尺五寸，广三尺九寸二分。位于河南渑池）[48]。

5. 塔

道世所著《法苑珠林》记载了塔的建筑和礼拜方法[49]。根据前人研究[50]，把现存武周时期的塔列举如下。

香积寺善导塔（图一）。砖塔，香积寺的始建年代为永隆二年（681），推测塔与寺为同一时代（689年以前）。据《隆禅法师碑》记载："又于寺院造大窣堵坡塔，周回二百步，直上一十三级。"形制为方形十三级阁楼式空心砖塔。关于该塔的形制也有不同看法，赵克礼认为是"方形十三级密檐式空心砖塔"[51]。文军认为"而香积寺的13级大塔更多地带有楼阁式佛塔向密檐式佛塔过渡的风格"[52]。今残存十一层，残高33米。底层边长9.5米，高约5.5米；以上各层高度骤减，并逐层收分，至第十层每边长5.1米[53]。层间平砖叠涩，第十一层出檐，施两排菱角牙子。砖塔的墙壁上镶嵌石浮雕龛像。另外据足立喜六1906至1910年调查时所见，香积寺"今在田圃之间仅存二塔。这两座塔虽非唐代建筑，但其四周所嵌的十二个鞍形半裸石佛却十

分精巧。塔周堆积古代砖瓦和碑石破片，足以想见当时的盛
况"[54]。足立喜六所录龛像，现藏美国弗利尔美术馆，为大理
石龛像，高 38.1 厘米（表二之 23，图二七）。从风格判断为 8
世纪初期的作品，应该是塔始建期的龛像。宋代张礼曾在《游
城南记》一书中记载："相率济潏水，陟神禾原，西望香积寺
塔。"并在注中提到："香积寺，唐永隆二年建，中多石象
（像），塔砖中裂，院中荒凉，人鲜游者。"香积寺多见石像，
推测为塔周壁镶嵌的石龛像。

图一　长安香积寺善导塔

砖塔，香积寺建于永隆二年（681），推测塔与寺为同时代，高 33 米

兴教寺窥基灵塔（图二）：据该塔底层龛室北壁所嵌《大慈
恩寺大法师基公塔铭并序》，始建于永淳元年（682），重建于大
和三年（829）。该塔为方形三层楼阁式实心砖塔。"高 6.76 米，

底层边长 2.4 米。层间平砖九层叠涩出檐，第三层为菱角牙子，塔身素面。塔顶平砖攒尖，置宝瓶式塔刹"[55]。

图二　长安兴教寺窥基灵塔
始建于永淳元年（682），重建于大和三年（829），高 6.76 米

大慈恩寺的砖塔大雁塔（图三）。据《长安志》卷八记载始建于唐永徽三年（652），修补于长安年间（701～704）。高 64.839 米。形制为方形七层楼阁式空心砖塔。现存塔"底层边长 25.5 米，塔基方形，边长 45.5～48.5 米。塔身仿木结构，以砖隐出倚柱、阑额，将壁面分作五至九间；以青砖做柱枋、栏额等木结构，上饰座斗。这种简单的额枋和斗拱形态，是唐前期古塔

的显著特征。层间叠涩出檐，加饰菱角牙子，每层在当心间辟门。塔内为'空洞式'方形塔室，内装木梯可盘旋拾级而上。塔顶平砖攒尖，置宝瓶式塔刹"[56]。底层门楣上阴刻线佛画。关于大雁塔的装饰后文将详细论述。

图三　长安大慈恩寺的大雁塔
砖塔，建于长安年间（701～704），高 64.839 米

　　荐福寺的砖塔小雁塔（图四），又名荐福寺塔。建于景龙年间（707～710）。原为方形十五层密檐式空心砖塔，现残存十三层。据《长安志》卷七（开化坊）记载："次南安仁门，西北隅，荐福寺浮图院，院门北开，正与寺门隔街相对，景隆中宫人率钱所立。"据 1989 年实测，现塔残高 43.395 米，底层边长

11.38 米。塔座为砖砌方台，底边长 23.38 米，高 3.2 米。塔身单壁中空，底层较高，二层以上高度逐层递减。层间平砖叠涩出檐，加饰两排菱角牙子。底层南北辟券门，以上各层南北均开券窗；底层青石门楣、门框上线刻供养人图案及蔓草纹饰，第五至第十一层南北券窗两侧饰有方形小塔，现已残缺不全。塔内设木质楼层及砖砌磴道，塔壁有唐至清代题刻多处。塔刹残失，据明正统十四年（1449）荐福寺殿堂线刻石碑，原塔刹由圆形刹座、两层相轮和宝珠刹尖组成[57]。

图四　长安荐福寺的小雁塔

砖塔，建于景龙年间（707～710），高 43.395 米

嵩山法王寺塔：嵩山法王寺塔群位于河南省登封市区北 5

公里嵩山太室山南麓玉柱峰下的坡台地上，南距法王寺院约
200米。法王寺大塔坐北朝南，边长7.1平方米，占地50.14
平方米，塔高35.16米，中空叠涩密檐式砖塔，共十五层。第
一层高11.08米，四壁向上收分，壁厚2.75米，上端有叠涩檐
共17层，第一层外观塔壁1.04米。在塔高5.5~8.65米的四
周外壁上的砖表面有被砍凿痕迹和三层架梁卯口。第一层塔南
面辟有券门，为二覆二券式。门宽2.05米，高3.11米。塔心
室为方形，边长2.75米，面积7.6平方米。塔刹因残损过甚难
辨其形。该塔用长方形、方形（叠涩檐转角处用）灰砖加黄泥
垒砌而成，砌法多采用不岔分法。塔的外形呈柔和抛物线造型，
优美而秀丽，塔的外壁原敷有白灰一层。根据塔身上的砍砖、
壁龛和四周残存的铺地方砖和石柱础，可推断该塔四周应有回
廊[58]。梁思成认为"塔无年代铭刻，就形制论，当与小雁塔约
略同时"[59]。

（二）武周时期塔的材料、性质和装饰方法

塔的建筑材料主要有木和砖。形制主要有阁楼式（四面、八
面）和密檐式。阁楼式塔的代表作是慈恩寺的大雁塔。密檐式塔
的代表作是荐福寺的小雁塔。塔的庄严方法有雕刻和壁画。雕刻
中分为浮雕龛像和线刻画。唐代可见造塔供养与造像供养的结合
关系，因此出现了很多为了塔庄严而造的石浮雕龛像。这些浮雕
龛像与塔的共存关系有两种。一种是石浮雕龛像镶嵌在砖塔的墙
壁上，例如长安香积寺砖塔的墙壁上镶嵌石浮雕龛像（图五）。
另一种是石浮雕龛像作为石塔建筑部件与其他石材一起筑成石
塔。这种关于塔与石浮雕龛像的结合关系本章龛像部分将详细
论述。

以下以武周长安年间（701~704）修理的大慈恩寺砖塔大雁
塔为例来了解武周时期塔的形制和装饰方法。

图五　长安香积寺镶嵌龛像的砖塔

（图采自常盘大定、关野贞：《支那佛教史迹　一》，图Ⅰ-54（2），"香积寺小砖塔一部"）

据《长安志》卷八，大雁塔位于大慈恩寺的西院，十层，是中国传统的形制：东夏刹表旧式。"寺西院浮图。六级，崇三百尺。永徽三年沙门玄奘所立。初唯五层，崇一百九十尺。砖表土心，仿西域窣堵波制度，以置西域经像。后浮图心内卉木钻出，渐已颓毁。长安中更折改造，以东夏刹表旧式，特崇于前。有辟支佛牙大如升，光彩焕烂。东有翻经院。"[60]

宋代张礼《游城南记》："永徽三年，沙门玄奘起塔。初惟五层，砖表土心，效西域窣堵波。即袁宏《汉记》所谓浮图祠也。长安中摧倒，天后及王公施钱重加营，建至十层。其云雁塔者，《天竺记》达嚫国有迦叶佛伽蓝，穿石作塔五层，最下一层作雁形，谓之雁塔，盖此意也。……塔自兵火之余、止存七层。长兴中，西京留守安重霸再修之。判官王仁裕为之记。"[61]

今塔一层的四面门楣残留线刻佛画。四面佛画的构图大致相同，中央为主尊坐像，两侧为胁侍弟子、菩萨、供养者群像。然而，四个画面主尊的姿态、胁侍、背景不同。因此前人研究中关于四面的主题有各种观点。代表性的观点是四面四佛说：西面为阿弥陀净土图（图六），东面为药师佛，南面为释迦佛，北面为弥勒佛[62]。此外还有三世佛和药师佛说：西面的阿弥陀佛、南面的释迦佛、东面的弥勒佛构成唐以前已经流行的三世佛，北面为初唐时期开始出现的现世利益意味浓厚的药师佛[63]。

《历代名画记》和《寺塔记》等文献有关于大雁塔内壁画的记录。

《历代名画记》卷三："慈恩寺　塔内面东西间，尹琳画。西面菩萨骑狮子，东面骑象。塔下南门尉迟画。西壁千钵文殊，尉迟画。"[64]

《寺塔记》卷下："塔西面画湿耳师子，仰摹蟠龙，尉迟画，及花子钵曼殊，皆一时绝妙。"[65]

图六　长安大慈恩寺大雁塔的西门楣线刻画（临摹）

（图采自常盘大定、关野贞：《支那佛教史迹　一》，图Ⅰ－10，"慈恩寺大雁塔西门楣石画（吉川灵华氏模写）"，佛教史迹研究会大正十四年，东京）

《唐朝名画录》记载："……乙僧今慈恩寺塔前功德，又凹凸花面中间千手眼大悲，精妙之状，不可名焉。"[66]

通过以上文献可见武周时期大雁塔塔内壁画主要由擅长异国画风和凹凸画法的尉迟派绘制，主要内容是小幅面的菩萨图像（图七）。与殿堂壁画所绘大场面的经变画不同的是，这些小幅面的菩萨图像配置在塔各壁长方形的壁面内。有些图像，如文殊菩萨和普贤菩萨分别对称布置于塔内面东西两间，构成完整的建筑和图像程序；有些图像则可能独立布置，如武周时期开始出现的杂密系的变化观音图像的千手千眼菩萨布置于西面中间。这些富有立体感、色彩鲜艳、画面生动的菩萨画像装饰成的大雁塔具有华丽灵异的视觉效果。

图七　长安大慈恩寺大雁塔的内部空间（壁画为现代作品）

塔内供养佛像，构成内部的礼拜空间。据石刻塔铭记载，长安三年（703）河南相州灵泉寺塔内部供养弥勒像，"起塔供养。

粤以三年廿五日□□永毕。塔内便造弥勒像一铺。"（位于安阳县万佛沟西），见《大周相州安阳县灵泉寺故寺主大德智□师像塔之铭并序》。出自《安阳县金石录》[67]。

三　石质纪念性物品

（一）奉纳石塔

1. 造型

奉纳石塔的造型呈现出模仿同时期砖塔的倾向。从建筑风格可分为阁楼式和密檐式。从表一的作品可见从初唐时期至武周时期（表一之 1～10 号）四面阁楼式石塔流行，但是到了盛唐时期，主要流行密檐式塔（表一之 11～26 号）。

从结构可分为整石制作的塔与多数石部件组合而成的塔。从雕刻技法来看，主要分为浮雕石塔和圆雕石塔。浮雕石塔主要在石窟的壁龛中雕刻出来，如永徽三年（652）的浮雕三层阁楼式（表一之 3 号）塔位于龙门石窟第 159 窟左壁龛内；乾封元年（666）的浮雕七层密檐塔（表一之 5 号）位于龙门石窟第 678 龛内。这些塔浮雕出塔的正面及半分左右的厚度。塔身正面的佛龛内用浮雕的手法雕出佛像。这两个浮雕塔作为石窟造型的一部分，位于洞窟正门侧面的墙壁上。同一供养者与永徽三年的浮雕奉纳石塔龛同时还奉纳了七佛像龛。由此可见初唐时期龙门石窟造塔、造像的结合关系。龙门石窟第 678 龛塔作为 679 窟的组成部分，年代也可推断为乾封元年（666）。这座浮雕塔位于洞窟正门的左壁，推测是受到了当时寺院佛殿与塔的配置关系的影响。

圆雕塔依据塔身的层数可分为多层石塔与单层石塔。

多层塔原来为几层相叠积累成高塔，但现在仅存其中的一段，推测多层石塔原来由塔基、塔身、塔刹三部分组成。但塔基和塔刹多已残失。有以下四件作品：

1）西安市文物保护考古所藏品号为 3gs47[68] 的石塔（图八）。1974 年西安市莲湖区西安制药厂南出土。青石，高 25 厘米，上边长 27.5 厘米，下边长 30 厘米。该石塔部件为四面柱体，四面每面开内凹的尖拱形龛，龛内各浮雕一佛像，两侧用阴刻线刻弟子像。

图八　西安市文物保护考古所藏品号为 3gs47 的四面佛龛石塔（四面柱体）唐代，青石，圆雕，高 25 厘米，上边长 27.5 厘米，下边长 30 厘米，1974 年西安市莲湖区西安制药厂南出土

2）西安市文物保护考古所藏品号为 3gs48 石塔[69]（图九）。1983 年西安市碑林区市公安局五处院内出土。青石，高 25 厘米，上边长 31 厘米，底边长 33.5 厘米。该石塔部件为四面柱体，顶部有榫卯结构的内凹圆形坑，因此判断为层叠累加的四面石塔中的一段。四面各开一内凹的尖拱形龛，龛内浮雕一佛二菩萨像，龛外两侧阴线刻二弟子像。

3）西安市文物保护考古所藏品号为 3gs51 石塔[70]（图一

1. 释迦五尊

2. 阿弥陀五尊

3. 弥勒五尊

4. 药师五尊

图九　西安市文物保护考古所藏品号为 3gs48 的四面佛龛石塔（四面柱体）唐代、青石、圆雕，高 25 厘米，上边长 31 厘米，下边长 33.5 厘米，1983 年西安市碑林区公安局五处院内出土（龛内一佛二菩萨为浮雕像，龛外二弟子为线刻）

○）。1979 年西安市莲湖区庆安轧管厂出土。青石，高 32 厘米，底径 32 厘米。该石塔呈圆柱体，上部有圆形伞盖，伞盖中央有榫卯结构的内凹圆坑，因此推测原来为层层累叠石塔的一段。主体部分四面开内凹的尖拱形龛，龛内高浮雕一佛像，各龛之间阴线刻一弟子像。

4）实际寺的石塔[71]（图一一）。1993 年西安市西北大学校园内出土，推测为唐代实际寺遗址。青石，四棱柱体，上下两端皆有榫卯结构，推测为层叠累加石塔的一段。四面中央开内凹拱形佛龛，龛内浮雕佛像，龛外两侧阴刻线表现菩萨像。

单层石塔由塔基、塔身、塔刹三部分组成。塔基一般由下层基座和上层莲台组成。塔身为四面柱或圆柱体。塔刹为屋顶上承莲台、宝珠。代表性单层石塔为西安市文物保护考古所 3gs 大 3

1. 释迦佛　　　　　　　　2. 阿弥陀佛

3. 弥勒佛　　　　　　　　4. 药师佛

图一〇　西安市文物保护考古所藏品号为 3gs51 的四面佛龛石塔（圆柱体）
唐代，青石，圆雕，高 32 厘米，底径 32 厘米，1979 年西安市莲湖区庆安轧管厂出土

号石塔。

　　西安市文物保护考古所 3gs 大 3[72]（图一四）：1965 年西安市
莲湖区建新村出土。白石，残高 76 厘米，四面佛龛石塔（一层）。
塔基由八边形底座和圆形莲台组成；塔身八棱柱体形，每隔一面刻
一内凹拱尖拱形龛，龛内浮雕一佛像。

　　2. 奉纳石塔的庄严

　　从初唐时期到武周时期，在同时造塔、造像的风潮之中，阁
楼式奉纳石塔的塔身四面雕刻佛龛、佛像，塔身佛像的图像、风

图一一　长安实际寺出土的石塔

唐代，青石，圆雕，高约45厘米，1993年西安市西北大学校园内出土

格因地域而不同。

　　长安地区石塔的四面浮雕佛像的图像经过三个阶段，形成了与四面塔相应的四方佛图像规定性。

　　第一阶段：唐以前的石塔四面佛像的尊格不明，各佛像的造型大致相同。即各面的佛像是按照普遍的佛像塑造的。

　　1）北魏景明二年（501）铭的四面佛像[73]：1949年陕西省西安市北郊查家寨出土，西安碑林博物馆藏。该四面佛像高60厘米，宽56厘米，厚50厘米。该像为四面柱体，原为多级造像塔中的一级。每面各开一龛，龛内浮雕一佛二菩萨像，主尊均为结跏趺坐像，造型大致相同[74]。

2）隋开皇三年（583）杨金元造四面塔像[75]（表一之 1 号）：1978 年西安市未央区汉城公社（乡）雷寨村出土。汉白玉，高 32 厘米，底边长 14 厘米。塔基为一层方形；塔刹为半圆形覆钵体，塔刹残失。塔身中部四面开内凹的方形龛，龛内浮雕一佛二菩萨像。塔身正面龛像的主尊着通肩袈裟，在莲台上结跏趺坐。左右两面龛内主尊的造型与之相同。塔基正面从右向左刻凿铭文。

3）隋开皇九年（589）张士信造四面塔像[76]（表一之 2 号）：1977 年西安市西五路西段出土。汉白玉，高 31 厘米，座底边长 15 厘米。塔基为一层方形，以阴刻线在正面中央刻香炉，两侧刻狮子；塔基左侧以阴刻线刻出两位女性供养人的身姿，旁边有"信妻丁氏"、"女□"刻铭；右侧表现出两位男性供养人的身姿，旁边有"士信"、"息宜官"刻铭。塔刹为半圆形覆钵体，顶部残失。塔身为四面柱体，四面中部各开一内凹的尖拱形龛，内浮雕一尊佛坐像。塔身四面龛内主尊的造型大体相同：佛像着袈裟、两手结禅定印、在圆台上结跏趺坐。塔基背面从右向左刻凿铭文："开皇九年二十七日佛弟子张士信敬造四面佛像一区"。

第二阶段：从初唐至武周时期，除了药师佛以外的三佛的造型特征形成。

从以七宝台为代表的石塔造型来看，从初唐至武周时期，释迦佛与弥勒佛的对应关系形成：释迦佛以降魔成道像表现，代表现在佛；弥勒像以倚坐下生像表现，为未来佛。

以七宝台浮雕佛像为代表的四佛造型特征：

释迦佛像：菩提树天盖，金刚座，佛像偏袒右肩，右手施降魔印。

弥勒佛像：宝珠盖，椅子形台座，佛像为倚坐像。

阿弥陀佛像：莲台座、佛像着通肩袈裟、右手施说法印。

以下分析从初唐至武周时期，长安地区对应大乘四佛信仰四方四佛的建筑和图像程序形成过程。从初唐至武周时期，长安地区对应大乘四佛信仰的流行，如何表现阿弥陀佛、弥勒佛、释迦佛和药师佛各自在视觉上的特征（Visual Identity）是佛教造型的重要课题。

首先，四佛相关联的佛教信仰相继出现，臻于完备。四佛拥有各自主宰的净土世界，而且这些净土世界与中国传统的东南西北四个方位代表的宇宙观相结合。

从南北朝时期开始，阿弥陀佛已经作为西方净土世界的教主而被广泛信奉；初唐时期，经善导等净土教大师的倡导，阿弥陀佛和西方净土信仰更加深入到社会各个阶层。为了便于市民阶层的佛教实践，善导身体力行制作出数量众多的净土教美术品，如西方净土变相、阿弥陀佛像等。净土教大师还吸收了印度风格的禅定、观想等修行方法。因此初唐时期净土教信仰者十分重视观想，并为了便于观想而制造出十六观图像。

从南北朝时期到初唐，基于弥勒上生信仰的经典，弥勒佛像以菩萨装表现。但是，到了武周时期为了配合武周政治，基于弥勒下生经典，多表现佛装、倚坐像的弥勒佛。此外，武周时期下生的弥勒像作为皇帝武则天的象征，居于神圣和至尊的地位。

接着，释迦佛与其他三佛的造型特征形成。弥勒佛像倚坐在椅子形台座上、阿弥陀佛结跏趺坐于莲台座上的造型规则在初唐时期已经形成。为了区别于这两尊佛像，武周时期的释迦佛像表现为降魔成道像，配合以释迦佛法力的象征物金刚座与永远的生命的象征物菩提树的组合，形成了鲜明的图像特征。

第三阶段：开元以后，四佛的尊格全部形成，药师佛以结跏趺坐、双手持药钵的形式表现。释迦佛与弥勒佛所代表的现世佛与未来佛的相对关系持续存在；并形成了阿弥陀佛与药师佛的相对关系：代表西方净土与东方琉璃世界、以解决死后往生与生前疾病治疗所关系的人生归宿与疾苦问题。此后渐呈混乱化的倾向。从造型技法来讲，在盛唐时期经常运用龛中浮雕佛像、龛两侧用阴刻线刻画胁侍像的表现方法。如实际寺出土的石塔四面中央刻凿一个内凹的拱形佛龛，龛外部两侧用阴刻线表现菩萨像（图一二）。石塔的下部四面用阴刻线表现出几何纹样、团花纹饰，类似织物做成的天盖。

1. 右侧　　　　　　　　　　　2. 左侧

图一二　长安实际寺石塔佛龛两侧的线刻观音像

考古发掘出土实际寺的四面石塔和青龙寺的四面石塔是以上四面四佛的代表作。

1）实际寺的石塔[77]（图一三）。一面佛像头部残（图一三：1），头光二重，内重为圆形，外重宝珠形，内外重之间浮雕一周火焰纹。身光二重，内重圆形，内外重之间浮雕一周火焰纹。佛像颈部雕刻出三道，着偏袒右肩袈裟，结跏趺坐，右手掌心向内抚于右膝之上施降魔印，左手掌心向上置于腹前。佛像袒露出右肩和胸部，胸部佩戴串珠项饰和附有垂饰的项饰，右肩戴臂钏。肩部和腹部随着身体轮廓雕出几道平行的衣纹线，双腿表面下部刻出几道平行横长形衣纹线。台座为宣字形，上下部为二层方形台，束腰部分正面浮雕纹样。推测该佛像为位于南面的释迦佛。与之相对面所浮雕佛像（图一三：3）头光和身光均为二重，内外重之间浮雕火焰纹。佛像为倚坐像，卷曲状头发，面部浑圆，颈部刻画三道。袈裟的一角覆盖于肩部上侧。右臂肘部以下残，左臂残失严重。肩部、腹部、腿部雕出若干平行的U形衣纹线。双足跣足踏于二莲台之上。佛像台座为宣字形，下部为二层台座，束腰部分为方形，上部垂裳。推测该佛像为位于北面的弥勒佛像。推测为释迦佛像的右面龛内佛像（图一三：2）头光和身光均为二重，内重椭圆形，素面无纹，内外重之间浮雕一周火焰纹。佛像头顶覆钵形肉髻，螺发，面型浑圆，双眉之间用阴刻线表现眉毛曲线，双目微闭，目视前方，表情慈悲庄严。颈部刻画三道，雕出胸部肌肉轮廓和右侧乳部下方轮廓线。右手掌心向下抚于右膝之上，左手置于腹前，结跏趺坐于束腰莲台之上，双足隐于袈裟之内，仅雕出轮廓。腹部和双腿部雕刻出几道较宽的衣纹线，随着身体自然起伏。佛座为圆形束腰莲台，下部浮雕一周双瓣莲瓣，束腰部三棱鼓起，外侧各刻出一心形浅壶门，上部垂裳。推测该造像为居于西方的阿弥陀佛。与之相对面龛内佛像（图一三：4）头光和身光均为二重，内外重之间浮雕一周火焰纹，佛像头部肉髻稍残，面部稍有残失。着通肩袈裟，结跏趺坐于束腰台座之上。佛像双手置于腹前托一圆钵形物品，残失严重。胸前和腹部雕出若干平行的衣纹线。该佛像位于阿弥陀佛的对面，双手似持圆形药钵形物，因此推测为位于东方的药师佛。因此推测该石塔龛像表现的是四方四佛的建筑与图像关系，南方

的现在佛释迦佛与北方的未来佛弥勒佛形成对称关系；西方净土
世界的教主阿弥陀佛与东方琉璃世界教主药师佛形成对称关系。

2）青龙寺遗址出土的四面龛像[78]。20世纪70年代初期西
安市雁塔区青龙寺遗址出土。砂石，高29厘米，宽39厘米，
厚40厘米。四面柱体各面开一尖拱形龛，龛内浮雕一佛二菩
萨。一面龛内主尊着偏袒右肩袈裟，结跏趺坐于宣字形台座上，

1. 释迦佛

2. 阿弥陀佛

3. 弥勒佛

4. 药师佛

图一三　长安实际寺的石塔四面佛像

右手抚膝施降魔印；左手掌心向上置于腹前，推测为释迦佛；与之相对的面龛内主尊为倚坐像，双足跣足各踏一莲台[79]，推测为与释迦佛对称的弥勒佛。另一面龛内主尊双手置于腹前，似持药钵[80]，推测为药师佛；与之相对的面龛内主尊双手似施禅定印，结跏趺坐于莲台之上，判断为与药师佛对称的阿弥陀佛。

3）西安市文物保护考古所藏品号为 3gs51 石塔[81]：四面佛龛佛像的头光和身光形制相同，均为二重，内外重之间浮雕一周火焰纹。一面佛像结跏趺坐于束腰莲台之上，右手施无畏印，左手施与愿印（图一〇：1）；与之相对面龛内佛像呈倚坐像坐于方形台座之上，右臂曲举于胸前，右手施无畏印，左手掌心向内抚于左膝之上。双足跣足各踏一莲台（图一〇：3）。推测这两尊佛像分别为南方的现在佛释迦佛和与之相对的北方的未来佛弥勒佛。释迦佛佛龛右侧的佛龛内的佛像双手结交置于腹前施定印，结跏趺坐于束腰莲台之上（图一〇：2）；与之相对的佛龛内佛像双手置于腹前，托圆形钵，结跏趺坐于圆形莲台之上（图一〇：4）。推测这两尊佛像分别为西方净土世界教主阿弥陀佛与东方琉璃世界教主药师佛。

4）西安市文物保护考古所藏品号为 3gs47 石塔[82]（图八）：四面佛龛内各浮雕一尊坐佛像，阴刻线表现出背光和头光，龛两侧阴刻线表现二弟子像，龛上为卷云纹。其中倚坐像的弥勒佛和持药钵的药师佛图像特征明显，与之相对面的佛像图像相似，均为结跏趺坐，右手上举，右手施无畏印，与倚坐像的弥勒佛相对的佛像左手曲臂置于腹前；与持药钵的药师佛的相对的佛像伸直左臂，左手掌心向下垂于左腿上。

5）西安市文物保护考古所藏品号为 3gs48 石塔[83]（图九）：四面佛龛一面佛像为倚坐像，头部已残，着通肩袈裟，右臂曲举，右手残，左臂伸直，左手抚于左膝之上。佛像着袈裟，内重袈裟于胸前系带。佛像跣足踏二莲台。主尊台座附有背屏。推测为弥勒佛（图九：3）；与之相对面龛内佛像头光和身光均为二重，内外重之间浮雕一周火焰纹，佛像头部残失，右臂贴体曲举至体前，右手残失，左臂伸直，左手掌心向下抚左膝。佛像着双领下垂式袈裟，结跏趺坐于莲台之上，双足隐于袈裟内，仅雕出轮廓。主尊台座为莲台，浮雕两重仰莲瓣，下面有茎。推测为与弥勒佛相对的南面的释迦佛（图九：1）。释迦佛龛右侧的佛龛内主尊结跏趺坐于束腰莲台之上，双手于腹前施定印，判断为阿弥陀佛（图九：2）；与之相对面的龛内高主尊结跏趺坐，双手置于腹前，托圆形钵形物，判断为药师佛（图九：4）。该四面佛龛石塔的建筑和图像特征十分鲜明，不仅遵循南方释迦佛和北方弥勒佛的相对关系、西方阿弥陀佛和东方药师佛的对应关系，而且佛像在图像特征上遵循普遍的造型规律：阿弥陀佛双手施定印，弥勒佛作倚坐像，药师佛手持药钵。

　　6）西安市文物保护考古所藏品号为 3gs 大 3 石塔[84]（图一四）：四面龛内佛像可见释迦佛和倚坐像弥勒佛的对应关系，阿弥陀佛和持药钵的药师佛的对应关系。塔顶为八棱屋檐形，塔刹残存莲瓣。该石塔部件虽然残缺严重，但仍然可见一般的建筑和图像程序。

　　但是，洛阳地区的奉纳石塔并不见长安地区那样的四方佛与四面塔的结合关系。从初唐到武周时期，从以下造像铭文来看，与奉纳石塔同时供养的佛像有七佛、十方佛，但是佛像都表现为普遍性的佛像。

　　浮雕纪年石塔一座，依据造像铭文可推测年代的一座。

　　1）永徽三年（652）石塔[85]（表一之 3 号）：龙门石窟第159 窟左壁。为三层阁楼式，高 114 厘米。塔基二层，塔身三层，各层塔身开凿内凹的半圆形佛龛，里面浮雕佛坐像。龛左侧有造像记："李夫人摩诃造浮图并作七佛供养永徽三年"。

2）垂拱元年至神龙年间的石塔[86]（表一之7号）：龙门石窟第313龛。为七层阁楼式，高68厘米。龙门石窟第313龛，塔身各层各浮雕一尊佛坐像，施降魔印或禅定印。塔龛左侧题记"弟子苏大娘为亡夫太州参军长孙缄造浮图七级内皆造像一躯"。

圆雕纪年石塔三基。

1）麟德元年（664）石塔[87]（表一之4号）：洛阳古代艺术馆藏0033号塔。原发现地不详，1980年由洛阳博物馆调拨。无塔基，七层，残高163厘米。层间三层叠涩。第一层塔身正面开一尖拱形小龛，内浮雕一佛二菩萨。龛两侧有铭文，右侧有麟德元年纪年，可能为造塔之期。

图一四　西安市文物保护考古所藏品号为3gs大3的单层石塔

白石，圆雕，高76厘米，1965年西安市莲湖区建新村出土

2）咸亨三年（672）石塔[88]（表一之6号）：洛阳古代艺术馆藏0043号塔。原发现地点不详，1980年由洛阳博物馆调拨。由一块石材整体凿刻而成，现保存三层。残高94厘米，无塔基。第一层塔身略高，以上二层逐渐递减。第三层塔身上方有一长宽13.5厘米的方形卯眼，应接上部构件。每层塔檐下部叠涩二层，上部仿砖木结构屋顶，凿刻瓦垄、屋脊。塔檐平直，檐角无上

翘。第一层正面尖拱龛上部为一佛二菩萨，龛外线刻二金刚力士，下部为两个供养人与双狮。其余三面或尖拱或圆拱亦为一佛二菩萨；第二层正面为圆拱坐佛龛，龛外线刻天王像。背面三佛三龛，左右二侧尖拱形龛均为一佛二菩萨；第三层各面均为三龛三佛。塔的一层四面虽然各表现了三尊像，但图像之间没有关系。从各面的铭文来看，塔与佛像分别由不同的供养者供养。第一层各面刻有铭文：正面佛龛下部铭文："大唐□□□年岁次壬申？八月己未廿四日壬午，佛弟子孙□德敬造石浮图一区。上为皇帝陛下及法界苍生，同此善根，俱登正觉。德妻罗供□男保生供□保妻马□□□供养佛□"。第二、三层各面亦有多处供养和造像题记。由造像纪年干支推算为咸亨三年[89]。

3）武周长安三年（703）石塔[90]（表一之 9 号，图一五）：龙门石窟研究所藏。为阁楼式四层方塔。通高 164 厘米，无塔基，第一层塔身下宽上窄收分明显，纵剖面为梯形。一层以上高度与面宽依次递减。每层塔檐叠涩三层，第四层塔檐挑出二层。塔刹为宝珠形，环饰山花蕉叶纹。第一层的正面中央开尖拱佛龛，龛内浮雕施禅定印的佛坐像。龛外两侧为供养人龛像，左侧刻一小方形坐佛龛。四面均有题记，正面尖拱龛下刻："清信佛弟子安思泰一心供养十方诸佛一切贤圣。"右侧题刻《大周浮图铭并序》，文字共 13 行，已剥落不清。之后记"长安三年岁次癸卯九月庚寅朔廿日安思泰造浮图一所为十世先亡敬造"。背面题刻安思泰祖婆康氏、祖父俱子、父德□、母尹氏已故四人的改迁合葬记。左面题刻信奉西方阿弥陀佛净土的发愿文，共 16 行[91]。

4）武周长安四年（704）石塔[92]（表一之 10 号，图一六）：收藏于洛阳古代艺术馆的 0034 号石塔。原发现地不详，1980 年由洛阳博物馆调拨。以一块整石雕刻而成，共 6 层，高 136 厘米。塔基一层方形。塔身为阁楼式六层方形，第一层塔身高 27 厘米，分上下二段，下段较高。第二层以上塔身较矮，层间叠涩塔檐三

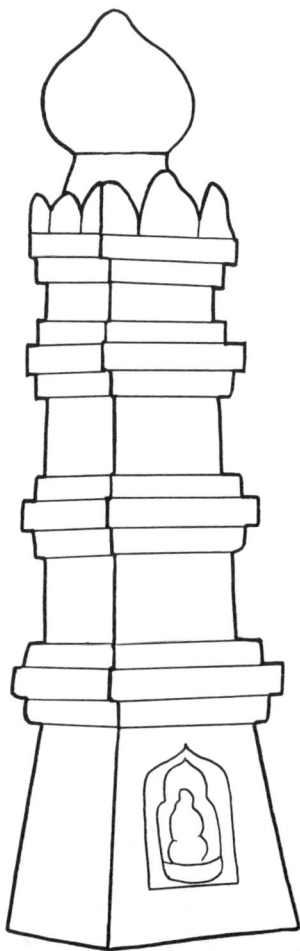

图一五　河南省洛阳龙门石窟
安思泰造石塔

长安三年（703）铭，圆雕，高
164 厘米（图采自杨超杰、严
辉：《龙门石窟雕刻粹编·佛
塔》，第62页，图十九：2）

图一六　河南省洛阳古代艺术馆
0034 号石塔

长安四年（704）铭，圆雕，高 136 厘米

层。第六层出挑二层，上承宝珠形顶与山花蕉叶，覆钵丘正上方有直径9厘米的圆孔。通体无雕刻佛像。第一层塔身正面有塔铭四行："长安四年五月十……州西水县令田义……娘先去久视九（元）年……六日身亡兄仲任。"有缺字凡四行。

5）神龙二年（706）石塔[93]（表一之11号）：原来位于河南省偃师寇店乡孙窑村西大路旁，现流失海外。圆雕的密檐式五层方塔。塔刹为覆钵上承宝珠，塔身各层之间叠涩五层。塔身四面开佛龛，内浮雕佛像。第一层塔身的四面为一佛二菩萨，其他四层四面各为一坐佛。佛像的尊格不明。塔基和第一层有铭文，但只可见塔基上"惟大唐神龙二年（706）岁次丙午辛未朔三十日庚子"。

此外龙门石窟潜溪寺前45龛1号塔[94]（图一七）。依据其形制推测为初唐时期。塔为阁楼式四层方塔。高298厘米。由石雕构件拼合而成。无塔基。第一层塔身、塔檐为一个整体；第二层以上为一个整体。叠涩出檐，一至三层每檐向外挑出

图一七　河南省洛阳龙门石窟潜溪寺洞前石塔　推测为初唐时期，圆雕，高298厘米（图采自杨超杰、严辉：《龙门石窟雕刻粹编·佛塔》，图版一）

和内收五级，四层三级。塔刹由覆钵、莲座、宝珠拼合而成。每层均开龛造像，第一层塔身开三龛，各龛内雕一佛二菩萨。二、三层四面开龛、四层一面开龛，龛内造像为一佛二菩萨或一坐佛像。

河北省唐代寺院遗址残存有垂拱元年（685）石塔[95]（表一之 8 号）。河北省隆尧县景福村古代安乐寺遗址西南角有唐代上元元年（674）的一通石碑，东西两侧各有一座石塔。东侧石塔七层，底层有小室，室内和塔门上方有刻铭，据"大唐垂拱元年七月十五日比丘智□供养"铭文可知其年代。西塔的形制和构造与东塔大致相同，推测二塔的时代相同。

盛唐时期开元年间的寺院遗迹中常见中心建筑佛殿前对称排列两座奉纳石塔。石塔为密檐式，台基和第一层正面、门两侧浮雕力士像，内部安置佛像。例如河南省浚县县城西北 25 公里翟村西南隅的福胜寺内东西对称并立两座密檐式方塔[96]（表一之19、20 号）。东塔立于开元十七年（729），西塔立于天宝年间。东西塔的建筑形制大致相同，都是密檐式方塔，塔身各层间正反叠涩屋檐；两塔的庄严也大致相同，台基、上下层须弥台座四面装饰有浮雕像。一层正面两侧为力士像，门楣上浮雕出龙、飞天。塔心室后壁安置一佛二菩萨二弟子五尊像。天宝年间这种两座奉纳石塔并立的伽蓝布局方法仍然存在，但是塔基、上下层须弥台座、一层正面的浮雕像更加复杂和精细。例如河南省内黄县城西南 25 公里东花固村外复兴庵内天宝二年（743）的双塔[97]（表一之21、22 号）与河南林县城南 42 公里西岗村东南隅阳台寺旧址天宝九年（750）的双塔[98]（表一之 24、25 号）。

1988 年山东微山县薛河出土两段开元十四年（726）石塔[99]部件（表一之17、18 号）。一段为八棱柱体，高 33 厘米，直径35 厘米，各面各开一龛，内浮雕一尊佛坐像，共八尊。另一段石塔高 28 厘米，直径 45 厘米，八棱柱体，顶面、底面皆为粗糙素面。雕刻八根莲花纹棱柱，八面皆为鼓出的上下有尖的椭圆形面，上下皆有连弧纹。从与二段石塔共出的开元十四年石碑铭文推测该二段部件为长乐郡下博县（今属河北）谭同庆所敬造之"八棱九级浮图"的石塔塔身的二级[100]。

（二）龛像

1. 塔与石龛像的结合关系

武周时期的造佛造塔风潮中，为塔的庄严而造的浮雕龛像十分流行。如七宝台的浮雕石佛龛像就是为奉纳佛塔庄严的目的而造。义净天授二年（691）所著《南海寄归内法传》卷四关于七世纪印度的造佛造塔有如下记述：

> 造泥制底及拓模泥像，或印绢纸随处供养。或积为聚，以砖裹之，即成佛塔；或置空野，任其销散。西方法俗莫不以此为业。又复凡造形象及以制底、金银铜铁泥漆砖石，或聚沙雪。当作之时，中安二种舍利。一谓大师身骨，二谓缘起法颂。

> 其颂曰：诸法从缘起，如来说是因，彼法因缘尽，是大沙门说。要安此二，福乃弘多。[101]

塔与石像相关的文献记录：

1）初唐时期：长安玉华宫南檀台山穆王寺，砖塔，四面石龛。

道宣著《道宣律师感通录》中有佛龛镶嵌于塔的记录：砖塔的四面石龛中曾镶嵌石浮雕龛像。

"今玉华宫南檀台山有砖塔。面别三十步，下层极壮，四面石龛，旁有碎砖。又有三十余窑砖，古老莫知何代。然每闻钟声，答云：'此穆王寺也，名曰灵山。'"[102]

"又问：'今玉华宫南檀台山上有砖塔，面别四十步。下层极壮，四面石龛，傍有碎砖。又有三十余窑砖。古老莫知何代。然每闻钟声'答曰：'此穆王寺也，名曰灵山。'"[103]

2）衡岳南可五六百里。在永州北：育王大塔，石龛。

"今衡岳南可五六百里，在永州北。……池南有育王大塔。石华捧之，以石龛覆与地平。塔东崖上具有碑记，篆书可识。登梯抄取，足知立塔之由。"[104]

3）垂拱三年（687）：洛阳龙门香山寺："置伽蓝。敕内注名为香山寺。危楼切汉，飞阁凌云。石像七龛，浮图八角。"[105] 推测八角形塔除了门所在面以外其他七面各开一龛，其中各镶嵌一件浮雕石佛像，因此共七龛石像。

石刻铭文也有关于塔与石像相关的记载。

1）武周万岁通天二年（697）河南许州府长葛县冯善廓供养浮图龛像。

浮图铭并序，赵□撰。

"……以大周万岁通天二年岁次景申四月景寅朔十四日己卯遂造浮图一所。石像□区。尔其玄石叠重，杂烟云之气色；紫金圆满，含日月之光辉。……（内崛君拓本。石高二尺一寸、阔一尺五寸五分。中有龛像。龛高一尺三寸、阔六寸二分。）"[106]

2）武周圣历二年（699）河北武隆县令闻生元相供养，四面像并浮图石幢。

"武隆县令闻生元相为金轮圣神皇帝造四面象（像）并浮图石幢。圣历二年二月八日（金石目四。直隶顺天永清东南一里塔儿巷）"[107]

2. 石龛像的形制与风格（表二：唐代纪年石龛像〈七宝台浮雕龛像以外〉）

本书将石龛像按照其形制及与建筑物的结合关系分为两种类型。

一种是作为独立造型的龛像。这种龛像按照顶部的形状分为半圆形龛和尖拱形龛两种。半圆形龛顶的龛像如龙朔元年（表二之2号）、乾封二年（表二之4号）、总章元年（表二之5号，图一八）龛像、洛阳龙门石窟奉先寺遗址出土龛像（表二之9号，图一九）、神龙元年（表二之10号，图二〇）、景龙二年（表二之12号）、景云二年（表二之14号，图二一）、先天元年（表二之15号，图二二）、开元四年（表二之17号）龛像。神龙元年的龛像佛龛顶部浮雕七佛，下部为供养者。其他的龛像的半圆形龛顶部及内部少有纹饰，简洁朴素。尖拱形龛顶的龛像如乾封元年（表二之3号）、仪凤三年（表二之6号）、长安二年（表二之8号）、神龙二年（表二之11号）、开元十七年（表二之26号）、长安青龙寺遗址出土的龛像（表二之19号，图二三）。

另一种类型是作为建筑部件而敬造的龛像。如前文所述，这种类型的石龛像往往镶嵌于塔或其他建筑物的墙壁中。从表二的纪年龛像作品中依据铭文可明确判断为塔的庄严而供奉的有四件龛像：景龙三年的阿弥陀佛三尊龛像（表二之13号）、先天二年的阿弥陀石龛像（表二之16号）、开元七年龛像（表二之18号）和咸通五年龛像（表二之28号）。

初唐时期为塔的庄严而敬造的龛像推测有乾封二年（667）铭浮雕龛像[108]（表二之4号）。这件龛像1984年发现于河南省偃师县李村乡上庄村。据说原是陈昌寺塔上的遗物，与之共存的有唐代观音像（一半残失）与武周万岁通天元年（696）的《□□寺□□德□□禅师塔铭》。该龛像半圆形顶，上部浮雕佛坐像和两侧胁侍菩萨立像；中部中央为香炉、两侧对称表现狮子和力士像；下部为造像铭。

景龙三年（709）的阿弥陀佛三尊像[109]（表二之13号）：汉白玉，浮雕像。1986年9月出土于陕西省礼泉县县城东北14公里处的赵镇水泥厂，现收藏于礼泉县博物馆。从背面阴刻"大唐阿弥陀石像塔铭并序"可知该像原来为塔的庄严物品。

先天二年（713），（表二之16号）龛像[110]，据其铭文"大唐先天二年九月十二日，僧九艺僧玄胐僧义隆僧惠澈僧真空等

图一八　总章元年（668）铭龛像

石灰岩，浮雕，高65厘米，宽47.5厘米，厚12.5厘米，现藏洛阳古代艺术馆

图一九　河南省洛阳龙门石窟奉先寺遗迹出土龛像

石灰岩，浮雕，高 36.2 厘米，宽 33 厘米，现藏河南省洛阳龙门石窟研究所（图采自 Miho 博物馆：《龙门石窟展图录》，第 82 页，图 41）

图二〇　阿弥陀龛像

神龙元年（705）铭，石灰岩，浮雕，高43厘米，宽29厘米，厚9厘米，河南省偃师市寇店乡出土，现藏洛阳博物馆（图采自东京国立博物馆：《宫廷的荣华——唐的女帝·则天武后与她的时代展》，第39页，图十三）

图二一　弥陀石像

景云二年（711）铭，石灰岩，浮雕，高120厘米，宽88厘米，厚28.5厘米，现藏河
南省洛阳古代艺术馆

图二二　弥陀石像

先天元年（712）铭，石灰岩，浮雕，高120厘米，宽86厘米，厚21厘米，现藏河南省洛阳古代艺术馆

图二三　三尊像

石灰岩，浮雕，高75厘米，宽61厘米，厚40厘米，陕西省西安市青龙寺遗迹出土，现藏西安市文物保护考古所（图采自东京国立博物馆、朝日新闻社编集：《中国国宝展》（2004），图121，第154页，朝日新闻社，2004年。）

奉为皇帝皇后及师僧父母法界有情敬造阿弥陀像一铺。大匠赵守忠，造浮图匠苏则"，可知制作该龛像的工匠是"赵守忠"，修造佛塔的工匠是"苏则"。从此塔铭可见两点：一是龛像是为了塔庄严的目的而敬造；二是龛像与塔是由不同的工匠修造的。

这种造型传统在之后的开元年间更加发展。开元年间为塔的庄严而敬造的浮雕像有：

开元七年（719）龛像[111]（表二之18号）。出土时间与地点不详，1952年起收藏于西安碑林博物馆。石灰岩，浮雕，高47.5厘米，宽47厘米。正方形石板浮雕出拱形石板，其上浮雕一佛二菩萨像。尖拱形顶装饰浮雕卷云纹。据其铭文"开元七年闰七月十二日竖塔"可判断该龛像曾为塔的庄严物品。

咸通五年（864）龛像[112]（表二之28号）。出土时间与地点不详，据《金石粹编》卷一一七"龙华寺窣堵波塔铭"，来源于咸阳县龙华寺。1952年起收藏于西安碑林博物馆。石灰岩，浮雕，高42.5厘米，宽47厘米。石板表面浮雕一佛二菩萨，主尊偏袒右肩，右臂戴臂钏，右手施降魔印，结跏趺坐于一枝三茎莲台。二菩萨正面立像。右侧菩萨左手持拂子，左侧菩萨右手持宝珠。主尊莲台下左右侧各一跪姿供养人。据背面"窣堵波塔铭并序"及"时咸通五年……廿六日更辰建立"，可判断该龛像曾为塔的庄严物品。

以上龛像中景龙三年像（表二之13号）与咸通五年像（表二之28号）的背后刻有塔铭。其他从造型可推测为塔的庄严而造的龛像有表二之20号至25号的六件龛像与27号至德三年龛像。表二之20号龛像（图二四）的背面为三角形。表二的23号像（图二七）原来镶嵌于长安城南香积寺塔壁中[113]。六件龛像呈现出统一的造型和风格，全部在向内弯曲的长方形石块中央造出尖拱形龛，中间浮雕坐佛像，龛外用阴线刻表现出二弟子像或二菩萨像。各龛像主尊的螺发、宝珠形头光、圆形背光都大致相似。因此推测这六件龛像原来的时代地域相同，进一步推测安置的场所同为塔壁。可能为盛唐时期长安寺院中塔的庄严物品。这六件龛像中三件（表二之20，21，24号）的材质为石灰岩，二件为大理石（表二之22，

23号)，一件为白玉石（表二之25号）。按尺寸可分为三组：两件（表二之20，21号）高30～34厘米；两件（表二之22，23号）高38～40厘米；两件（表二之24，25号）高36厘米。其中四件（表二之20号至23号，图二四、二五、二六、二七）主尊着双领下垂式袈裟，右臂曲举体前，右手向外，四件造像右手均残，手印不明；左臂前伸，左手置于左膝之上。其余两件龛像（表二之24号至25号，图二八、二九）的主尊着通肩袈裟，双手于腹部前捧圆形物品，推测为持药钵的药师佛。

石龛像的雕刻技法分为两种形式。一种是在方形或长方形石块的中部作内凹的龛（arch），中间浮雕尊像。例如景龙三年龛像

图二四　龛像

推测为8世纪，石灰岩，浮雕，高30.8厘米，宽37.8厘米，深10.8厘米，现藏日本大阪市立美术馆（图采自《三藏法师之道》，第195页，图145）

图二五　龛像

推测时代为 8 世纪前半，石灰岩，浮雕，高 33.4 厘米（图采自松原三郎：《中国佛教雕刻史论》，图版三，图 677a）

图二六　龛像

推测时代为 8 世纪前半，大理石，浮雕，高 40.5 厘米，源于陕西省西安（图采自松原三郎：《中国佛教雕刻史论》，图版三，图 677b）

图二七　龛像

推测时代为 8 世纪前半，大理石，浮雕，高 38.1 厘米，原来镶嵌于长安城南的香积寺塔壁。现藏美国弗利尔美术馆（图采自松原三郎：《中国佛教雕刻史论》，图版三，图678b）

图二八　龛像

推测时代为 8 世纪，石灰岩，浮雕，高36 厘米，宽 46 厘米，现藏日本帝室博物馆（图采自大村西崖：《支那美术史雕塑篇》，附图第八百十）

图二九　龛像

推测时代为 8 世纪前半，白玉石，浮雕，高 36 厘米，宽 42 厘米，现藏日本帝室博物馆（图采自大村西崖：《支那美术史雕塑篇》，附图第八百十一）

（表二之 13 号）、先天二年龛像（表二之 16 号）、表二之 20 号至

25 号龛像。七宝台的 32 件浮雕龛像也是这种形式，全部都是长方形石块的中央作成内凹佛龛，龛内浮雕出尊像。值得注意的是盛唐时期佛龛变浅，而且多用线刻表现胁侍像。另一种形式是在长方形石块的表面直接浮雕。例如圣历元年龛像（表二之 7 号）、开元七年龛像（表二之 18 号）、至德三年龛像（表二之 27 号）、咸通五年龛像（表二之 28 号）。

龛像的主尊主要是阿弥陀佛，其次是弥勒佛。从 705 年开始，龛像的背面逐渐出现刻经。经文的主要内容为心经和尊胜陀罗尼经。

表二所列龛像可见地域差异。首先从考古出土的基准作品可见洛阳、长安、四川的地域差异。从洛阳市出土的总章元年龛像（表二之 5 号）、洛阳龙门奉先寺遗迹出土的龛像（表二之 9 号）、景云二年（表二之 14 号）、先天二年（表二之 16 号）、河南省偃师县出土的乾封二年（表二之 4 号）、神龙元年（表二之 10 号）六件龛像可见以洛阳为中心的地域特征。这六件龛像的主尊全部身着通肩袈裟。衣纹线主要为斜面刻线、特别是胸前、腿部的衣服用自然的曲线简练地表现出来。菩萨像表现出直立的姿势。两条天衣从体前垂下，在天衣下装饰 X 形交叉璎珞。从以上地域特征推测美国弗利尔美术馆收藏的开元四年龛像（表二之 17 号）来源于洛阳地区。

从七宝台的 32 件浮雕龛像、西安的景龙二年龛像（表二之 12 号）、西安碑林博物馆收藏的开元七年龛像（表二之 18 号）和青龙寺遗址出土的龛像（表二之 19 号）也可见长安地域龛像的风格特征。主尊着双领下垂式袈裟，衣纹线为突起的"凸"形圆线，特别是肩部和腿部浮雕出三条平行的圆形凸起衣纹线。菩萨像的身体呈 S 形曲线，天衣少，无璎珞。从长安地域龛像风格特征推测仪凤三年（表二之 6 号）和开元十七年龛像（表二之 26 号）来源于长安地区。

　　1994 年四川彭州龙兴寺出土的圣历元年（698）释迦三尊像
（表二之 7 号，图三〇）显示出西南地区的地域特征：主尊左手
持宝珠形物。这种佛手持宝珠形物的造型特征还可见于永隆二年
（681）甘肃省炳灵寺石窟第五十四龛三尊像的主尊（图一〇八）。
圣历元年（698）的释迦三尊像菩萨像的左足稍微屈伸，动态的
姿态表现方法继承了四川地区六世纪中期以来的造型传统：例如
四川省成都市万佛寺遗址出土的碑像的胁侍菩萨像（图七
四、七五）。

图三〇　释迦三身龛像

圣历元年（698）铭，红砂岩，浮雕，残高 39 厘米，底座宽 32 厘米，厚 2.8 厘米，1994 年
四川省彭州龙兴寺出土（94PL15）（图采自《文物》2003 年第 9 期，第 79 页，图十）

（三）碑

1. 类型

武周时期，碑从中国传统的墓碑形制转变为真正的佛教造像碑。佛教造像碑分为三种类型：第一类为中国传统墓碑的造型，由螭首、长方形碑身、龟座组成。第二类为纯正的佛教造像碑，碑首形制多为中央龙两侧围绕飞天，碑座为方形。第三类无碑头，碑身浮雕佛像。

2. 初唐至盛唐碑的形制变化（表三：唐代纪年石碑像）

初唐时期（618～680）的碑有表三之1号至19号。佛像为尊格不明的普遍性造型。菩萨像身体直立，头稍大，衣纹线呈带状。但可见长安风格的先进性。显庆三年（658）《道德寺碑》（表三之7号）碑首浮雕三尊像已经摆脱了隋、初唐的呆板，试图通过自然起伏的面、组织化的衣纹线表现写实的身体。670年以前的碑像中的天王像穿着中国武士式的厚衣，位于佛龛之内，例如显庆三年（658）《道德寺碑》。

武周时期（680～712）的碑有表三之20号至29号。

就图像而言，初唐时期的阿弥陀佛、弥勒佛三尊像形式化。以下，以天王像和供养者像为中心考察初唐至武周时期碑像的风格变化。

从670年开始，天王像立于佛龛两侧，例如咸亨元年（670）的碑像（表三之13号）。此外，如咸亨四年（673）（表三之15号）上段佛龛的两侧为了区别天王和武士的服装，在天王头上表现出圆形的天衣。从680年开始，天王的衣服开始变薄，比初唐时期更明确地表现出肌肉。值得注意的是680年开始佛像与供养者像明确区分。

供养者像从初唐开始至武周时期也有变化。从670年开始注重表现供养者像，在咸亨元年（670）的碑像（表三之13号）佛龛的下面，中央香炉的两侧对称刻画二狮子、四个供养者的图像。左侧半蹲像供养者的头部残失，其他三人全部是比丘尼的形象。依据该碑铭文，供养人比丘尼德道为亡姨及亡侄女沙弥尼五儿而敬造阿弥陀碑像一铺、金刚般若一百卷、十轮经一部、随愿往生经一卷、药师经一卷、因果经一卷、并镌多心般若经一卷供养。据此铭文，供养者像为比丘尼德道和其他三位亡故的比丘尼，这四位比丘尼保留了世俗血缘关系的称谓。

永隆二年（681）碑像（表三之20号，图三一）刻出了供养者的名字。从"然今佛弟子卢公则弟公意弟仵良妹先玉等同发心为亡父见存母孙及七代先亡敬造阿弥陀像一区"可见该碑是兄妹四人为亡故的父亲和健在的母亲而供养的阿弥陀佛碑像。碑像的下部以香炉为中心，两侧对称地表现出六个供养人组成的家族像。左侧为着袍服戴幞头的三人男性像。从"卢□香男公则公意一心供养"铭文可见手持小香炉半蹲姿的男子像为亡父卢□香，后边站立的二男性为儿子公则和公意。右侧为两名着裙装的女性和一个着袍服戴幞头的男性。从"香妻孙女先玉男□良供养"铭文可见半蹲姿的女性为卢□香之妻，母亲孙氏。其身后站立的女性为其女先玉，男性立像为其子仵良。该碑除了正面表现出核心家族像之外，侧面表现出儿子三人公则、公意、仵良三人各自的家族像（夫妻、子）。

从以上作品来看，供养者像不仅包括活着的发愿者，还表现已经亡故的家族成员，并且通过一通造像碑家族全员超越生死界限，共浴阿弥陀佛的佛光，在佛国里获得永远的团圆。永淳元年（682）的阿弥陀碑像（表三之21号，图三二）和永淳元年（682）铭石像碑（表三之22号，图三三）属于同一类型的家族造像碑。

从680年开始供养者像离开佛像位于单独的区划空间内。狮子位于佛座两侧，具有护法的意义。此外供养人的人数增加，分一排或两排刻画。

除了两件国寺级佛像碑之外，其他碑像全是家族造像。由家族供养的碑像的图像主要为阿弥陀佛像。阿弥陀佛的尊格明确化，头光为宝珠形。装饰纹样为持乐器的飞天、宝珠、璎珞天盖。从永隆二年（681）的阿弥陀碑像（表三之20号，图三一）至永昌元年（689）（表三之24号，图三四）石像碑，铭文中出现"天皇天后"，反映了高宗与武后并称为"天皇天后"的历史事实。

图三一　阿弥陀像碑

永隆二年（681）铭，石灰岩，浮雕，高 54.5 厘米，现藏美国弗利尔美术馆（图采自
松原三郎：《中国佛教雕刻史论》，图版三，图 627a）

图三二　阿弥陀像碑

永淳元年（682）铭，石灰岩，浮雕，高 73.6 厘米，宽 34.5 厘米，现藏日本大阪市
立美术馆（图采自松原三郎：《中国佛教雕刻史论》，图版三，图 626a）

图三三　石像碑

永淳元年（682）铭，石灰岩，浮雕，高48厘米（图采自松原三郎：《中国佛教雕刻史论》，图版三，图626b）

图三四　石像碑

永昌元年（689）铭，石灰岩，彩绘，浮雕，高41.5厘米，现藏日本京都国立博物馆
（图采自松原三郎：《中国的美术（1）雕刻》，图版57）

　　国寺级佛像碑为天授二年（691）的涅槃变相碑[114]（表三之

25 号，图三五）。该碑高 203 厘米，宽87 厘米，厚 25 厘米，原来位于山西省猗氏县（临猗县）峨眉山大云寺[115]（直至1957 年），现藏山西省博物馆。碑背面有铭文"大周大云寺奉为圣神皇帝敬造涅槃变相碑一区"与"唐天授二年镌造"，据此可见该碑为国寺大云寺遗物，为武周皇帝而供养敬造。李静杰对该碑涅槃变相进行了图像和对应经文的考释[116]。碑座为龟座，碑首半圆形，正面高浮雕二龙交叉，中间为佛龛。碑正面从下往上分四栏六个画面各浮雕涅槃故事中的一个情节：最下面两幅面积最大，各占一栏；上面两栏各分左右两框。最下面一栏为"临终遗戒"；第二栏为"涅槃图"；第三栏右侧为"纳棺"；第三栏左侧为"再生说法"；第四栏右侧为"荼毗"；第四栏左侧为"送葬"。下层刻施主题名；碑阴上部雕"八王分舍利"、"起塔"两图。正面和背面合起来为涅槃故事的八个画面。碑阴下半部刻"弥勒三尊像"和"大云寺弥勒重额碑"碑文，碑两侧还雕有童子、天王及护法狮子等。

圣历元年（698）的一佛造像碑[117]（表三之 26 号，图三六）发现于甘肃省古浪县城内城隍庙废墟，据说原来是附近大云寺的遗物。碑首为半圆形，正方形台座，碑正面浮雕立佛一尊，舟形背

图三五　涅槃变相碑天授二年（691）铭，石灰岩，浮雕，高 203 厘米，宽 87 厘米，厚 25 厘米，现藏山西省博物馆（图采自松原三郎：《中国佛教雕刻史论》，图版三，图 630）

图三六　一佛像碑

圣历元年（698）铭，石灰岩，浮雕，高94厘米，现藏甘肃省博物
馆（图采自松原三郎：《中国佛教雕刻史论》，图版三，图631）

光，外缘浮雕一周卷草纹和坐佛四尊，背光顶端刻一兽面，两侧有二飞天。佛像肉髻残，面相圆润，双目微闭，唇厚，双颐丰满，双耳垂肩，颈部刻三道。身着偏袒右肩袈裟，右臂垂于体侧，肘部以下残失，左臂曲举，左手持左侧衣角于胸前。双腿表面刻出若干平行的 U 形衣纹线。跣足立于圆形莲台之上。正方形台座正面中央刻发愿文，磨灭严重，仅可判读"圣历元年□□戊戊弟……"。两侧各开一内凹的长方形龛，龛内各浮雕一跪姿供养人像，右侧为着裙装的女供养人像，双手拱于胸前，持物。左侧为戴幞头、着束腰袍服的男供养人像，双手拱于胸前。碑身背面刻《大般若波罗蜜多心经》。该碑原有彩绘涂金，现已经剥蚀殆尽。

盛唐时期（712～758）的碑像为表三的 30 号至 34 号。这个时期的佛像和菩萨像的肉体表现写实性增强，全碑的构图比武周时期更加自由。特别是表现出菩萨像和力士像的运动感。例如，天宝九年（750）像（表三之 34 号，图三七）佛像两胁侍力士的胸部、腿部的肌肉和紧握的两手表现出力量感。同时，佛龛下部五个供养者自由舞动和演奏乐器的姿势充满运动感。然而这种过度流于世俗感的造型使佛教碑像丧失了宗教的严肃性。

（四）经幢

1. 经典

7 世纪 80 年代开始，入唐的印度、中亚僧侣和从印度求法归国的唐朝僧侣将陀罗尼信仰的经典逐渐翻译为汉语。这些僧侣不仅翻译最新经典，还将其教义和仪轨传入长安。陀罗尼信仰经典中最流行的是尊胜陀罗尼经。以下按年代顺序列出这部经典的译本：

1）杜行颛译《佛顶最胜陀罗尼经》一卷（大正新修《大藏经》第 19 册、NO. 0969），仪凤四年（679）。

图三七　石像碑

天宝九年（750）铭，石灰岩，浮雕，高65厘米，现藏日本东京艺术大学（图采自松
原三郎：《中国佛教雕刻史论》，图版三，图724b）

2）地婆诃罗译《佛顶尊胜陀罗尼经》一卷（大正新修《大
藏经》第 19 册、NO.0969），永淳元年（682）。

3）佛陀波利译《佛顶尊胜陀罗尼经》一卷（大正新修《大藏经》第19册、NO.0967），永淳二年（683）。

4）地婆诃罗译《最胜佛顶陀罗尼净除业障咒经》一卷（大正新修《大藏经》第19册、NO.0970），垂拱三年（687）以前。

5）义净译《佛说佛顶尊胜陀罗尼经》一卷（大正新修《大藏经》第19册、NO.0971），景龙四年（710）。

武周时期尊胜陀罗尼经的基础经典已经翻译出来。这些译本中佛陀波利的译本最流行。林韵柔指出"特别是在玄、代二朝后，《佛顶尊胜陀罗尼经》的流传，已以佛陀波利本最为广泛"[118]。在这部《佛顶尊胜陀罗尼经》译经中，对陀罗尼经的供养方法和功德有如下描述："佛告天帝，若人能书写此陀罗尼，安高幢上，或安高山或安楼上，乃至安置窣堵波中。天帝若有比丘比丘尼优婆塞优婆夷姓男族姓女，于幢等上或见或与相近。其影映身，或风吹陀罗尼，上幢等上尘落在身上。天帝彼诸众生所有罪业，应坠恶道地狱畜生阎罗王界恶鬼界阿修罗身恶道之苦，皆悉不受亦不为罪诟染污。……大帝何况更以多诸供具华鬘涂香末香幢幡盖等衣服璎珞，作诸庄严。于四衢道造窣堵波，安置陀罗尼。合掌恭敬旋绕行道归依礼拜。天帝彼人能如是供养者，名摩訶萨埵。真是佛子持法栋梁。又是如来全身舍利窣堵波塔。"[119]

地婆诃罗译《最胜佛顶陀罗尼净除业障咒经》指出七宝塔和高幢是佛顶尊胜陀罗尼经理想的供养场所。

"佛告天帝及善住天子。若有国王王子王母太子百官宰相，及诸比丘比丘尼善男子善女子等为供养故，书此陀罗尼咒。安七宝塔中，或宝狮子座上，若金刚台中。若舍利窣堵波内，若高幢头。若有四生众生，或比丘比丘尼优婆塞优婆夷，造诸十恶五无间业，及四重禁一切重罪，应生阎摩罗界乃至六趣随处受苦。是罪人等若于此陀罗尼塔边往来，塔上微尘落其身上者，如上诸罪悉得除灭。或有风过吹其塔等，而复吹人，少沾身分，即得生天受胜妙乐，亦随意乐往生净土。……佛告天帝，若复有人能于四衢道中造诸宝塔，或立高幢，安此陀罗尼经，复以种种花香璎珞七宝严具奇妙衣服饮食汤药而为供养，是人功德无量无边，是人福智不可称计，是人即是菩萨摩诃萨埵，是人即是佛之真子。"[120]

从以上经典可见陀罗尼经的理想供养安置场所为七宝塔、宝狮子座、金刚台、舍利窣堵波或高幢头。此外在交通便利道路处造宝塔或高幢安置此陀罗尼经，并以种种香花璎珞七宝庄严具奇妙衣服饮食汤药等供养，也具有无边无量的功德。

2. 造型

伴随着陀罗尼经的翻译，从 7 世纪 80 年代开始，陀罗尼经的供养开始盛行。自高宗时期起，《佛顶尊胜陀罗尼经》已经传播流布。如武周如意元年（692）河南洛阳龙门山陀罗尼经[121]。为了配合陀罗尼经供养和礼拜，各种佛教造型相继出现。然而，现存的只有石造陀罗尼经幢。清代王昶编辑的《金石萃编》卷六十六、卷六十七辑录了六十六尊唐代的石幢。依据经幢铭刻，最早的经幢是武周时期的遗物。

现存作品：

1）永昌元年（689）铭富平县莲湖小学石幢[122]。据考古调查，最早的陀罗尼经幢是位于今陕西省富平县莲湖小学的永昌元年（689）石幢。虽然这尊幢的原始位置不明，但很有可能位于唐长安附近的寺院。幢的下半部已经毁坏，残高 136 厘米，上面铭刻佛顶尊胜陀罗尼经。宿白认为这尊幢铭刻中的"永昌元年八月"不是记录这尊幢建立的年代，而是定觉寺沙门志静序佛陀波利译本的年代。即，这尊幢不是武周时代的物品。宿白认为北京大学图书馆所藏的景龙三年（709）《中州宁陵县令贾思玄造尊胜陀罗尼幢》的拓本是现存最早的尊胜陀罗尼幢[123]。

2）永昌元年（689）经幢：陕西省泾阳县城内惠果寺遗迹

佛殿后方东西立有两个经幢。《支那佛教史迹·一》[124]和《长安史迹的研究》[125]里辑录了这两尊经幢。足立喜六推测东幢的年代为永昌元年（689）。东幢残存部分高八尺五寸，本体为八棱柱体，上面铭刻佛顶尊胜陀罗尼经序及经文。有仪凤元年、永淳二年、永昌三年的文字。现今残存天盖由三层组成：下层为方形，各面的中央浮雕出城门、两侧为人物、马；中层是圆形莲台；上层是菩提树围起来的圆形柱体。上面作为顶盖的宝珠现已残失。前人的研究认为现在的状态是原来天盖位置颠倒移动所致。

3）陀罗尼经幢。除了以上经幢的实例外，今陕西省礼泉县赵镇小学校园内（原唐代广济寺）的陀罗尼经幢也很可能为武周时期的佛教造型。前人将该经幢称为"赵镇石鼓"[126]。现在该经幢位于土台之上（图三八）。经幢由台座（高102厘米）和本体（残高112厘米）两部分组成，残高214厘米。本体中空，圆柱形，直径151厘米，壁厚20厘米，表面刻佛顶尊胜陀罗尼经。台座的正面为南面，南面正中刻凿出内凹的佛龛，残高68厘米，原来其中应该镶嵌龛像，现今无存（彩图三一）。佛龛顶部浮雕出高18厘米的小坐佛像，右侧残存云纹和飞天图案。台座周围为八个各由两株高浮雕的菩提树组成的佛龛（彩图三二），正面佛龛右侧的佛龛内为一尊弟子立像，其余七个佛龛内各安置一尊浮雕菩萨立像，高51～58厘米，肩宽17～18厘米。菩萨像分为正面像和侧面像两种类型。关于该石经幢的年代，《陕西金石志》卷十九·唐十九推测为初唐广济寺建寺时的物品。刘淑芬认为该经幢的圆形形制今所知仅此一件[127]。本书认为，武周时期至开元年间陀罗尼经幢形制发展变化的过程分为创始期、形成期、定型期和复杂化期四个阶段，这尊本体为圆形、台座造型华丽夸张的经幢属于佛顶尊胜陀罗尼经刚刚开始流行、造型尚处于探索期的武周时期，为创始期的作品。台座周围由两株菩提树组成的佛龛、菩萨像腿部流利的 U 形凸起的衣纹线，正面佛龛顶部的飞天造型都与长安光宅寺七宝台始建期的浮雕群像的飞天有相似之处。

图三八　唐代广济寺遗迹的陀罗尼经幢

石灰岩，浮雕，高 214 厘米，位于今陕西省礼泉县赵镇小学校园内

此外，《寰宇访碑录》卷三记录："佛顶尊胜陀罗尼经幢，正书，垂拱四年三月，陕西"；"陀罗尼经幢，正书，永淳元年（682）八月，浙江乌程"。这两件是武周时期的经幢[128]。

据《山右石刻丛编》记载，"崇福寺经幢，幢八面高二尺八寸每面广六寸九行行五十五字至六十三字不等，今在寿阳县平舒村。佛顶尊胜陀罗尼经文不录。大周神功元年（697）三月二十八日崇福寺内建立陀罗尼经幢一座，住持僧洪深，门人真元、真义。"[129]

河北本愿寺长安二年（702）铭的石经幢为八棱柱体，铭刻佛顶尊胜陀罗尼经与蜜多心经。该幢高七尺五寸，各面宽七寸。铭文："本愿寺造石象堂并建经幢记：本愿寺都维那□知懸□合县道俗等敬造石像堂。并建此幢。为佛顶尊胜经蜜多心经。上报三世诸佛□圣神皇帝师僧父母七代□者下及□□有情同□斯福长安二年岁次壬寅□□景□□甲□大菩萨主前定州录事参军王元礼□□□□□□前任恒州鹿泉县丞□安大……"（该幢八面、高七尺五寸、各面广七寸，见《常山贞石志》七，位于直隶获嘉县本愿寺）[130]

由以上实物和石刻资料可见武周时期经幢已经存在。这些经幢呈现未定型的多样化的特点，经幢的本体部分主要是八棱柱体，上刻佛顶尊胜陀罗尼经。本体以外的部分形制多样，特别是台座和天盖的装饰性很强，与武周时期佛教造型整体华丽的风格一致。

进入开元年间，佛顶尊胜陀罗尼经幢兴盛起来，造型的规定性形成。即一尊经幢由台座、本体、天盖组成，在本体的表面刻出佛顶尊胜陀罗尼经，往往在经文的后面记录供养年代。台座为须弥座承托仰莲台；本体为八棱柱体，各面铭刻佛顶尊胜陀罗尼经；天盖一般为八面，各面配置佛龛，各龛内安置佛像，佛像有坐像和立像造型。现存开元年间的佛顶尊胜陀罗尼经幢的造型显示了这种形成期的特征。

1）开元十三年（725）经幢[131]位于陕西省富平县人委会内。下半部残缺，残高 185 厘米。本体部分铭刻佛顶尊胜陀罗尼经，顶部浮雕佛像。

2）开元十五年（727）陀罗尼经幢[132]位于河北省石家庄市井陉矿区天护村。高 470 厘米，须弥式底座上有仰莲台，八棱柱体，幢身之上承宝盖、须弥山和仰莲，以承托八角石柱，柱各面开龛，各龛内皆雕一菩萨立像。幢顶已残。幢身南面镌刻"为国敬造佛顶尊胜陀罗尼幢",余刻经文。

3）开元十六年（728）石经幢[133]位于陕西省陇县城内西北隅莲池公园（系由城东北开元寺移来）内。该经幢由台座、本体、天盖三部分组成，高 210 厘米。台座由覆莲瓣与方形台基组成。其上为八棱柱形的本体，本体表面刻佛顶尊胜陀罗尼经和供养者的名字（陇州县丞杨淡及夫人韩氏为开元神武皇帝及法界苍生造幢）及供养年代（开元十六年十一月八日）。本体上为八角形天盖，各面刻出内凹的佛龛，各龛内浮雕独尊佛坐像。

4）开元十七年（729）石经幢[134]位于陕西省蓝田县东香村内。台座残失，残高 95 厘米。本体表面刻佛顶尊胜陀罗尼经，经文后面记录供养年代（开元十七年）。天盖的四面刻出内凹的佛龛，各龛内浮雕独尊佛立像。

5）开元十八年（730）石经幢[135]原位于河南省沁阳市城西北 20 公里王范村兴隆寺旧址内，1975 年迁至沁阳市博物馆。残高 410 厘米，由台座、八棱柱形本体、七层塔刹形天盖组成。缺幢顶宝珠。

6）开元二十八年（740）石经幢[136]原在陕西省临潼县唐桥乡裕里庙内，现存临潼县博物馆。台座残失，残存本体与天盖的一部分，高 176 厘米。本体表面刻出佛顶尊胜陀罗尼经，经文后记录了供养年代（开元二十八年二月十五日）。本体上八面各刻出一佛龛，各龛内浮雕出一尊造像：三坐佛像五菩萨立像。

7）唐代昭仁寺经幢残段[137]位于陕西省长武县城内东街路北昭仁寺遗迹内。据寺内残存唐《豳州昭仁寺碑》，该寺院创建于太宗贞观年间。该经幢残存部分为各边宽 28 厘米的八棱柱体。下部残失，上面四面刻出四尊坐佛像，各尊佛像的两侧刻出菩萨立像，共四尊菩萨像。佛像中有偏袒右肩、佩带颈饰、施降魔印的坐像[138]。虽然该幢没有确切纪年，但从经幢的造型、佛像的表现推测为盛唐时代的物品。

3. 起源

在佛教艺术中国化的过程中，造型领域形成了符合中华民族审美习惯的佛教艺术，不仅形成传统，还创造了一些中国化的独特造型。佛顶尊胜陀罗尼经幢就是武周时期中国佛教信众创造出来的中国化的独特造型，是佛教艺术中国化的典型代表。

关于石经幢的起源存在多种观点。有学者将幢的渊源追溯到印度，认为汉字中的"幢"相当于梵文的 dhvajá 或 ketú；阎文儒引《汉书》说明"幢"的本意是旌幡[139]，认为幢至少在汉代已经存在。对此问题，刘淑芬归纳出四种观点："（1）多数学者认为它是由丝织的幡演变而来的；（2）由丝织的幢演变而来的，持此说者仅王惠民一人而已；（3）北凉石塔，史岩很早便提出此说，但未为人重视；（4）南北朝石柱。"[140]刘淑芬认为石经幢的来源与北凉石塔以及北朝迄唐朝期间建筑上流行的八角柱有关[141]。除了以上五种观点之外，李隽、李有成认为"石经幢是借用我国东汉以来就形成的墓表石柱的基本造型，并加以改造而成"[142]。日本学者村田治郎质疑有的学者从印度石柱中寻找中国石经幢的原型，认为中国石经幢之所以形成自己独特的面貌是因为增加了很多中国要素的结果。据此他追溯到南北朝时期石雕多层佛塔，他引用《寰宇访碑录》卷二的两条文献："大都邑主等五百造象石幢，正书，开皇元年十月，河南洛阳"和"邑子六十人造四面象铭，正书，开皇三年五月，陕西三原"说明在隋开皇元年（581）已经存在四面柱形的石幢，并依据天龙山石窟多用八面柱来推测八面柱体的石幢也比较早出现。在此基础上首先出现千佛石幢的造型，接着在唐初出现了石经幢[143]。以上观点均有一定道理，后四种观点的共同点是都从中国佛教造型的历史中追溯石经幢的渊源，说明在佛教艺术中国化的过程中不仅已经形成自己独特的传统，而且到唐代还能够创造出独特的中国化的造型。

但是，以上观点忽视了石经幢出现的时代背景。作为一种佛教纪念性建筑，它除了吸收历史上类似的柱状纪念性建筑的造型要素之外，还会首先吸收同时代纪念性建筑的造型要素，反映出所处时代的艺术风潮。因此，追溯经幢造型的起源，不仅要像前人研究中那样在石造纪念性建筑如石塔、石幢和石柱的造型历史中寻找其因素，还要考虑到佛顶尊胜陀罗尼经幢作为一种产生于武周时期的佛教纪念性建筑，其造型必然会遵循该时期佛教纪念性建筑的一般规律，借鉴前文所述同时期其他佛教纪念性建筑如石塔、造像碑、台、柱的形制。

位于洛阳的天枢则是武周时期世俗纪念性建筑的代表作。

《新唐书》卷七十六《后妃上》记载："延载二年，武三思率蕃夷诸酋及耆老请作天枢，纪太后功德，以黜唐兴周，制可。使纳言姚璹护作。乃大哀铜铁合冶之，署曰：'大周万国颂德天枢'，置端门外。其制若柱，度高一百五尺，八面，面别五尺，冶铁象山为之趾，负以铜龙，石镵怪兽环之。柱颠为云盖，出大珠，高丈，围三之。作四蛟，度丈二尺，以承珠。其趾山周百七十尺，度二丈。无虑用铜铁二百万斤。乃悉镂群臣、蕃酋名氏其上。"[144]

《资治通鉴》记载："夏，四月，天枢成，高一百五尺，径十二尺，八面，各径五尺。下为铁山，周百七十尺，以铜为蟠龙麒麟萦绕之；上为腾云承露盘，径三丈，四龙人立捧火珠，高一丈。工人毛婆罗造模，武三思为文，刻百官及四夷酋长名，太后自书其榜曰'大周万国颂德天枢'。"[145]

从以上文献记载可见天枢为铁铸，台座为铁山绕以铜龙和怪兽；八面柱状本体，铭文纪革命之功；卷云盖上置四蛟以承火珠。天枢作为世俗纪念性建筑而具有鲜明的中国传统因素，在造型中表达了传统的中国宇宙观念和天地思想：台座为绕以铁龙和怪兽的铁山，象征坚固的大地；顶盖为卷云盖，象征神圣的苍天；中间以一根巨大的八面柱贯通天地，象征武周国家辉煌的功业和政权。有学者认为天枢的建造者为波斯人阿罗憾，这个纪念性建筑可能受到西域纪念性建筑文化因素的影响。

总之，武周时期的纪念性建筑因为融和了中国纪念性建筑的造型传统，并吸收了印度和西域纪念性建筑的经验而获得了长足的发展。在这样的时代风潮中，无论是佛教还是世俗纪念性建筑都具有某种造型上的共同点：基本都是由台座、本体和天盖组成。只是在各部分的装饰纹样和铭刻内容方面因需要而异。在这样的时代艺术风潮中，佛顶尊胜陀罗尼经幢的造型应运而生。武周时期佛顶尊胜陀罗尼经幢的本体形制基本为八面柱体，表面刻《佛顶尊胜陀罗尼经》、《心经》等经文。而台座和天盖的资料较少，其形制难以归纳，但共同点是装饰以佛像、菩萨像等主体佛教图像和菩提树、莲台等附属佛教纹样，如礼泉赵镇广济寺遗址的圆形经幢的台座正面浮雕佛像，开佛龛，周围浮雕一周弟子像和菩萨像；如泾阳县城内惠果寺东幢残存天盖的中层是圆形莲台；上层是菩提树围起来的圆形柱体。还装饰有少量世俗化场景图像：东幢残存天盖下层为方形、各面的中央浮雕出城门、两侧为人物、马。天盖顶端应该装饰宝珠。

四　石佛像

从和造像相关的文献记录可见寺院佛像与佛教信仰及礼仪的深刻关系。据《续高僧传》卷四记录，玄奘信仰弥勒净土，临终前为了往生作具胝十亿像。而且在举行临终仪式时，在嘉寿殿供养菩提像骨，念弥勒佛。

"闻者惊曰：'年未耄耋，何出此言？'报曰：'此事自知。'遂往辞佛。先造俱胝十亿像所，礼忏辞别。有门人外行者，皆报：'好去。今与汝别，亦不须来来，亦不见。'至正月九日告寺僧曰：'奘必当死。经云此身可恶犹如死狗。奘既死已，勿近宫寺，山静处埋之。'因既卧疾。开目闭目见大莲花鲜白而至，又见伟相，知生佛前。命僧读所翻经论名目已，总有七十三部一千三百三十卷。自怀欣悦。总召门人、有缘并集云：'无常将及，急来相见。'于嘉寿殿以香木树菩提像骨，对寺僧门人辞诀，并遗表讫，便默念弥勒，令傍人称曰：'南谟弥勒如来应正等觉，愿与含识速奉慈颜。南谟弥勒如来所居内众，愿舍命已必生其中。'至二月四日，右胁累足，右手支头，左手髀上，锵然不动。有问何相，报曰：'勿问，妨吾正念。'至五日中夜，弟子问曰：'和上定生弥勒前不。'答曰：'决定得生。'言已气绝。"[146]

《宋高僧传》卷四记载窥基造弥勒像和菩萨像。窥基供养弥勒像，每日在像前念诵一遍菩萨戒，祈愿往生弥勒净土。而且窥基在五台山供养玉石文殊菩萨像，书写金字般若经。这些造像和写经全部显示灵验。

"基生常勇进造弥勒像。对其像日诵菩萨戒一遍。愿生兜率。求其志也。乃发通身光瑞。烂然可观。复于五台造玉石文殊菩萨像。写金字般若经毕。亦发神光焉。"[147]

曾经安置在寺院的唐代佛像中只残留石佛像，但纪年作品并不多。本书收集了初唐至盛唐（618～755）时期的25件纪年佛像（表四：唐代纪年石佛像）。这25件佛像从供养者的角度可以分为团邑造像、官僚集团造像和家族造像。团邑造像有三例：乾封元年（666）的弥陀像（表四之3号）、景云二年（711）的阿弥陀坐像（表四之19号）、天宝四年（745）弥勒像（表四之24号）。这三例团邑造像全部出土于山西省。从乾封元年的造像铭可见邑团的组织由"发心像主、庄大像主、副庄像主、光明像主"四人组成。景云二年（711）的供养者为邑义十六人，天宝四年（745）铭像的供养者为绛郡稷山县还淳乡永安里李村邑子十九人。这三例邑团造像都是高100厘米以上的大佛像。

官僚集团的造像为贞观六年（632）铭阿弥陀佛坐像（表四之1号）。供养者为"兵曹皇甫楷等合卫官人及卫士吕世威等"士兵和官员集团。

比丘造像为永淳二年（683）的弥勒佛倚坐像（表四之12号），供养者为"护众寺比丘僧慈□"；比丘尼造像为长安三年（703）佛倚坐像（表四之15号），铭文可见供养者为"比丘尼"。其他为家族造像。开元十四年（726）铭阿弥陀像（表四之22号）的供养者为"李道礼李□福李□□李延庆李□真李□凤李良安李思慎李思道等九人"。

从供养者的身份来看，初唐至盛唐时期社会中下层的造像活动活跃。家族、乡里、地域社会的联系通过造像活动增强。特别是山西地区佛教社团显著存在。原因大概是山西地区初唐时期净土教大师们的传法活动使得佛教向社会深层浸透。

初唐时期（618～680）的造像为表四中之1号至11号造像。其中陕西省的造像2件，山西省5件。从图像来看，从铭文来看5件为阿弥陀佛像，2件为弥勒佛像，1件为释迦佛像。咸亨三年（672）铭（表四之6号）造像因为与上元二年（675）弥勒佛像造像（表四之7号）的图像特征一致，据此判断为弥勒佛。

武周时期（681～712）的造像为表四中之12号至19号8件造像。其中山西省出土的造像3件。从铭文来看2件为阿弥陀佛像、2件为弥勒佛像、1件为释迦佛像，如山西省芮城县风陵渡东章出土的长安三年（703）铭如来坐像（表四之14号，图三九）依据铭文为释迦如来。与初唐时期相比，弥勒佛造像兴盛。陕西省麟游县九成宫太平寺遗址中出土的1件八世纪初期的佛像双手持钵（图四〇），从同时期长安四面塔四方佛的药师佛的同样造型推测该造像为药师佛。与碑像相同的是680年开始佛像造像铭文中出现"天皇天后"。

图三九　释迦牟尼像
长安三年（703）铭，石灰岩，彩
绘，圆雕，全高80厘米，像高46
厘米，宽40厘米，深36厘米，山
西省芮城县风陵渡东章出土，现藏
山西省芮城县博物馆（图采自东京
国立博物馆：《宫廷的荣华——唐
的女帝·则天武后与她的时代展》，
第36页，图11）

图四○　（药师）如来坐像
时代为8世纪初（推测），汉白玉，
彩绘，圆雕，全高173厘米，像坐
高94厘米，台座直径84厘米，陕
西省麟游县九成宫太平寺遗址出
土，现藏陕西省麟游县博物馆（图
采自《中国国宝展》（2004），第
151页，图118）

　　盛唐时期（713～758）的造像为表四中的20号至25号的6
件造像。其中山西省的造像2件，河北省的造像3件。从铭文来
看4件为阿弥陀佛像，1件为弥勒佛像。

从初唐至盛唐时期弥勒像的变化：

咸亨三年（672）铭倚坐佛像[148]（表四之 6 号，图四一）：全高 103 厘米，石灰岩，施彩。倚坐像。主尊着双领下垂式袈裟，右臂曲举于胸前，右手残；左手抚左膝。双足残（推测各踩一莲台）。身体造型敦厚，残留平板印象，头部雕刻出螺发细部；颈部三道；肩部凸起衣纹线；腿部表面有平行 U 形衣纹线。带状衣纹线厚重繁复。宣字形佛座上垂裳，下部残。台座铭文为"维大唐咸亨三年岁次壬申十二年戊午朔十六日癸酉并州大都督府仓曹恭军事裴居俭兄弟等奉为考舒州使君敬造供养"。

图四一　倚坐佛像

咸亨三年（672）铭，石灰岩，彩绘，圆雕，高 103 厘米，山西省博物馆（图采自松原三郎：《中国的美术（1）雕刻》，图版 56）

上元二年（675）铭弥勒像[149]（表四之 7 号，图四二）：全高 70 厘米，石灰岩，倚坐像。主尊着双领下垂式袈裟，右臂曲举于胸前，右手残；左手抚左膝。双足各踩一莲台。宝珠形头光残缺。身体比例恰当，眉间有白毫相，头部雕刻出螺发细部，颈部三道，肩部凸起衣纹线；腿部围绕膝盖有同心圆式椭圆形衣纹线。长方形台座，上为宣字形佛座，上下各三层台，最下层和最上层浮雕一周莲瓣。台座从正面至右侧铭文："夫金□□梦□□像于□□宜□九太□三会之□□□使慈□□闰普□含生敬□弥勒一□二菩萨□兹宜祐异拔幽空"（以上正面）"□摺三□□从天路惟大唐上元二年岁次乙亥三月乙巳朔□五日佛弟子高□□□惠旻"（以上右侧）。

调露二年（680）铭弥勒像[150]（表四之 9 号，图四三）：1987 年山西省平顺县西

图四二　弥勒三尊像（二菩萨残失）上元二年（675）铭，石灰岩，圆雕，高 70 厘米，现藏美国旧金山市亚洲美术馆（图采自松原三郎：《中国佛教雕刻史论》，图版三，图 622b）

南三十公里的北社乡东禅村荐福寺遗址出土。全高 52.4 厘米，青石，倚坐像，右手曲举，左手抚左膝盖，双足各踩一莲台。头

光残。头部螺发刻画细致。颈部三道。肩部衣纹线随身体起伏，腿部为 U 形衣纹线。宣字形佛座，上下各二层台，长方形底座正面及两侧阴刻发愿文 19 行，计 55 字："惟大唐调露二年四月廿六日佛弟子牛师褒清信女牛匡儿姐妹五人等上为天皇天后及七代先亡复为阿嬢（娘）敬造弥勒像一区合家供养"。

图四三　弥勒像

调露二年（680）铭，青石，圆雕，全高 52.4 厘米，山西省平顺荐福寺遗址出土（图采自《文物》2004 年第 11 期，第 70 页，图八）

长安三年（703）铭佛坐像[151]（表四之 15 号，图四四）：全高 33.3 厘米。倚坐像。右手上举，左手抚左膝。佛双足各踩一小莲台。身光和背光残。头部比例稍大。螺发刻画细致，面部圆润，眼部为球形轮廓，双目下垂。刻出眉骨斜面。肩部和腿部衣纹简洁，腿部为 U 形平行衣纹线。宣字形佛座下面为三层台，上面垂裳。台座正面铭文为"长安三年十月八日"（正面），侧面铭文有"比丘尼"，因此推测为比丘尼造像。

图四四　佛坐像

长安三年（703）铭，圆雕，全高 33.3 厘米，现藏日本大阪市立美术馆（图采自《三藏法师之道》，第 194 页，图 144）

神龙元年（705）铭弥勒像[152]（表四之 16 号，图四五）：石灰岩，全高 83 厘米，舟形身光，边缘为一周火焰纹；圆形头光，圆圈内莲瓣纹。倚坐像。右手上举，左手抚左膝。佛双足各踩一小莲台。身体比例恰当，胸部和腹部的肌肉表现得当，富有量感。整体和谐优美。头发为漩涡状卷曲，颈部三道，衣纹线流畅，腿部为四道平行的 U 形衣纹线。正方形台座。宣字形佛座下面为两重台，上面垂裳。台座正面铭文："大唐神龙元□岁次乙巳六月己酉朔十八日，佛弟子闰宗奉为亡父母七代先亡及见存家口内外眷属敬造弥勒像并二菩萨，合家大小一心供养"。

图四五　弥勒像

神龙元年（705）铭，石灰岩，圆雕，全高 83 厘米，现藏美国芝加哥美术馆（图采自松原三郎：《中国佛教雕刻史论》，图版三，图 644）

天宝四年（745）铭弥勒像[153]（表四之24号，图四六）：1957年山西省运城稷山县收集。石灰岩，彩色。全高155厘米，底宽79厘米，深57厘米。倚坐像。由铭文判断为弥勒像。右臂曲举，右手残失。左手抚左膝。双足各踩一小莲台。头后浮雕莲瓣。螺发较大，面部表情呆滞，身体僵硬呆板，衣纹线纤细，呈现程式化倾向，与身体造型脱离。椅子形台座，后背为生灵座。台座正面刻铭文："中信邑弥勒像……大唐天宝四载岁次乙酉四月戊子朔八日乙未绛郡稷山县还淳乡永安里李村邑子一十九人发心逮□"，另外铭刻邑子十九人的身份及姓名。

从初唐至盛唐时期阿弥陀佛像的变化：

日本永青文库收藏的咸亨三年（672）阿弥陀像（表四之5号）为初唐时期

图四六　弥勒像

天宝四年（745）铭，石灰岩，彩绘，圆雕，全高155厘米，宽79厘米，深57厘米，1957年山西省运城稷山县征集，现藏山西省博物馆（图采自东京国立博物馆：《宫廷的荣华—唐的女帝·则天武后与她的时代展》，第41页，图16）

的基准作[154]。这尊造像头部表现出低平的肉髻，没有雕刻出头发的纹理。头部大，腿部较小，身体比例不够协调。肩部的衣纹线流畅，腿部过度简略化，完全没有表现衣下两腿的形状。从这尊像可见未完成的写实性和概念化的造型倾向。

山西芮城县县城原土产公司基建工地原延庆寺遗址出土的调露二年（680）铭阿弥陀佛像[155]（表四之 10 号，图四七），青石，佛像身体比例趋向准确，肉髻扁圆形，面部长圆形。颈部三道，着双领下垂袈裟，内层袈裟于胸前系带。结跏趺坐，双足隐于衣下。肩部刻出凸起阶梯状衣纹线。双腿部刻出三条平行突起横条状衣纹线。该像造型虽趋于准确，但残留平板和僵化的初唐遗风。八边形须弥座。舟形背光（背后镌刻铭文）。

图四七　阿弥陀像

调露二年（680）铭，青石，圆雕，山西芮城县县城原土产公司基建工地延庆寺遗址出土
（图采自张俊良：《山西芮城发现唐纪年佛教石刻造像》，《中国文物报》2009 年 11 月 5 日第 5 版，图二）

日本永青文库收藏的神龙元年（705）的阿弥陀像（表四之 17 号，图四八）比咸亨三年（672）铭阿弥陀像和调露二年（680）铭阿弥陀像更加洗练，更接近写实造型的完成之作。头部

表现出大大的肉髻，每个螺发的刻画都很细致。细长的眉毛，半开的眼睛表现出慈悲寂静的表情。圆润的面庞和小口表现出柔和感和纯粹性。该坐像身体比例恰当，手部和足部周到的刻画，可见面貌和身体部分和人体接近的自然形态。肩部和腿部的衣纹线用规整的平行线表现，可见某种造型上的规定性。

图四八　阿弥陀像

神龙元年（705）铭，石灰岩，圆雕，全高 78 厘米，现藏日本永青文库（图采自松原三郎：《中国佛教雕刻史论》，图版三，图 640b〈正面〉，图 640c〈侧面〉）

日本书道博物馆收藏的景云二年（711）的阿弥陀像（表四之 19 号，图四九）显示了武周时期至盛唐时期的过渡性。该像的眉毛用刻线表现，眼线向下，呈现出冥想的表情。通过两颊突起的肌肉和浑厚的胸肌表现出堂堂的容貌。与神龙元年阿弥陀像相比，该造像的量感增加。而且与神龙二年阿弥陀像平行线式形式化的衣纹线相比，该像的衣纹线随着身体轮廓自然起伏，更加自由和流畅。而且比神龙元年阿弥陀像更注重衣纹的层次感和节奏感。手的表现连指尖也刻画得很细致。

图四九　阿弥陀像

景云二年（711）铭，石灰岩，圆雕，全高 125 厘米，现藏日本书道博物馆（图采自松原三郎：《中国佛教雕刻史论》，图版三，图 674）

开元十四年（726）铭的阿弥陀像（表四之 22 号，图五〇）

为盛唐风格的代表作。该像的面部和身体充溢着肉感。武周时期佛像的调和性和均衡感完全消失，强调现实感。而且头发和腿部的细部表现略感粗糙。该像衣纹线繁复，风格厚重沉郁。

图五〇　阿弥陀像

开元十四年（726）铭，石灰岩，圆雕，高152厘米、宽73厘米、深72厘米，山西省运城夏县征集，现藏山西省博物馆（图采自东京国立博物馆：《宫廷的荣华—唐的女帝·则天武后与她的时代展》，第40页，图15）

第二节 石窟建筑

石窟建筑从平面和内部构造可分为以下类型。

一 石窟建筑类型

（一）大佛窟

洛阳龙门石窟奉先寺洞大佛龛：时代为上元二年（675）。摩崖像龛南北宽30～33米，东西长38～40米（图五一）。正壁一铺五尊像。主尊为结跏趺坐之卢舍那佛，通高17.14米，头高4米，耳长1.9米[156]。

图五一 河南省洛阳龙门石窟奉先寺洞大佛龛

时代为上元二年（675）

敦煌莫高窟第96窟[157]：据《莫高窟记》，完工于延载二年（695）。窟内为弥勒佛倚坐像，俗称"北大像"。窟高30米以上，分前后室，后室平面为方形，后壁贴壁为一身石胎泥塑倚坐弥勒大像，高 33 米。像两侧及后部凿出隧道式的礼拜道，可供佛教信徒绕佛巡礼。甬道上方凿出二至三个明窗，用以采光，前室依崖建多层木构窟檐建筑。

须弥山石窟第 5 窟[158]：倚坐像大佛（推测为武周时期洞窟）。平面马蹄形，圆券顶，南向，宽 15.40 米，深 16.50 米，高 21.50 米。窟内正壁高坛上雕一倚坐佛像，高 20.60 米。窟室地面存有四个圆柱础遗迹，窟壁存有梁架孔眼。

（二）三面宝坛式

洞窟的三面设连续的坛床，上面三面安置造像。坛上造像基本上有两种类型，一种是一佛二弟子二菩萨二天王；另一种是三壁中央各雕一坐佛，两侧有胁侍像。这种三面设坛的石窟类型是武周时期的代表性洞窟，龙门石窟大量存在，并向全国石窟传播。

龙门石窟：

北市彩帛行净土堂洞[159]（图五二）：正壁左侧有延载元年（694）题记。窟内平面呈长方形，宽 3.08 米，深 1.77 米，高 2.26 米，三面环坛，坛高 0.25 米，造像应在坛上，但均已无存。从残迹看，正壁原有一坐佛、二弟子、二菩萨像，南北侧壁各有一坐佛二菩萨像。长方形窟门的上部横向刻结跏趺坐的佛像十二身，十二佛之上是题额："北市彩帛行净土堂"。

八作司洞[160]（图五三）：万岁通天元年（696）。平面略呈方形，三壁设坛，穹隆形顶。高 4.42 米，宽 4.62 米，深 4.50 米。前室方形，平顶，窟檐部分脱落，窟门北侧崩塌。窟门高 3.19 米，宽 2.24 米。门两侧各造一力士像。窟底平滑方整，无雕饰。正壁（西壁）壁脚设佛坛，高 0.72 米；北壁壁脚佛坛，高 0.71 米；南壁佛坛高 0.66 米。全窟造像为一佛二弟子二菩萨二天王，正壁为一佛二弟子像，南北壁佛坛造像为一菩萨像一天王像。坛外壁刻壸门，壸门内各浮雕一乐舞伎。北壁坛中部伎乐人旁刻：
"东京八作司石匠一十人"。

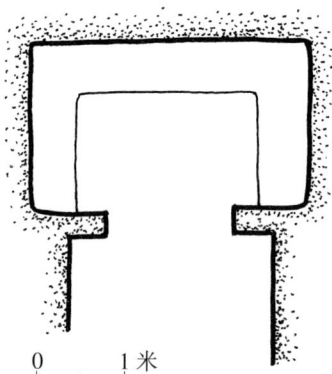

图五二　河南省洛阳龙门石窟
净土堂洞

时代为延载元年（694）（图采自
龙门文物保管所、北京大学考古
系编：《中国石窟·龙门石窟》第
二卷，第281页，"北市彩帛行净
土堂洞　平面图"，文物出版社，
1992年，北京）

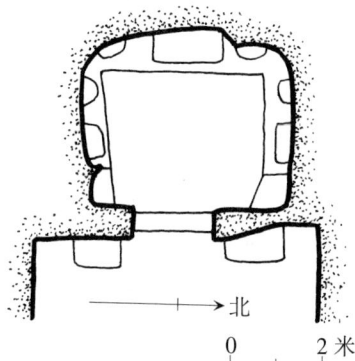

图五三　河南省洛阳龙门石窟
八作司洞

时代为万岁通天元年（696）（图采
自龙门文物保管所、北京大学考古
系编：《中国石窟·龙门石窟》第二
卷，第280页，"八作司洞　平面
图"）

　　二莲花洞：南、北；莲花洞南壁小龛：长安元年（701）。
　　南洞平面略呈方形[161]（图五四），三壁设佛坛，窟顶为弧面
状。高4.20米，宽4.90米，深4.30米。前室方形平顶，崩坍严
重。窟门高3.90米，宽1.57米，厚0.35米。窟门两侧各刻一力
士像。窟顶中央雕一重层八瓣大莲花，周围为右旋的四身飞天。
窟底方形，无雕饰。内部依正壁佛坛凿一长方形平台，长2.10
米，宽1.05米，高0.33米。正壁下部凿一佛坛，长5.10米，南
壁壁脚设佛坛，高0.64米，北壁壁脚设佛坛，高0.60米。全窟
造像为一佛二弟子二菩萨二天王像，正壁坛上为一佛二弟子，主

尊着通肩袈裟，结跏趺坐，右手抚右膝施降魔印，左手掌心向上
置于右足之上。南北壁坛上造像为一菩萨一天王像。

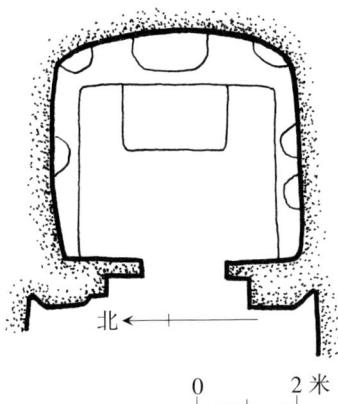

图五四　河南省洛阳龙门石窟
二莲花洞南洞
时代为武周时期（推测）（图采自
龙门文物保管所、北京大学考古系
编：《中国石窟·龙门石窟》第二
卷，第283页，"二莲花洞南洞　平
面图"）

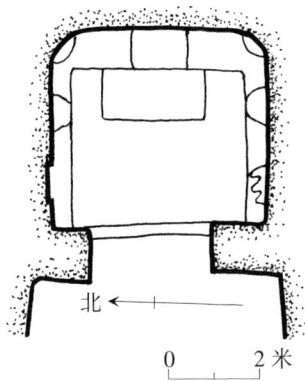

图五五　河南省洛阳龙门石窟
二莲花洞北洞
时代为武周时期（推测）（图
采自龙门文物保管所、北京大
学考古系编：《中国石窟·龙门
石窟》第二卷，第283页，"二
莲花洞北洞　平面图"）

　　北洞平面呈方形[162]（图五五），三壁设佛坛，顶略呈弧面
状。高4.70米，宽5.20米，深4.80米。前室方形，平顶，中部
至南部已崩坍。窟门宽大，南侧上角崩毁。窟门高3.75米，宽
2.58米，厚0.76米。窟楣相对刻二身飞天。窟门两侧各刻一力
士像。窟顶中央刻一重层八瓣大莲花，周围左旋四身飞天。窟底
无雕饰，仅在内部依正壁佛坛凿一长方形平台。长2.27米，宽
1.10米，高0.26米。正壁壁脚设一佛坛，长5.20米，南壁壁脚
设佛坛，高0.52米，北壁壁脚设佛坛，高0.55米。窟内造像大
多已经残失，仅存主尊方形束腰覆莲座和南壁天王像。推测全窟
造像和南洞类似，为一佛二弟子二菩萨二天王像。

龙华寺洞[163]（图五六）：前室有长安年间造像龛三个，神龙年间一个。平面呈方形。三壁设坛，穹隆形顶。高 4.40 米，宽 5.16 米，深 4.40 米。前室方形，平顶，已崩坍。门两侧二力士像。窟顶中央刻莲花藻井及飞天，大部风化剥落。窟底刻有十二个方格宝相花，东西四排，南北三排。正壁壁脚起坛，高 0.66 米；东壁佛坛高 0.62 米；西壁佛坛高 0.66 米。坛正面浮雕乐舞伎。正壁雕一佛二弟子像，主尊结跏趺坐于八角须弥座上，左臂下垂，左手掌心向内抚左膝；右臂下垂，右手掌心向前置右膝上。正壁与两侧壁转角处雕二立佛；两侧壁从内向外依次为一菩萨一佛一天王像。东壁主尊为倚坐弥勒像；西壁主尊头残，结跏

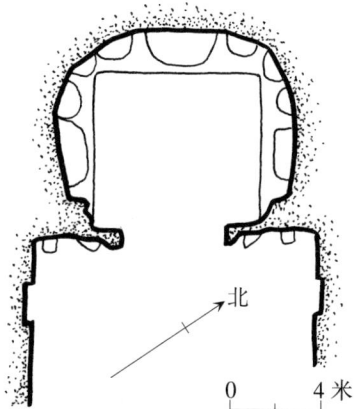

图五六　武周时期河南省洛阳龙门石窟龙华寺洞

时代为长安四年（704）（图采自龙门文物保管所、北京大学考古系编：《中国石窟·龙门石窟》第二卷，第 281 页，"龙华寺洞　平面图"）

趺坐于束腰八角形须弥座上，双手残。全窟造像布局既遵循以正壁主尊为中心的一佛二弟子二菩萨二天王的规律，又在二侧壁各塑造一主尊，在二转角处各塑造一立佛。从三尊坐佛像的布局来看，东壁为倚坐弥勒像，似乎三壁在表现过去、现在、未来三世佛。也有观点认为龙华寺五佛造于一窟，即五佛同时供养，并依据《菩提心论》将五佛判定为"大日如来生、阿閦如来生、宝生如来佛、阿弥陀如来生、不空如来生"[164]。

四川：

广元千佛崖 535 号窟[165]：俗称"莲花洞"。小龛有"大周万岁通天□年（696～697）题记。该窟位于千佛崖南段下层，大佛

窟北侧。平面呈横长方形，浅圆顶，高3.6米，宽4.95米，残深3.55米。窟顶中部浮雕二层莲花。洞内正壁及南、北壁三面设坛，坛高0.53米，坛上三壁各凿一圆形大龛，龛中雕一佛二菩萨三尊像。正壁主尊为倚坐弥勒像；南壁主尊着双领下式垂袈裟，右手上举施无畏印，左手残。北壁主尊螺髻正中饰宝珠，颈部佩繁丽的项饰，着偏袒右肩袈裟，结跏趺坐，右足露出，右手掌心向下抚右膝施降魔印，左手掌心向上置于右足之上。推测该窟表现的是三世佛题材。

河西：

须弥山石窟唐代窟室的普遍形制是平面方形，沿正壁和左、右壁设马蹄形宝坛，个别窟（如第72窟），左右两壁只在后半部设坛。近似圆雕的造像，成铺地雕造在坛上，不另外开龛。一般窟室面阔、进深在4~5米之间，宝坛高0.7~0.8米，宽0.6~0.7米。造像的配置，普遍是一佛二弟子二菩萨二天王（或二力士）七身一铺的组合形式[166]。如第80窟[167]，平面方形，平顶，长方门，南向，宽4.00米，深4.20米，高3.30米。南壁（前壁）门两侧各开一龛。窟内马蹄形坛基上雕一佛二弟子二天王二力士二狮。另一种佛像组合是三壁各雕造一佛及弟子或胁侍像。如第69窟[168]，平面方形，覆斗顶，长方门，南向，宽4.60米，深4.70米，高3.70米。窟内马蹄形坛基正面阴刻壶门。北壁（正壁）坛上雕一坐佛像二菩萨二弟子，主尊着双领下垂式袈裟，结跏趺坐，右臂曲举于体侧，右手残，左手掌心向下抚于左膝之上；东壁坛上雕一倚坐像二菩萨一力士一狮，主尊为倚坐像，头残；西壁坛上雕一坐佛像二菩萨一力士一狮，主尊头残，着双领下垂袈裟，结跏趺坐，右手抚右膝施降魔印，左手残，似置右足之上。南壁（前壁）门两侧龛内各雕一立像。以上二窟造像比例恰当，体态匀称，菩萨身姿舒展优美，衣纹线为规整的平行凸起线条，其风格特征与长安地区武周造像一致，推测为武周时期的洞窟。

敦煌第 335 窟[169]：窟内有垂拱二年（686）、圣历（698～700）、长安二年（702）发愿文（三面龛）。主室覆斗藻井顶，牡丹团花井心，四披画千佛。西壁开一平顶敞口龛。龛内塑一佛二弟子。东壁门上画阿弥陀佛一铺，发愿文为："垂拱二年五月十七日净信优婆夷高奉为亡夫及男女/见在眷属等普为法界含生敬造阿弥陀二菩萨兼阿难/□（迦）□（叶）像一铺妙□真容相好具足卅二圆满百福□□/……/……"据此可知洞窟修建时间。门两侧各画说法图等。南壁画西方净土变一铺，北壁画维摩诘经变一铺。

庆阳北石窟寺第 257 窟[170]：窟门北侧上方有"大周证圣元年（695）"题记。平面长方形，窟高 3.10 米，宽 4.75 米，深 6.15 米。三壁设坛，北壁（正壁）坛上残存三佛，窟门北侧一佛和窟门内南壁一力士。推测原来雕七佛及力士。

庆阳北石窟寺第 263 窟[171]：窟平面近似方形，窟高 2.82 米，宽 3.55 米，深 3.68 米。窟内东壁（正壁）和南、北壁设坛，坛上造佛像。东壁开一圆拱形龛，龛内雕一尊坐佛像，佛像结跏趺坐于束腰半圆形台座之上，着双领下垂式袈裟，右手掌心向下抚右膝，施降魔印；左手掌心向上置于腹前。龛外为二弟子二菩萨。南、北壁坛上均安置三尊立佛像，仅存南壁三尊，北壁仅留残迹。该窟虽无造像铭文，但从造像风格和雕造技巧分析，与 32 窟正壁如意元年（692）的造像并无二致，推测两者时代不会相距很远。

（三）一佛坛式

正面设一佛坛，后边造佛龛，中间安置佛像的一佛坛式石窟初唐时期即已存在。

敦煌：从图像与风格推定为武周窟的有以下一面（西面）龛坛式洞窟。

第321窟：证圣元年（695）至圣历二年（699）之间[172]。第321窟主室覆斗藻井窟顶，西壁龛内塑一佛二弟子二菩萨二力士。龛内背光两侧画天宫散花天人、嘉陵频伽、飞天、菩提树。南壁画经变一铺，史苇湘考证其为宝雨经变。北壁画阿弥陀经变一铺。东壁门北侧画十一面六臂观音一铺[173]。

此外还有第323窟：载初元年（689）以前[174]；第331窟[175]（贺世哲认为李克让之父的功德窟与第332窟为同类洞窟）；第334窟：邻近第335窟；第123、124、125窟：一组。第123窟有武则天万岁年号（向达作"万岁三年（697）"[176]）。

（四）中央佛坛式

洛阳：擂鼓台中洞[177]（图五七）：武周期（690~704）：《大万伍千佛像龛》。该窟平面为马蹄形，中部设坛（图五八），后部依岩凿一月牙形佛坛，其上摩崖造像一铺。四壁直立，穹隆形顶。高5.78米，宽6.3米，深7.7米。前室端浅，门额竖书"大万伍千佛像龛"。窟门上部拱券形，高4.1米，宽2.45米，厚0.85米。窟门两侧各刻一力士。窟顶中央刻一八瓣莲花，莲花中心一石孔。周围镌刻隶书："上方一切诸佛"，其间浮雕乐器及伎乐人、佛、莲花宝珠、凤凰及四坡顶建筑物和塔形龛各一座。窟顶与壁面交接处，刻有七处隶书，东面为"东方一切诸佛"，南面为"南方一切诸佛"，东南面为"东南方一切佛"，西南面为"西南方一切佛"，北面为"北方一切诸佛"，东北面为"东北方一切佛"，

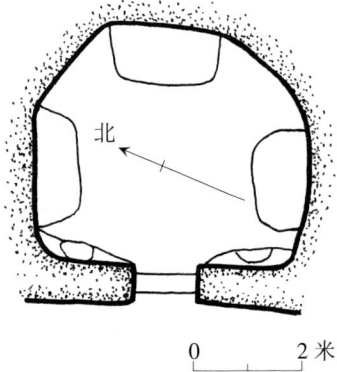

图五七　河南省洛阳龙门石窟
擂鼓台中洞

时代为武周时期（推测）（图采自龙门文物保管所、北京大学考古系编：《中国石窟·龙门石窟》第二卷，第283页，"擂鼓台中洞　平面图"）

西北面为"西北方一切佛"，期间遍刻 8～10 厘米高的小坐佛。窟底中部原有石坛遗迹，高 0.35 米，东西长 0.17 米，南北长 2.60 米。围绕坛址刻一长方形凸棱，东西长 3.38 米，南北长 4.3 米，高 0.015 米，宽 0.09 米。正壁坛高 1.48 米，坛上三尊像，主尊为倚坐弥勒像。窟内四壁中部至藻井周围刻小坐佛，正壁和南北侧壁下部浮雕二十五尊传法弟子像，应该是依据《付法藏因缘传》，每尊像旁皆刻有传略。该洞共镌刻有《佛顶尊胜陀罗尼经》、《阿弥陀经》、《金刚经》、《六门陀罗尼经》、《心经》、《付法藏经》计六部佛经[178]。

图五八　河南省洛阳龙门石窟擂鼓台中洞的中央坛

敦煌莫高窟第 205 窟。洞窟为覆斗形顶，中央存有马蹄形佛坛，坛上塑像现存一铺九身。张景峰认为："从洞窟形制和现存雕塑的布局来看，擂鼓台中洞、南洞二窟与敦煌石窟此期中心佛坛窟相同，坛上原来有雕塑，具体造像内容待考。"[179]

（五）中心塔柱式

长安

彬县大佛寺石窟的千佛洞[180]（图五九）。该窟为方形中心柱窟，主要造像都是武周时期刻造，有多处武周时期造像题记。窟深 12 米，宽 10.7 米，高 3.7 米。前壁有二柱，形成西、中、东三个门，窟中间为方柱，方柱除背面外三面均开龛造像。

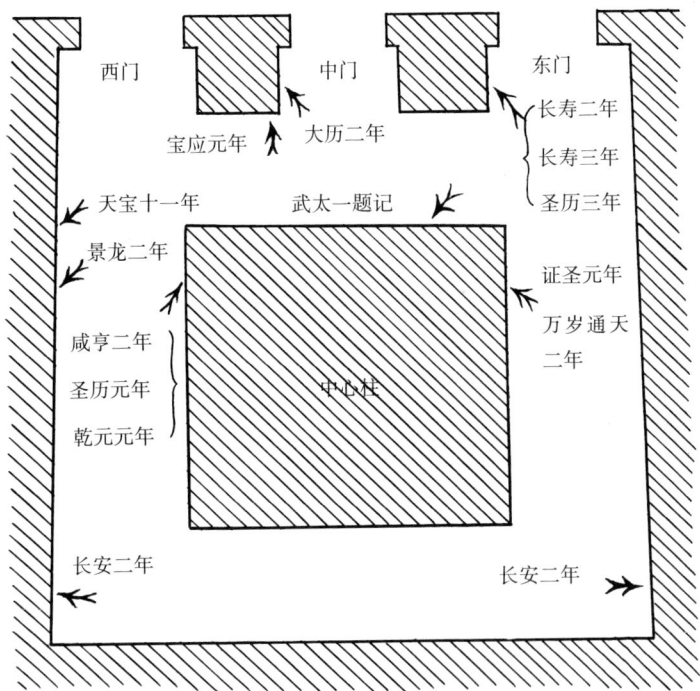

西门　　　　中门　　　　东门

宝应元年　　大历二年　　长寿二年

长寿三年

圣历三年

天宝十一年　　武太一题记

景龙二年

证圣元年

万岁通天二年

咸亨二年

圣历元年

乾元元年

中心柱

长安二年　　　　　　　　　　　长安二年

图五九　陕西省彬县大佛寺千佛洞

（图采自李淞：《陕西佛教艺术》，第 78 页，"彬县大佛寺千佛洞平面图及题记位置"）

旬邑县马家河石窟的中心塔柱窟[181]（图六〇）。主窟为平面正方形中心柱窟，窟宽和深均为4米，高2米，中心方柱宽为1.8米，深1.5米，正面和左右两面均开龛造像，为一佛二弟子二菩萨五尊像。从造像风格判断为武周时期造像。

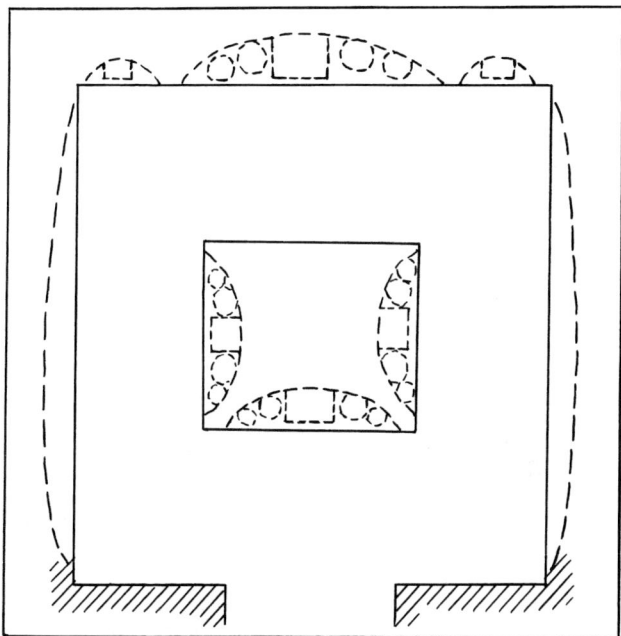

图六〇　陕西省旬邑县马家河石窟

（图采自李淞：《陕西佛教艺术》，第118页，"马家河石窟主窟平面图"）

河西

庆阳北石窟寺第32窟[182]南壁有"大周如意元年（692）"的造像铭文。该窟平面为不规则的长方形平顶大窟（图六一）。窟高2.50米，宽10.20米，深6.60米。西壁凿三个长方形窟门。窟的北侧设一中心柱，高2.40米，宽1.38米。窟内东壁凿一平面作长方形的低坛大龛，龛高2.40米，宽5.12米，深1.48米；坛基高0.50米，深0.52米。龛内高浮雕一佛二弟子二菩萨二力士。主尊结跏趺坐于束腰八棱形台座之上，着双领下垂式袈裟，右手抚右膝施降魔印，左手掌心向上置于腹前。中心柱四面各开圆拱形龛，龛顶雕出一斗三拱。正面窟内雕出一佛二弟子二菩萨。其余三面龛内均有造像。

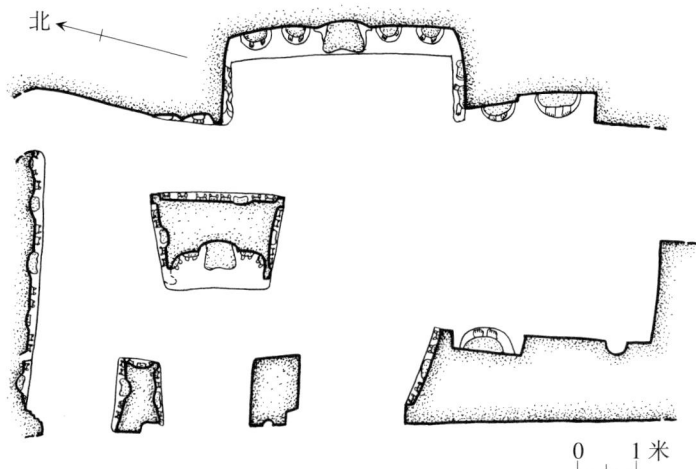

图六一　甘肃省庆阳北石窟寺第 32 窟
时代为如意元年（692）（图采自甘肃省文物工作队等编：《庆阳北石窟寺》，第31页，图三〇，"32 窟平面图"，文物出版社，1985 年，北京）

　　须弥山石窟第 105 窟（桃花洞）[183]（推测为武周时期的洞窟）。由主室、前室、后室组成，东向。主室平面方形，窟室宽8.50 米，深 7.30 米，高 5.90 米。平顶中心柱式，中心柱四面各开一龛，正面龛上两侧各开一小龛：正面（东面）龛内雕一倚坐佛像二菩萨像，龛上两侧小龛内各雕一坐佛；南面龛内雕一半跏坐观音二胁侍菩萨；西面龛内雕一坐佛二菩萨；北面龛内雕一半跏坐地藏二胁侍菩萨。北壁西侧龛内雕一立佛；东侧龛内雕一坐佛二菩萨。南壁东西两侧龛内雕一坐佛二菩萨。西壁坍塌，仅存北侧龛内北侧菩萨。窟顶南面留有彩绘。前室南北壁各龛内均雕一坐佛二菩萨。

　　敦煌莫高窟第 332 窟：圣历元年（698）（图六二）。主室前

北

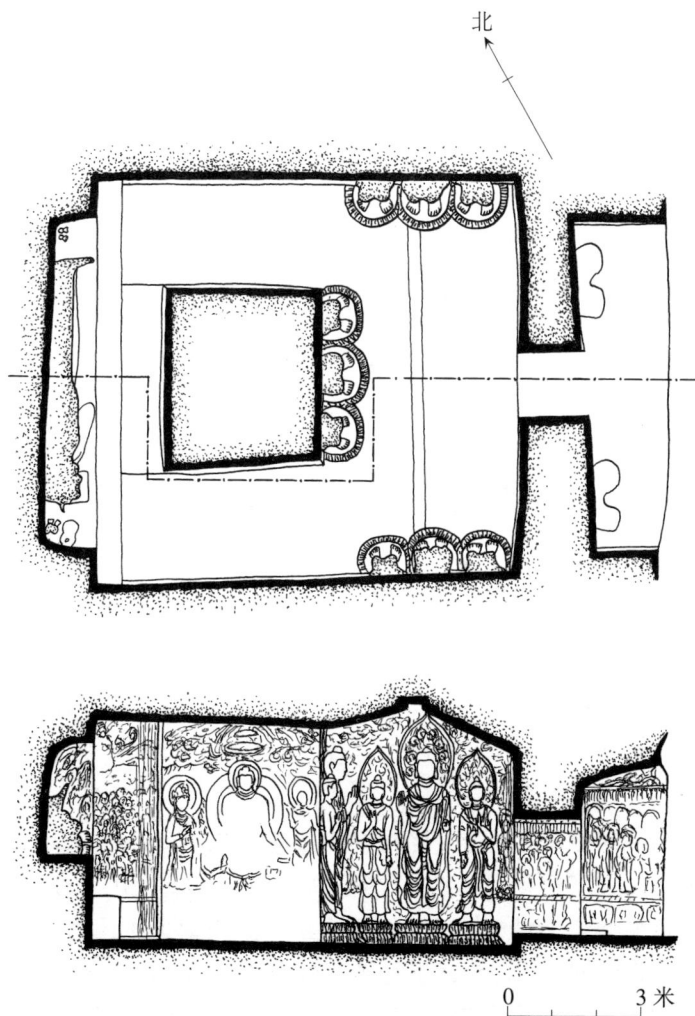

图六二　甘肃省敦煌莫高窟第 332 窟

时代为圣历元年（698）（图采自敦煌文物研究所编：《中国石窟·敦煌莫
高窟》第三卷，第 275 页，"第 332 窟平剖面图"，平凡社、文物出版社，
1981 年，东京）

部人字坡顶，顶饰千佛，西披中部画法华经变宝塔品；后室平棋

顶，饰千佛。主室后部有中心塔柱，塔柱东向面与人字披顶西坡相连。塔柱东向面与南、北壁前部人字披下各塑一大型立佛，均为一佛二菩萨。塔柱南面画卢舍那佛一铺、西面画药师佛一铺、北面画释迦佛灵鹫山说法图一铺。东壁门上画观音净土变，门北画灵鹫山说法图，门南画阿弥陀佛五十菩萨图。南壁后部画大型涅槃经变一铺，北壁后部画维摩诘经变一铺，西壁开一龛口宽敞的大圆券龛，龛内塑佛涅槃像及二菩萨，已残。龛外两侧画菩萨，龛下画供养菩萨一列。此窟原存唐武周圣历元年《李克让修莫高窟佛龛碑》一方[184]。据此判断该窟为圣历元年。

四川省

千佛崖第 400 号窟：中心柱式[185]（推测为武周时期的洞窟）。该窟位于千佛崖中段中层。该窟为双重方形平顶窟。外室长方形，高 2.1 米，宽 5.37 米，深 1.17 米。顶部遗存枋孔数个，可知当时有木构窟檐。内室凿窟门，宽 5.7 米，高 2.10 米，深 4.33 米。中央凿中心方柱，只凿出三面，后部未凿通。中心柱正、南、北三面各凿出一圆拱形大龛，龛内设像。正面大龛内设低坛，坛上设一佛二菩萨二天王五尊像，主尊后面浅浮雕双树，主尊结跏趺坐于仰莲圆形座上，着通肩袈裟，双手举于胸前施转法轮印。南面大龛内雕一佛二弟子二菩萨二力士七尊像，主尊为倚坐像；北面大龛上设一佛二弟子二菩萨二力士七尊像，主尊结跏趺坐于三层仰莲圆座上，右手上举施无畏印，左手抚膝。推测该三面佛为三世佛，正面为释迦牟尼佛，南面倚坐像为弥勒佛，北面为迦叶佛。中心柱式窟可能为窟中凿方坛，坛上雕双树大背屏的中心坛式窟所借鉴。有观点认为："南面大龛弥勒佛袈裟作双领平行下垂于腹际，此种衣纹作法见于莲花洞内王行淹于武周万岁通天年间所造小龛的主佛，因此，中心柱窟的开凿年代应在武周时期。"[186]

与中心柱式洞窟类似的还有中心塔式洞窟。炳灵寺石窟第

3 窟为中心塔式石窟。该窟平面长 320 厘米，宽 230 厘米，高 352 厘米。洞窟正中安置一座高 223 厘米的四面石塔，塔基础为方形，正面有台阶，由此形制推测为唐代的石塔[187]。董玉祥推测该窟为盛唐前期[188]。在这种类型的石窟中，中心塔柱成为供奉的对象，并成为发愿和礼拜的对象，比佛像显示出更加中心的位置。

圣历元年（698）完工的敦煌第 332 窟等石窟与初唐石窟的结构不同，"后起涅槃之变，中浮宝刹"，"旁列金姿"。当时石窟中央安置的四面柱被称为宝刹。四面塔的周围有通路，旁边安置佛像。石窟供养礼拜也以塔为中心进行。圣历元年五月十四日，石窟完工的时候，供养者（李克让）在塔前供奉珍馐，礼拜并发愿。《李克让修莫高窟佛龛碑》在敦煌遗书中通称"李君碑"，曾发现于第 332 窟中心柱前，现藏敦煌文物研究所[189]。关于该碑有以下记录："……后起涅槃之变，中浮宝刹，迤四面以环通，旁列金姿，俨千灵而侍卫。……以圣历元年五月十四日修葺功毕，设供塔前，陈桂馔以熏空，奠兰馐而味野，伏愿一人有庆，九域无庾……"[190]

武周时期三面宝坛式和中心柱式石窟制造出向心性的石窟内部空间。龙门石窟有三面宝坛式，长安西部、河西、四川分布有中心柱式石窟。

二　石窟造像：以龙门石窟为中心

武周时期龙门石窟洞窟主尊和胁侍的组合主要有三种类型。

（一）一佛九尊

奉先寺：卢舍那大佛九尊：主尊（图六三）、二弟子、二天王、二金刚（力士）、二菩萨。据《大卢舍那像龛记》（开元年间）造像者为长安实际寺的善道（613～681）。

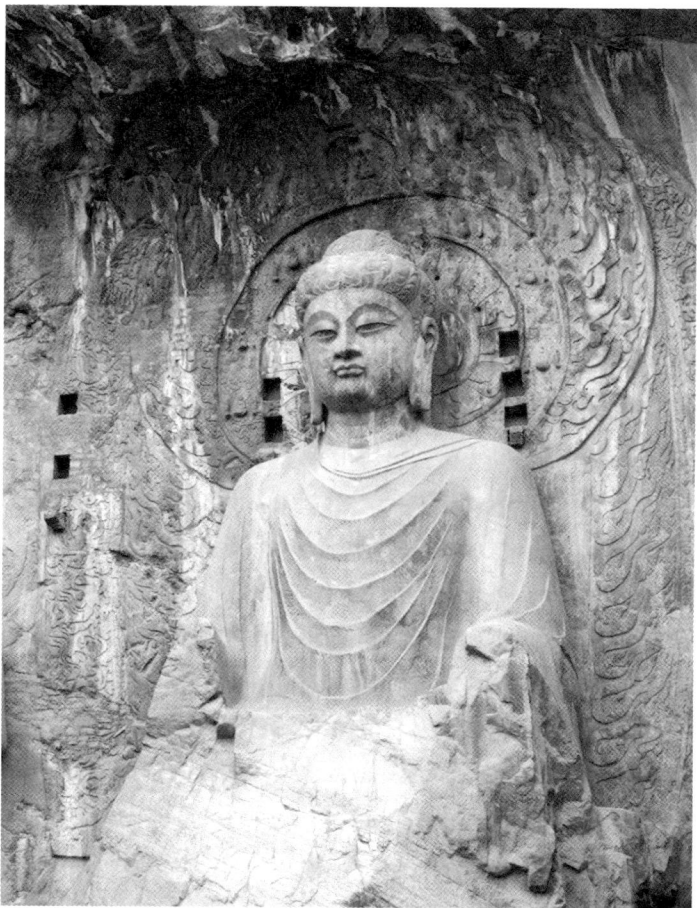

图六三　河南省洛阳龙门石窟奉先寺洞大佛龛主尊
时代为上元二年（675），通高 1714 厘米

　　惠简洞：弥勒佛像（673）九尊：主尊（图六四）、二弟子、
二天王、二金刚（力士）、二菩萨。造像者为长安法海寺的惠暕。
主尊为背屏座弥勒佛像，这种造型特征被长安年间的擂鼓台中洞
主尊、龙华寺洞主尊继承下来。

图六四 河南省洛阳龙门石窟惠简洞主尊
时代为咸亨四年（673）

（二）一佛七尊

二莲花洞南洞：三面坛上造像为一佛七尊：二弟子、二菩萨、二天王。

八作司洞：三壁坛上为一佛七尊：二弟子、二菩萨、二天王。南、北壁佛坛正面各开三壶门，内各浮雕一尊乐舞伎。

（三）一佛五尊

万佛洞：永隆元年（680），五尊：结跏趺坐主尊（图六五）、二弟子、二菩萨。主尊的上方浮雕五十二尊坐在莲茎相连的莲花座上菩萨像，左右壁上浮雕一万五千尊小坐佛，最下部的墙壁脚左右两侧分别浮雕十二尊乐伎和二尊舞伎，门口左右前壁浮雕天王像。

龙华洞（长安年间）为三面宝坛式。正面为一佛五尊，东西壁坛上为一佛二菩萨。

其他主尊与胁侍的组合：擂鼓台中洞"大万五千佛龛"主尊为弥勒佛，左右为连茎的莲花座上站立菩萨像。周围墙壁东南西北浮雕无数的小坐佛。左右及内壁底部浮雕二十五尊祖师像（图六六）。该窟的主题推测为依据《梵网经卢舍那佛说菩萨心地戒品第十》而表现的世界的立体图像。天井高浮雕出单瓣的莲花，周围配以飞舞的伎乐天、鸟、云等，外侧为从下方而来的小坐佛。

"尔时释迦牟尼，在第四禅地中摩醯首罗天王宫，与无量大梵天王不可说菩萨众说莲花台藏世界，卢遮那佛所说心地法界品……我已百阿僧祇劫修行心地，以之为因初舍凡夫成等正觉号为卢舍那，住莲花台藏世界海。其台周遍有千叶，一叶一世界为千世界，我化为千释迦牟尼据千世界，后就一叶世界，复有百亿须弥山百亿日月百亿四天下百亿南阎浮提，百亿菩萨释迦坐百亿菩提树下，各说汝所问菩提萨心地，其余九百九十九释迦，各各现千百亿释迦亦复如是，千百亿释迦是千释迦化身，吾已为本愿

图六五　河南省洛阳龙门石窟万佛洞主尊

时代为永隆元年（680），通高565厘米

图六六　河南省洛阳龙门石窟东山擂鼓台中洞的浮雕祖师像

名为卢舍那佛。"[191]

作为本章的结语，对武周时期佛教造型从佛教建筑、佛像、纪念性造型等方面进行总结。

从初唐至武周时期，可见随着佛教信仰的变化而引起图像内容的变化、再导致造型门类（genre）的变化、风格变化这一系列的因果关系。

武周时期，佛教进一步与中国社会结合，在此过程中发生两个显著变化：一是针对既定群体的社会分层化以及相应的教派分化，因而表现出信仰具体化和专门化的特征。如以华严宗为代表的国家佛教和以净土宗为代表的庶民佛教；二是佛教信仰进一步与中国传统思想信仰系统融合。将佛教信仰和理念融合于中国传统的宇宙观、方位思想、时空构架以及灵魂观念、丧葬思想等既定的中国思想信仰传统之中。通过佛教造型和建筑空间及礼仪活动，将抽象的佛教信仰和理念具象化、视觉化，而在此过程中通过将具有象征意义的佛教造型安置于具有特定观念的空间和方位上，将时间性的意义转化为空间性的意义。如用轴对称的空间表现时间单向的连续性和空间的对称性；用中心对称的空间表现时间无限和轮回。以此为原则，武周时期的佛教造型表现出规整和高度组织化的特点，或者称为古典的规定性。

具体表现为三个方面：

1. 大乘佛教的组织体系化，佛教信仰深刻地与传统中国的宇宙观、灵魂观、生死观相结合。代表性佛教造型为四方四佛、华严经的宇宙世界。

2. 注重内心修炼的中国化佛教门派禅宗登场。

3. 杂密因为其强烈的现世利益色彩和组织化的礼仪及咒术等佛教实践而受到政教合一的武周佛教政权的拥护。指导性经典为《陀罗尼集经》（包括《佛顶尊胜陀罗尼经》、《十一面观音神咒经》等）。

在此信仰背景之下，表现佛教信仰及与之配合的礼仪和实践活动，武周时期的佛教造型的图像发生变化，可分为以下三类：

第一类是初唐时期已经成立的显教图像的组织化和定型化（以四佛的组织化为中心）。大型礼拜像的尊格明确化。这种图像占主要位置，成为礼拜像和石造纪念性造型的主题，也是武周时期造像的主流。

1. 主尊与胁侍像组合关系确立。

2. 体系化的佛教建筑、造型与图像配置关系成立，如塔与四方四佛的结合关系。

第二类是武周时期特别的图像。各地兴建弘扬武周国家佛教的国寺——大云寺，象征武周王朝的佛教建筑如天堂、七宝台等，同时弥勒佛和大佛像也作为武周国家佛教的象征性造型盛行。

第三类是武周时期新出现的图像。即随着佛教的新发展而出现的新的佛教造型。主要是华严宗、禅宗和杂密三派的图像。此外这三类图像中也有装饰意味的图像装饰在墙壁四周或建筑物的门内、基础部分。丁明夷在研究了龙门石窟唐代造像之后指出："武则天后期以后，密宗与禅宗兴起。……正是由于禅宗和密宗的兴起，使原来作为像教的佛教，不大重视造像而注重宗教仪式与活动，人们对宗教的要求发生一定的变化，寺院崇拜超过了石窟崇拜……"[192]这些新出现的图像有：华严经图像，如十方佛图像等；禅宗图像，如祖师像，见于擂鼓台中洞；杂密图像，如神咒系统的十一面观音像等其他变化观音图像、陀罗尼经幢；与地狱信仰有关的地藏、观音等图像，均呈现未成熟、多样化的特点。

以上图像的变化引起佛教造型门类的变化。佛像的种类比初唐时期增加，图像更加多样化。可以分为四类。

第一类，皇权与佛教结合的大型礼仪建筑和偶像崇拜系统：天堂、大像。

第二类，纪念性佛教造型：功德用的石塔、石碑、龛像。

第三类，神咒及杂密礼仪用造型：坛、像、法器等。

第四类，佛教礼拜像系统：大型圆雕像和高浮雕像，安置于佛殿或石窟寺院。

以上四类佛教造型显示出三个时代特征：

第一，作为佛教礼仪空间的石窟寺和寺院建筑的内部构造呈现向心性。可分为三面宝坛式（以龙门为中心的中原地区）和中心柱式（以敦煌为中心的河西地区：敦煌332窟、庆阳北石窟寺32窟、须弥山105窟）。

不论是寺院建筑还是石窟建筑，建筑物内部以中心原点形成对称的建筑面。推测这种建筑形制特征形成的原因是武周时期佛教仪式发生了变化。佛教建筑内部不仅是信者和佛教偶像间礼拜关系的双向性的空间，还是更复杂的佛教仪式演习的空间。特别是应该满足作为杂密的咒术演习用的道场、安置受戒用的戒坛用道具、说法的仪式空间的功能。例如法藏为了向武则天说明华严经的教义，布置简单的道场。中央安置佛像，为了反射中央的佛像在其周围放置十面镜子，以此互相辉映象征佛十方法界圆满的存在。此外，据十一面观音菩萨经典，演习咒术的空间是有必要的，十一面观音菩萨道场也安置各种各样的法具。除了佛教仪式的空间以外，武周时期中央设坛，安置大佛像、塔、中心柱的高层阁楼式佛教建筑也有很多。

石窟寺院的洞窟模仿木造殿堂。龙门石窟奉先寺和摩崖三佛等半石窟、半木造殿堂出现，龛窟后退，可见龛窟的构造参考木造殿堂的构造原理。唐代方形平顶石窟多少都可见这种倾向[193]。

建筑物的附属装饰纹样的装饰性增强，通过装饰乐舞图像等营造充满活力的喜乐气氛，呈现圆满美好的视觉效果。

第二，佛教建筑和图像的规定性形成。石造纪念性造型的建筑与图像的程序形成并普遍流行：针对各类建筑空间、面而选择并表现与之适应的图像。例如，同是武周长安年间的佛教建筑，同属尉迟画派画家的作品，因为建筑物的不同而选择不同的主题。光宅寺的殿堂壁画为大幅面的降魔、西方变相；而慈恩寺大雁塔塔内的壁画为适应竖长形壁面而选择单幅的变化观音，大雁塔一层外部四面门上的石门楣线刻画表现了四幅如来图。

可见建筑物与造像融合的倾向。伴随着造塔风潮，浮雕佛像实现了组织化，与建筑物结合形成视觉逻辑（Visual Logic）和对应关系。武周时期浮雕像兴盛的原因有两个。一是伽蓝建筑面庄严的必要。有学者指出了来自希腊和印度的影响。二是供养者敬造奉纳像和石塔而作功德的时代风潮。

第三，佛教石质纪念性造型兴盛。石质纪念性造型的形制和图像形成规定性。武周时期所有石质纪念性造型具有共同特征：由首部、本体、台座三部分组成。从造型技法来看主要通过浮雕像明确地表现主题。

与造塔风潮同时，浮雕龛像实现了组织化。这种组织化表现为形成了浮雕像的建筑和图像程序。特别是长安地区四面塔和四方佛的结合关系经过初唐时期的发展，到武周时期趋于定型化。碑像从中国传统的墓碑造型而形成真正的佛教造像碑。值得注意的是佛像和供养者明确区分开来。陀罗尼经幢作为新的石质纪念性造型门类而出现，是佛教艺术中国化的典型代表。说明武周时期不仅规范和完善了传统的佛教造型，还创造出新的佛教造型门类。这三类石质纪念性造型普遍刻有造像铭和佛经。

从造像铭文看，武周时期社会下层供奉的小型献纳像迅速增加，一般庶民为亡故的家族成员供养的龛像、碑像、圆雕佛像为数众多，主要为祈求亡故的家族成员的冥福及现存家族的幸福而造像。从初唐至武周时期，据本书的不完全统计，家族造像比社邑造像为数众多，表明信者的社会基础更加广泛。在碑像和龛像中供养人像的位置得到明确的区划，在主尊和胁侍的下方设长方形框，框内浮雕供养人像。框内区域逐渐扩大。现存和已故供养人像同时排列在一起，如同一个家族的群像。一般将男女供养人分开排列，对称分布于左右两侧。僧俗共同造像，出家的僧尼成员和俗世家族成员共同造像，其供养人像按照家族秩序排列。通过造塔和造像，佛教浸透入家族信仰深处，通过佛教使得现存和亡故家族成员之间超越生死，获得永远的团聚。值得注意的是维护中国家族的礼仪活动由儒教传统的孝行、宗庙和坟墓的祖先祭祀等向佛教供养和造像活动转变。家族成员通过共同的造像实现了团圆。家族造像相对于社邑造像更加体现了个人的生死观和世界观，因此，佛教的彼岸思想和净土信仰挑战了中国传统的生死观。

武周时期佛教造型的铭文呈现统一文体，一般分为序、记、铭三部分：在序部分用骈体称颂佛法；记部分用散骈记述功德的缘起、经过、发愿内容、发愿人的身份和时间地点；铭部分用骈体称颂佛法。上层造像铭一般具备以上完整的三部分，文辞华丽，篇幅较长，而庶民造像多省略或简化序与铭部分，记部分文辞简洁。680 年开始出现"天皇天后"的尊号，690 年开始全国的石质纪念性造型铭刻中使用武周文字，铭文的格式趋向统一。

第四，雕刻门类的写实技法长足进步。雕刻门类进展迅速，武周时期，与石质纪念性造型同时，浮雕技法快速发展，趋向成熟。可分为高浮雕（龛像、碑像）与低浮雕。浮雕技法摆脱中国传统线的造型技法的束缚，通过面的起伏来表现物象，衣纹线比初唐时期更加洗练和形式化。特别是低浮雕向注重表现对象的个性方面进展，如擂鼓台中洞的祖师像。

武周时期伴随着佛像尊格的图像特征定型化，礼拜像的圆雕技法也臻成熟。位于礼仪空间中央的主尊从后壁离开，作为礼拜像位于佛教礼仪建筑空间中央。为了信者能全方位地礼拜主尊，也为了佛教仪式围绕主尊进行，需要周到表现主尊的正面观、侧面观和背面观。这种全面观照的礼仪方式导致圆雕佛像的立体性和写实性随之而不断进展，融合肉体性和精神性，动态和美感，世俗性和神圣性，通过均衡的原理表现端正的古典美。

---

〔1〕（唐）慧立本、彦悰笺：《大慈恩寺三藏法师传》卷七，大正新修《大藏经》第 50 册，No. 2053。

〔2〕（唐）道世撰：《法苑珠林》卷第一百，"兴福部"第五，大正新修《大藏经》第 53 册，No. 2122。

〔3〕（宋）王溥撰：《唐会要》（上），卷四十九"僧籍"，第 1011 页，上海古籍出版社，2006 年，上海。

〔4〕（唐）李林甫等撰，陈仲夫点校：《唐六典》，第 125 页，中华书局，1992 年，北京。

〔5〕（后晋）刘昫等撰：《旧唐书》卷六，本纪第六，"则天皇后"，第 121 页，中华书局，1975 年，北京。

〔6〕（宋）王溥撰：《唐会要》（上），卷四十八"寺"，第 996 页，上海古籍出版社，2006 年，上海。

〔7〕Antonino Forte, Chinese State Monasteries in the Seventh and Eighth Centuries, 桑山正进编《慧超往五天竺国传研究》，京都大学人文科学研究所研究报告，1992 年，附录。

〔8〕（宋）宋敏求编：《唐大诏令集》，第 538 页，学林出版社，1992 年，上海。

〔9〕（宋）王溥撰：《唐会要》（上），卷四十八"寺"，第 991 页，上海古籍出版社，2006 年，上海。

〔10〕（宋）王溥撰：《唐会要》（上），卷四十八"寺"，第 991 页，上海古籍出版社，2006 年，上海。

〔11〕（宋）王溥撰：《唐会要》（上），卷四十八"寺"，第 991 页，上海古籍出版社，2006 年，上海。

〔12〕（宋）王溥撰：《唐会要》（上），卷四十八"寺"，第 993 页，上海古籍出版社，2006 年，上海。

〔13〕（宋）王溥撰：《唐会要》（上），卷四十八"寺"，第 993 页，上海古籍出版社，2006 年，上海。

〔14〕（宋）王溥撰：《唐会要》（上），卷四十八"寺"，第 993 页，上海古籍出版社，2006 年，上海。

〔15〕（宋）王溥撰：《唐会要》（上），卷四十八"寺"，第 993 页，上海古籍出版社，2006 年，上海。

〔16〕（宋）王溥撰：《唐会要》（上），卷四十八"寺"，第 993 页，上海古籍出版社，2006 年，上海。

〔17〕（宋）王溥撰：《唐会要》（上），卷四十八"寺"，第 993 页，上海古籍出版社，2006 年，上海。

〔18〕（后晋）刘昫等撰：《旧唐书》卷八十九，列传第三十九，"狄仁杰"，第 2893 页，中华书局，1975 年，北京。

〔19〕（宋）王溥撰：《唐会要》（上），卷四十八"寺"，第 1004 页，上海古籍出版社，2006 年，上海。

〔20〕龚国强：《隋唐长安城佛寺研究》，第118～122页，文物出版社，2002年，北京。

〔21〕（唐）道宣：《关中创立戒坛图经》，大正新修《大藏经》第45册，No.1892；（唐）道宣：《中天竺舍卫国祇洹寺图经》，大正新修《大藏经》第45册，No.1899。

〔22〕（唐）张彦远著：《历代名画记》，第59页，人民美术出版社，2004年，北京。

〔23〕（唐）张彦远著：《历代名画记》，第70页，人民美术出版社，2004年，北京。

〔24〕萧默：《莫高窟壁画所见寺院建筑》，敦煌文物研究所编：《中国石窟·敦煌莫高窟》第四卷，第196页，平凡社、文物出版社，1982年，东京。

〔25〕阎文儒、常青著，龙门石窟研究所编：《龙门石窟研究》，第83～84页，书目文献出版社，1995年，北京。

〔26〕龚国强：《隋唐长安城佛寺研究》，第172页，文物出版社，2002年，北京。

〔27〕北魏孝文帝时曾任将作大匠，营宫室之事。见《魏书·王遇传》。

〔28〕《宕昌公晖福寺碑》，西安碑林博物馆藏。

〔29〕龚国强：《隋唐长安城佛寺研究》，第172～174页，文物出版社，2002年，北京。

〔30〕（宋）宋敏求撰；（清）毕沅校正：《长安志》，第179页，成文出版社有限公司，1970年，台北。

〔31〕（宋）宋敏求撰；（清）毕沅校正：《长安志》，第241页，成文出版社有限公司，1970年，台北。

〔32〕（唐）张彦远著：《历代名画记》，第64页，人民美术出版社，2004年，北京。

〔33〕鲁迅：《〈大云寺弥勒重阁碑〉校记》，鲁迅：《集外集拾遗补编》，人民文学出版社，2006年，北京。

〔34〕甘肃省文物工作队：《甘肃省泾川县出土的唐代舍利石函》，《文物》1966年第3期，第8～15页，及47页。

〔35〕甘肃省文物工作队：《甘肃省泾川县出土的唐代舍利石函》，《文物》1966年第3期，第14页，第47页。

〔36〕（清）王昶辑：《金石萃编》第六十四卷，唐二十四（四），中国书店影印，

1985 年，北京。

〔37〕高继习、刘斌、常祥：《济南"开元寺"重考》，《春秋》2006 年第 5 期，第 49 页。

〔38〕高继习、刘斌、常祥：《济南"开元寺"重考》，《春秋》2006 年第 5 期，第 49～50 页。

〔39〕龙门卢舍那像座铭刻：《河洛上都龙门山之阳大卢舍那像龛记》："调露元年己卯八月十五日，奉敕于大像南置大奉先寺，简召高僧行解兼备者二七人，阙即续添，创基住持。范法、英律而为上首。至二年正月十五日 大帝书额。前后别度僧一十六人、并戒行精勤，住持为务。……"温玉成：《龙门奉先寺遗址调查记》，《考古与文物》1986 年第 2 期，第 28 页。

〔40〕"（开元）十年二月四日，伊水泛涨，毁都城南龙门天竺、奉先寺。坏罗郭东南角，平地水深六尺已上……水次屋舍树木荡尽。"（后晋）刘昫等撰：《旧唐书》卷三十七，志第十七，"五行"，第 1357 页，中华书局，1975 年，北京；龙门卢舍那像座上刻牒文云："牒。敕旨：龙花寺宜合作奉先寺。开元十年十二月五日。"温玉成：《龙门奉先寺遗址调查记》，《考古与文物》1986 年第 2 期，第 28～29 页。

〔41〕温玉成：《龙门奉先寺遗址调查记》，《考古与文物》1986 年第 2 期，第 27～29 页；温玉成：《唐代龙门十寺考察》，龙门文物保管所、北京大学考古系编：《中国石窟·龙门石窟》第二卷，第 221～224 页，平凡社、文物出版社，1992 年，北京。

〔42〕"司马温公居洛，尝同范景仁游嵩山，由轩辕道至龙门，游奉先寺，上华严阁，千佛岩，寻高公堂（天竺寺）"《邵氏见闻录》卷 11，中华书局，1983 年，北京。

〔43〕Miho 博物馆：《龙门石窟展图录》，Miho 博物馆，第 78～95 页，2001 年；奉先寺遗址发掘工作队：《洛阳龙门奉先寺遗址发掘简报》，《中原文物》2001 年第 2 期，第 10～20 页。

〔44〕《唐京兆慈恩寺义福传》，（宋）赞宁撰；范祥雍点校：《宋高僧传》卷九，第 197 页，中华书局，1987 年，北京。

〔45〕（唐）法藏：《华严经传记》卷一，大正新修《大藏经》第 51 册，No.2073。

〔46〕（清）陆增祥著：《八琼室金石补正》卷四一，第 279 页，文物出版社，1985 年，北京。

〔47〕《隆阐法师碑》，（清）王昶辑：《金石萃编》，第八十六卷，唐四十六，中国书店影印，1985 年，北京。

〔48〕大村西崖：《支那美术史雕塑篇》，第 559～560 页，佛书刊行会图像部，1915 年，东京。

〔49〕（唐）道世：《法苑珠林》卷三十七，"敬塔篇"第三十五，大正新修《大藏经》第 53 册，No. 2122；卷三十八，"敬塔篇"第三十五之二，大正新修《大藏经》第 53 册，No. 2122。

〔50〕水野清一：《房山云居寺石塔记》，《东方学报》京都第五册副刊（房山云居寺研究），1935 年（昭和十年刊）；罗哲文：《古塔摭谈》，《文物》1982 年第 3 期，第 48～57 页；赵克礼：《陕西唐塔遗存考实及历史地理价值研究》，《考古与文物》2006 年第 1 期，第 77～86 页；李玉珉：《中国早期佛塔溯源》，《故宫学术季刊》，第六卷第三期（1989 年），第 75～104 页。

〔51〕赵克礼：《陕西唐塔遗存考实及历史地理价值研究》，《考古与文物》2006 年第 1 期，第 78 页。

〔52〕文军：《香积寺——香积寺与净土宗文化》，第 60 页，陕西出版集团，三秦出版社，2009 年，西安。

〔53〕陕西省文物管理委员会：《陕西名胜古迹》，第 52 页，陕西人民出版社，1986 年。

〔54〕足立喜六著，王双怀、淡懿成、贾云译：《长安史迹研究》，第 231 页，图片九三，三秦出版社，2003 年，西安。

〔55〕赵克礼：《陕西古塔研究》，第 145 页，科学出版社，2007 年，北京。

〔56〕赵克礼：《陕西古塔研究》，第 119～120 页，科学出版社，2007 年，北京。

〔57〕赵克礼：《陕西古塔研究》，第 126～127 页，科学出版社，2007 年，北京。

〔58〕余晓川、鲍玮：《登封嵩山法王塔群现状及保护设计构想》，《古建园林技术》2007 年第 4 期，第 49～50 页。

〔59〕梁思成：《中国建筑史》，第五章，第 127 页，百花文艺出版社，2005 年，天津。

〔60〕（宋）宋敏求撰，（清）毕沅校正：《长安志》，第 192 页，成文出版社有限公司，1970 年，台北。

〔61〕（宋）张礼撰，史念海、曹尔琴校注：《游城南记校注》，第 23 页，三秦出版社，2006 年。西安。

〔62〕小野胜年：《长安的大雁塔的线刻佛画》，《佛教艺术》，No. 59（1965 年

12 期），第 91～104 页。

〔63〕白文：《关中隋唐西方净土造像图像志研究》，第 164～168 页，陕西出版集团，三秦出版社，2010 年，西安。

〔64〕（唐）张彦远著：《历代名画记》，第 50 页，人民美术出版社，2004 年，北京。

〔65〕（唐）段成式著：《寺塔记》，第 31～32 页，人民美术出版社，2003 年，北京。

〔66〕（唐）朱景玄撰：《唐朝名画录》，何志明，潘运告编著：《唐五代画论》，第 87 页，湖南美术出版社，1997 年，长沙。

〔67〕大村西崖：《支那美术史雕塑篇》，第 571 页，佛书刊行会图像部，1915 年，东京。

〔68〕西安市文物保护考古所编著：《西安文物精华·佛教造像》，第 179 页，世界图书出版西安公司，2010 年，西安。

〔69〕西安市文物保护考古所编著：《西安文物精华·佛教造像》，第 176 页，世界图书出版西安公司，2010 年，西安。

〔70〕西安市文物保护考古所编著：《西安文物精华·佛教造像》，第 180～181 页，世界图书出版西安公司，2010 年，西安。

〔71〕柏明主编：《唐长安太平坊与实际寺：西北大学校园考古新发现》，第 51～52 页，西北大学出版社，1994 年，西安。

〔72〕西安市文物保护考古所编著：《西安文物精华·佛教造像》，第 168 页，世界图书出版西安公司，2010 年，西安。

〔73〕西安碑林博物馆编：《长安佛韵：西安碑林佛教造像艺术》，第 4～5 页，陕西师范大学出版社，2010 年，西安。

〔74〕西安碑林博物馆编：《长安佛韵：西安碑林佛教造像艺术》，第 4～5 页，陕西师范大学出版社，2010 年，西安。

〔75〕翟春玲：《西安市出土的一批隋代佛道造像》，《文物》2002 年第 12 期，第 82～83 页；西安市文物保护考古所编著：《西安文物精华·佛教造像》，第 100～101 页，世界图书出版西安公司，2010 年，西安。

〔76〕翟春玲：《西安市出土的一批隋代佛道造像》，《文物》2002 年第 12 期，第 82～83 页；西安市文物保护考古所编著：《西安文物精华·佛教造像》，第 102 页，世界图书出版西安公司，2010 年，西安。

〔77〕柏明主编：《唐长安太平坊与实际寺：西北大学校园考古新发现》，第 51～

52 页，西北大学出版社，1994 年，西安。

〔78〕翟春玲：《陕西青龙寺佛教造像碑》，《考古》1992 年第 7 期，第 630 ~ 631 页；西安市文物保护考古所编著：《西安文物精华·佛教造像》，第 156 ~ 157 页，世界图书出版西安公司，2010 年，西安。

〔79〕翟春玲：《陕西青龙寺佛教造像碑》，《考古》1992 年第 7 期，图版柒，6。

〔80〕翟春玲：《陕西青龙寺佛教造像碑》，《考古》1992 年第 7 期，图版柒，5。

〔81〕西安市文物保护考古所编著：《西安文物精华·佛教造像》，第 180 ~ 181 页，世界图书出版西安公司，2010 年，西安。

〔82〕西安市文物保护考古所编著：《西安文物精华·佛教造像》，第 179 页，世界图书出版西安公司，2010 年，西安。

〔83〕西安市文物保护考古所编著：《西安文物精华·佛教造像》，第 176 页，世界图书出版西安公司，2010 年，西安。

〔84〕西安市文物保护考古所编著：《西安文物精华·佛教造像》，第 168 页，世界图书出版西安公司，2010 年，西安。

〔85〕杨超杰、严辉：《龙门石窟雕刻粹编·佛塔》，第 76 ~ 77 页，中国大百科全书出版社，2002 年，北京。

〔86〕杨超杰、严辉：《龙门石窟雕刻粹编·佛塔》，第 77 ~ 79 页，图三九，第 83 页，中国大百科全书出版社，2002 年，北京。

〔87〕严辉、李春敏：《洛阳地区唐代石雕塔》，《文物》2001 年第 6 期，第 54 页。

〔88〕严辉、李春敏：《洛阳地区唐代石雕塔》，《文物》2001 年第 6 期，第 51 ~ 52 页。

〔89〕严辉、李春敏：《洛阳地区唐代石雕塔》，《文物》2001 年第 6 期，第 52 页。

〔90〕严辉、李春敏：《洛阳地区唐代石雕塔》，《文物》2001 年第 6 期，第 53 页；杨超杰、严辉：《龙门石窟雕刻粹编·佛塔》，第 103 ~ 110 页，中国大百科全书出版社，2002 年，北京。

〔91〕严辉、李春敏：《洛阳地区唐代石雕塔》，《文物》2001 年第 6 期，第 53 页。

〔92〕严辉、李春敏：《洛阳地区唐代石雕塔》，《文物》2001 年第 6 期，第 55 页，图八。

〔93〕严辉、李春敏：《洛阳地区唐代石雕塔》，《文物》2001 年第 6 期，第 54 页，图十四：7。

〔94〕杨超杰、严辉著:《龙门石窟雕刻粹编·佛塔》,"1 号塔(潜溪寺前四层塔〈45 龛〉)",第 76 页,图三四,图版一、二。

〔95〕《河北隆尧县发现唐代石碑及石塔》,《文物》1956 年第 2 期,第 67 ~ 68 页。

〔96〕杨焕成:《豫北石塔纪略》,《文物》1983 年第 5 期,图版伍:1,第 70 ~ 71 页。

〔97〕杨焕成:《豫北石塔纪略》,《文物》1983 年第 5 期,图四、图五,第 72 页,第 76 页。

〔98〕杨焕成:《豫北石塔纪略》,《文物》1983 年第 5 期,图九,图十〇,第 77 页,第 72 页;张增午:《河南林县阳台寺唐代石塔》,《考古与文物》1985 年第 2 期,图一,第 29 ~ 32 页。

〔99〕微山县文物管理所:《山东微山县出土唐代石刻》,《考古》2001 年第 9 期,第 51 ~ 58 页。

〔100〕微山县文物管理所:《山东微山县出土唐代石刻》,《考古》2001 年第 9 期,第 57 页。

〔101〕(唐)义净:《南海寄归内法传》,大正新修《大藏经》第 54 册,No. 2125。

〔102〕(唐)道宣:《道宣律师通感录》,大正新修《大藏经》第 52 册,No. 2107。

〔103〕(唐)道世:《法苑珠林》卷十四,大正新修《大藏经》第 53 册,No. 2122。

〔104〕(唐)道宣:《道宣律师通感录》,大正新修《大藏经》第 53 册,No. 2107。

〔105〕(唐)法藏:《华严经传记》卷第一,大正新修《大藏经》第 51 册,No. 2073。

〔106〕大村西崖:《支那美术史雕塑篇》,第 561 页,佛书刊行会图像部,1915 年,东京。

〔107〕大村西崖:《支那美术史雕塑篇》,第 561 页,佛书刊行会图像部,1915 年,东京。

〔108〕李献奇:《唐乾封二年王婆造像碑》,《考古与文物》1987 年第 5 期,第 32 ~ 33 页。

〔109〕李浪涛:《陕西礼泉赵镇出土唐代阿弥陀石像塔铭》,《文物》2006 年第 4

期，第 81～83 页。

〔110〕大村西崖：《支那美术史雕塑篇》附图第七八九，佛书刊行会图像部，1915 年，东京。

〔111〕碑林博物馆编集：《西安碑林全集》一〇六卷，第 219～221 页；西安碑林博物馆编：《长安佛韵：西安碑林佛教造像艺术》，第 160 页，陕西师范大学出版社，2010 年，西安。

〔112〕碑林博物馆编集：《西安碑林全集》一〇六卷，第 230～232 页；西安碑林博物馆编：《长安佛韵：西安碑林佛教造像艺术》，第 164 页，陕西师范大学出版社，2010 年，西安。

〔113〕足立喜六著，王双怀、淡懿成、贾云译：《长安史迹研究》，第 231 页，图片九三，三秦出版社，2003 年，西安。

〔114〕松原三郎：《中国佛教雕刻史论》，图版三，图 630。

〔115〕郭志诚、高生记：《论山西唐代佛教造像的艺术性》，《沧桑》2002 年第 6 期，第 32～33 页。

〔116〕李静杰：《造像碑的涅槃经变》，《敦煌研究》1997 年第 1 期，第 69～73 页。

〔117〕唐晓军：《甘肃古代石刻艺术》，第 291 页，第 293 页，图 114，民族出版社，2007 年，北京。

〔118〕林韵柔：《唐代〈佛顶尊胜陀罗尼经〉的传译与信仰》，《法鼓佛学学报》第三期（2008 年），第 159 页。

〔119〕大正新修《大藏经》第 19 册，No. 0967。

〔120〕大正新修《大藏经》第 19 册，No. 0970。

〔121〕赵之谦纂撰：《补寰宇访碑录》，第三卷，《石刻史料新编》第一辑，第 20221 页，新文丰出版公司，1977 年，台北。

〔122〕陕西省文物管理委员会：《陕西所见的唐代经幢》，《文物》1959 年第 8 期，第 29 页。

〔123〕宿白：《敦煌莫高窟密教遗迹札记》（上）之注释 16，《文物》1989 年第 9 期，53 页。

〔124〕常盘大定、关野贞：《支那佛教史迹·一》，第 115 页，佛教史迹研究会，1925～1928 年，东京。

〔125〕足立喜六：《长安史迹研究》，昭和八年刊，第 225 页；足立喜六著，王双怀、淡懿成、贾云译：《长安史迹研究》图九十六，第 232～233 页，三

秦出版社，2003 年，西安。

〔126〕张崇德：《礼泉赵村镇唐代鼓形经幢》，《考古与文物》1984 年第 2 期，第
　　　95 页；常盘大定、关野贞：《支那佛教史迹》1－65，佛教史迹研究会，
　　　1925～1928 年，东京；《干隆·礼泉县志》卷四："唐广济寺在县赵村，
　　　有石鼓经咒"；《陕西金石志》卷十九·唐十九载："此以石为鼓，周刻
　　　之，其文尊胜经咒也，书遒健有法，存者不能半，鼓下作石山，山上作天
　　　王鬼神戴之，斧凿工甚奇，在礼泉县赵村广济寺后，疑是唐初建寺
　　　时物。"

〔127〕"第二章　经幢的形制、性质和来源"，刘淑芬：《灭罪与度亡：佛顶尊胜
　　　陀罗尼经幢之研究》，第 51 页，上海古籍出版社，2008 年，上海。

〔128〕（清）赵之谦撰：《补寰宇访碑录》，第三卷，《石刻史料新编》第一辑，
　　　第二七册，第 20221 页，新文丰出版公司，1977 年，台北。

〔129〕《山右石刻丛编》，第五卷，第 14 页，《石刻史料新编》第一辑，第二〇
　　　册，第 15022 页，新文丰出版公司，1977 年，台北。

〔130〕大村西崖：《支那美术史雕塑篇》，第 565 页，佛书刊行会图像部，1915
　　　年，东京；（清）沈涛：《常山贞石志》卷七，《石刻史料新编》第一辑，
　　　第一八册，第 13275 页，新文丰出版公司，1977 年，台北；（清）陆增
　　　祥：《八琼室金石补正》卷 46，第 312 页，文物出版社，1985 年，北京。

〔131〕陕西省文物管理委员会：《陕西所见的唐代经幢》，《文物》1959 年第 8
　　　期，第 29 页。

〔132〕李裕群：《第四批全国重点文物保护单位石窟及石刻综述》，《文物》1997
　　　年第 5 期，第 95 页。

〔133〕陕西省文物管理委员会：《陕西所见的唐代经幢》，《文物》1959 年第 8
　　　期，第 29 页，图 1，第 30 页。

〔134〕陕西省文物管理委员会：《陕西所见的唐代经幢》，《文物》1959 年第 8
　　　期，第 29 页。

〔135〕田中华：《佛顶尊胜陀罗尼造像经幢》，《中原文物》1993 年第 1 期，第
　　　82～87 页。

〔136〕陕西省文物管理委员会，《陕西所见的唐代经幢》，《文物》1959 年第 8
　　　期，第 29 页；李美霞：《临潼县博物馆藏北周造像座、唐代造像与经
　　　幢》，《文博》1992 年第 2 期，第 74 页，封二。

〔137〕陕西省考古所张燕、长武县文管所赵景普：《陕西省长武县出土一批佛教

造像碑》，《文物》1987 年第 3 期，第 58～59 页。

〔138〕陕西省考古所张燕、长武县文管所赵景普：《陕西省长武县出土一批佛教造像碑》，图二三，《文物》1987 年第 3 期，第 58 页。

〔139〕阎文儒：《石幢》，《文物》1959 年第 8 期，第 47 页。

〔140〕刘淑芬：《灭罪与度亡：佛顶尊胜陀罗尼经幢之研究》，第 113 页，上海古籍出版社，2008 年，上海。

〔141〕刘淑芬：《灭罪与度亡：佛顶尊胜陀罗尼经幢之研究》，第 121 页，上海古籍出版社，2008 年，上海。

〔142〕李隽、李有成：《试论五台山〈佛顶尊胜陀罗尼经〉石经幢》，《五台山》2007 年第 9 期，第 44 页。

〔143〕村田治郎：《中国石幢小史》，《佛教艺术》No. 93（1973 年 9 月），第 17～18 页。

〔144〕（宋）欧阳修、宋祁撰：《新唐书》卷七十六，列传第一，"后妃上"，第 3483 页，中华书局，1975 年，北京。

〔145〕（宋）司马光编著：《资治通鉴》卷二百五，唐纪二十一，"则天后天册万岁元年"，第 6502～6503 页，中华书局，1956 年，北京。

〔146〕（唐）道宣撰：《续高僧传》卷四，大正新修《大藏经》第 50 册，No. 2060。

〔147〕（宋）赞宁撰：《宋高僧传》卷四，大正新修《大藏经》第 50 册，No. 2061。

〔148〕松原三郎：《中国佛教雕刻史论》，图版三，图 620，621a，b。

〔149〕松原三郎：《中国佛教雕刻史论》，图版三，图 622b。

〔150〕崔利民、刘林、宋文强：《平顺荐福寺遗址出土的佛教石造像及龙门寺部分造像》，《文物》2004 年第 11 期，图八，第 70 页。

〔151〕《大唐王朝女性之美》，图 86，第 120 页，大阪市立美术馆、中日新闻社，2004 年；《三藏法师之道》，图 144，第 194 页，朝日新闻社，1999 年。

〔152〕松原三郎：《中国佛教雕刻史论》，图版三，图 644、645a、645b。

〔153〕东京国立博物馆：《宫廷的荣华—唐的女帝·则天武后与她的时代展》，第 41 页，图 16，1998～1999 年；松原三郎：《中国佛教雕刻史论》，图版三，图 723。

〔154〕熊本县立美术馆：《以细川家藏品为中心的中国佛像展》，第 75 页，1985 年；松原三郎：《中国佛教雕刻史论》，图版三，图 622a；大村西崖：《支

148

那美术史雕塑篇》图七七四。

〔155〕张俊良：《山西芮城发现唐纪年佛教石刻造像》，《中国文物报》2008 年 11 月 5 日第 5 版，图二。

〔156〕龙门文物保管所、北京大学考古系编：《中国石窟·龙门石窟》第二卷，第 265 页，文物出版社，1992 年，北京。

〔157〕李裕群：《古代石窟》，第 61 ~ 62 页，文物出版社，2003 年，北京。

〔158〕宁夏回族自治区文物管理委员会、中央美术学院美术史系编：《须弥山石窟》，第 28 ~ 29 页，文物出版社，1988 年，北京。

〔159〕温玉成：《龙门唐窟排年》，龙门文物保管所、北京大学考古系编：《中国石窟·龙门石窟》第二卷，第 198 ~ 199 页，文物出版社，1992 年，北京。

〔160〕龙门文物保管所、北京大学考古系编：《中国石窟·龙门石窟》第二卷，第 268 页，文物出版社，1992 年，北京。

〔161〕龙门文物保管所、北京大学考古系编：《中国石窟·龙门石窟》第二卷，第 271 页，文物出版社，1992 年，北京。

〔162〕龙门文物保管所、北京大学考古系编：《中国石窟·龙门石窟》第二卷，第 270 ~ 271 页，文物出版社，1992 年，北京。

〔163〕龙门文物保管所、北京大学考古系编：《中国石窟·龙门石窟》第二卷，第 269 页，文物出版社，1992 年，北京。

〔164〕阎文儒、常青著，龙门石窟研究所编：《龙门石窟研究》，第 120 ~ 121 页，书目文献出版社，1995 年，北京。

〔165〕雷玉华、王剑平编著：《广元石窟》，第 31 ~ 35 页，巴蜀书社，2002 年，成都。

〔166〕宁夏回族自治区文物管理委员会、中央美术学院美术史系编：《须弥山石窟》，第 15 页，文物出版社，1988 年，北京。

〔167〕宁夏回族自治区文物管理委员会、中央美术学院美术史系编：《须弥山石窟》，第 46 页，文物出版社，1988 年，北京。

〔168〕宁夏回族自治区文物管理委员会、中央美术学院美术史系编：《须弥山石窟》，第 43 ~ 44 页，文物出版社，1988 年，北京。

〔169〕敦煌文物研究所：《中国石窟·敦煌莫高窟》第三卷，第 226 ~ 227 页，平凡社、文物出版社，1987 年，北京。

〔170〕甘肃省文物工作队、庆阳北石窟寺文管所：《庆阳北石窟寺》，第 33 页，

文物出版社，1985 年，北京。

〔171〕甘肃省文物工作队、庆阳北石窟寺文管所：《庆阳北石窟寺》，第 34～35 页，文物出版社，1985 年，北京。

〔172〕史苇湘：《敦煌莫高窟的宝雨经变》，《1983 年全国敦煌学术讨论会文集》（石窟、艺术编），第 68～83 页，甘肃人民出版社，1985 年，兰州；李玉珉：《敦煌莫高窟第三二一窟壁画初探》，《美术史研究集刊》第十六期（2004 年），第 49～78 页。

〔173〕敦煌文物研究所：《中国石窟·敦煌莫高窟》第三卷，第 226 页，平凡社、文物出版社，1987 年，北京。

〔174〕王惠民：《武则天时期的密教造像》，《艺术史研究》第一辑（1999 年），第 261 页。

〔175〕贺世哲：《从供养人题记看莫高窟部分洞窟的营建年代》，《敦煌莫高窟供养人题记》，第 203 页，文物出版社，1986 年，北京。

〔176〕向达：《西征小记》，《唐代长安与西域文明》，第 285 页，重庆出版社，2009 年，重庆。

〔177〕龙门文物保管所、北京大学考古系编：《龙门石窟》第二卷，第 273～274 页，文物出版社，1992 年，北京。

〔178〕王振国：《龙门石窟刻经研究》，《华夏考古》2006 年第 2 期，第 82 页。

〔179〕张景峰：《敦煌石窟的中心佛坛窟》，《敦煌研究》2009 年第 5 期，第 33～34 页。

〔180〕李淞：《陕西佛教艺术》，第 79～80 页，艺术家出版社，1999 年，台北。

〔181〕李淞：《陕西佛教艺术》，第 119 页，艺术家出版社，1999 年，台北。

〔182〕甘肃省文物工作队、庆阳北石窟寺文管所：《庆阳北石窟寺》，第 31～33 页，文物出版社，1985 年，北京。

〔183〕宁夏回族自治区文物管理委员会、中央美术学院美术史系编：《须弥山石窟》，第 50～51 页，文物出版社，1988 年，北京。

〔184〕敦煌文物研究所：《中国石窟·敦煌莫高窟》第三卷，第 230 页，平凡社、文物出版社，1987 年，北京。

〔185〕雷玉华、王剑平编著：《广元石窟》，第 45～47 页，巴蜀书社，2002 年，成都。

〔186〕雷玉华、王剑平编著：《广元石窟》，第 47 页，巴蜀书社，2002 年，成都。

〔187〕董玉祥：《炳灵寺石窟唐代龛窟的分期与造像题材的论述》，古正美主编：

《唐代佛教与佛教艺术》，第 242～243 页，觉风佛教艺术文化基金，2006 年，台湾新竹。

〔188〕董玉祥：《炳灵寺石窟唐代龛窟的分期与造像题材的论述》，古正美主编：《唐代佛教与佛教艺术》，第 242 页，觉风佛教艺术文化基金，2006 年，台湾新竹。

〔189〕段文杰：《唐代前期的莫高窟艺术》，注 11，敦煌文物研究所编：《中国石窟·敦煌莫高窟》第三卷，第 165 页，文物出版社，1987 年，北京。

〔190〕《"武周圣历李君莫高窟佛龛碑"合校》，宿白：《中国石窟寺研究》，第 267 页，文物出版社，1996 年，北京。

〔191〕《梵网经卢舍那佛说菩萨心地戒品第十》卷上，大正新修《大藏经》第 54 册，No. 1484。

〔192〕丁明夷：《龙门石窟唐代造像的分期与类型》，《考古学报》1979 年第 4 期，第 544 页。

〔193〕东方文化研究所水野清一、长广敏雄著：《龙门石窟的研究》，第 131 页，座右宝刊行会，1941 年，东京。

第二章　武周风格

　　针对前人研究中存在的关于初唐、盛唐分期和武周期存在与否的争论，本书在前人研究的基础上综合国内外收藏的纪年传世石造像、石窟造像、近年考古发掘出土寺院遗址的有确凿地点和年代以及纪年铭的作品，试图建立综合性的唐代佛教造像谱系。因为缺乏有确凿纪年的造像基准作品，还无法建立长安地区的唐代佛教造像的绝对编年，只能参考龙门石窟的绝对编年谱系建立相对编年谱系。在此基础上，融和近年全国各地区唐代佛教造像的区域研究成果，综合风格与图像，研究武周风格的特征及其形成、发展和传播的过程，并探讨其在东亚佛教艺术史上作为古典风格的代表的历史地位。

第一节　隋代长安造像的多样性与融合性

一　6世纪50年代的四个地域风格

　　6世纪50年代，伴随着政权的分裂，中国出现了五个地域性的佛教造像中心。建康是南朝的造像中心，然而因为遗存稀少，南朝佛教造像的形态仍然不明朗。李裕群认为益州的佛像受到了南朝的影响，因为现存南朝佛教造像稀缺的缘故，通过以成都为中心出土的佛像可以推测南朝的佛教造像[1]。随着统一的王朝北魏分裂为东魏、北齐和西魏、北周，北方形成东西对峙的两大政权，北魏中央佛教造像风格的中心地洛阳成为东西势力交战的战场，佛教传统一度中断。代替洛阳的是北方地区形成的四个地方造像中心。东部的两个中心地是山东省和河北省；西部的两个中心地是长安和四川省。近年，随着山东省的龙兴寺、河北省曲阳修德寺[2]、成都万佛寺、长安北朝寺院考古的进展，佛教造像不断出土。因此以上四个地方造像中心的图像与风格特征日渐明朗。基于各自的政治和文化背景，立足于地域传统，四个地方造像中心既独立发展，又相互影响，形成了四个地域造像风格。

各地域风格一方面传承了北魏时期以洛阳为中心形成的中国化的佛教造像风格，另一方面不同程度地接受了来自印度、特别是被称为印度佛像古典风格的笈多时代的佛像的影响（图六七、六八、六九）。宿白在《青州龙兴寺窖藏所出佛像的几个问题——青州城与龙兴寺之三》（《文物》1999 年第 10 期，第 44～59 页）一文中认为天竺佛像传入中国的道路有两条：一条道路是从印度出发，经东南亚，渡海至南朝的都城建康的外来僧侣将天竺的佛像风格传入中国。四川出土的优填王立像可见天竺佛像的影响力。另一条道路是自西北陆路并经粟特画工之手而流布，其中曹仲达为其代表画工，在传播路线上龟兹和粟特居于重要位置。除此之外，直接自天竺东来中原的沙门信士也可能担负着将天竺佛像风格直接传入中原的使命。在前人的研究中认为山东省和四川省比其他地域率先受到来自印度的影响，向外来要素的写实性、雕刻性的方向进展，担负着向其他地域传播这种外来风格的使命[3]。

河北：从曲阳修德寺的佛教造像来看，北齐时期以定州为中心形成了造像风格。造像材质中汉白玉突出。本书以北齐时期的两尊纪年浮雕佛像为代表作，探讨以定州为中心的北齐风格的形成。天统二年（566）铭的释迦佛三尊像（图七〇）是一尊出土于曲阳修德寺遗址的汉白玉像[4]，主尊结跏趺坐，袒右肩，衣纹线以圆雕线和两条阴刻线表现。主尊挺胸收腹、身体比例恰当。这尊造像代表了北齐坐像的特征。天保八年（557）的龛像[5]（图

图六七　佛坐像

笈多时代（5 世纪），砂岩，浮雕，高 159 厘米，现藏印度萨尔那多博物馆（图采自
高田修、上照夫著：《印度美术Ⅱ》，图版 339，日本经济新闻社，1965 年，东京）

图六八　佛立像

笈多时代（5 世纪），砂岩，圆雕，高
183 厘米，现藏印度新德里国立博物馆
（图采自高田修、上照夫著：《印度美
术 II》，图版 338，日本经济新闻社，
1965 年，东京）

图六九　湿婆神立像

笈多时代（5 世纪），砂岩，圆雕，高
105 厘米，现藏印度新德里国立博物馆
（图采自高田修、上照夫著：《印度美
术 II》，图版 341，日本经济新闻社，
1965 年，东京）

图七〇　龛像

北齐天统二年（566）铭，汉白玉，浮雕，高 23.5 厘米，河北省曲阳修德寺遗址出
土，现藏故宫博物院（图采自杨伯达著，松原三郎译解题：《被埋藏的中国石佛的研
究·河北省曲阳出土的白玉像与编年铭文》，图版 29）

图七一　龛像

北齐天保八年（557）铭，汉白玉，浮雕，河北省出土，现藏日本大阪市立美术馆
（图采自《大阪市立美术馆藏品选集》，第181页，图196）

七一） 在竖长方形的汉白玉石板中央雕凿内凹的三个佛龛，在其中浮雕一尊坐佛及两侧的胁侍菩萨立像。依据龛正面上部铭文"上为皇帝陛下赵郡大王群僚百官州郡令长俱登彼圻"，推测该像为河北地区造像。依据像下的铭文来看，主尊为"弥勒佛"。主尊富有弹性充满活力的躯体笼罩在薄衣之下，腿部的两条平行阴刻衣纹线与天统二年造像相比更加形式化、装饰性更强。菩萨像的上半身裸体、腹部前突，呈现浑圆的立体感。这种薄衣贴体、肉感的身体和两条一组平行阴刻衣纹线成为河北地区北齐佛像的造型特征。

山东： 前人关于山东佛教造像风格的研究已很丰富。北魏时期山东地区的造像虽然受到洛阳中央风格的影响，但仍可见山东

的地域传统，如在背光的上部两侧雕出具有护法意味的持日月的
人物。东魏时期的佛像仍然延续北魏时期褒衣博带传统，但菩萨
像的着衣变得轻薄而华美。有学者认为东魏后期山东地区形成
"山东造像风格"，肖贵田指出北齐时期前两期的造像风格发生了
突然变化，佛像的肉髻变得低平，双目微闭，原来扁平的胸部稍
突起，腰部变细，下腹凸起，露出修长的双足，薄衣贴体，身姿
优美。菩萨像着衣简洁，但装饰品繁复华美，北齐时期"山东的
造像风格"臻于成熟，出现了中国其他地区无与伦比的圆雕造
像[6]。宿白[7]以山东省青州龙兴寺发现的东魏、北齐的佛像为焦
点，指出在6世纪中期一种与穿着汉民族服饰的（"褒衣博带"）
佛像所不同的造像在中国的东部普遍出现，这种佛像穿着轻薄的
衣服，不表现衣纹线。宿白接着追溯了这种造像风格的渊源。他
认为北齐上层身染胡俗，提倡鲜卑化，佛教造像一反北魏孝文以
来褒衣博带式之服饰，接受多种形式之薄衣叠褶的印度服制。这
种新的造像风格直接源于6世纪天竺佛像的东传。

河北地区的造像给山东省的造像也带来影响。这种影响表现
在两方面，一是材质出现汉白玉。山东省佛教造像的材质多为石
灰石，多有彩绘，有的有贴金装饰，北齐时期出现了汉白玉造
像，如无棣市何庵村出土的北齐天保九年（558）三尊像[8]和
1996年青州市龙兴寺遗址出土的推测为北齐时期的菩萨像[9]。二
是河北地区造像的某些风格特征影响了山东地区造像。山东诸城
出土的两件浮雕坐像反映了这种影响。天保三年（552）浮雕坐
像[10]（图七二）的主尊造像仍显得平板，从腿部垂下的两重衣裾
垂在台座前面。腹部过长、身体全体比例和平衡感欠缺等北魏风
格仍残存。时代稍晚的造像[11]则更明显地表现出主尊薄衣贴体、
平衡性增强的身体和两条一组平行阴刻衣纹线等河北地区造像风
格的特征。

图七二 佛坐像

北齐天保三年（552）铭，石灰岩，圆雕，彩绘贴金，全高115厘米，像高50厘米，膝间宽40.5厘米，1988～1990年山东省诸城市体育场出土，现藏山东省诸城市博物馆（图采自Miho博物馆：《中国·山东省的佛像——飞鸟佛的面貌》，第73页，图版46）

四川：成都万佛寺和其他遗址出土的南朝佛教造像成为梁代造像风格研究的基础。李已生论述了成都万佛寺梁代造像艺术特色的形成[12]，认为在万佛寺梁代造像风格中可见南亚和东南亚艺术中精神与肉体、崇高与怪异相结合的特点；南朝清丽潇洒的画风；生活情浓，形式多变，朴素飘逸的四川汉代雕塑艺术传统，以及三者的融合。雷玉华综合研究成都地区出土的佛教造像[13]，将成都地区已经出土的石刻造像分为三期四段，研究了造像的风格、内容、组合的演变规律，认为四川造像不同时期分别受到了来自陇南的中原影响、来自甘青道的西凉的影响、南朝和北周的影响，兼容了南北佛教的一些特点，更有一些地域特征。李裕群分三期论述了成都地区出土的南朝佛教石造像[14]，认为第一期为齐永明元年至梁普通年间，显示出身着褒衣博带的"瘦骨清像"

样式；第二期为梁普通年间至益州为西魏所占之前，该期造像受到中印度秣陀罗样式的影响；第三期为西魏至北周期，延续梁代造像样式并吸收北方造像样式。

四川地区石造像的材质基本为砂石。造像风格中既有中原褒衣博带式；又有印度式，如梁中大通元年（529）佛立像（图七三）。龛像分多层雕刻；装饰繁复；镂刻精致；装饰纹样写实性强。如梁中大通五年（533）龛像（图七四）和佛七尊像（图七五）。

图七三　释迦立像

梁中大通元年（529）铭，砂石，圆雕，高158厘米，四川省成都市万佛寺遗址出土，现藏四川省博物馆（图采自《文物》2001年第10期，第21页，图四）

图七四　释迦造像

梁中大通五年（533）铭，砂石，浮雕，残高35.5厘米，底座宽37厘米，厚14厘米。四川省成都市万佛寺遗址出土，现藏四川省博物馆（图采自《文物》2001年第10期，第27页，图一四）

长安：从北魏到北周，长安作为地域性的造像中心一直保持着强烈的地域传统。前人的研究中将这种地域传统称为"长安模式"。1999年李淞将北朝时代关中佛像的地域风格称为"长安模式"，并总结了"长安模式"的四个特征：佛道并存、邑团造像、胡汉交融、传统样式与民间趣味[15]。近年，6世纪后半期的佛像以陕西省西安市为中心陆续出土。因此，北朝，尤其是北周时期的佛像的风貌逐渐明朗，所谓"长安模式"的形成、发展过程相关的研究也不断深入[16]。以下对前人的研究史进行一简单回顾。

1988年冈田健指出从初唐至盛唐的造像风格变化与日本天平造像风格的形成、发展有着密切的对应关系，并列举了三件初唐时期的浮雕造像来推断当时长安造像的水平[17]。

图七五　佛七尊像

砂石，浮雕，高 46.5 厘米，底座宽 25.3 厘米，厚 12 厘米，四川省成都市万佛寺遗址出土，现藏四川省博物馆（图采自《文物》2001 年第 10 期，第 27 页，图十六）

1）"大唐三藏圣教序碑"及"同序记碑"（永徽四年，大慈恩寺）。

2）"大唐道因法师碑"（龙朔三年，西安碑林博物馆收藏）。

3）"同州三藏圣教序及记碑"（龙朔三年，西安碑林博物馆收藏）。

冈田健认为："同龙门石窟的造像相比，这三件造像体现了长安地区的先进性。因此，从这三件雕刻可见，虽然属于玄奘归唐后的时代，但与西域的直接影响相比而言，更体现出作为长安造像的地域性及独特性。"[18]并由此得出"这三件造像可以说是能准确代表北周以来造像传统的基础上快速发展的长安初唐造像的特质的作品"[19]的结论。

近年来，六世纪后半期的佛像在陕西省西安市及其周边不断考古出土，因此北朝特别是北周时期佛像的面貌逐渐明晰起来。所谓"长安模式"的研究也不断深入。

1）背屏式菩萨立像[20]，西魏，白石，高36厘米，座长16厘米，座宽9.5厘米，座高7.5厘米。1974年西安市未央区南康村出土。舟形背光，高浮雕菩萨像，头戴略呈方形的花冠，宝缯垂至两肩。胸前佩戴宽项圈，天衣于腹部交叉垂至膝部。右臂贴体曲举，右手持花蕾；左臂下垂，左手持宝珠形物。跣足直立于台座之上。台座正面铭文："元年九月二十日□□□佛弟子唐子晏敬造玉像一区为自己身合门大小内外眷属愿在□首一时成佛。"推测铭文中"元年"为西魏废帝元钦元年（552）。

2）佛立像[21]，北周武成二年（560），高250厘米，宽76厘米。西安碑林博物馆旧藏。圆雕立像，肉髻低平，面部长圆形，两颊丰圆，颈部短粗，阴刻两道平行线。着通肩大衣，右臂曲举至体前，右手残；左臂前伸，左手掌心向外牵握衣角。胸部和两腿部用平行的阴刻线刻出几组U形衣纹线，跣足立于莲台之上。该像较大象二年造像（图七六）更为古拙。

3）观世音菩萨像残躯[22]，北周天和二年（567），青石，残高46厘米。1985年9月西安市雁塔区隋正觉寺遗址出土。该像头部和手部残缺。颈部佩戴有垂饰的连珠纹璎珞，连珠璎珞于腹前交叉于一颗椭圆形大珠后十字形垂下。两腿表面垂下U形天衣，上身几乎裸体，下身衣纹线为宽带状。佩戴臂钏和腕钏。右臂曲举于体侧，右手中似持物；左臂贴体垂下前伸。跣足立于台座之上。台座刻铭文：正面："□和二年□月八日，佛弟子李巁等敬造观世音像一区，愿一切众生、七世父母普同斯福。"左侧面："邑子郭众、邑子李巁、邑子任和、邑子徐嵩"。右侧面："邑子李延、邑子蒋绪、邑子李纂、邑子乐□"。

4）赵颠造观世音菩萨像[23]，北周保定五年（565），青石，高42厘米。1975年西安未央区汉城公社（乡）中官亭村出土。造像面部长圆，短颈，头部偏大，上半身长，身体呈现矮墩的直立姿态。左臂残失，右臂前伸，右手掌心向外握一摩尼宝珠。头戴略呈方形的花冠，两侧飘垂宝缯。颈部佩戴连珠纹璎珞，两串U形连珠璎珞从肩部分别垂至腹部和小腿部。带状天衣从两肩垂下于腹前交叉穿过圆形宝珠后垂至两膝部。条带状衣纹线，身体平直，跣足立于莲台之上。圆形莲台为双重仰莲，两侧各雕一蹲狮。该造像头、面、手部残留贴金，花冠涂红，现大部已脱落。台座正面刻铭文："保定五年（565）九月二十七日，佛弟子赵颠造观世音像一区"。

5）佛立像，北周大象二年（580）铭[24]（图七六），青石，佛像高195厘米。佛座高43厘米、长75厘米、宽73.5厘米，正面刻铭文，纪年为"大象二年七月廿一日"。2004年西安市灞桥区湾子村出土，现藏于西安碑林博物馆。与该像同时出土的还有四尊无铭文石佛像及莲台。推测这些佛像与台座都是北周时期的物品。赵力光、裴建平根据这些资料得出在北周时期长安地区形成了表现地域特征的新的佛像风格，概括其特点为"造型敦厚简练，形体健壮饱满，腹部挺鼓，肉髻低平，头部在整个身体中占的比例较大，呈头大身短的造型"，"故右手施无畏印，左手牵握衣角的姿态，可视为北周长安佛像的典型特征"，并将这种风格称为"长安风格"[25]。

图七六 佛立像

北周大象二年（580）铭，西安市灞桥区湾子村出土，现藏西安碑林博物馆（图采自《文物》2005年第9期，第78页，图四）

以上菩萨像可见长安西魏至北周的菩萨像具有某些共同的造型特征，如面部长圆，身姿直立，头大身短，略呈方形的花冠两侧垂宝缯，胸部有繁复的连珠璎珞装饰，十字形交叉或U形璎珞和天衣于腹前交叉后垂于膝部，下身装饰条带状衣纹线。

　　除了以上地域特点之外，6 世纪末的长安佛教造像显示出融合性。西安东郊出土的北周大象二年（580）铭的立像一方面吸收了四川成都出土的梁中大通元年（529）释迦立像（图七三）所表现出的均匀整齐的衣纹线和山东省青州出土的佛立像（图七七）的螺发和自然的人体表现等元素，另一方面保留了北周造像厚重的服装和质朴的表情等特征。

图七七　佛立像

时代为北齐，高97厘米，1987年山东省青州市驼山路南出土（图采自《文物》1997年第2期，封三）

汉城乡出土的 3 件菩萨像[26]（图七八、七九）也可见北齐与北周两方面的造型传统。与山东青州出土的菩萨像（图八〇）和诸城出土的北齐天保六年（555）菩萨像（图八一）的薄衣贴体不同，长安的两件菩萨像披挂着华丽的装饰品。共同点是两地菩萨像都具有上身略微前倾、腰身收拢、下半身富有量感和自然的身体姿态。此外，两地造像都采用了彩绘和金箔装饰。

图七八　菩萨立像
汉白玉，彩绘贴金，圆雕，通高 69 厘米，像高 49 厘米，1992 年西安市北郊汉城乡西查村出土（图采自《文物》1997 年第 11 期，彩色插页贰：1）

图七九　菩萨立像
汉白玉，彩绘贴金，圆雕，通高 79 厘米，像高 54 厘米，1992 年西安市北郊汉城乡西查村出土（图采自《文物》1997 年第 11 期，彩色插页贰：2）

图八〇 菩萨立像

石灰岩，彩绘贴金，圆雕，高 110 厘米，像高 95 厘米，1987 年山东省青州市驼山路
南龙兴寺遗址出土，现藏山东省青州市博物馆（图采自 Miho 博物馆：《中国·山东省
的佛像——飞鸟佛的面貌》，第 76 页，图版 48）

图八一 弥勒菩萨立像

北齐天保六年（555）铭，石灰岩，彩绘，圆雕，高47厘米，1988年山东省诸城市体育场出土，现藏山东省诸城市博物馆（图采自Miho博物馆：《中国·山东省的佛像——飞鸟佛的面貌》，第75页，图版47）

1975年西安北郊出土的17件汉白玉龛像[27]（图八二）也显示了长安地区北周造像与北齐造像的融合过程。17件龛像的时代被推测为 6 世纪后半。所有的龛像的形制一致，都是在竖长方形的石板的中间制作出内凹的佛龛，佛龛的中央浮雕出一佛二菩萨、弟子、天王像。主尊呈端正的坐姿，头部与腹部的浑圆感、两侧胁侍像的立体感与前述曲阳出土的造像（图七〇）十分类似。然而，腿部垂下复杂的形式化的衣纹则呈现出北魏风格的延续。这 17 件龛像集中出土于同一个场所，推测原来同属于同一个寺院的供奉物品。从造型与图像的角度来看，这 17 件龛像与武周长安光宅寺七宝台浮雕龛像有类似之处。因此，这组石龛像群像可以被认为是长安地区奉纳龛像的早期作品，或许可称为七宝台浮雕石佛龛像的原型（prototype）。

图八二　龛像

时代为 6 世纪下半叶，汉白玉，彩绘，浮雕，高 39 厘米、宽 29.2 厘米、深 9.2 厘米，西安市北郊出土，现藏西安市文物保护考古所（图采自东京国立博物馆：《宫廷的荣华——唐的女帝·则天武后与她的时代展》，第 31 页，图版 6：3）

二　隋代长安造像的多样性与融合性

隋代，伴随着长安成为全国政治的中心，它也成为佛教的中心地。6世纪后半期中国的南、北方已经形成的地域风格集中在长安。与汉白玉材料同时，北齐的造像技术传统也传到了隋代的长安。在隋代的长安，以北周时期的地域风格为基础，急速地吸收北齐造像传统，制造出融和风格的造像。Angela F. Howard 从西安发现的北周时期的大理石菩萨像与山东省龙兴寺出土的隋代的菩萨像的类似性来研究两地佛教造像的关联，指出从6世纪末开始雕塑家开始超出地域的局限性，自由吸收不同地域的造像传统而制作造像，这种隋代造像风格的多样性与融合性成为形成唐代全国统一佛像风格的基础[28]。

隋代长安造像的材质有青石、汉白玉、黄花石。造型的门类有碑像、龛像，圆雕造像中有佛像和菩萨像，具备所有的造型门类。图像内容丰富，风格多样，既有继承北周长安风格的造像，又有反映其他地域风格的造像。

1）开皇四年（584）铭钳耳神猛造像碑[29]，青石，高96.5厘米，宽48厘米，厚26厘米，西安碑林博物馆旧藏。

2）开皇六年（586）铭菩萨立像[30]，青石，高88厘米，宽32厘米，西安碑林博物馆旧藏。该造像除了继承北周菩萨像的某些造型要素外，还出现了新的特征，第一，身姿改变直立的姿态，左腿稍前伸，呈现出动感。这种左腿前伸的造型方法可能受到四川地区菩萨像影响。第二，面部和身体的立体感增强。第三，璎珞和衣纹线简化，条带状衣纹线弱化。

3）开皇十二年（592）铭释迦立像[31]，汉白玉，高69厘米，1979年出土于陕西省岐山县五丈原镇红星村处土沟，伴出瓦砾和夯土等建筑遗物，推测原来为一寺院遗址。现藏岐山县博物馆。出土时有朱砂。造像螺髻，长耳方颐，眉目微启。上身着通肩袈裟，袒胸。大衣前摆垂于膝下。下身着密褶长裙。右手高举于胸前施无畏印，左臂前伸，手心握宝珠。跣足立于仰莲座上。仰莲下有榫，与覆莲套合。莲台下有方形基座，四角各雕一卧狮。基座正面及左右两侧铭刻造像记，楷书 129 字："开皇十二年岁次壬子十月癸酉朔廿八日庚子，清信佛弟子王贤良谨心悚惧，知善可崇，知恶可舍，良苦空无，常仰凭三宝，敬造释迦（如）来像壹区。愿弟子上从七世父母所生父母永离三徒，众善咸辉；见（现）存之者，普获斯善。别将王贤良世□。佛弟子都督王世兴息别将贤，佛弟子王仲良、佛弟子王长通，佛弟子王摩珂，佛弟子诸□宜好。"

与该造像同时出土两尊菩萨像，一尊菩萨像高 41 厘米，头戴宝冠，冠上有一尊小化佛，冠旁宝缯垂肩。袒前胸。璎珞自胸前、两肩于腹前交叉后垂至膝下又绕向身后。下身着贴体长裙。右臂弯举（自小臂处残佚），左手下垂执净瓶。该像头部较大。跣足立于仰莲座上，仰莲座下有方榫，原接覆莲及方座佚失。另一尊菩萨像带座，通高 70 厘米。头戴华蔓宝冠，冠旁宝缯垂肩。长耳方颐。胸前佩繁缛而精美的璎珞，下垂至膝下又绕向身后。右臂上举，手执柳枝。左臂下垂，手握净瓶。双臂戴钏，跣足立于仰莲座上。该像比例恰当。仰莲座下有方榫与覆莲套合，覆莲下有方底座，底座四角各雕一蹲狮。

该组造像较北周长安造像有较大的进展。释迦立像虽然仍残留头大身长的特点，但身躯较北周立佛像更加颀长清秀，立体感增强，衣纹线简化，手足部雕刻精细。这两尊菩萨像仍保留北周菩萨像的装饰特征，如垂宝缯的花冠，腹前交叉的连珠璎珞垂于膝部，但明显的特征是条带状衣纹弱化或消失，在轻薄的裙下表现出腿部的轮廓，身体比例变得和谐，身姿趋向秀丽颀长，立体感增强。这些特征可能是受到北齐河北汉白玉造像的影响。

4）开皇十九年（599）铭弥勒像[32]，高37厘米，陕西省富平县文物管理所藏。基座高20厘米，宽23厘米，正面二角各雕刻一个狮头，四周刻铭文："开皇十九年岁次已未四月丙申朔四月八日，梁洪庆为□男女道□□永祥息女梁玉晖造弥勒像一区。"基座和须弥座之间为榫卯结构，弥勒佛面相丰圆，发髻低平，头戴宝冠，宝缯下垂至肩部。用宝镜、花瓣和珊瑚组成复杂而精致的璎珞，下垂至腿部，上身内着"僧祇支"，外着敷搭双肩袈裟，左手握瓶；右手持带柄莲包。

5）开皇年间龛像[33]，汉白玉，陕西省宝鸡县双柏阳乡村出土。圆龛内雕一佛二菩萨居于龛中，佛身着通肩袈裟，坐于佛坛上，作说法相。而侍立在两边的菩萨站立于台上，下有力士承托。两侧各有一卧狮。造像质地为汉白玉料，由于长期受地下水的侵蚀，石质氧化。造像背部有铭："开皇□□□□□又□□□□□父母及□□□□□□石像一区□□□□□□□□□□已未及父母□□□、□□□□□□。"同时出土开皇三年鎏金铜造像，床足上刻造像记："开皇三年二月□□□□一区□□□□□□□□□□"。

6）开皇年间龛像[34]，石灰岩，高42厘米，宽22.5厘米，碑林博物馆旧藏。圆拱龛内高浮雕一佛二菩萨像，佛像肉髻低平，结跏趺坐于莲台上，着双领下垂式袈裟，条带状衣纹线。二菩萨头戴两侧垂宝缯的扁圆形花冠，上身赤裸，无佩戴璎珞天衣，向外的一腿稍曲立于莲台之上。三尊下长方形框中部雕香炉，两侧各雕一蹲狮。正面下部刻铭文："开皇……"。

7）魏善和造坐佛[35]，大业元年（605）铭，青石，残高26厘米，座长16厘米，宽11厘米，1982年西安市未央区出土。圆雕佛坐像，头部残，结跏趺坐于台座之上，露出右足。

右手施无畏印，左手残。着通肩袈裟，胸部和两臂刻出简略的外凸阶梯状衣纹线，腿部阴刻出几道圆弧状衣纹线。台座正面阴刻铭文："大业元年（605）□月九日，魏善和为家内大小敬造释迦牟尼像一区，上为皇帝，下及七世父母及所生父母并一切善知识，普同成佛。和妻毛□容、息文宽、女□莫。"该造像为民间造像，造型手法较粗糙杂乱，混合几种不同的流派。

8）姚长华造立佛残躯[36]，大业五年（609），青石，残高26厘米，1985年西安市雁塔区隋正觉寺遗址出土。圆雕立佛像，头部残。右手托钵，左手掌心向外持摩尼宝珠。佛像着通肩袈裟，从胸前右侧出发，刻出五道扇状散开的阶梯状衣纹线，左臂用阴刻线刻出平行的衣纹线。跣足立于圆形莲台之上。方形台座四面阴刻铭文："大业五年七月十五日，佛弟子姚长华奉为亡父母造像一区，仰愿存□眷属一切有形者普□□□。"

由以上纪年作品可见隋代长安造像的融合性与多样性。在继承北周长安造像风格传统的基础上，融合各地域风格，并进一步洗练和升华，向写实性和雕塑性方面进展，形成了初步具有中央风格的造像：造像的比例趋于准确，身躯立体感增强，由稍感僵硬的直立姿态变得有动感；虽然菩萨像仍保留连珠纹璎珞装饰，但趋于简化；厚重的服装趋向轻薄，努力表现出服装下身体的立体轮廓，厚重僵化的条带状衣纹线弱化或消失。菩萨像出现了赤裸上身、呈现身体曲线、立体感强的新风格。佛像仍然保留厚重质朴的风格，但身姿趋向颀长和清秀。

第二节　两京地区武周风格的形成

一　长安

进入初唐时期，长安融和风的造像向中央风格的方向进展。

贞观后期在长安形成了佛像的中央风格。本书以长安佛教造像的谱系与分期结果为基础，对长安地区从初唐至盛唐时期的风格演进过程进行具体论述。

（一）初唐（618～680）

650 以前，作为地域风格的"长安风格"持续发展，材料逐渐多样化，礼拜像从西魏—北周的如来立像向北齐系统的坐像转变。导致这一变化的直接原因可能是以曲阳修德寺为代表的汉白玉造像材料与技法向长安的传播。从北周至隋代，长安及其周边出现了较多的汉白玉像，或称"白石像"。与这种石材同时，坐佛像也迅速被长安接受。例如隋正觉寺遗迹出土的汉白玉坐像表现出河北地区的北齐坐像风格。

现藏日本藤井有邻馆的铭文为贞观十三年（639）的佛坐像（表四之 2 号，图八三）被认为是初唐的基准作品。推测为长安的作品[37]。该像自然的人体构成、头发及手部的细致表现增进了雕塑的写实性。而且可见衣纹线的形式化倾向。腿部、肩部有三道突起的圆形、左右对称的衣纹线，这是长安地区造像的重要要素，到了武周时期成为长安造像的典型特征。除此之外，该像表现出初唐造像的特征，造像目光向前平视，面部残留北周、隋以来的严肃感与硬朗表情。这尊佛像的佛头造型及面部表情与礼泉寺出土的佛头十分类似，此外，正觉寺出土的两件坐像也表现出同样的造型特征。

650 年以后，作为地域风格的"长安风格"向中央风格的方向进展。而且，以长安寺院为中心的佛教造型与佛教视觉文化形成。总结为以下几点：

1）以大型坐像为中心的礼拜像的尊格定型化。

2）作为奉纳品的龛像的形制形成。

3）碑像作为佛教造像碑的形制形成。

图八三　佛坐像

贞观十三年（639）铭，石灰岩，圆雕，全高 81 厘米，现藏日本藤井有邻馆（图采
自松原三郎：《中国佛教雕刻史论》，图版三，图 599）

4）佛寺殿堂壁画成熟。

5）造型技法趋于成熟。

A. 线刻传统，绘画性：佛像的双眉以弧线表现，在眉毛中间用一条阴刻线表现眉毛的曲线。衣纹线是造型的重要技法。

B. 佛像的面部腮部厚、胖、厚重，表现出质朴感。

C. 佛像的头发多雕刻细致的螺发。

D. 佛像多着双领下垂式袈裟。

李裕群考证螺发是中印度秣陀罗佛像的特征[38]。这种发型经南海诸国传入中国南方，接着到达中原、北方地区。南朝现存年代最早的螺发是齐永明六年（488）的维卫像。北魏至东魏，山东地方的佛像最先接受螺发的造型，如青州、诸城出土的佛像大多数是螺髻。以响堂山、天龙山石窟为代表的北齐时期佛像也流行螺发。以长安为中心的关中地区的佛像大概在隋代开始流行螺发。

以长安为中心的关中地区的佛像从北魏到北周、隋，从地域风格飞跃为中央风格的原因有两个：

第一个原因是中央政府对造佛、造寺的管理正式化。唐太宗下令禁止民间造佛像及与佛像相关的商业活动。

《广弘明集》卷二十八"唐太宗断卖佛像敕"："敕旨：佛道形像事极尊严。伎巧之家多有造铸，供养之人竞来买赎，品藻工拙、揣量轻重，买者不计因果，止求贱得，卖者本希利润，唯在价高，罪累特深，福报俱尽。达犯经教，并宜禁约。自今以后，工匠皆不得预造佛道形像卖鬻，其见成之像，亦不得销除，各令分送寺观，令寺观徒众酬其价直。仍仰所在州县司检校。敕到后十日内使尽。"[39]

第二个原因是玄奘三藏从印度带回的佛像对中国佛教造型的影响。

玄奘三藏贞观十九年（645）春正月结束了前后长达十八年

的印度佛教巡礼回到长安。归国时携带了 657 部经典，150 粒的释迦如来的肉舍利，同时还请回"转法轮像等七躯"佛像。这些在《大唐故三藏法师形状》有详细记录。《大唐西域记》卷十二对玄奘法师请回的七躯佛像有详细的记录。前人的研究普遍认为这些佛像对初唐佛教造型有影响。玄奘请回的佛像对中国佛教美术到底有多大的影响？关于初唐佛教造型的印度原型及其中国化的过程前人已有研究。

百桥明穗认为与从印度请来的佛教经典同时，纯正的佛教造型与寺院庄严的作法和佛教行事也传入唐土[40]。

肥田路美推测玄奘请来的七躯佛像为印度的笈多风格。当时中国制作的释迦像无论是尊格还是造型都是作为普遍的如来像来塑造的，与这种无个性的尊像相对，七躯请来的释迦像是把释迦牟尼当做历史上真实存在过的人的姿态塑造的。肥田路美认为两者之间有着质的区别[41]。

这种接受了印度佛像风格影响的初唐佛教造型与"古样"（魏齐以来的造像传统）相比，存在着风格上的差异。活跃于初唐时期的僧人道诚对当时佛像的"梵相"有如下论述：

道诚著《释氏要览》卷中："造像梵相，宋齐间皆唇厚鼻隆目长颐丰，挺然丈夫之像。自唐来，笔工皆端严柔弱，似妓女之貌，故今人夸宫娃如菩萨也。又云今人随情而造，不追本实，得在信敬，失在法式。但论尺寸长短，不问耳目全具。或争价利，计供厚薄，酒肉饷遗，身无洁净，致使尊像虽树，无复威灵。乃至抄写经卷，惟务贱得，弱笔麄纸，使前工无敬，自心有慢，彼此通贱，法仪减矣。若使道俗存法，造得真仪，鸟兽尚不敢污，何况人乎！"[42]

从上文可见，道诚指出了当时佛像梵相的两个问题：一是"古样（魏齐以来的造像传统）"佛像的伟丈夫式的威严逐渐消逝，取而代之的是女性化的柔和的佛像。菩萨造像表现了女性的特征。即菩萨像与妓女、宫娃那样的唐代美人相似，显示出"端严柔弱"的柔软而丰艳的风尚。二是关于"失法式"这样的佛像的比例问题。工匠只注意"尺寸长短"等法量问题，对佛像的"耳目"等头部和身体没有正确表现。道诚将其原因归结为当时造像活动中混入了现实的人情、利益等世俗因素，造像者没有怀着虔诚恭敬的崇佛之心造像，因而虽然造出尊像，但不具灵威。道诚一边为古样佛像的圣洁性的消逝而哀惜，一边呼吁道俗造像者应虔诚而遵守法度。

正如道诚所训，从初唐至武周时期佛教造像逐渐失去魏齐以来造像传统的神圣的威严感和超越性，呈现出更加注重写实的艺术风格。据文献记载，这种写实性增强的主要原因是造像者可能选取现实生活中的人物为模型。

段成式在《寺塔记》中写到，韩干在宝应寺所绘释梵天女"悉齐公（杨贵妃之父、杨元琰）妓小小等写真也"[43]。

长安初唐时期雕刻工匠的代表人物韩伯通于乾封二年（667）塑造了道宣的真容像，这种肖像雕塑创作必将增进工匠的写实能力。

"唐京兆西明寺道宣传……尔后十旬，安坐而化，则乾封二年十月三日也。春秋七十二，僧腊五十二。累门人窆于坛谷石室，其后树塔三所。高宗下诏，令崇饰图写宣之真相，匠韩伯通塑纘之，盖追仰道风也。……"[44]

从韩伯通为道宣这样现实生活中的高僧制作真容像可推测他的作品具有很高的写实性。此外，韩伯通曾制作过寺院佛殿的礼拜佛像。据文献记载，韩伯通塑造了初唐长安怀远坊光明寺的塑像。其塑造的佛像与其他三名绘画名家的作品为时人所推崇，推测都呈现出较高的写实性风格。《唐两京城坊考》卷四："寺内有浮图，东西相值。东浮图之北佛塔，名三绝塔。隋文帝所立。塔内有郑法轮、田僧亮、杨契丹画迹。又巧工韩伯通作佛像。故以三绝为名。"[45]

670 年前后在长安形成的中央造像风格传播到龙门石窟。建于 673 年的惠简洞与 675 年的奉先寺洞都是在来自长安的僧侣的指导下完成的。从造像铭来看，十九个龛像的供养者也来自长安。从这些造像活动来看，长安的中央造像风格对龙门石窟造像产生了影响。

（二）武周（681～712）

从光宅寺七宝台始建期 24 件龛像和景龙三年（709）阿弥陀龛像（表二之 13 号）可见武周时期石造龛像的长安地域特征：主尊身体比例恰当，多着双领下垂式袈裟，衣纹线为突起的"凸"字形圆线，特别是肩部、腿部刻出三道平行线。菩萨像的身体呈 S 形曲线，服饰简约，无璎珞装饰。

石塔的四面配置四佛，遵守建筑与图像的规定性。

下面主要以石窟遗存为中心论述武周时期造型风格的特征。

武周时期长安附近的石窟遗存主要是彬县大佛寺，下文所引资料均出自常青著《彬县大佛寺造像艺术》。

千佛洞窟室东壁的 Q123 龛内为二尊菩萨坐像，相对而坐。

下方左侧刻有长寿二年（693）"比丘神智造像记"。

下方右侧刻有长寿三年（694）"中大夫行豳州司马李承基敬造出家菩萨像记"。

千佛洞中心柱东壁的 Q32：半跏趺坐菩萨像六尊，一行。下方有三则题记，两则为证圣元年。推测三则题记同为证圣元年供养六尊地藏菩萨时所刻。

证圣元年（695）："宣德郎行豳州司户参军事元思叡造地藏菩萨像记"（图八四）。

"朝散郎行豳州司法参军元海等造地藏菩萨像记"。

图八四　陕西省彬县大佛寺地藏菩萨像

位于千佛洞 Q32，证圣元年（695）铭（图采自常青：《彬县大佛寺造像艺术》，彩图一〇二）

证圣元年（695）："朝仪郎行豳州司户参军事云景嘉造地藏菩萨像记"。

Q32 左侧有万岁通天二年（697）题记："元巖题记"。

千佛洞中心柱西壁的 Q19 为圆拱龛内二尊相对的菩萨坐像。

Q19 下方刻有圣历元年（698）题记："给事郎行豳州新平县丞高叔夏造地藏菩萨像记"。

千佛洞东门柱东壁的 Q126 为圆拱龛，内造一佛二菩萨像，佛像为坐像、施禅定印。

左侧有圣历三年（700）"朝议郎行新平县令郑希古敬造一佛二菩萨像记"。

千佛洞窟室西壁的 Q73、Q74 左侧、Q71 的右上角刻有长安二年（702）题记："皇堂侄女彭城县主敬造等身像三躯千佛五铺记"。

Q74 的下方题记："皇堂侄女彭城县主武氏造等身释迦观音势至像记"（图八五）。

图八五　陕西省彬县大佛寺释迦、观音、势至像
位于千佛洞 Q74（图采自常青：《彬县大佛寺造像艺术》，彩图一二四）

千佛洞窟室东壁的 Q90 龛内为一佛二菩萨像（三尊立像）。（图八六）。

图八六　陕西省彬县大佛寺千佛洞 Q90
（图采自常青：《彬县大佛寺造像艺术》，彩图一二九）

Q90 龛左侧有"幽州司马柱国汉川郡开国公敬造等身释迦像记"。

千佛洞窟室东壁的 Q91 龛内造一佛二弟子二菩萨二天王二力士二狮二供养人像（图八七）。

图八七　陕西省彬县大佛寺千佛洞 Q91
长安二年（702）铭（图采自常青：《彬县大佛寺造像艺术》，彩图一三〇）

左侧刻有长安二年（702）"通议大夫行幽州司马柱国汉川郡开国公李齐造像记"。

千佛洞窟室西壁的 Q69 为尖拱龛，龛内为一佛二菩萨像（图八八）。

Q69 下方刻有景龙二年（708）"敬造观世音菩萨与药师琉璃光佛像记"。

图八八　陕西省彬县大佛寺观世音菩萨、药师琉璃光菩萨
位于千佛洞 Q68，Q69（图采自常青：《彬县大佛寺造像艺术》，彩图一一五）

　　从以上所述代表性石窟的例子可见武周时期佛教造型的特征。韩伟曾经总结出武周时期陕西石窟显著的时代特征[46]：当时最流行的造像题材是披袈裟的弥勒佛和地藏菩萨、观音菩萨。观音一般为立像，作为佛像的两侧胁侍像组合或独尊表现。地藏菩萨一般为舒坐相。武周时期多数菩萨像配以"梗莲座"。从造像法量来看可分为大、中、小三类。中等法量的造像与现实的真人大小相同，也被称为"等身像"。现存佛像显示出向身体的自然状态与现实性进展的风格特征。菩萨像"S"形曲线的身体、富有动感的天衣表现出造像的韵律和节奏。改变了滞重造型模式，给雕塑注入了灵性。出现了大幅长篇发愿文，造像趋于精巧，肌肉结构，……具有健康活力的女性化倾向愈来愈强烈，更是武周时期的特色[47]。

　　慈善寺石窟：慈善寺 2 号窟内右壁上部小龛与慈善寺南崖 9

号龛是高宗中晚期开始到武周时期的遗迹[48]。这些造型富有曲线的身体覆盖在薄衣之下，装饰品极少，表现出与七宝台浮雕龛像中的胁侍菩萨像相同的风格。

韩伟指出了高宗、武周时期长安、洛阳都市佛寺里的佛教造型与两京周边石窟寺佛教造型的关联。例如，位于麟游从隋至初唐时期的皇家寺院慈善寺里的佛像是皇族的礼拜对象，因此推测它们是以长安、洛阳造像为摹本制作的。然而，在漫长的岁月间唐代两京的寺院与佛像毁灭了。但是从现在长安周围石窟寺的造像可推测当时两京地区形成的、对周边造成深远影响的中央造像风貌[49]。

（三）盛唐（713～755）

从图像学的角度来看，进入盛唐时期，与初唐、武周时期以显教为中心的造型所不同的是长安密教造型开始兴盛。青龙寺是以密教而闻名的著名寺院、许多大德先后在这里灌顶。安国寺先后出土了不动明王像等密教佛像群。

从造像的材料来看，初唐、武周时期的造像材质主要为石灰岩；而进入盛唐造像的材料盛行汉白玉。

造像的量感显著增加，分为两种类型：一种过分表现肌肉，以至于形成肥满体型；一种通过柔薄的衣服覆盖下均匀、抑扬感的肌肉表现出圆润、丰厚的人体感。这种类型的代表造像为安国寺出土的汉白玉群像。青龙寺的造像作为另一种代表作品则表现了伟丈夫式的雄浑的体魄。从武周风格至盛唐风格的变化一方面是武周时期完成的古典雕刻的现实感或者说通过调和和均衡的原理而获得的超越性和普遍性逐渐消失的过程；另一方面是取代这种消失的古典性的新的现实感如何创造的过程。

此外盛唐风格造像的装饰更加华丽繁复。在长安造像中尤为显著，安国寺遗址出土的汉白玉像都显示了这个特点。

二　洛阳

　　龙门石窟的佛教造像也显示出地域传统与造型特征。与长安风格的线刻、绘画性强的造型技法相比，龙门石窟造像的雕刻性更强。雕造于675年的奉先寺大佛像成为比初唐长安风格更加洗练的造像。这尊造像成为龙门石窟初唐与武周风格的分界线。在此之后，从680至705年的25年间洛阳成为全国的政治中心，因而也成为佛教中心。洛阳佛教造型更加兴盛，成为全国佛教造型最先进的地方。

　　能代表洛阳武周时期佛教造型最高峰的作品是2000年在龙门奉先寺遗址发掘出土的一批佛像，由此可以了解武周时期洛阳寺院佛教造型的风貌。

　　龙门奉先寺遗址出土的佛坐像（图八九）：以端正的姿态坐在莲台上。头部与身体的比例恰当。这尊造像将长安初唐中央风格与洛阳的地域造型传统巧妙地融和起来，成为更卓越的作品。该像的螺发、袈裟和腿部的三道平行衣纹线是长安的传统。但是，该像所有的部分都是以面来造型的，与长安地区的线性造型不同。该像的双眉由两个斜面构成，肩、腿部的衣纹线也是由斜面构成。总之，这尊造像是以强烈的雕刻性的造型技法而造就的优秀作品。

　　龙门奉先寺遗址出土的菩萨像（图九〇）的头部与足部已经残失，残高48.4厘米。从风格判断为7世纪末期的作品。该像的左手上举，右手垂下，腰部扭向右侧呈现三屈的身姿。这种S形的身体造型是前述长安初唐时期开始菩萨像的重要特征。与675年奉先寺大佛洞的菩萨像（图九一）偏大的头部和直立的僵硬姿态相比，这尊奉先寺出土的菩萨像显然受到了来自长安菩萨像丰艳、柔软的造型风格影响。但是，与长安菩萨像（图九二、九三）薄衣贴体、装饰品极少的特点不同的是，这尊像与675年奉先寺大佛洞的菩萨像从肩部垂下两条天衣和两条交叉于腹前的璎珞。这种装饰手法保持了洛阳地区的菩萨像装饰繁复的造型传统。

图八九　佛坐像

河南省洛阳龙门石窟奉先寺遗址出土，现藏龙门石窟研究所（图采自 Miho 博物馆：
《龙门石窟展图录》，图43）

图九〇　菩萨像

河南省洛阳龙门石窟奉先寺遗址出土，现藏龙门石窟研究所（图采自 Miho 博物馆：
《龙门石窟展图录》，图45）

图九一　河南省洛阳龙门石窟奉先寺
洞右胁侍菩萨像
时代为上元二年（675）

图九二　陕西省彬县大佛寺第20号
佛洞明窗西侧的第77龛右胁侍菩萨
（图采自常青：《彬县大佛寺造像艺
术》，彩图七十）

图九三　七宝台姚元景题弥勒
三尊像的左胁侍菩萨像
长安四年（704）铭，现藏日本东京国
立博物馆

　　龙门石窟武周时期的佛教造型的图像主要为净土、三世佛、华严经、禅宗的内容。

　　净土的图像为阿弥陀净土和弥勒净土。阿弥陀净土的表现以净土堂洞为代表的阿弥陀净土五尊和高平郡王洞（东山第一窟）的阿弥陀净土变相。

　　弥勒佛的表现以惠简洞的弥勒佛九尊（673）与双洞南洞的弥勒五尊像为代表。

　　三世佛以双洞北洞与龙华洞（长安年间）为代表。

　　华严经的表现方法有两种：一种是奉先寺大佛洞的卢舍那大佛；另一种是万佛洞（图九四）、擂鼓台中洞"大万五千佛像龛"所表现的立体的世界图像。

图九四　河南省洛阳龙门石窟万佛洞天井

　　禅宗的造型有擂鼓台中洞"大万五千佛像龛"腰壁表现的二十五祖师浮雕像。

　　参考《中国石窟·龙门石窟》第二卷（平凡社、文物出版社，1992 年，北京）及张丽明在《河南洛阳市龙门北市香行像窟的考察》（《考古》2002 年第 5 期）一文中对武周纪年龛的统计，龛像的主题有弥勒佛（五百躯、三尊）、阿弥陀佛（三尊、五尊）、观音（单尊、多尊）等。代表性造像如下：

弥勒佛：

永隆元年（680）：万佛洞通道南侧壁，处贞造弥勒像五百躯。

文明元年（684）：惠简洞南壁，弥勒坐像三尊，二菩萨。

阿弥陀佛：

垂拱二年（686）：万佛洞通道北壁，阿弥陀佛像龛，三尊像莲台座（三枝）。

圣历元年（698）：清明寺洞通道北壁，阿弥陀佛像龛，三尊像莲台座（三枝）下二狮子、二供养人。

观音：

天授二年（691）：丝行西壁同行者龛观音像单尊。

长安某年：（701～704）：净土堂洞前室北壁观音造像龛观音像六尊。

长安与龙门石窟武周时期的佛教造型相比，图像上相同的地方是都表现了一佛三、五、七尊，阿弥陀佛、弥勒像、观音菩萨像等题材，出现了九尊像、地藏菩萨像等武周时期新的图像。此外，观音菩萨像以单尊、二尊、多尊等组合表现。观音像与地藏、释迦像（图九五）的组合也经常出现。

长安年间，龙门石窟的图像除了净土造型之外，还出现了华严经的世界图像、禅宗的祖师像等新的造型。龛像流行佛像、观音像自由组合，观音像的造型特别兴盛，骑象观音作为一种新的图像首先在龙门石窟出现，可见当时龙门石窟造型的先进性。武周时期洛阳作为武周王朝的政治、经济、文化中心，也成为佛教和佛教造型的中心。

在龙门石窟，武周风格从制作于 675 年的卢舍那大佛开始发

图九五　河南省洛阳龙门石窟万佛洞门侧的地藏、观音像

展。但是，长安地区的武周风格从680年开始发展。其他地方相
对晚于洛阳、长安，大概690年左右开始形成武周风格。

龙门石窟盛唐时期的洞窟为看经寺洞。东山看经寺洞在中央
筑坛安置圆雕的本尊，表明礼拜佛像仪式的变化。窟顶中央装饰
浮雕八瓣大莲花，围绕莲花一周浮雕出6尊向左飞翔的飞天。正
壁的下部浮雕出11尊等身大小的罗汉像，南壁下部浮雕出9尊同
样等身大小的罗汉像。中段中央刻出小坐佛9列，北壁下部也浮
雕出9尊等身大小的罗汉像。中段中央刻出浅的方形区划，雕出
持莲枝的菩萨9列，上面雕出1列小坐佛。三壁下部共计雕出29
尊罗汉像，大部分都面偏向右侧。这29尊罗汉像应为西方二十
九祖的雕像。据《历代法宝记》记载，传法的西方二十九祖的法
统为从摩诃迦叶到菩提达摩的29人。前壁南侧下部开方形龛，
内安置三尊像；北侧下部拱形龛内安置五尊像（主尊为降魔
印佛像）。

　　综上所述，以长安和洛阳为中心形成的武周风格是对初唐风格的洗练和定型化，具有高度形式化的特点。造像风格均衡、简练、和谐完美，符合人体的真实比例，注重体态优美感，组织化的衣纹线随着身体自然起伏，造像表情庄严圆满，表现出永恒的神圣性。造像的背光和台座及石窟及殿堂内部装饰华丽，同时具有灵异的气氛。佛像相比隋、初唐向内面的表现进展，表现出慈悲、圆满、柔和的理想精神世界。具体表现为以下三个要素：

　　A. 人体造型的比例恰当。造像宽肩细腰、腿部修长，身体各部分的构造合乎真实的解剖原理，肌肉起伏明显，线条优美。菩萨像呈现优美的 S 状身姿。

　　B. 造像的衣服轻薄。衣纹线形式化，用均匀排列的突起的平行圆形线表现肩部和腿部衣纹。

　　C. 佛像、菩萨像、力士像、罗汉像和供养者像通过外部的造型表现出内在的精神和个性。

　　综上所述，七宝台始建期的浮雕群像是武周风格的代表作品，成为初唐、盛唐分期的界线；修补期的龛像是盛唐风格代表作品，显示了盛唐期的造像特征。七宝台始建期和修补期的浮雕龛像的区别显示了武周风格和盛唐风格的差异。修补期的龛像与长安、洛阳盛唐期佛像的整体风格一致。

　　武周风格的形成以长安和洛阳两京为中心，但两京的地域传统和形成模式稍有不同，长安地区为融汇—洗练型（大都会型），综合汇聚于长安的各地域传统并迅速接受外来影响，对各种要素进行提炼和升华，最终形成了洗练纯粹、高度形式化的风格；洛阳地区为传统—创造型（地域型、原创型），洛阳地区从北朝以来富有石刻的技艺和艺术传统，因北朝末期沦为战场而地域传统一度中断，导致初唐时期造像的水平低下。但随着初唐时期成为东都，尤其高宗武后对洛阳的经营，洛阳地区的造像传统得以中继，同时吸收到来自长安的新的技术和艺术风尚，因此迅速焕发出造像艺术活力，在武周时期创造出既体现地域传统又富于创造性、具有高度写实性和艺术性的风格。

虽然体现了两京地区的佛教造型中央风格，七宝台的浮雕像的图像与风格都更多地表现出长安地域的造型传统。从造型与图像来看，长安光宅寺七宝台浮雕像遵守了长安地区奉纳石塔的建筑与图像规定性。从风格来看，始建期的浮雕像表现出长安的地域传统。七宝台造像中的长安地区的造像要素是佛、菩萨像的眉毛是用线刻表现，佛像的面部较短，颐部丰圆，表现出温厚、质朴的感觉。作为胁侍的菩萨像与十一面观音菩萨像表现出共同的特征：柔薄的衣服，S形富有曲线感的身姿，少装饰璎珞，组织化的平行衣纹线，与长安出土的菩萨像和石窟造像类似。

中国佛教史上永远的课题是佛教艺术中国化的过程，即佛教这种外来宗教如何被中国社会吸收，如何制造出符合中华民族审美心理的佛教造型。武周时期的中央工艺家是尚方丞宝弘果、毛婆罗、苑东监孙仁贵三人。毛婆罗是出身于中亚的工艺家，他应该理解外来艺术风格，在他的作品中很可能融汇中国传统与外来风格。由毛婆罗主持修建的洛阳的武周国家纪念碑天枢正是反映了这种特征。

《历代名画记》卷第九记载：

"开元中，将军裴旻善舞剑，道玄观旻舞剑，见出没神怪，既毕，挥毫益进。时又有公孙大娘，亦善舞剑器，张旭见之，因为草书。杜甫歌行述其事。是知书画之艺，皆须意气而成，亦非懦夫所能作也。时有张爱儿，学吴画不成，便为捏塑，玄宗御笔改名仙乔，杂画虫豸，亦妙。时又有杨惠之，亦善塑像。员名，程进，雕刻石作，随韩伯通，善塑像。天后时，尚方丞宝弘果，毛婆罗，苑东监孙仁贵，德宗朝将军金忠义，皆巧绝过人。此辈并学画，迹皆精妙。格不甚高。"[50]

　　武周时期正因为有中外艺术家的融合和创造，才能对初唐以来的佛教艺术风格进行集成，并进一步洗练和升华，形成武周风格。这种中国佛教艺术的古典风格对同时代其他地域和后来的佛教艺术风格产生了深远的影响。前人的研究中普遍认为龙门石窟奉先寺的卢舍那大佛是唐代代表性造像，代表了中国佛教造型的古典风格。通过相对长的时间与更大的地域范围内考察长安光宅寺七宝台的浮雕石佛群像的地位之后，本书发现七宝台浮雕石佛群像作为武周中央风格的代表作品，与卢舍那大佛共同成为中国佛教造型的古典风格的代表作品。

第二节　武周风格的传播和影响

一　中原：以山西省为中心

　　山西省的佛教造型表现出与长安地区密切的联系。

　　据《法苑珠林》第十四卷记载，龙朔二年（662）会昌寺僧会赜受敕命前往代州五台山修理寺塔，次年再次前往修理[51]。

　　仪凤元年（676），罽宾沙门佛陀波利在印度听闻文殊菩萨的灵迹，远涉流沙前往五台山朝圣，由此可见五台山文殊信仰龙朔年间已经颇为著名。

　　五台山菩萨顶真容院即为文殊寺。唐僧人法云亲自建造殿堂，塑造圣像。据说塑士安生（不知来自哪里）与法云一起诚恳地祈祷，得以在佛光中见到文殊的仪容，因此得以图模塑成圣像（《山西通志》廿九、"太原府五台县"）[52]。

　　由以上记录可一窥唐代山西省以五台山为中心的佛教寺院兴盛状况。近年，曾经供奉于寺院的石佛像逐渐考古出土，根据其中的纪年造像，可以初步编排出山西省初唐、武周、盛唐时期石佛像的谱系。

初唐

乾封元年（666）铭弥陀像[53]（表四之3号）：头部残失，全高116厘米，座高66厘米。青石质。正方形台座，上为八角束腰莲台，束腰部分为八棱柱体，浮雕八大神将。上下各四重台，最下层浮雕单层覆莲瓣，最上层浮雕三层仰莲瓣。台座正面刻铭文表明造像为邑人集团造像，像名为"弥陀像"，造像时间为"大唐乾封元年六月"。

乾封二年（667）铭佛坐像（表四之4号）：山西省平顺县西南三十公里的北社乡东禅村荐福寺遗址出土。全高42厘米，青石质。长方形台座，上为宣字形佛座，下面为一重台，上面为二重台。佛像面部浑圆，肉髻扁圆低平。右手于胸前施说法印，宝珠形头光，未雕出腿部形状，只表现出长方形轮廓及象征性衣纹线。

调露二年（680）铭弥勒像（表四之9号）：山西省平顺县西南三十公里的北社乡东禅村荐福寺遗址出土[54]。倚坐像，全高52.4厘米，青石。正方形台座。宣字形佛座，上下各二层台。佛像右手曲举，左手抚左膝盖，双足各踩一莲台。头光残。头部螺发刻画细致。颈部三道。肩部衣纹线随身体起伏，腿部为U形衣纹线。

调露二年（680）铭阿弥陀佛像（表四之10号）：山西省芮城县县城原土产公司基建工地原延庆寺遗址出土。青石。八边形须弥座。舟形背光（背后镌刻铭文）。佛像着双领下垂式袈裟，内层袈裟于胸前系带。肉髻扁圆，螺髻，面部长圆形，颈部三道。肩部刻出凸起阶梯状衣纹线。结跏趺坐，双足隐于衣下，双腿部刻出三条平行突起横条状衣纹线。

调露二年（680）铭释迦佛像（表四之11号）：山西省芮城县县城原土产公司基建工地原延庆寺遗址出土。佛坐像，全高95

厘米，青石。须弥座，底座下为正方形榫头，座佚。佛像螺髻，宝珠形头光（背后刻铭文），面相长圆，着双领下垂式袈裟，右臂曲举，右手残；左手抚右足上。结跏趺坐。

武周

垂拱二年（686）佛坐像（表四之13号，图九六）：1996年发现于山西省侯马市东阳村西北宝峰院。全高116厘米，石灰岩（青灰色）。八角形束腰台座上层悬裳，下层为仰莲座，正方形下枋的正面及左右侧面刻铭文。佛像结跏趺坐，双足隐于衣内。着双领下垂式袈裟，内重袈裟于胸前系纽。右手残，左手抚左膝。舟形身光，圆形头光内重和中重刻莲花纹，外重刻缠枝忍冬纹。该佛像头部略大，身体端正，衣纹线较繁复。

图九六　佛坐像

垂拱二年（686）铭，石灰岩，圆雕，全高116厘米，1996年发现于山西省侯马市东阳城村西北宝峰院（图采自张维纳、梁军：《侯马市宝峰院发现的唐代石造像》，《文物世界》2006年第5期，第94页，图一）

长安三年（703）铭释迦牟尼像（表四之 14 号，图三九）：1982 年山西省芮城县风陵渡东章出土。佛坐像。全高80 厘米，像高 46 厘米，宽 40 厘米，深 36 厘米。八棱形台座，台座上面浮雕一周莲瓣纹。上为八棱形束腰佛座，上面垂裳。佛像螺发，头光残，着双领下垂式袈裟，内衣于腹前系带。右手曲举，左手抚左膝盖，结跏趺坐。身体比例恰当。螺发刻画细致，面部浑圆柔和，眉毛中间刻出内凹细线，双目下垂，眼稍朝上。颈部刻出三道。肩部和腿部刻出突起的衣纹线，随身体轮廓起伏。

景龙二年（710）铭佛坐像（表四之 18 号，图九七）：1982 年山西省芮城县风陵渡东章出土。坐像。全高 93 厘米，像高 53 厘米，最宽 44.5 厘米，深 45 厘米。石灰岩，彩色。八角形台座，台座上面浮雕一周覆莲瓣。上面为八角形束腰佛座，下层为四层台，中间为圆柱体束腰，上层垂裳。佛像着双领下垂式袈裟，内衣腹前系。结跏趺坐。右手曲举，手残；左手抚左腿。全身比例恰当，螺发刻画细致，颈部三道，胸肌浑厚。手的表现细致周到，写实形高。肩部和腿部凸起多道平行衣纹线。

以下以芮城县风陵渡东章出土的长安三年（703）铭释迦牟尼像为例来看山西省武周时期佛像与长安佛像的类似性。相比于洛阳的影响，山西省的佛像更受到长安造像的强烈影响。造像端正的坐姿，螺发的细致表现，用细线表现的双眉都表现出长安佛像的特征。但是，在长安地区坐像中腿部形式化的三道突起的平行衣纹线在山西省的造像中不多见。这尊坐像的肩部与腿部的衣纹线复杂而不规则。与长安中央风格的洗练、高尚感相比，山西省的造像表现出地方造像的素朴感。

图九七　佛坐像

景龙四年（710）铭，石灰岩，彩绘，圆雕，全高93厘米，像高53厘米，最宽处44.5厘米，深45厘米，山西省芮城县风陵渡东章出土，现藏山西省芮城县博物馆（图采自《中国国宝展》（2004），第153页，图120）

盛唐

开元十四年（726）铭阿弥陀像（表四之 22 号，图五〇）：1957 年山西省运城夏县收集。坐像，全高 152 厘米，宽 73 厘米，深 72 厘米。石灰岩。八棱形佛座，下层上面浮雕双瓣覆莲，束腰部分为八棱柱，上部垂裳。舟形身光，边缘一周火焰纹。圆形头光，二重圆圈内浮雕七佛。佛像右臂曲举，右手残；左手抚左膝。造型整体注重量感和肌肉表现，衣纹线繁复，风格厚重沉郁。

天宝四年（745）铭弥勒像（表四之 24 号，图四六）：1957 年山西省运城稷山县收集。倚坐像，全高 155 厘米，底宽 79 厘米，深 57 厘米。石灰岩，彩色。椅子形台座，背屏有日、月图案，两侧有摩羯鱼头部等图案。头后浮雕莲瓣。右臂曲举，左手抚左膝。双足各踩一小莲台。该像螺发较大，面部表情呆滞，身体僵硬呆板，衣纹线呈现程式化倾向，与身体造型脱离。

二 河西：以敦煌为中心

从河西地区武周时期的石窟造像可以同时看出中央造像的影响和地域传统。

从敦煌石窟第 96 窟的大佛像可见武周中央风格的影响。据莫高窟第 156 窟的壁题《莫高窟记》记载大佛像制作于延载二年（实为证圣元年〈695〉），"至延载二年、禅师灵隐、居士阴祖等一起制作了高达一百三十尺的北大像"。段文杰认为该窟的营造与武则天在载初元年（689）下令天下诸州修建大云寺的诏令有关[55]。石窟前曾建九层阁楼，窟内主尊倚坐弥勒像（图九八）高达 34 米，佛像圆润的面部表现出充实感，头顶低平的肉髻、波纹状的头发与龙门石窟奉先寺的大佛十分类似。该大像具有圆满的造型与柔软的肉体表现的特质，与长安、洛阳的造像很接近。颜娟英认为须弥山石窟第五窟的倚坐大像高达 20.6 米，显然是继承敦煌第 96 窟北大像（695）而来[56]。

图九八　甘肃省敦煌莫高窟第96窟主尊头像

时代为延载二年（695）（图采自荣新江：《敦煌历史上的曹元忠时代》，《敦煌研究》2006年第6期，第95页，图5：敦煌莫高窟北大像，原图出自 Warner, *The Long Old Road in China*）

此外，庆阳北石窟寺第32窟[57]（图一〇九）东壁龛五尊像的主尊为如意元年（692）泾州临泾县令杨元裕发愿供养的阿弥陀像。该像施降魔印，其造型特征与长安佛像也有类似之处。

另一方面，也可见河西地区的地域性。例如，在河西地区出现与中原地区所不同的反映地域特征的中心柱式石窟。庆阳北石窟寺第32窟中央安置中心柱（图六一），正面开龛、龛内浮雕出阿弥陀五尊；其他三面也开二层龛，龛内浮雕五尊像。

须弥山石窟的第 105 窟（桃花洞）后室中央安置中心柱，中心柱边长 3.1 米，四面开龛，龛内浮雕佛像。河西地区最具代表性的中心柱式洞窟是敦煌莫高窟圣历元年（698）铭的第 332 窟，该窟为中心塔（柱）窟（图六二）。

据《李克让修莫高窟佛龛碑》[58]记载，第 332 窟完工于圣历元年（698），与初唐石窟内部形制不同的是，窟内后部表现涅槃变相，中央竖立宝刹（即中心柱），周围设环绕的通道，旁边列金姿（佛像）。

"后起涅槃之变，中浮宝刹，迤四面以环通，旁列金姿，俨千灵而侍卫。"[59]

圣历元年五月十四日，石窟完工后，供养者（李克让）在塔前供奉珍肴、礼拜、发愿。

"以圣历元年五月十四日修葺功毕，设供塔前。陈桂馔以熏空，奠兰羞而味野。伏愿一人有庆、九域无虞……"[60]

从以上碑文资料可以看出两点：

第一点：位于石窟中央的四面柱被称为"宝刹"，中心柱的周围设右绕礼拜的通路，旁边安置佛像。

第二点：石窟的礼拜以塔为中心举行。

石窟中心塔前面和南北壁前部安置说法相佛三尊组成一佛三身（法身、报身、应身），中心柱背后的西壁以塑像表现出涅槃像（这尊涅槃像是敦煌石窟现存最早的彩塑涅槃像）。

三 西南：以四川省为中心

在该地区以倚坐弥勒像、降魔成道印像（释迦佛）、地藏、观音、药师的组合关系为特征。

罗世平在《四川唐代佛教造像与长安样式》[61]指出了四川唐代佛教造型与长安样式的直接联系。罗世平从两个方面来论述长安样式对四川唐代佛教造型的影响力。第一个方面是两个地区佛教造像的造型特征和造像风格显示出一致性。罗世平以巴中、广元、成都现存的石窟造像为依据，将四川地区的佛教造型和风格变化分为三个阶段。第一阶段为隋、初唐时期。第二阶段为高宗、武周时期。进入这个时期，龛像的数量与前期相比显著增加，造型与风格都显示出很大的变化。造像的风格从"方正平实"向"圆润优雅"的方向发展。造像比例得当，雕刻细腻。第三阶段为开元、天宝时期。这个时期的造像的造型、风格均有程式规范，于丰满优美的造型中透露着自信乐观的气息。

第二方面长安佛教图本样式被作为粉本在四川地区被翻刻与流传。

代表性的武周时期的石窟造像有以下几例：

降魔成道印像：广元千佛崖莲花洞"大周万岁通天□年"，三壁三龛像、各龛内安置一佛二菩萨像。北壁龛像的主尊施降魔成道印相。

倚坐相弥勒像：广元千佛崖苏颋龛像，倚坐弥勒像与两胁侍像。

菩提瑞像：菩提瑞像是头戴宝冠，颈部装饰璎珞，戴臂钏、腕钏，施降魔成道印，在菩提树下金刚座上结跏趺坐的佛像。蒲江飞仙阁 2 龛（窟？）（第 9 龛与永昌元年（689）的第 60 龛），睿宗延和元年（712）的广元千佛崖 1 窟、巴中南龛 2 窟（第 37 龛与第 103 龛）、西龛 3 窟（第 44 龛、第 73 龛、第 87 龛）都塑造了菩提瑞像。罗世平参考龙门石窟的同类佛像，得出菩提瑞像主要流行于高宗、武周时期；到了开元年间开始衰退的结论。

地藏、观音、药师佛的组合关系：在前人的研究中认为广元石窟的地藏菩萨像出现于武周时期，流行于盛唐、中唐，衰退于晚唐[62]。然而，与长安、洛阳龙门石窟的菩萨形半跏坐像的地藏所不同的是四川省的地藏菩萨全部以沙门形表现。

四 东亚地区

（一） 塔、殿堂的四面四方佛配置

在长安地区形成的在塔的四面配置四方佛的建筑和图像的规定性影响了日本天平时期的佛教造型。位于兴福寺建于天平二年（730）的五重塔的塔基安置四佛，据记录兴福寺建筑经过的《兴福寺流记》记载：四佛为位于南面的释迦佛、北面的弥勒佛、东面的药师佛、西面的阿弥陀佛。因此这四佛也被称为法相四佛。这种建筑和图像的规定性见于继兴福寺修建的元兴寺和四天王寺塔基。

关于法隆寺金堂壁画的主题有各种不同的观点。现在广为接受的观点是南面的第一号壁表现了释迦佛净土变，西面第六号壁表现了阿弥陀佛净土变，北面的第九号壁表现了弥勒佛净土变，东面的第十号壁表现了药师佛净土变。这种在殿堂四面配置四佛净土变相的庄严方法可能受到了来自长安殿堂壁画的影响。小野胜年指出了长安大慈恩寺大雁塔四门楣的四方佛线刻画对兴福寺塔塔基、法隆寺金堂壁画产生了影响[63]。

但是松原智美对法隆寺金堂壁画的主题提出了新的论点[64]：认为在法隆寺金堂四大壁壁画制作的时候，相对于如来的尊格，更优先考虑造型的因素；殿堂的大场面的壁画与塔的四面壁画的配置应有所不同。因此，松原智美认为法隆寺金堂壁画的主题不是像塔那样的四面四佛，而是适合大壁面的如来说法图。

（二） 古典风格的形成

完成于武周时期的佛像的写实性对统一新罗时代的佛教造型（图九九）、日本白凤时代的佛教造型具有深远的影响。以下以药师寺金堂药师佛三尊的主尊药师佛像（图一〇〇）为中心来具体地论述这个影响。

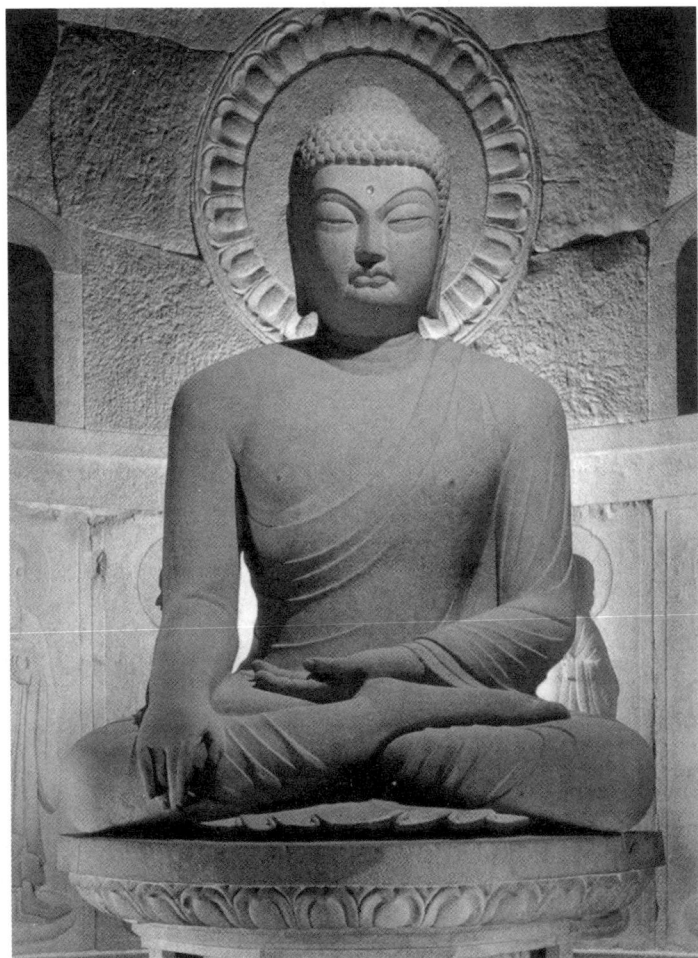

图九九 韩国石窟庵主尊
统一新罗时代（图采自 Orientations Vol. 34 No. 3（March 2003）p. 65，图7）

图一〇〇　日本奈良药师寺金堂主尊

白凤时代（图采自长谷川诚、入江泰吉：奈良的寺 9《药师寺　金堂药师三尊与圣观音》，图版 17，"药师如来像全身"，岩波书店，1974 年，东京）

　　据药师寺东塔的《檫铭》记载，药师佛三尊的本尊为药师如来。此外，据《书记》中天武九年（680）11 月 12 日条记载，药师寺创建的目的在于为皇后的病愈祈福，因此金堂的主尊很可能是药师如来。

　　从造型来看，本尊结跏趺坐，右手上举施说法印，左手掌心向上置于左膝上。前人的研究中认为这尊造像未持药壶，是尊像的仪轨还没非常严密的飞鸟时代的古制[65]。这种造型特征与长安石造奉纳塔的四面四佛像图像发展的第二阶段，即武周时期七宝台始建期的造像中药师佛也作未持药钵的造型一致。据此推测药师寺金堂药师佛三尊主尊药师佛的制作年代与武周时期相当，从 680 开始至 8 世纪末。

　　主尊的造像风格也呈现出武周时期中央风格的影响：端正的坐姿，细致刻画的螺发，腿部的平行衣纹线都与武周时期的中央造像一致。这尊造像的立体感、身体各部分恰当的比例和总体的平衡感表现了从飞鸟时代到白凤时代佛教造像写实性的完成。而且，这尊造像所遵循的调和、平衡的造型原理也深刻地影响了随后的东大寺大佛（图一〇一）。综上所述，药师寺金堂药师佛三尊的主尊（图一〇二）被认为是象征日本佛教古典风格的代表作品。

图一〇一　日本奈良东大寺主尊的造型原理

（图采自长谷川诚、入江泰吉：奈良的寺9《药师寺　金堂药师三尊与圣观音》，第8页，图7，"东大寺　天平卢舍那佛像复原设想图（单位尺）"，岩波书店，1974年，东京）

图一〇二　日本奈良药师寺金堂主尊的造型原理

（图采自长谷川诚、入江泰吉：奈良的寺9《药师寺　金堂药师三尊与圣观音》，第8
页，图6，"药师寺　药师如来像（写真测量）"，岩波书店，1974年，东京）

〔1〕 李裕群:《试论成都地区出土的南朝佛教石造像》,《文物》2000 年第 2 期,
第 72 页。

〔2〕 张肖马、雷玉华:《成都市商业街南朝石刻造像》,《文物》2001 年第 10 期,
第 4~18 页;刘志远、刘廷壁:《成都万佛寺石刻艺术》,中国古典艺术出版
社,1958 年,北京;袁曙光:《四川省博物馆藏万佛寺石刻造像整理简报》,
《文物》2001 年第 10 期,第 19~38 页;霍巍:《四川大学博物馆收藏的两
尊南朝石刻造像》,《文物》2001 年第 10 期,第 39~44 页。

〔3〕 Angela F. Howard, From Han to Tang: The Acculturation of Buddhist Images in
China, *Orientations*, October 2004, pp. 47 – 56.

〔4〕 杨伯达著,松原三郎译解题:《被埋藏的中国石佛的研究——河北省曲阳出
土的白玉像与编年铭文》,第 153~154 页,图版 29,东京美术,1985 年,
东京。

〔5〕 大阪市立美术馆:《大阪市立美术馆藏品选集》,第 181 页,图版 196,
1986 年。

〔6〕 肖贵田:《山东省佛教美术概观》,Miho 博物馆:《中国·山东省的佛像——
飞鸟佛的面貌》,第 118~119 页,Miho 博物馆之友会,2007 年。

〔7〕 宿白:《青州龙兴寺窖藏所出佛像的几个问题——青州城与龙兴寺之三》,
《文物》1999 年第 10 期,第 44~59 页。

〔8〕 Miho 博物馆:《中国·山东省的佛像——飞鸟佛的面貌》,第 79 页,图 49,
第 135 页,Miho 博物馆之友会,2007 年。

〔9〕 Miho 博物馆:《中国·山东省的佛像——飞鸟佛的面貌》,第 88 页,图 55,
第 137 页,Miho 博物馆之友会,2007 年。

〔10〕 Miho 博物馆:《中国·山东省的佛像——飞鸟佛的面貌》,第 73 页,图 46,第
134~135 页,Miho 博物馆之友会,2007 年。

〔11〕 杜在忠、韩岗:《山东诸城佛教石造像》,《考古学报》1994 年第 2 期,第
240 页,图版拾壹之 2。

〔12〕 李已生:《成都万佛寺梁代造像艺术特色的形成》,《敦煌研究》1992 年第
3 期,第 86~92 页,第 40 页。

〔13〕 雷玉华:《成都地区的南朝佛教造像》,《魏晋南北朝史论文集》,第 270~
286 页,巴蜀书社,2006 年。

〔14〕李裕群：《试论成都地区出土的南朝佛教石造像》，《文物》2000 年第 2 期，第 64 ~ 67 页。

〔15〕李淞：《陕西佛教艺术》，第 61 ~ 67 页，艺术家出版社，1999 年，台北。

〔16〕赵力光、裴建平：《西安东郊出土北周佛教立像》，《文物》2005 年第 9 期，第 76 ~ 90 页。

〔17〕冈田健：《长安初唐造像的展望》，《佛教艺术》No. 177（March 1988），第 61 ~ 74 页。

〔18〕冈田健：《长安初唐造像的展望》，《佛教艺术》No. 177（March 1988），第 69 页。

〔19〕冈田健：《长安初唐造像的展望》，《佛教艺术》No. 177（March 1988），第 73 页。

〔20〕西安市文物保护考古所编著：《西安文物精华·佛教造像》，第 51 页，世界图书出版西安公司，2010 年，西安。

〔21〕西安碑林博物馆编：《长安佛韵：西安碑林佛教造像艺术》，第 98 ~ 99 页，陕西师范大学出版社，2010 年，西安。

〔22〕西安市文物保护考古所编著：《西安文物精华·佛教造像》，第 55 页，世界图书出版西安公司，2010 年，西安。

〔23〕西安市文物保护考古所编著：《西安文物精华·佛教造像》，第 54 页，世界图书出版西安公司，2010 年，西安。

〔24〕西安碑林博物馆编：《长安佛韵：西安碑林佛教造像艺术》，第 86 ~ 87 页，陕西师范大学出版社，2010 年，西安。

〔25〕赵力光、裴建平：《西安东郊出土北周佛教立像》，《文物》2005 年第 9 期，第 86 ~ 89 页。

〔26〕西安市文物局：《西安北郊出土北周白石观音造像》，《文物》1997 年第 11 期，第 78 ~ 79 页，彩色插页贰 1、2。

〔27〕保全：《西安文管处所藏北朝白石造像和隋鎏金铜像》，《文物》1979 年第 3 期，第 83 ~ 85 页；东京国立博物馆：《宫廷的荣华——唐的女帝·则天武后与她的时代展》，图 6：1，2，3，第 30 ~ 31，1998 - 1999 年。

〔28〕Angela F. Howard, From Han to Tang: The Acculturation of Buddhist Images in China, *Orientations*, October 2004, pp. 54 - 55.

〔29〕西安碑林博物馆编：《长安佛韵：西安碑林佛教造像艺术》，第 38 页，陕西师范大学出版社，2010 年，西安。

〔30〕西安碑林博物馆编：《长安佛韵：西安碑林佛教造像艺术》，第68页，陕西师范大学出版社，2010年，西安。

〔31〕庞文龙：《岐山县博物馆藏隋代石造像》，《文物》1991年第4期，第93～94页；王文耀、付梅林：《隋代汉白玉造像》，《收藏》2010年第12期，第66～67页。

〔32〕刘耀秦：《隋石雕弥勒造像》，《文博》1986年第5期，第7页，图版叁。

〔33〕王桂枝：《隋开皇三年鎏金佛造像与石造像》，《文博》1995年第4期，第71页。

〔34〕西安碑林博物馆编：《长安佛韵：西安碑林佛教造像艺术》，第69页，陕西师范大学出版社，2010年，西安。

〔35〕西安市文物保护考古所编著：《西安文物精华·佛教造像》，第103页，世界图书出版西安公司，2010年，西安。

〔36〕西安市文物保护考古所编著：《西安文物精华·佛教造像》，第105页，世界图书出版西安公司，2010年，西安。

〔37〕"作品解说28"，有邻馆学艺部：《有邻馆精华》，藤井斋成会，2003年，京都。

〔38〕李裕群：《驼山石窟开凿年代与造像题材考》，《文物》1998年第6期，第52～53页。

〔39〕（唐）道宣：《广弘明集》，第廿八卷，大正新修《大藏经》第52册，No. 2103。

〔40〕百桥明穗：《为日中文化交流架桥——众多的三藏法师》，《西游记的丝绸之路：三藏法师之道》，第27页，朝日新闻社，1999年。

〔41〕肥田路美：《玄奘请来的佛像及其影响》，《三藏法师·玄奘的丝绸之路"遗产与理想"：1999年奈良丝绸之路国际学术研讨会》，第75页，（财）奈良·丝绸之路纪念国际交流财团丝绸之路学研究中心，平成十二年（2000年）。

〔42〕（唐）道诚：《释氏要览》卷中，大正新修《大藏经》第54册，No. 2127。

〔43〕（唐）段成式：《寺塔记》，第12页，人民美术出版社，2003年，北京。

〔44〕（宋）赞宁撰；范祥雍点校：《宋高僧传》卷十四，第329页，中华书局，1987年，北京。

〔45〕（清）徐松撰；李健超增订：《增订唐两京城坊考》，第234页，三秦出版社，2006年，西安。

〔46〕韩伟：《陕西石窟概论》，《文物》1998 年第 3 期，第 68～69 页。

〔47〕韩伟：《陕西石窟概论》，《文物》1998 年第 3 期，第 68 页。

〔48〕张燕、王建新、张建林：《慈善寺、麟溪桥窟龛造像的分期与编年》，西北大学考古专业、日本赴陕西佛教遗迹考察团、麟游县博物馆编著：《慈善寺与麟溪桥：佛教造像窟龛调查研究报告》，第 101 页，科学出版社，2002 年，北京。

〔49〕韩伟：《陕西石窟概论》，《文物》1998 年第 3 期，第 73 页。

〔50〕（唐）张彦远著：《历代名画记》，第 176～177 页，人民美术出版社，2004 年，北京。

〔51〕（唐）道世：《法苑珠林》，第十四卷，大正新修《大藏经》第 53 册，No. 2122。

〔52〕大村西崖：《支那美术史雕塑篇》，第 430 页，佛书刊行会图像部，1915 年，东京。

〔53〕朱晓芳、王进先：《长治市博物馆藏唐乾封元年阿弥陀造像》，《文物》1987 年第 3 期，第 91～92 页。

〔54〕崔利民、刘林、宋文强：《平顺荐福寺遗址出土的佛教石造像及龙门寺部分造像》，《文物》2004 年第 11 期，图八，第 70～71 页。

〔55〕段文杰：《唐代前期的莫高窟艺术》，敦煌文物研究所编：《中国石窟·敦煌莫高窟》第三卷，第 176 页，平凡社、文物出版社，1981 年，东京。

〔56〕颜娟英：《盛唐玄宗期佛教艺术的转变》，《中央研究院历史语言研究所集刊》第六十六本，第二分（1995 年 6 期），第 581 页。

〔57〕甘肃省文物工作队、庆阳北石窟文所编：《庆阳北石窟寺》，第 31～38 页，文物出版社，1985 年，北京。

〔58〕宿白：《"武周圣历李君莫高窟佛龛碑"合校》，宿白：《中国石窟寺研究》，第 262～269 页，文物出版社，1996 年，北京。

〔59〕宿白：《"武周圣历李君莫高窟佛龛碑"合校》，宿白：《中国石窟寺研究》，第 267 页，文物出版社，1996 年，北京。

〔60〕宿白：《"武周圣历李君莫高窟佛龛碑"合校》，宿白：《中国石窟寺研究》，第 267 页，文物出版社，1996 年，北京。

〔61〕罗世平：《四川唐代佛教造像与长安样式》，《文物》2000 年第 4 期，第 51 页。

〔62〕雷玉华、王剑平编著：《广元石窟》，第 131 页，巴蜀书社，2002 年，

成都。

〔63〕小野胜年：《长安的大雁塔的线刻佛画》，《佛教艺术》No. 59（1965 年 12
期），第 99 ~ 101 页。

〔64〕松原智美：《与法隆寺金堂壁画相关的一个考察——以四大壁壁画的主题为
中心》，《佛教艺术》第 218 号（1995 年 1 月），第 57 ~ 86 页。

〔65〕长谷川诚：《药师寺的创建与药师三尊》，长谷川诚、入江泰吉：奈良的寺 9
《药师寺　金堂药师三尊与圣观音》，第 9 页，岩波书店，1974 年，东京。

第三章　图像学研究

第一节　降魔印佛像

一　前人的研究及存在的问题

前人的研究中关于唐代降魔印佛像的尊名和尊格有不同的意见。

首先，长安光宅寺七宝台浮雕石佛群像中主尊偏袒右肩、右手施降魔印的龛像得到了研究者的关注。

1950 年福山敏男认为武周时期长安光宅寺七宝台造像中主尊偏袒右肩、着袈裟、右手施降魔印的龛像为释迦三尊、五尊[1]。

1969 年小野胜年以七宝台造像中头戴宝冠的三件为焦点论证了唐代宝冠佛。他依据宝冠佛的胁侍菩萨的宝冠中央有化佛和水瓶的图像特征认为着偏袒右肩袈裟、右手施降魔印的主尊为宝冠阿弥陀佛[2]。

1987 年颜娟英将这批具有共同造型特征的九件佛像（八件三尊像、一件五尊像）命名为"装饰佛（Adorned Buddha）"，接着论述了这些造像和武周时期流行的"降魔佛"或"金刚座真容像"之间有直接的联系，表现了《华严经》的中心思想，可能原来安置在七宝台石柱的中央直排，居于其他两佛龛的中间[3]。

2004 年赖鹏举认为这类造像为卢舍那佛[4]，安放于七宝台石柱的西面中央，为北传密法中佛与菩萨因果互证的卢舍那佛，其两侧放置两件十一面观音像，左右两面为弥陀与弥勒，分别象征十方和三世佛。十一面观音依据经典应该面西，因此整个石柱的正面是西面[5]。

综上所述，关于七宝台造像中降魔印佛像有释迦佛说、阿弥陀佛说、装饰佛说以及卢舍那佛说。除了以上以七宝台造像中的降魔印佛像为焦点的研究之外，中国各地发现的同类造像也引起了研究者的关注。围绕中国其他地域发现的唐代降魔印佛像也展开了各种研究。一部分学者的研究对象为所有的降魔印佛像，而另一部分学者的研究对象为降魔印装饰佛像。在这两类研究中针对佛像的尊格和尊名也存在分歧。

以所有唐代降魔印佛像作为研究对象的研究中肥田路美和山名申生的论文最有代表性。

1986 年肥田路美在《唐代佛陀伽耶金刚座真容像的流行》[6]这篇论文中将七宝台造像中的八件主尊为降魔印佛像龛像与其他同时代的 11 件作品结合起来进行了考察。她认为这些降魔印佛像是释迦佛的真容像，是依据从印度佛陀伽耶请来的释迦真容像为蓝本雕造的。

1991 年山名伸生在《桂林调露元年铭摩崖佛》这篇论文中从桂林调露元年（679）的降魔印佛像出发，综合研究了唐代的降魔印佛像，并提出"二期说"[7]。他认为 8 世纪初期中国各地触地印像的变迁可分为二期。前期从 7 世纪中期玄奘、王玄策请来佛陀伽耶的本尊造像开始，受此影响的造像呈现出印度笈多艺术的造型特征，没有佩带装饰品。同时期触地印像的印相也开始被其他尊格所运用。后期则从永隆元年（680）来自佛陀伽耶的印度僧人地婆诃罗在高宗的庇护下翻译经典开始。地婆诃罗指导中国工匠摹刻佩带装饰品的佛陀伽耶本尊造像，并带来了"菩提像"的经典依据。值得注意的是这种造像具有极强的杂密性质。可见进入 8 世纪，长安地区触地印本来的意义日渐稀薄。

另一部分学者的研究对象为降魔印装饰佛像，即佩戴有宝

冠、项饰、臂钏、腕钏等装饰物品的降魔印佛像。第一种观点认
为这种降魔印装饰佛像为密教的大日如来或卢舍那佛像；第二种
观点认为其尊格为菩提瑞像。

持第一种观点的研究者将降魔印装饰佛像命名为密教的大日
如来或卢舍那佛。这些研究中龙门石窟东山擂鼓台南洞、擂鼓台
北洞的降魔印佛像、广元千佛崖莲花洞、菩提瑞像窟的降魔佛像
成为焦点。

1980 年宫大中在《龙门东山的几处密宗造像》[8]这篇论文中
论述了龙门东山的降魔印佛像为密教造型。

1991 年李文生在《龙门唐代密教造像》[9]中将龙门石窟东山
擂鼓台南洞、擂鼓台北洞和擂鼓台文物廊内安置的几尊降魔印佛
像命名为大日如来像。李文生认为擂鼓台北洞窟楣上方的观音龛
的八臂观音、万佛洞的千手千眼观音龛的菩萨像也属于密教
造型。

关于四川地区的降魔印佛像存在密教的大日如来说与毗卢遮
那佛说。

1990 年邢军在《广元千佛崖初唐密教造像析》[10]一文中以广
元千佛崖莲花洞北壁大龛主尊和菩提瑞像窟的主尊为中心展开研
究，认为这两尊八世纪初期的降魔印佛像为密教的大日如来像。

2003 年丁明夷在《公元七至十二世纪的四川密教遗迹》中将
以上两尊造像与龙门东山大日如来小窟主尊及山东驼山第 1 窟主
尊结合起来研究，认为它们都是密教主尊毗卢遮那佛[11]。

持第二种观点的学者认为这类降魔印装饰佛像尊格为菩提
瑞像。

2000 年罗世平考察了长安光宅寺七宝台造像中主尊为降魔印
佛的龛像和中国四川石窟中同类戴宝冠、装饰颈饰、腕钏、施降
魔印结跏趺坐于金刚宝座的造像，认为它们是菩提瑞像[12]。

2003 年雷玉华、程崇勋以巴中石窟的南龛第 37 号龛主尊、

南龛第 103 号主尊、西龛第 44 号主尊、第 87 号龛主尊、第 73 号
龛左侧佛、北龛第 12 号龛主尊，石门的第 12 号龛主尊、第 12 号
龛右侧佛像为中心，结合造像铭文以及与弥勒佛的组合关系认为
这些造像并非毗卢遮那佛，而是菩提瑞像，也可断定为释迦牟尼
降魔成道像[13]。2004 年雷玉华等发表了《试论四川的"菩提瑞
像"》[14]一文，公布了四川的材料，文中将四川的这类头戴宝
冠、穿袒右肩袈裟、颈佩项圈、右臂饰臂钏、左手仰掌横置
腹前、右手抚膝作降魔印、结跏趺坐的佛像全部定名为"菩
提瑞像"，并对其来源进行了考证，同时论证了它与弥勒佛的
共存关系，指出其并非如有些学者所说是大日如来或者佛顶
像。雷玉华、王剑平之后又发表《再论四川的菩提瑞像》[15]，
通过四川菩提瑞像的组合形式及国内其他地区同期遗存的相
同造像的状况，论述了此类像之定名应称作菩提瑞像为宜，
并指出它的流行是唐代瑞像崇拜的结果，同时分析了其与佛
顶像和大日如来像之关系。

　　2006 年姚崇新在其论文《对部分广元密教造像题材的再考
察——兼析某些密教造型艺术的渊源》[16]中对邢军的密教大日如
来说提出相反意见，认为这些造像是菩提瑞像。姚崇新还论述了
菩提瑞像与密教佛顶像的渊源关系。即初期的密教造型中吸取和
发展了显教的尊像、装饰具等造型传统。

　　近年关于唐代降魔印装饰佛像的综合研究以 2006 年李玉珉
发表的论文《试论唐代降魔成道式装饰佛》[17]为代表。李玉珉收
集了唐代 39 件降魔成道装饰佛像，分析了它们的地域性，着重
分析了两京、敦煌、四川三地区的造像风格和图像特征，从图像
渊源和流传上分析它们是菩提瑞像。

　　造成以上分歧的原因除了对研究对象的界定不同外，对这种
造像的流传演变过程尚不明晰，这种造型的宗教意义及与此关联
的信仰形态也有待深入研究。在今后的研究分析中不仅要注重图

像学的方法，还应注重造型种类的差异和降魔印佛像的铭文及与其他佛像的组合关系，在造像的建筑和礼仪环境中探讨其宗教含义。

关于唐代降魔印佛像的传播路线存在两种意见。一种意见认为两京地区的降魔印佛像传播至四川地区，生发了四川地区的该类造像。持这种意见的有罗世平。另一种意见认为从印度、尼泊尔出发，经吐蕃而入唐土，通过四川、陇东而传入两京地区，进而影响全国。持这种意见的有松原三郎等学者。

本书以前人研究的丰富成果为基础，尽可能全面收集唐代的降魔印佛像资料，将有明确纪年和出土地点的基准作品按照雕塑的门类分为圆雕像（包括高浮雕）和浮雕像进行考察，并分区分期考察其流传路径。其次从组合关系来分析降魔印佛像与不同地域造像传统的结合方式。最后探讨武周时期降魔印佛像的尊格。

二　图像渊源及从印度的传入路线

（一）图像学的渊源

1. 作为佛传图的一个场面的降魔成道图

本书主要从图像和文献两个方面来追溯降魔印佛像的图像学渊源。

关于释迦的佛传图像有四相和八相之别，但二者都有降魔成道场面。可见其为佛传不可缺少的组成部分。释迦牟尼在菩提树下禅定的七十七日间，克服恶魔的试炼而至解脱的境地的经历被称为降魔成道。佛传文学通过描绘释迦牟尼击败魔王（Mara）所率来袭恶魔军阵、斥退魔女的诱惑的过程而强调释迦开悟的伟大。这个佛传图的降魔成道场面见于印度各地，在桑奇的塔门浮雕和犍陀罗的浮雕中都可见到。

阿旃陀石窟群中降魔成道主题也是被作为佛传的一个场面表

现的。阿旃陀第 1 窟佛堂前室左壁的壁画（图一〇三）因为描绘了释迦牟尼降魔成道情节中最有戏剧性的场面并以其卓越的构图而出名。左右虚张声势来袭魔军的各种各样惊恐万状的表情和释迦两膝之际魔女富有诱惑性的妖冶身姿衬托出俨然镇静禅坐的释迦之神圣庄严和法力之伟大。这幅壁画具象地描绘出意念中的魔军和魔女，增强了画面的感染力。而释迦牟尼右手垂下施触地降魔印，表征释迦的法力征服了魔军和魔女的袭击和扰乱，似乎释迦头顶还加有小的宝冠。同窟正面柱上部也装饰有降魔成道的浮雕像。

图一〇三 印度阿旃陀第 1 窟佛堂前室左壁降魔成道壁画

（图采自高田修、田枝宏干：《阿旃陀 石窟寺院与壁画》，图版 92，平凡社，1971年，东京）

　　阿旃陀第26窟左侧廊的近入口处连续用巨大的浮雕像（图
一〇四）表现出释迦牟尼佛传中的涅槃图、降魔图、说法图。这
幅浮雕降魔成道图与第1窟的壁画降魔图相对比存在而有名。释
迦牟尼施降魔印禅坐于菩提树下，左右是来袭的魔军，座下是前
来诱惑的魔女，左下持弓矢而立的当是魔军的将军；右下只见半
身、被魔女围绕的忧郁王者应当是败阵的魔王。这幅浮雕像虽然
也以写实的手法表现了魔军和魔女富于动感的身姿、但较呆板，
缺乏第1窟壁画那样的生动效果和震撼力。

图一〇四　印度阿旃陀第26窟左侧廊降魔成道浮雕
（图采自高田修、田枝宏干：《阿旃陀　石窟寺院与壁画》，图版172，平凡社，1971
年，东京）

进入笈多时代，伴随着窟院营造的盛行，作为礼拜对象的本尊或相当于本尊的佛像成为佛像制作的重点。但是作为礼拜像的佛陀像并不是概念化或理想化的释尊，而是佛传中的释迦牟尼，常以施触地印的降魔成道佛像或是施转法轮印说法的佛像出现。即将释迦牟尼佛传中特定场面表现出来，四相为诞生、成道、说法、涅槃四个场面。或更多的表现八个场面，称为八相。

在撒尔那多出土的浮雕（图一〇五）从下往上表现出诞生、降魔成道、初转法轮和涅槃四相。不论是印度还是中国，释迦四相遵循从下往上递进的排列原则。

图一〇五　释迦四相浮雕
（诞生、降魔成道、初转法轮、涅槃）

印度撒尔那多出土（图采自上野照夫：《世界美术全集第 19 卷·印度》，第 194 页，图 54，角川书店，1960 年，东京）

康赫里石窟位于孟买北部约40公里的岩山上。时代为7世纪的第34窟的天井和内壁上描绘出降魔形的释迦像（图一〇六）。但这幅未完成的绘画残存许多起稿线，有限的施彩部分却已达到前所未见的绘画高度。释迦牟尼所坐台座也是特殊的造型。

图一〇六　印度康赫里第34窟降魔成道壁画（未完成）
时代为7世纪（图采自上野照夫：《世界美术全集第19卷·印度》，第208页，图81，角川书店，1960年，东京）

东印度的降魔成道印释迦佛像从6世纪到12世纪，分布在以佛陀伽耶（Bodhgaya）和那烂陀（Nalanda）为中心的地区[18]。

2. 文献所见佛陀伽耶大精舍作为释迦真容像的降魔成道像

1）玄奘《大唐西域记》卷八"摩揭陀国上"记录了佛陀伽耶的释迦牟尼圣物：金刚座、菩提树及精舍内降魔成道佛像的传说。

……菩提树垣正中有金刚座。昔贤劫初成，与大地俱起，据三千大千世界中，下极金轮，上侵地际，金刚所成，周百余步。贤劫千佛坐之而入金刚定，故曰金刚座焉。证圣道所，亦曰道场。大地震动，独无倾摇，是故如来将证正觉也。历此四隅，地皆倾动。后至此处，安静不倾。自入末劫，正法浸微，沙土弥覆，无复得见。佛涅槃后，诸国君王传闻佛说金刚座量，遂以两躯观自在菩萨像南北标界，东面而坐。闻诸耆旧曰："此菩萨像身没不见，佛法当尽。"今南隅菩萨没过胸臆矣。

金刚座上菩提树者，既毕钵罗之树也。昔佛在世，高数百尺，屡经残伐，犹高四五丈。佛坐其下成等正觉。因而谓之菩提树焉。茎干黄白，枝叶青翠。冬夏不凋，光鲜无变。每至如来涅槃之日，叶皆凋落，顷之复故[19]……

菩提树东有精舍。……精舍既成，召募工人，欲图如来初成佛像。旷以岁月，无人应召。久之，有婆罗门来告众曰："我善图写如来妙相。"众曰："今将造像，夫何所须？"曰："香泥耳。宜置精舍之中，并一灯照我，入已，坚闭其户，六月后乃可开门。"时诸僧众皆如其命，尚余四日，未满六月，众咸骇异，开以观之。见精舍内佛像俨然，结跏趺坐，右足居上，左手敛，右手垂，东面而坐，肃然如在。座高四尺二寸，广丈二尺五寸，像高丈一尺五寸，两膝相去八尺八寸，两肩六尺二寸。相好具足，慈颜若真，唯右乳上图莹未周。既不见人，方验神鉴。众咸悲叹，殷勤请知。有一沙门宿心淳质，乃感梦见往婆罗门而告曰："我是慈氏菩萨，恐工人之思不测圣容，故我躬来图写佛像。"垂右手者，昔如来之将证佛果，天魔来娆，地神告至，其一先出，助佛降魔。如来告曰："汝勿忧怖，吾以忍力降彼必矣？"魔王曰："谁为明证？"如来乃垂手指地言："此有证。"是时第二地神踊出作证。故今像手仿昔下垂。众知灵鉴，莫不悲感。于是乳上未周，填厕众宝。珠璎宝冠，奇珍交饰。……像今何在，神工不亏。既处奥室，灯炬相继，欲睹慈颜，莫由审察，必于晨朝，持大明镜，引光内照，乃睹灵相。夫有见者，自增悲叹……[20]

2）王玄策、李义表等二十二位唐朝使者出使印度，于贞观十九年（645）二月十一日在摩伽陀国摩诃菩提寺立碑[21]。

昔汉魏君临，穷兵用武，兴师十万，日费千金。犹尚北勒阗颜，东封不耐。大唐牢笼六合，道冠百王，文德所加，溥天同附，是故身独诸国，道俗归诚。皇帝愍其忠欵，遐轸圣虑，乃命使人朝散大夫行卫尉寺丞上护军李义表副使前融州黄水县令王玄策等二十二人，巡抚其国。遂至摩诃菩提寺所菩提树下金刚之座、贤劫千佛，并于中成道，严饰相好，具若真容。灵塔净地，巧穷天外，此乃旷代所未见，见籍所未详。皇帝远振鸿风，光华道树，爰命使人，届斯瞻仰。此绝代之盛事，不朽之神巧，如何寝默咏歌，不传金石者也。乃为铭曰：

大唐抚运，膺图寿昌，化行六合，威凌八荒。身毒稽颡，道俗来王，爰发明使，瞻此道场。

金刚之座，千佛代居，尊容相好，弥勒规摹。灵塔庄严，道树扶疏，历劫不朽，神力焉如。

《法苑珠林》卷二十九引用王玄策《行传》中关于菩提瑞像的请来和摹写过程记载："其像自弥勒造成已来，一切道俗规模图写，圣变难定，未有写得。王使至彼请诸僧众，及此诸使人至诚殷请，累日行道忏悔兼申来意，方得图画。仿佛周尽，直为此像出其经本。向有十卷，将传此地，其匠宋法智等巧穷圣容，图写圣颜，来到京都，道俗竞模。"[22]

3)《开元释教录》卷九记录了证圣元年（695）义净携带经典、舍利、"金刚座真容一铺"回到洛阳。

《大唐西域记》卷十二：瞿萨旦那国"勃伽夷城"关于宝冠佛有如下记录："王城西行三百余里，至勃伽夷城，中有佛坐像，高七尺余，相好充备，威肃巍然。首戴宝冠，光明时照。闻诸土俗曰：本在迦湿弥罗国。请移至此。……奉迎沙弥时所供养佛像，随军礼请。像至此地，不可转移，环建伽蓝，或招僧侣，舍宝冠置像顶。今所冠者，即先王所施也。"[23]

从以上文献来看，本来印度的宝冠与佛像的尊格之间并无关系。"勃伽夷城"的宝冠佛的宝冠是为了表现对佛的尊敬、供养而存在的。因此有必要将前人的研究中混合起来的宝冠佛与降魔印佛像分开研究。本书接着以降魔成道像为中心讨论。

依据玄奘的记录，释迦牟尼降魔成道的灵地位于摩揭陀国伽耶城附近。留下的圣迹的中心是菩提树垣正中的金刚座。佛教巡礼者玄奘看到的是这样的光景：

从前正觉山向西南行进约十四五里到达菩提树。围绕着菩提树的是高大坚固的砖砌围墙。围墙东西长，南北窄，周长约五百步。墙壁四面有门，正门面向尼连禅河。墙壁的周围残存有窣堵波、精舍等圣迹。这些佛教建筑全部由赡部洲的各国君王和大臣供养。围墙正中是金刚座，它的周围有百余步。这里就是贤劫中的千佛坐过、入金刚定的金刚座，也是开悟的道场。即使大地震动，只有这里不动不摇。金刚座上有菩提树，也就是毕钵罗树。过去佛在这棵树下成正觉，因此称之为菩提树。树干黄白色，枝叶苍翠，冬天亦不枯萎，但是在释迦牟尼涅槃的那天叶子全部凋零，但立即返青如故。

从以上所述可见，金刚座与菩提树是历史上真实存在过的释迦牟尼所留佛迹。因此，释迦牟尼禅坐过的金刚座成为释迦牟尼法力的象征，而菩提树成为释迦牟尼永远的生命的象征。金刚座、菩提树和释迦佛之间的结合关系在印度释迦佛的成道地率先形成。在佛教造型上，特别是在印度表现降魔成道场面中金刚座和菩提树成为不可或缺的重要元素。

（二）从印度的传入路线

虽然佛教艺术界公认印度佛教艺术对唐代的影响，但目前因为证据缺乏，无法具体说明传播的路线。尤其对佛教艺术从印度的原型演变为中国风格的造型的过程无法通过例证来具体说明。唐代降魔印佛像的图像分布从桂林观音峰，经炳灵寺石窟、四川北部广元石窟，至关中、长安洛阳为中心的中原地区与河北、山东等东部地区，远播至朝鲜半岛和日本。这一分布路线恰巧与佛教艺术从唐土西部向中原、两京乃至东亚传播的路线相符。尤其是降魔印佛像集中发现于炳灵寺石窟、四川北部广元石窟这两个佛教传入中土途中的关键地，该图像在长安又被称为"印度佛像"，可见该图像的传播是印度佛教艺术经唐蕃道从西北或者经海路从西南传入唐土的典型例证。

道宣在《释迦方志》遗迹篇第四（大正新修《大藏经》第51册，No. 2008）中这样描述了中国与印度交流的道路："自汉至唐往印度者，其道众多未可言尽。如后所纪，且依大唐，往年使者则有三道。依道所经具睹遗迹，即而序之。其东道者，从河州西北，度大河上曼天岭。减四百里至鄯州，又西减百里至鄯城。镇古州地也。又西南减百里，至故承风戍是随互市地也。又西减二百里，至清海。海中有小山，海周七百余里。海西南至吐谷浑衙帐。又西南至国界名白兰羌。北界至积鱼城。西北至多弥国。又西南至苏毗国。又西南至敢国。又南少东至吐蕃国。又西南至小羊同国。又西南度呾仓去关吐蕃南界也。又东少南度末上。加三鼻关东南入谷。经十三飞梯十九栈道。又东南或西南，缘葛攀藤，野行四十余日，至北印度尼波罗国，此国去吐蕃约为九千里。"

文中所述东道的大体走向是由青海道河州北渡黄河，经鄯州（治湟水，今青海乐都）至鄯城（今青海西宁市）至青海湖，转而西南行，大致经都兰、格尔木，越昆仑山口、唐古拉山口，进入今天的西藏，进而经安多、那曲，进抵拉萨，再由拉萨西南行，经日喀则进入尼泊尔，并进而抵达中天竺。这条东道从印度开始，经尼泊尔、西藏、四川省的北部，进入甘肃南部，到达长安、洛阳和中原地方。

《释迦方志》成书于 650 年，据此推测唐蕃古道的开辟大约在公元 7 世纪中叶之前。这条道路开通的直接原因应是贞观十五年（641）文成公主与吐蕃王合亲后唐与吐蕃的关系好转而使得唐蕃新道开通成为可能。较之跋涉沙碛、翻越天山的传统西域沙漠道，新开辟的吐蕃泥婆罗道确实是一条便捷、安全的通道。这条道路与西域道相比，路程大大缩短，十分便利。这条道路在贞观年间成了唐朝与天竺交往的一条最重要的通道。贞观十七年（643）三月唐使李义表由长安出发，送天竺使返国，同年十二月抵达摩伽陀国，只用了不足十个月时间。之后，王玄策、李意表三经此道，到达印度。而同一时期僧人玄照自中天竺归国，"以九月而辞苦部（中印度奄摩罗跋国国王），正月便到洛阳，五月之间，途经万里"。玄照在吐蕃国"蒙文成公主送往北天，渐向阇阑陀国。……住阇阑陀国，经于四载。蒙国王钦重，留之供养。"[24]可见求法僧人在这条道路上能够得到照顾和供养，有利于他们往来。除玄照外，僧人道希、道方、道生、末底僧诃、玄会也利用此道来往于中印之间。这条道路大概结束于吐蕃和唐朝关系交恶的显庆年间之后，"咸亨元年，入残羁縻十八州，率于阗取龟兹拨换城，于是安西四镇并废"[25]。曾沿此道入天竺的僧人玄照最终因为该道路不通而不能回国："但以泥波罗道土蕃雍塞不通，迦毕试途多氏捉而难度，遂且栖志鹫峰，沉情竹苑。"[26]

考古资料也印证了唐代的官员使者往来于这条道路。

1990 年西藏文管会在西藏日喀则地区吉隆县城以北约 4.5 公里处阿瓦呷英山口发现摩崖石刻碑铭《大唐天竺使出铭》[27]。该碑铭明确记载"显庆三年六月"左骁卫长史王玄策等唐朝使者经"小杨童之西"出使天竺的经历。摩崖石刻宽 81.5、高 53 厘米，阴刻，24 行，满行 30～40 字，残存 222 字。石刻损毁严重，但首题"大唐天竺使铭"清晰可见。该碑证明了吐蕃—尼婆罗道南段走向、出山口位置、王玄策使团的组成等若干史实，是研究吐蕃王朝时期唐蕃交通的重要石刻材料。

炳灵寺石窟所在地唐代属于河州，即《释迦方志》遗迹篇第四所指的河州，是该道路的第一站。该石窟寺造像题记中留下了初唐至盛唐途经此地的唐朝官员的记录。

唐高宗仪凤三年（678），由宰相李敬玄、工部尚书刘审礼等率领的大军出击吐蕃[28]，就曾途经炳灵寺，并由同行的刑部侍郎张楚金于此撰写长篇题记，刻在 64 龛上方。该题记凡 40 行，每行 42 字，虽部分文字剥落，但其大意尚可明了，记载了当时的唐蕃关系及战事情况，以及对炳灵寺奇异幽雅的景色和佛教盛况的赞美，并描述了凤林关、积石关的险峻："……参沧海，唯此石门最为险狭，□□□氏导河□迹施功之一……有门之左右，各有……上也云霓初入□门□时获峡……消成万仞高林……"[29]

炳灵寺下寺区中段崖面之第 54 龛题记："大唐永隆二年（681）闰七月八日，陇右道巡察使行殿中侍御史王玄□敬造阿弥陀佛一躯并二菩萨。"关于供养人王玄□，阎文儒等学者认为是王玄策[30]，魏文斌考证为王玄祚，并推测王玄祚为主使，其他人为成员。这批到达炳灵寺的巡察使是专门巡察陇右道的[31]。

第 51 龛题记："大唐永隆二年（681）闰七月八日，巡察使典雍州醴泉县骆弘爽敬造救苦观世音菩萨一躯。"

第 52 龛题记："大唐永隆二年（681）闰七月八日，御史台令史蒲州河东县张积善奉为过往亡尊及见存眷属一切法界众生敬造救苦观世音菩萨一躯。"

第 53 龛题记："大唐永隆二年（681）闰七月八日，巡察使判官岐州郿县丞轻车都尉崔纯礼为亡考亡妣敬造阿弥陀佛一躯并二菩萨。"

魏文斌认为从位置、布局、题材内容、龛形大小等诸方面考察，此列龛均凿于同时，即唐高宗永隆二年，由中央派出陇右道巡察使骆弘爽等人及同行者出资建造[32]。

据 1963 年在炳灵寺石窟第 148 窟发现的开元十九年（731）御史大夫崔琳率领的"和蕃使团"[33]的副使膳部郎中魏季随刻写的《灵岩寺记》[34]，自和蕃大使御史大夫崔琳以下题名者凡七十一人，皆各部、台、寺与内侍省官员及诸道将史。可见这条道路直到开元年间仍然是唐印交通官方所选择的道路。魏文斌、吴荭考证，"唐蕃战争中，河州（炳灵寺属河州辖境）为唐帝国与吐蕃用兵的重镇，炳灵寺为入蕃必经的路径，通过炳灵寺入蕃的道路也成为唐蕃古道的官道"[35]。"近而少险阻"是唐朝初年官方使臣选择这条道路的最主要的理由。

以上所述唐蕃古道也就是松原三郎所谓印度佛教风格传播的南方道路。松原三郎以桂林西山观音峰调露元年（679）的降魔印佛像为根据，认为从印度至中国的佛教风格传播的南方道路的确是存在的。

除了以上所述陆路传播路线之外，也存在海路传播的可能。1941 年罗香林在《唐代桂林摩崖佛像考》一文中将桂林西山摩崖佛像与印度佛陀伽耶（Bodhaya）大觉塔的佛像作了比较，发现两者的发髻、鼻形、眉形、目形、耳形、颈形、胸形、乳部、腰腹、手势、足势、衣褶等，甚为相似，他认为"二佛像制作之相同，当非偶然暗合，而必有其图式传播，或工匠传习之关系"，从而判定桂林佛教是由印度经南洋到广州或由越南进广西，然后传入桂林的[36]。

　　以上陆路和海路转播入唐的佛教艺术首先在河州和西南地区出现，因此炳灵寺和桂林出现了早期的降魔印佛像。从降魔印佛像的现存作品来看，造像年代从初唐时期的调露元年（679）开始至晚唐时期的咸通五年（864），时间跨度约二百年。武周时期及相继的开元年间是降魔印佛像的造像兴盛时期。从地域分布来看，从西南的广西、四川开始，经陇东，至长安、洛阳两京地区和山西、河北中原地区，最远至朝鲜半岛。综合考察其时代性和地域性，可见大型高浮雕和圆雕作品中西南地区的造像最早，中原地区在 7 世纪末、8 世纪初期的武周时期最为流行，传播至朝鲜半岛的年代最晚。因此，可推测这种造像起源于印度，经由中国的西南和陇东地区，在两京和中原地区广泛流行。就造型技法而言，大型高浮雕和圆雕像一般是石窟寺或佛寺殿堂、塔堂内的礼拜像；而浮雕像中泥像、砖像、石龛像很可能镶嵌在塔、殿堂或石柱等建筑壁面的佛龛之内，相对礼拜像而言更具有佛教建筑庄严的性质。

三　时代性及地域性特征

　　具有同样图像特征的降魔印佛像的造型风格呈现出时代和地域差异。如最早的圆雕造像，调露元年（679）铭的广西桂林观音峰摩崖像[37]（图一〇七）的主尊高 113 厘米，座高 50 厘米，舟形背光，宣字形台座。主尊着薄衣，偏袒右肩，右臂戴臂钏。右足在上结跏趺坐。右手抚右膝，施降魔印。左手掌心向上置于右足之上。主尊的台座下缘左右伸出 S 状莲台，莲台上坐像胁侍高 66 厘米，宽 80 厘米。胁侍左手上交叠右手，拱于胸前；右胁侍于胸前合掌。佛座左下方刻有铭文："大唐调露元年十二月八日随太师太保申明公孙昭州司马李寔造像一铺"。主尊高浮雕，

图一〇七　广西桂林西山观音峰摩崖像

调露元年（679）铭（图采自《佛教艺术》1991年9月第198号，第103页，图23）

肉髻相、螺发、毛筋都没有表现，颈部也没有刻画三道，无衣纹表现，注重造像的体积感和量感，雕刻手法极度简练。主尊的光背、台座无装饰纹样。西山观音峰其他的唐代造像也呈现这种风格[38]。这种注重造像躯体体积感和量感而简化装饰性的极度简练的雕刻手法很可能受到印度笈多艺术的影响。有学者推测这种造型手法源于印度撒而那多派。这尊造像是利用位于观音峰南部的中部突出的天然岩块，采用高浮雕的技法雕凿而成的摩崖造像，与独立的石窟寺院中佛龛中的造像不同的是，摩崖造像与周围的山石融为一体，也许更能表现奇峰怪石的神仙世界，摩崖佛与周围环境因此更具一层灵异的效果。

以下分为陇东、四川、两京、中原、东亚五个地区来探讨降魔印佛像在唐土的传播和演变，考察这个来自印度的佛教图像和中国不同地域造像传统的结合方式，如何形成富有地域性的图像特征并反映佛教艺术中国化的具体过程。

（一）陇东地区

1. 甘肃省炳灵寺石窟第五十四龛[39]（图一○八），永隆二年（681）。该龛与称为永隆二年的一列十个佛龛并列，为其中之一。主尊宝珠形头光。宣字形台座下面二层台，上面垂裳。主尊圆形发髻较大，白毫相，颈部三道，两耳垂至肩部，着双领下垂式袈裟。右足在上结跏趺坐，右手抚右膝施降魔印。左手掌心置圆形物（宝珠？），置于右足之上。胁侍菩萨宝珠形头光，两菩萨内侧的手持莲枝，外侧手持天衣。颈部戴项圈，双臂戴臂钏、腕钏。上身衣饰简化，胸部和腹部肌肉突出，下身着裙，膝盖以下表现两条 U 字形平行衣纹。三尊像为高浮雕。主尊肩部和腿部有较粗的突起圆条形衣纹。胁侍菩萨像的头较大，身体呈胯部扭向内侧的 S 形，带状衣纹线较宽。铭文为"大唐永隆二年闰七月八日，陇右道巡察使行殿中侍御史王玄□敬造阿弥陀佛一躯并二菩萨"。依据铭文主尊为阿弥陀佛。

2. 甘肃庆阳北石窟寺第 32 窟东壁龛七尊像主尊[40]（图一○九），如意元年（692）。佛座下部四层台，束腰为八棱柱，上部垂裳。主尊着袈裟，结跏趺坐，左足向上，右手掌心向下抚右膝施降魔印，左手掌心向上置左足上。胁侍二弟子和二菩萨均立于八角形束腰台座之上。七尊像均为高浮雕。主尊颈部三道，身体比例恰当，肌肉表现均匀和谐。双腿部各三道平行突起衣纹线。

图一〇八　甘肃省炳灵寺石窟第五十四龛三尊像
永隆二年（681）铭

胁侍立像比例准确，菩萨像稍作向内侧的扭曲状，衣纹线流畅自然。铭文为"大周如意元年，岁次壬辰，四月甲午廿八日戊戌，太州口堂县人奉义郎行泾州临泾县令杨元裕敬造阿弥陀像一铺。口大普明王慧汴六通海境无口而临有际倾心雾口口口口口奔者欤口口临泾县令杨元裕奉为口亡口银青光禄大夫行空侍郎口泾州口口亡姐知口口郡夫人［泄］氏敬造阿弥陀像一铺记口……门……"。依据铭文，主尊为阿弥陀佛。

永隆二年（681）陇东炳灵寺石窟第五十四龛三尊像的主尊造型既受到都城长安的影响，又保留了陇东地区的地域性特点：主尊头顶素发，大肉髻，清晰的白毫相，两耳垂至肩部。主尊的右手施降魔印，左手持宝珠，置于右足之上。这种手持

图一〇九　甘肃省庆阳北石窟寺第32窟东壁龛五尊像

如意元年（692）铭（图采自甘肃省文物工作队、庆阳北石窟寺文管所：《庆阳北石窟寺》，图版六七之1）

宝珠是初唐时期四川、陇东、长安西部地区的佛像造型特征。然而，如意元年（692）庆阳北石窟寺第32窟东壁龛三尊像则完全显示出同时期长安的造型特征。主尊的头部和身体的比例协调，造型洗练优美，衣纹线用凸起的平行线表示，与武周时期中央造像风格高度一致。依据铭文以上两处造像的主尊均为阿弥陀佛。

（二）四川地区

1. 四川广元千佛崖莲花洞（当时编号13窟）北壁大龛主尊[41]，天通万岁年间（696～697）以前。莲花洞为三壁三龛式造像：正壁为倚坐像弥勒佛三尊，北壁为降魔印佛像三尊，南壁为佛坐像三尊。北壁大龛主尊像高192厘米，肩宽71厘米。长方形佛座，二重宝珠形头光，内外重之间有纹饰。主尊螺髻正中饰宝珠，着偏袒右肩袈裟，颈部饰装饰繁复的项圈，戴腕钏。右足在上结跏趺坐。右手掌心向下抚右膝施降魔印；左手掌心向上置右足之上。右侧胁侍菩萨像残失。现存左侧菩萨像高 174 厘米，肩宽 38 厘米。跣足立于莲台之上，宝珠形头光，高发髻，宝缯及发辫垂肩，颈部有三道，戴项圈、臂钏、手镯，璎珞于腹前呈 X 形交叉，左手持拂尘于胸前，右手持天衣垂于体侧。

2. 四川广元千佛崖莲花洞（当时编号 13 窟）内佛龛[42]，万岁通天年间（696～697）铭。莲花洞（编号 13 窟）内万岁通天年间王行淹造二龛：北大龛左方一观音立像，正龛右上方七尊佛龛。七尊佛龛的主尊为宝珠形头光，长方形束腰佛座，上垂裳。着双领下垂式袈裟。右足向上结跏趺坐。右手掌心向下抚右膝施降魔印；左手掌心持宝珠，置右足之上。二弟子均圆形头光，右侧弟子残失，左侧弟子为老者形，着双领下垂式袈裟。二菩萨戴宝冠，腹部前垂 X 形交叉璎珞。二力士上半身袒裸，下着短裙。高浮雕。主尊与胁侍均不雕出衣纹，薄衣贴体。铭文为"窃以法门布泽于群生……，因是以□□万□归依□□□□，弟子王行淹□遭□运□□□□之侧，愿植善根，归依三宝，敬造释迦牟尼佛一铺救苦观音一躯，愿使□代……□□□诸苦……大周万岁通天□年……"据铭文，降魔印主尊为释迦牟尼佛。

3. 四川广元千佛崖菩提瑞像窟（当时编号 33 窟）主尊[43]（图一一〇），8 世纪初期。石窟中央为佛坛（长 294、宽 138 厘米），上面安置七尊像。佛坛基座正面浮雕两尊跪拜姿态的供养菩萨像，坛后为两株菩提树，树叶中正中雕刻出雷神、两侧天人、诸天的造型。窟内三壁浮雕 12 弟子，南壁东侧坛上浮雕 5 伎乐，北壁东侧有碑，铭文为《大唐利州刺使毕公柏堂寺菩提瑞像颂并序》（710～712）。主尊舟形身光，周围雕刻一周 11 尊禅定小坐佛。背屏式宣字形佛座。背屏雕刻摩羯鱼、童子。

主尊高 134 厘米，肩宽 73 厘米，头高 54 厘米。主尊头戴高宝冠，颈部饰项圈，佩戴臂钏、腕钏，着偏袒右肩袈裟，结跏趺坐。右手掌心向下抚右膝施降魔印；左手掌心向上置膝上。二弟子高 110 厘米，肩宽 30 厘米。椭圆头光，立于圆台座上。二菩萨像高 134 厘米，肩宽 33 厘米，立于圆形座上。椭圆形头光，束发高宝冠，宝缯发辫披肩，戴项圈和腕钏，袒上身，斜披璎珞。左侧菩萨 X 形璎珞交叉于腹前，左手举杨柳枝于肩侧；右手下垂持天衣。右侧菩萨璎珞于腹前交叉后又分四道垂下，左手垂于体侧握瓶，右手上举持杨柳枝。二力士袒上身，立于佛座前。二弟子为单体圆雕造像，单独造出，完工后放入。依据铭文主尊为菩提瑞像。

图一一〇　四川省广元千佛崖菩提瑞像窟（编号 33 窟）主尊
时代为 8 世纪初（图采自《文物》1990 年第 6 期，彩色插页壹：1）

4. 四川蒲江飞仙阁第 9 窟，永昌元年（689）以前[44]。主尊宣字形台座，戴宝冠，偏袒右肩，戴颈饰、臂钏和腕钏，施降魔印。两侧为二弟子立像，二菩萨坐像，二天王像，龛外二供养者立像。七尊像均为圆雕。

5. 四川蒲江飞仙阁第 60 窟，永昌元年（689）铭[45]。主尊宣字形台座，戴宝冠，偏袒右肩，戴颈饰、臂钏和腕钏，施降魔印。两侧为二弟子立像，二菩萨立像，二力士像，龛外二供养者立像。七尊像均为圆雕。龛外右壁帐纹旁铭文："永昌元年五月三日，（下残）为天皇天后敬造瑞像一龛，（下残）王□□合家大小□通供养"。据铭文主尊为瑞像。

6. 四川彭州龙兴寺出土释迦三尊石龛像[46]，圣历元年（698）铭（表二之七号，图三○）。1994 年四川彭州龙兴寺出土（94PL15）。红砂岩方形石板表面浮雕三尊像。龛像高 39 厘米，台座宽 32 厘米，厚 2.8 厘米。主尊台座为三枝莲台座，台座下有狮子。主尊为坐像，着袈裟，右手施降魔印，左手掌心持宝珠。二菩萨正面立像，右侧菩萨残存，左手持水瓶。台座正面为铭文"弟子王弘礼今为父母敬释迦像三身，并及见在家口乞愿平安，敬造供养，圣历元年五月七日记"。依据铭文主尊为释迦佛。

四川省的六件作品呈现出明显的地方特征。广元千佛崖菩提瑞像窟、蒲江飞仙阁第 9 窟、第 60 窟的主尊着偏袒右肩袈裟，头戴宝冠，佩戴着连珠颈饰、臂钏、腕钏等装身具。主尊和胁侍弟子、菩萨均安置于位于石窟中央的佛坛之上。广元千佛崖菩提瑞像窟的佛坛背后有两棵菩提树作屏障，树叶中雕出雷神、天人、诸天的造型。窟内三壁雕出 12 弟子，南壁东侧坛上雕出 5 伎乐，北壁东侧树碑。这些造型进一步烘托出中心坛的神圣地位。因此中心坛是石窟寺的造型中心，是建筑和礼仪的中心。居于坛上的降魔印佛像是居首要位置的礼拜像。这种中心坛式造型是四川地区的特征。

（三）两京地区

1. 石窟寺圆雕像：

1）龙门石窟擂鼓台南洞主尊[47]（图一一一），8世纪初期。洞窟为方形窟，高600厘米，宽788厘米，深790厘米，窟中央

图一一一 河南省洛阳龙门石窟擂鼓台南洞主尊

时代为8世纪初期，通高326厘米。（图采自百桥明穗、中野彻编：《世界美术大全集东洋编第4卷"隋·唐"》，第187页，图91）

有 300 平方厘米的宝坛。四面壁浮雕莲台上坐佛，高约 34～36 厘米。宣字形台座上下各四层台，下面浮雕一周莲瓣纹。佛像高 250 厘米，圆雕，螺发上戴宝冠，佩戴华丽的颈饰，偏袒右肩，右臂戴臂钏，腕钏宝冠和颈饰、臂钏表面纹饰刻画细致。右足向上结跏趺坐，右手掌心向下抚右膝，左手置于腹前。面部圆润，眉毛和眼部轮廓刻画细致。颈部三道，胸肌突出，双臂圆润，浑厚饱满。衣纹线规整简洁。

2）龙门石窟擂鼓台北洞主尊[48]，8 世纪。方形洞窟高 400 厘米，宽 490 厘米，深 540 厘米。据张乃翥考察，在该窟内地面的中央，以门拱为边缘凿有一个长 290、宽 274 厘米的平面[49]。三面壁各高浮雕一坐佛。洞窟门外两侧有弟子像。东壁为正壁，主尊头戴高宝冠，胸部佩戴宽项圈，偏袒右肩。右臂佩戴臂钏，垂于右膝部，手残，推测为降魔印；左手置于右足之上。右足向上结跏趺坐于束腰覆莲座。主尊宽肩挺胸细腰收腹，身体比例和谐优美，肩部和腿部有平行的凸状衣纹线。两侧残存二莲台，推测原来有二菩萨像。面部风化和颈部风化，残失。北壁主尊结跏趺坐于八角形束腰叠褶覆莲座，螺髻，着通肩袈裟，施禅定印。南壁尊像残失，残留台座与北壁相同。窟门北侧浮雕四臂十一面观音一尊，头部残失（现藏日本大原美术馆）（图一二四）；南侧八臂十一面观音一尊。依据窟门外开元六年题记推测该窟的开凿上限在武周时期，下限在开元六年（718）。

3）龙门石窟擂鼓台文物廊内佛像[50]，8 世纪。从龙门某寺院移至擂鼓台中洞石坛，1982 年开始从洞窟移至擂鼓台文物廊内。须弥座高 89 厘米。束腰及四角和前后中央浮雕力士像。下部浮雕一周覆莲瓣。主尊高 192 厘米，圆雕。螺发，白毫相。头部上面残，佩戴颈饰。偏袒右肩。右足向上结跏趺坐，右臂掌心向下抚右膝施降魔印，左手掌心向上置于右足之上。身体比例和谐优美，宽肩细腰，胸肌突出。肩部和右腿部的衣纹线突起，较自然密集。

4）龙门石窟擂鼓台文物廊内佛像（河南省偃师县刘井村收集）[51]，8 世纪。须弥座高 69 厘米，束腰及四角浮雕天王像，正面中央龛内天王踏小鬼，下部浮雕一周覆莲瓣。佛像高 170 厘米，圆雕。螺发，佩戴颈饰，偏袒右肩，右臂戴臂钏。右足向上结跏趺坐，右臂掌心向下抚右腿施降魔印，左手掌心向上置于右足之上。身体比例和谐优美，宽肩细腰，胸肌突出。肩部和右腿部的衣纹线为突起的平行线。

2. 浮雕像：

1）苏常侍造"印度佛像"铭砖佛像[52]三式。陕西历史博物馆藏西安南郊慈恩寺一带出土的唐代善业泥造像，正面模印偏袒右肩、施降魔印的佛像，背面为"印度佛像大唐苏常侍普同等共作"等铭文[53]，表明是从印度直接请来的是具有灵瑞色彩的图像。

2）"大唐善业泥"铭砖佛像[54]二式。

3）长安光宅寺七宝台始建期三尊龛像四件（表五之 20 号，彩图一四）、（表五之 21 号，图一三六）、（表五之 22 号，彩图一五）、（表五之 23 号，彩图一六）、五尊龛像一件（表五之 24 号，彩图一七），推测为长安三年、四年（703～704）。五尊七宝台降魔印佛像的造型既是长安地区中央风格的代表，也是武周风格的代表。这些造像均无铭文。共同的特征是主尊右手掌心向下抚右膝施降魔印，左手掌心向上置于右足上。天盖统一为菩提树盖。第四章有详细论述。这五尊降魔印佛像即颜娟英所谓装饰佛（Adorned Buddha）或赖鹏举所谓的卢舍那佛。

4）阿弥陀佛三尊龛像[55]，神龙元年（705）铭（表二之 10 号，图二〇）。1973 年河南省偃师市寇店乡出土，洛阳博物馆藏。石灰岩，半圆顶。长方形石板雕出内凹龛，浮雕佛像。龛高 43 厘米，宽 29 厘米，厚 9 厘米。浮雕七佛。主尊结跏趺坐于一枝三茎莲台，着通肩袈裟，左手掌心向上置于腹前，右手施降魔印。胁侍二菩萨站立于两侧小莲台之上，右侧菩萨左手掌心向上托一圆形物于腹前，右手持天衣垂于体侧；左侧菩萨像右手置于胸前持物不明，左手持水瓶垂于体侧。主尊龛下部中央为香炉，右侧为跪姿女供养人，左侧为跪姿男供养人。二人手持莲枝。龛两侧正面刻："清信弟子骨二娘敬造阿弥陀像观音大势至菩萨多心经一卷，又造七佛，上为皇帝合家大小及六亲眷属无诸灾障。神龙元年十二月廿三日敬造"；背面刻《般若波罗蜜多心经》。依据铭文，主尊为阿弥陀佛。

5）陕西省礼泉县赵镇出土唐代阿弥陀石龛像[56]，景龙三年（709）铭（表二之 13 号）。1986 年 9 月陕西省礼泉县县城东北 14 公里处的赵镇水泥厂出土。该像出土地点在赵镇广济寺陀罗尼经幢正北 500 米处。汉白玉，高 46.5 厘米，宽 44 厘米，厚 7.6 厘米。方形石中央开尖拱形龛。龛顶浮雕二飞天，龛上缘有云纹，两侧有装饰龙的立柱。主尊偏袒右肩，右手施降魔印，于宣字形台座上结跏趺坐。二菩萨均为正面像，右侧菩萨右手持水瓶。主尊台座左右二跪姿供养者，右女左男。背面阴刻《大唐阿弥陀石像塔铭并序》。依据铭文，主尊为阿弥陀佛。

6）姚海冲造阿弥陀像龛像[57]，开元四年（716）铭（表二之 17 号）。美国弗利尔美术馆藏。砂岩。半圆顶。龛高 26.8 厘米。主尊结跏趺坐于莲台上，着通肩袈裟，右手施降魔印，左手置右足之上。三尊像的莲台为一枝三茎相连。二菩萨戴颈饰、臂饰、腕饰。右侧菩萨佩戴 X 形璎珞。龛从左侧向右侧铭文："大唐开元四年正月十二日，佛弟子姚海冲□僧为亡女造像一龛，今得成就。愿亡者都斯功德，□□花台，生者恒安，去□（以上左侧）□□，一心无二，面睹弥陀，行顺天心，见登明路。男怀玉一心供养，男奴子一心供养（以上右侧）"。依据铭文，主尊为阿弥陀佛。

7）长安光宅寺七宝台修补期三尊龛像四件（表六之 4、5、7、8 号，彩图二一、二二、二五、二六），开元十二年（724）左右（推测）。两件戴冠佛施降魔印，戴项饰、臂钏，与龙门石窟东山擂鼓台北洞的造像相似。第四章有详细论述。

8）西安碑林博物馆藏汤游仙造像[58]，至德三年（758）铭（表二之27号）。石灰岩。长方形石浮雕。龛高39.5厘米，宽44厘米。一枝三茎莲台，主尊结跏趺坐于中间莲台上，偏袒右肩，右手施降魔印。二菩萨站立于两侧小莲台上。背后刻《佛顶尊胜陀罗尼咒》题记："至德三载二月四日汤游仙为亡父……"。

9）西安碑林博物馆藏咸通五年三尊像[59]，咸通五年（864）铭（表二之28号）。据《金石粹编》卷一一七"龙华寺窣堵波塔铭"，推测该塔铭原位于咸阳龙华寺。石灰岩。长方形石浮雕。龛高42.5厘米；宽47厘米。一枝三茎莲台，主尊结跏趺坐于中间莲台上，偏袒右肩，右臂戴臂钏，右手施降魔印。二菩萨站立于两侧小莲台上，右侧菩萨左手持拂子，左侧菩萨右手持宝珠。主尊莲台下左右侧二跪姿供养人。背面刻："窣堵波塔铭并序"及"时咸通五年……廿六日更辰建立"。依据铭文，该龛像原来镶嵌于佛塔上。

从初唐晚期到武周时期，长安流行大乘佛教的四佛：阿弥陀、弥勒、释迦和药师佛。这四佛不仅具有完善的经典和信仰仪轨，而且与中国传统宇宙观中的四个方位结合起来，构成了四方四佛完整的净土图式。这种具有中国特色的佛教宇宙观率先在长安佛寺的殿堂壁画中成立，但在造型上主要是通过奉纳石塔而完成其建筑与图像程序。即在石塔的四面分别表现四佛，南面是现在佛释迦牟尼，与之对应的北面是未来佛弥勒佛，这一组对应关系象征现在与未来永远的佛法；东面是琉璃世界的教主药师佛，西面是西方净土世界的教主阿弥陀佛，这一组对应关系象征生前疾病治疗所依靠的药师佛和死后归宿所依靠的阿弥陀佛所关系的人生问题。

洛阳地区伴随着华严经信仰，释迦佛向卢舍那佛尊格转变。

伴随着西方极乐世界教主阿弥陀佛、未来佛弥勒佛的尊格、造型特征日益明确化，武周时期释迦佛的尊格和造型特征也有变化。释迦佛作为印度历史上实际存在过的人物，经过开悟、成佛等经历而具有神圣灵异的法力。特别是伴随着玄奘、王玄策、义净等西行求法者讲述自己佛教巡礼体验的书籍和请来的佛像在唐土的流传，降魔成道的释迦佛的圣迹成了更加神圣、灵威的存在。此外，武周时期，大量的印度僧侣携带最新佛教信息来到洛阳、长安。引人瞩目的是，这些僧侣在都城地区演示使中国人眼花缭乱、极具魅惑力的咒术。不久，以都城洛阳为中心，涌起了印度风潮，人们憧憬和向往着佛祖释迦出生地、具有不可思议法力的灵异国度印度。在这种大的时代背景下，施降魔成道印，坐在金刚座上、菩提树下，具有地道的印度装束的释迦佛更具灵异的光环，甚至被作为瑞像崇拜。因此，头带宝冠、装饰着颈饰、臂钏等装身具的释迦瑞像也出现了。

（四）中原地区

1. 天龙山石窟第四窟北壁主尊[60]，8世纪初期。洞窟朝南，由前后室组成。前室宽149厘米，深50厘米，高138厘米。后室窟内地面宽142厘米，深135厘米，高190厘米。后室三壁开佛龛置佛坛，高浮雕七尊像，北壁为一佛二弟子；东壁北侧为菩萨舒坐像，南侧为菩萨立像；西壁北侧为菩萨舒坐像，南侧为菩萨立像。北壁主尊宝珠形头光及身光，宣字形台座上下各三层台，上部垂裳。主尊头部残，右臂残，从其残留轮廓推测为右手抚右膝施降魔印。左手掌心向上置于腹部。结跏趺坐。偏袒右肩，无装饰品。左侧弟子像毁坏，右侧弟子上半身坏，下半身立于莲台上。造像为高浮雕，身体比例恰当，主尊胸部肌肉明显，细腰，下腹部稍微向前突出，双足掩盖于袈裟之下，未雕出明确的腿足形状。肩部衣纹线为突起的细棱形线，随身体自然起伏；腿部衣纹线于腹下呈扇形展开，较形式化。

2. 天龙山石窟第六窟主尊[61]，8世纪初期。洞窟向南，由前后室组成。前室宽175厘米，深98厘米，高205厘米；后室宽120厘米，深128厘米，高180厘米。后室三壁开佛龛置佛坛，每壁高浮雕一佛二胁侍像。北壁高浮雕降魔印主尊及二弟子立像，主尊头部残，有舟形背光，偏袒右肩，无装饰品。左足向上结跏趺坐于宣字形台座，台座上下各三层台，上面垂裳。主尊右手掌心向下抚右膝施降魔印，左手掌心向上置于左足之上。胁侍二弟子立于莲台上，头部残，上半身风化，下半身立于莲台上。主尊身体比例恰当，腿部各有几道突起的横向平行衣纹线。东壁倚坐像主尊，北侧为菩萨舒坐像，南侧为菩萨立像。西壁佛主尊像结跏趺坐于仰覆莲座上，北侧为菩萨舒坐像，南侧为菩萨立像。

3. 天龙山石窟第七窟[62]。洞窟向南，单室，平面略呈弧方形，覆斗顶。窟内地面宽91厘米，深75厘米。高123厘米。三壁设坛，坛上为一铺五身像。北壁为主尊，宣字形座，上半身破坏，偏袒右肩，无装饰品，右手施降魔印。两侧为二弟子立像。东、西壁为莲台上菩萨舒坐像。

4. 天龙山石窟第十一窟[63]。窟口东南向，单室，平面方形，覆斗顶，三壁三龛。窟内地面宽87厘米，深80厘米，高113厘米。西壁（正壁）龛内雕一佛二菩萨像，主尊被盗（原像手施降魔印），残存宝珠形头光及宣字形台座。两侧二弟子像均被盗。南壁和北壁均为一佛一菩萨，均被盗。

5. 天龙山石窟第十二窟[64]。洞口西南向，单室，平面弧方形，覆斗顶，三壁三龛。窟内地面宽119厘米，东侧深120厘米，西侧深103厘米，高160厘米。北壁（正壁）主尊结跏趺坐于仰覆莲高座上，偏袒右肩，无装饰品，右手施降魔印，左手掌心向上置于右足掌上。两侧二弟子像均被盗，残存圆形头光、身体轮廓和仰覆莲台。东壁龛内为一佛二菩萨像，主尊身着偏袒右肩袈裟，倚坐于双层束腰叠涩须弥座上，两侧菩萨像均被盗，残存头光。西壁龛内为一佛二菩萨像，主尊着偏袒右肩袈裟，结跏趺坐于仰覆莲台上，莲座束腰处雕连珠纹一周。两侧菩萨像均被盗。

6. 天龙山石窟第十三窟主尊[65]，8 世纪初期。窟口向南，窟外立面成方框形，高135 厘米，宽110 厘米，深39 厘米。框内正中凿圆拱形龛，龛高85 厘米，宽67 厘米，深46 厘米。龛内雕一佛二菩萨。主尊台座为束腰莲座，下部残失，束腰部分雕圆珠，上部为二层仰莲瓣。主尊头部和右臂残，偏袒右肩，无装饰品。左足向上结跏趺坐，右手掌心向下抚右膝施降魔印，左手掌心向上置于左足之上。两侧为二菩萨像，左侧菩萨像整体被盗凿；右侧残留下半身，着裙，立于束腰莲台之上。主尊身体比例和谐优美，宽肩细腰。胸部肌肉丰厚，肩部稍呈方形。全身衣纹线随身体走向呈整齐的平行线。

7. 天龙山石窟第十八窟主尊[66]，8 世纪初期（图一一二）。洞窟向南，单室，平面弧方形，穹隆顶，宽220 厘米，深250 厘米，高210 厘米。三壁开佛龛置佛坛，北壁为正壁，主尊头部和两臂毁坏，偏袒右肩，无装饰品。宝珠形头光及身光，左足向上

图一一二　山西省天龙山石窟第十八窟主尊

时代为8 世纪初期（图采自李裕群、李钢编著：《天龙山石窟》，彩色图版六六）

结跏趺坐于宣字形台座上，台座上下各三层，下雕三小鬼支撑，座前有香炉。右手掌心向下抚右膝，施降魔印，左手掌心向上置于左足之上。两侧为二组菩萨立像和坐像。立像毁坏。左侧菩萨佩戴项饰、腕钏，舒坐于莲台上，左手置左脚上；右侧菩萨同样姿态对称地坐于莲台上。主尊身体比例和谐优美，宽肩细腰，上半身和两腿部有平行的凸状衣纹线。东壁一佛坐像，主尊结跏趺坐于束腰仰覆莲座上，两侧为二菩萨舒坐像，二舒立像；西壁一佛二菩萨舒坐像，主尊结跏趺坐于仰覆莲台上。

8. 河北省正定县城内南门里广惠寺华塔内的汉白玉佛像的右尊[67]，开元十六年（728）铭。位于河北省正定广惠寺华塔内（原来为开元寺）。圆雕汉白玉佛像。宣字形座上部四层，最上层雕铭文；下部四层，束腰四面龛内雕伎乐：南部为弹琵琶，北部为吹排箫，东部为吹笙，西部为吹埙；下部雕刻一周莲瓣。右尊通高155厘米，像高78厘米，双膝间宽82厘米，头部及右臂残，右足向上结跏趺坐，偏袒右肩，右臂残，从残留抚于右膝上的右手推测为降魔印，左手掌心向上置于右足之上。身体比例准确。台座最上层四面铭文："开元十五年，和私皇后四月七日忌、高祖神尧皇帝五月六日忌、太穆皇后五月廿一日忌、太宗文武圣皇帝五月廿六日忌，十八日，开元十六年昭成皇后正月二日忌、和私皇后四月七日忌、高祖神（以上南面）尧皇帝五月六日忌、太穆皇后五月廿一日忌、中宗孝和皇帝六月二日忌、右已上九忌，同造玉石像一躯，并光座举高九尺。朝请大夫使持节恒州诸军事检校恒州刺史（以上西面）□仍充恒阳军使萧諴、宣义郎（守）恒州（长）使上轻车都尉卢同宰、朝请郎行参军摄司功崔谦专、检校法师僧金藏、都尉那僧贞演、寺主僧道秀、上坐僧玄明，贞元十一年三月廿八日，移此［功］德于食（以上北面）堂内安置，都检校重修造寺主开元寺僧智韶、上座僧道璨、都尉那僧惠钦、典座僧幽岩（以上东面）"。

9. 河北正定广慧寺华塔内的汉白玉佛像的左尊[68]，728～730年（推测）。圆雕，汉白玉佛像。宣字形座上部四层，最上层四周雕铭文，下部四层，底部雕一周莲瓣，束腰四面龛内雕伎乐：南面，吹排箫；北面，弹阮咸；东面，吹笙；西面，弹箜篌。左尊通高152厘米，像高75厘米，双膝间宽81厘米，头部和右臂残，偏袒右肩，右臂残，从残留抚于右膝上的右手推测为降魔印；左手掌心向上置于右足之上。身体比例准确。台座上层四面刻铭文，内容主要是造像主人名。铭文中有龙兴寺上座僧金藏敬造供养句与右佛座北面铭文"专检校法师僧金藏"当同一人，唯职务早晚不同。左右二像形制一致，故推测左像造像年代为开元十六年至贞元十一年间，即728～730年间。

天龙山石窟的降魔印佛像均为位于洞窟的正面壁的主尊。一类是主尊与两侧壁胁侍像构成一佛二弟子或一佛二菩萨、一佛二弟子四菩萨组合。另一类是正面和两侧面壁各浮雕一佛二胁侍像，与左右的二尊佛像共同构成三壁三佛，例如天龙山第六窟、第十一窟、第十二窟、第十八窟。天龙山石窟与龙门石窟的降魔印佛像造像的风格相似。佛像的肉体各部分的起伏变化表现周到，连续起伏的曲面表现出身体的舒展和紧张之间的平衡与节奏。佛像结实的肩部、胸部肌肉和收紧的细腰表现出健康挺拔的身姿。上半身与两腿部的平行凸起衣纹线增强了造像的韵律感，同时使佛像身体的量感和柔软的服装之间得到和谐、统一。这种造型风格的渊源是长安光宅寺七宝台始建期的造像所代表的武周风格。

（五）东亚

石窟庵主尊[69]（图九九），统一新罗时期（8世纪中期）。主尊为圆雕石佛像，施降魔成道印，安置于韩国石窟庵中央，周壁浮雕弟子像和菩萨像。主尊圆形头光（内浮雕一周莲瓣），莲台。周围的墙壁上浮雕一周弟子、菩萨像。在中央主尊的背后是一尊十一面观音菩萨像。统一新罗时期的十一面观音像的现存作品只有两件与密教毫无关系的雕像和一件摩崖多臂像。统一新罗时期密教是居于次要地位。因此石窟庵的主尊降魔成道像是释迦佛，十一面观音像是作为护法神的胁侍菩萨像。

关于统一新罗时期石窟庵的主尊大型圆雕降魔印佛像的造型，温玉成认为造像属于武周晚期的类型[70]。笔者认为该造像显然受到武周风格的强烈影响：螺髻，着袒右肩袈裟，面部丰圆，宽肩细腰，比例准确。但是该像的眉眼刻画过于夸张，与两京地区武周时期造型慈悲柔和自然的眉目表现不同，这种变化大概是地域特色。此外，该像的衣袖和腿部衣纹用若干纵向平行线表现出现实感和力度，与两京地区造像腿部平行的凸起衣纹线所传达的优雅的韵律感不同。可能是因为其时代稍晚，受东亚地区佛教造像普遍从古典风格向更现实的风格变化的影响。

四 武周时期降魔印佛像的尊格探讨

（一）阿弥陀佛

前述五例施降魔印的佛像铭文中明确指出造像为阿弥陀佛。石窟寺高浮雕两例：甘肃省炳灵寺石窟永隆二年（681）铭第五十四龛和甘肃庆阳北石窟寺如意元年（692）铭第32窟东壁龛三尊像。浮雕龛像三例：河南省偃师机砖厂出土景龙元年（705）铭阿弥陀佛三尊龛像（表二之10号）、陕西省礼泉县赵镇出土景龙三年（709）铭唐代阿弥陀石龛像[71]（表二之13号）和美国弗利尔美术馆藏开元四年（716）铭姚海冲造阿弥陀像龛像（表二之17号）。

以上五例造像中施降魔印主尊具有共同的特征：无冠，无颈部装饰，不佩戴臂钏和腕钏，其中甘肃省炳灵寺石窟第五十四龛和甘肃省庆阳北石窟寺第 32 窟东壁龛主尊着双领下垂式袈裟，河南省偃师机砖厂出土阿弥陀佛三尊龛像和弗利尔美术馆藏姚海冲造阿弥陀像龛像主尊都着通肩袈裟，主尊和两侧胁侍菩萨的台座为一枝三茎莲台。陕西省礼泉县赵镇出土唐代阿弥陀石龛像主尊偏袒右肩，但不佩戴项饰和臂钏、腕钏。

（二）释迦佛

1. 铭文

武周时期的降魔印佛像从造像铭文来看大多是释迦牟尼佛。造像铭文中出现有释迦牟尼佛、释迦像、四天与八部配置的释迦像、真容像等尊名。在相继的开元时期还出现有菩提瑞像等尊名。本书推测名为菩提树像的造像也是释迦牟尼像。

以下降魔印佛像的铭文中明确指出造像为释迦牟尼佛。

四川省广元千佛崖莲花洞（当时编号 13 窟）内佛龛[72]，万岁通天年间（696~697）铭。莲花洞（编号 13 窟）内万岁通天年间王行淹造二龛：北大龛左方一观音立像；正龛右上方七尊佛龛。七尊佛龛的主尊为降魔印佛像。铭文为"窃以法门布泽于群生……，因是以□□万□归依□□□□，弟子王行淹□遭□运□□□□之侧，愿植善根，归依三宝，敬造释迦牟尼佛一铺、救苦观音一躯。愿使□代……□□□诸苦……大周万岁通天□年……"据铭文降魔印主尊为释迦牟尼佛。

四川省彭州龙兴寺出土圣历元年（698）铭释迦三尊石龛像（表二之 7 号，图三〇）。该造像三尊浮雕像的铭文证明降魔印主尊为释迦佛。铭文："弟子王弘礼今为父母敬释迦像三身，并及见在家口，乞愿平安，敬造供养，圣历元年五月七日记"[73]。

从金石文献可见四天与八部配置的释迦佛像。强调释迦佛佛传的关键情节和源于印度的真容。

上元二年（674）僧道融改造了天竺山福兴寺。当时所建碑文中关该寺佛像有如下的记录（收入《金陵梵刹志》四十六）。

"大雄据狮子之座，赪然当阳；大士兆璎珞之衣，嫣然列侍。相好之极，变化无穷。……四天赫临，八部周护。"[74]

仪凤二年（677）沧州实性寺敬造释迦像。调露年间所见碑文中关于释迦像有如下记录（收入《图书集成神异典》九十一）。

《沧州弓高县实性寺释迦像碑》："……以仪凤二年移宝堂于寺内，去旧处三百余步。……于宝堂内敬画释迦尊像一铺。镕金范素，写臒图青。斫象浦之灵珠，瑑龙泉之羽璧。鲛人水织，竞送霜缣；蛾容抽丝，争投雪线。七重交映，百宝庄严；实相端凝，粹容圆备。蜂王献蜜，纷飞紫绀之楼；龙女持花，出入珊瑚之殿。诸天献果，芙蓉生宝座之前；局士焚香，柏叶起金炉之上。千躯圣像，据六地而扬音；八部神龙，下三天而奏乐。……"[75]

依据长寿二年（693）河北省信法寺的真容像碑文中关于调服醉象、连禅河边成道等佛传记录，推测该像为释迦牟尼佛像。

《信法寺真容像之碑并序》："寺者，随（隋）开皇三年之所立也。……唐虞之国，前通广剧；邯郸跕屣之郊……遂以长寿二年（693）一月十五日，乃于舍利塔中敬造尊容像一铺，并诸夹侍菩萨。……八十种相好，绀发与青莲竞色。金容聚日，疑汉梦之宵通；瑞影含□，动周王之夜鉴。五百罗汉，争持贝叶之文；八万国王，自奉银棺之田。……摄醉象于□心；绍隆三宝，屏炎龙于弱岁。连禅河侧，不动不倾；宾波罗窟边，惟寂惟寞……（碑）长安三年七月十五日敬造。"（碑高一尺，广三尺六寸五分。位于直隶元氏县云起寺，记载于《常山贞石志》，《金石萃编》多有缺脱）[76]

开元年间洛州昭觉寺释迦牟尼金铜瑞像，该造像为释迦佛九尊造像，胁侍二菩萨、二弟子、二神王。据碑文记录"降魔之座"推测主尊为降魔印佛像，而且加有宝饰，具有光芒四射的神奇法力。

《洛州昭觉寺释迦牟尼佛金铜瑞像碑》："……太子左卫率上柱国相王……乃发愿造释迦牟尼尊像一躯，大菩萨、弟子、神王各二身。方撤东山之府，且摸西竺之容。……观秘影于龙窟，得真形于鹫山。一轮千辐之伟姿，七满八圆之殊相。青毛绀发，莲目睟容。珠璎大士，登护法之筵；金杵神王，来降魔之座。磬昆仑之瑶碧，穷蜀道之丹青。黼绩周施，庄严具足。灵仪始毕、宝饰才终。眉宇之间，忽呈异彩。圆同植璧，炯若悬珠。合一身之千光，连四门之五色。……真荃隐乎密微，感通有途；妙契存乎咫尺，自非圣灵。合德……有司制礼具音乐，洛州供车乘。内出神幡香轝，送至道场。……天龙按部，总八神而环卫。……耆儒礼官献无遮之式，倾中藏之宝货，移太官之玉厨……面似月轮，顶如天盖，十位傍拱，四神来会……"[77]

2. 组合关系

1）三世佛中的释迦佛。

四川省广元千佛崖莲花洞（当时编号13窟）为三壁三龛式造像：正壁为弥勒佛倚坐像三尊；北壁为降魔印佛像三尊；南壁为佛坐像三尊。时代为万岁通天年间以前。

龙门石窟擂鼓台北洞三壁各高浮雕一坐佛。东壁为正壁，主尊为戴宝冠的降魔印佛，南壁尊像残失，残留台座与北壁相同。北壁主尊结跏趺坐于八角形束腰叠褶覆莲座，螺髻，着通肩袈裟，施禅定印。依据窟门外开元六年题记，推测该窟的开凿上限在武周时期，下限在开元六年（718）。

天龙山石窟第六窟、第十一窟、第十二窟、第十八窟均在洞窟三壁设三龛，降魔印佛像为洞窟正壁主尊。在第六窟、第十二窟中，正壁左侧的壁面主尊为倚坐像的弥勒佛像，如第六窟、第十二窟北壁主尊为施降魔印主尊；东壁倚坐像主尊应该为弥勒佛。第六窟右侧（西壁）主尊为佛坐像结跏趺坐于双仰覆莲座上，右手原手抚于右膝上，施降魔印；左手掌心向上置于左足；

第十二窟右侧（西壁）主尊偏袒右肩袈裟，结跏趺坐于仰覆莲台上，莲座束腰处雕桃形连珠纹一周。

以上石窟造像中龙门石窟擂鼓台北洞和天龙山石窟三壁三龛式造像中，降魔印佛像均居于正壁。

三世佛的造像题材从北魏到唐代在天龙山石窟多有表现[78]。据白文考证[79]，北齐天保元年至六年（550～555）的小南海中窟和开皇九年（589）创建的大住圣窟北壁（正壁）主尊为释迦佛，西壁（右壁）主尊为阿弥陀佛，东壁（左壁）主尊为弥勒佛。水野清一和长广敏雄在《响堂山石窟》一书中提到在北朝、隋石窟里释迦、阿弥陀佛和弥勒的三壁三佛制是经常看到的普遍的石窟造像形式。贺世哲指出："在唐代，随着净土信仰的盛行，影响到敦煌莫高窟，就是由释迦、弥勒与阿弥陀组成的三佛造像，急剧增加。"[80]并总结出敦煌莫高窟三佛的表现特点为："初、盛唐时期，由释迦、弥勒与阿弥陀组成的三佛造像，逐渐固定为西壁龛内塑释迦牟尼佛，南、北壁分别通壁画巨幅《弥勒经变》、《阿弥陀经变》（或《观无量寿经变》）。"[81]由此可见从初唐至盛唐，在各地石窟造像中结合石窟空间结构和各地艺术风格特点，出现了各种表现三世佛的造型，或以雕塑为主，或者雕塑与壁画相结合，形成了释迦佛为中心，右侧表现阿弥陀佛，左侧表现弥勒佛的石窟三世佛建筑与图像程序。

因此推测天龙山石窟第六窟、第十二窟三壁三龛式造像应该在表现三世佛的图像。正壁主尊为现在佛释迦佛，左壁主尊为未来佛弥勒佛，右壁主尊为过去佛阿弥陀佛。

虽然有学者认为擂鼓台北洞东壁戴宝冠降魔印佛像为密教之大日如来[82]，依据为其戴宝冠、菩萨形的造型和窟门外的八臂观音造像推测所造的"三佛"似应是"三身佛"，以法身大日如来居中[83]。但是从其造像风格、图像特征手印为降魔印而非拳智印来看可能不是密教之大日如来；此外，从石窟三壁三佛的布局来看，可能也在表现三世佛，因此推测正壁降魔印佛像为释迦佛。

2）四方四佛中的释迦佛。

在第一章石塔的研究中已经分析了从初唐至武周时期，长安地区大乘佛教各佛尊格的完备和净土信仰的流行导致阿弥陀佛、弥勒佛、释迦佛和药师佛各自形成视觉上的特征（Visual Identity）并拥有各自主宰的净土世界。四个净土世界与中国传统的东南西北四个方位代表的宇宙观相结合而形成了四方四佛信仰系统。这种四方四佛信仰尤其表现在奉纳石塔的四面，形成特定的建筑与图像程序。

弥勒佛像倚坐在椅子台座上、阿弥陀佛结跏坐于莲台座上的造型规则在初唐时期已经形成。武周时期的释迦佛像表现为降魔成道像，配合以释迦佛法力的象征物金刚座与永远的生命的象征物菩提树的组合，形成了鲜明的图像特征。开元以后，四佛的尊格全部形成，药师佛以结跏趺坐、双手持药钵的形式表现。释迦佛为现在佛居于南面，与之对应的弥勒佛为未来佛居于北面，象征佛法在时间上的永恒；西方净土教主阿弥陀佛居于西面，与之对应的东方琉璃世界教主药师佛居于东面，象征死后往生与生前疾病治疗所关系的人生归宿与疾苦问题。

七宝台始建期五尊降魔印佛像的造型的共同的特征是主尊右手掌心向下抚右膝施降魔印，左手掌心向上，置于右足上。天盖统一为菩提树盖。结合与其他倚坐像弥勒佛龛像、结跏趺坐于莲台上的阿弥陀佛龛像的共存关系，推测这五尊降魔印龛像为四方四佛中的释迦佛。

3）降魔成道像与变化观音的结合关系。

降魔成道像与变化观音像之间有一定的共存关系。

如七宝台的七件十一面观音菩萨像与九件降魔印佛像有共存关系。据笔者研究，七宝台始建期的浮雕像复原为一奉纳石塔。

其基础部位正面镶嵌降魔印主尊五尊像，其周围镶嵌七尊十一面观音龛像，具有护法意义。塔主体四层的正面（南面）镶嵌降魔印主尊三尊像，与背面（北面）的弥勒佛、西面的阿弥陀佛、东面的药师佛构成初唐至武周时期长安地区十分流行的四方四佛。因此，表现为降魔成道像的释迦佛像是整个造型的中心，而十一面观音像是具有护法意义的胁侍菩萨像。

擂鼓台北洞的三壁各安置一尊佛像，东壁的主尊（即石窟的主尊）施降魔印。窟门南侧浮雕一尊高183厘米的八臂观音菩萨像，北侧对称浮雕一尊高190厘米的四臂观音菩萨像。稻本泰生认为擂鼓台北洞主尊与造型上印度色彩浓郁的二尊变化观音的组合与密教的信仰和礼仪有密切的关系[84]。此外，窟楣南端上方龛内雕八臂观音菩萨像一尊，高46厘米。但是从三尊变化观音像均位于窟门的左右两侧或上方来看，这些变化观音具有守护窟门的意义，即守护主尊的胁侍菩萨的意义也很强烈。

统一新罗时代石窟庵的主尊位于石窟中央，施降魔成道印。主尊周围的墙壁上浮雕一周弟子、菩萨像。在主尊的背后是一尊十一面观音菩萨像。因此如前文推测石窟庵的主尊降魔成道像是释迦佛，十一面观音像是作为护法神的胁侍菩萨像。

从以上的分析可见，具有护法作用、胁侍菩萨性质的十一面观音像与降魔印佛像的共存关系表明主尊降魔印佛像不大可能是密教尊像。武周时期变化观音作为杂密的主要图像大量出现，但并未占据造像的主流，而是居于从属地位。尤其是与降魔印佛像的组合关系表明了显教佛像释迦佛居于中心地位，杂密变化观音居于从属地位。它们的关系是主尊与护法、胁侍的关系。

（三）菩提瑞像

依据铭文，降魔印主尊为菩提瑞像的有8世纪初期的四川省广元千佛崖菩提瑞像窟（当时编号33窟）主尊[85]。降魔印主尊为瑞像的有永昌元年（689）铭四川蒲江飞仙阁第60窟[86]，铭文为"永昌元年五月三日（下残）为天皇天后敬造瑞像壹龛（下残）王□□合家大小□通供养"。

关于菩提瑞像主要的经典是地婆诃罗所译《最胜佛顶陀罗尼净除业障咒经》。由经文所记录的仪轨可见，菩提像是与陀罗尼信仰密切关联的。若信者要除去自身罪恶，免除死后坠落地狱受苦，在六道轮回中免坠入恶道，应在菩提像前设坛受戒，面向菩提像烧香礼拜跪拜念诵陀罗尼咒一千八百遍，则恶业尽除。至于菩提像的具体造像特征，经文中并未提及。

"若有一切苦难众生，罪极重者、无救护者，当于白月十五日洗浴清洁，著净衣裳受八戒斋，于菩提像前正心右跪，诵此陀罗尼咒满一千八遍。是人所有诸罪业障悉皆消灭。当得总持陀罗尼门。辩才无碍清净解脱。"[87]

"佛告天帝若人生来具造十恶五逆四重根本等罪。自惟乘此恶业，命终之后定当坠阿鼻地狱受诸大苦。经于多劫，劫尽更生。若坠畜生杂类禽兽，循环恶道，无复救护。是人应当白月十五日在菩提像前，以金银器可受一升，盛好净水安置坛内。受菩萨戒持斋洁净。于坛西畔面东向像，烧香礼拜右跪击念。至诚启白诵此陀罗尼咒满一千八遍，于其中间不得间断。而以是水散洒四方及以上下，愿令一切同得清净。作是法已，如上恶业应入地狱畜生饿鬼便得解脱，一切罪报悉皆消灭。"[88]

四川省广元千佛崖菩提瑞像窟（当时编号33窟）的主尊戴宝冠、施降魔印，佩带璎珞、臂钏、腕钏等装身具。洞窟北壁门旁立造像碑《大唐利州刺使毕公柏堂寺菩提瑞像颂并序》。依据铭文，睿宗延和元年（712）六月至八月供养人称主尊为"菩提瑞像"。因此，主尊是释迦佛的菩提瑞像。碑文第五行残存"天后圣帝"。"天后圣帝"是武则天的追加封号。睿宗延和元年（712）"六月乙卯、追号大圣天后为天后圣帝"；这年八月壬寅睿宗又追号"天后圣帝为圣后"。因此推测《大唐利州刺使毕公柏堂寺菩提瑞像颂并序》的制作时间为睿宗延和元年六月至八月之间[89]。

从以上的经典、造像来分析，武周时期菩提像可能是施降魔印的释迦佛像。而且作为瑞像，在释迦佛本身已经具备的灵异色彩和瑞像信仰的基础上发展的可能性很高。

结论：

从以上分析可见，武周时期，降魔印佛像是释迦佛的特别表现形式。在三世佛、四方四佛的组合关系中，作为现在佛，印度历史上确实存在过的释迦佛的性质增强。同时，作为单尊礼拜像，释迦佛所具有的灵异、瑞像信仰被强调，并与武周时期刚开始流行的神咒色彩强烈的杂密信仰—陀罗尼经典相结合，被尊为菩提瑞像。

第二节　十一面观音菩萨像

一　前人研究及存在问题

前人研究认为七宝台浮雕石佛群像中的十一面观音菩萨像具有密教的性质。2006 年颜娟英在论文《唐代十一面观音图像与信仰》中认为十一面观音像是最早流行的变化观音像，指出了初唐时期十一面观音菩萨信仰与转轮王思想、国家利益的结合关系。颜娟英推测七宝台的七尊十一面观音菩萨浮雕像原来位于门口或边界，中央为象征尊贵法王与转轮王的一组佛像。即门口安置的十一面观音菩萨像象征出大慈悲与护国佑主的威武菩萨[90]。

二　经典、文献所见十一面观音信仰

（一）经典

1. 十一面观音菩萨的相关经典和仪轨按翻译时期列举如下

1）耶舍崛多译《佛说十一面观世音神咒经》，北周（570 前后）。

"须用白旃檀作观世音像。其木要须精实，不得枯篋。身长一尺三寸作十一头，当前三面作菩萨面，左厢三面作嗔面，右厢三面似菩萨面狗牙上出，后有一面作大笑面，其顶一面作佛面。面悉向前后著光。其十一面各戴花冠，其花冠中各有阿弥陀佛。观世音左手把澡瓶，瓶口出莲花。展其右手以串璎珞施无畏手。其像身须刻出璎珞庄严。"[91]

2）阿地瞿多译《十一面观世音神咒经》一卷（《陀罗尼集经》卷四所收），唐永徽五年（654）。

"用白栴檀，作十一面观世音像。其木要须精好坚实，不得枯篋。其像身量长，佛一肘若不得者，一尺三寸作之亦得。作十一面，当前三面作菩萨面，左厢三面当作嗔面，右厢三面似菩萨面，狗牙上出。后有一面当作笑面，其顶上面当作佛面。其十一面各戴花冠。其花冠中，各各安一阿弥陀佛。其像左手把一澡罐，其澡罐口插一莲花。右臂垂下，展其右手，以串璎珞施无畏手。其像身上，刻出璎珞种种庄严。作其像身，若以金银鍮石画等，悉皆得之。"[92]

3）玄奘译《十一面神咒心经》一卷（《陀罗尼集经》卷四所收），唐显庆元年（656）。

"世尊若欲成立此神咒者，应当先以坚好无隙白栴檀香，刻作观自在菩萨像。长一榽手半。左手持红莲花军持。展右臂以挂数珠，及作施无畏手。其像作十一面，当前三面作慈悲相，左边三面作嗔怒相，右边三面作白牙上出相，当后一面作暴恶大笑相，顶上一面作佛面像。诸头冠中皆作佛身。其观自在菩萨身上，具璎珞等种种庄严。"[93]

4）不空译《十一面观自在菩萨心密言念诵仪轨经》三卷（《陀罗尼集经》卷四所收），天宝后（746～770）。

"若欲成就者，以坚好无隙白檀香，雕观自在菩萨身。长一尺三寸，作十一头四臂。右边第一手把念珠，第二手施无畏。左第一手持莲花，第二手持君持。其十一面当前三面作寂静相，左三面威怒相，右三面利牙出现相，后一面作笑怒容，最上一面作如来相。头冠中各有化佛。观自在菩萨身种种璎珞庄严。"[94]

除了以上四部译经之外，初唐时期慧昭所著《十一面神咒心经义疏》一卷（大正新修《大藏经》第 39 册，No. 1802）也是与十一面观音菩萨相关的重要经典。

以上四部经典全部都规定十一面观音菩萨像的造型材料为白檀，法量为一尺三寸，十一面为"当前三面作菩萨面，左厢三面作嗔面，右厢三面似菩萨面，狗牙上出，后有一面当作笑面，其顶上面作佛面"。但是关于十一面观音菩萨像的臂的规定有所不同，第 1、2、3 部经典规定为十一面二臂，第 4 部经典规定为十一面四臂。即不空以前或纯密传来以前，基于杂密经典的十一面观音菩萨像的造型特征为十一面二臂。但是，第 3 部的玄奘译本和第 1、2 部译本关于十一面观音菩萨像手持物的规定有所不同，更接近第 4 部的持物：军持、数珠、莲花，更富有密教色彩，因此也有学者认为该译本呈现出向不空译本念诵仪轨所说的十一面四臂变化的倾向，或者说是具有过渡性[95]。

值得注意的是，以上十一面观音菩萨像都是作为礼拜像供养的。依据经典，按照以上造型度量规定制作的十一面观音菩萨像应安置于信者的佛坛、道场，如果安置于佛龛，像应面朝西，供奉乳麦、香。信者如果面对像观想、念诵神咒，会因之而生种种神异。

2. 从经典可见的供养方法和仪式

1）道场中的高座安置。

耶舍崛多译《佛说十一面观世音神咒经》北周（570 前后）

"安道场之处必须净室，泥拭鲜洁，香泥涂地，复以香水洒地。在其室中量七肘地，纵广正等，四角竖柱，周匝悬幡。处中施一高座，置观世音像，像面向西。以种种花散其道场，唯烧沉水苏合等香。从一日至七日，一日三时诵咒。……其四愿中若不得已，至后月十五日朝更立道场。于道场中置像一躯，其中有舍利者，还以十一面观世音像置舍利像边。须花一千八茎。其行者在于像前，敷草为坐，胡跪恭敬，取其一花，咒之一遍，散著像上。如是次第，尽一千八花。尽其花已，时观世音像正前菩萨面出大雷声。……"[96]

2）坛中心安置：神咒、法事。

阿地瞿多译《十一面观世音神咒经》一卷（《陀罗尼集经》卷四所收），唐永徽五年（654）。

"于坛中心安十一面观世音以为坐主，莲花座上安置轮形。"[97]

"安道场处必须净室。掘地治法如前七日坛中所说，泥拭鲜洁，香泥涂地，复以香水遍洒其地。在其室中量八肘地，纵广正等，四角竖柱，周匝悬幡。正坛中央施一高座，置十一面观世音像，像面向西。以种种花散道场内，唯烧沉水苏合等香。从初一日至七日，三时各诵根本大咒一百八遍。……其四愿中若不得者，更至后月十五日朝更立道场。于道场中置二躯像，于其像中有舍利者，还以十一面观世音像置舍利像边。应须一千八茎好花。其行者在于像前，敷草为坐，胡跪恭敬。取其一花，咒之一遍，散著像上。如是乃尽一千八花。尽其花已，尔时观世音像正前菩萨面出大雷声……"[98]

3）清净处，有佛舍利的地方，供有个人观佛，念咒的礼拜像。

玄奘译《十一面神咒心经》一卷（《陀罗尼集经》卷四所收），唐显庆元年（656）。

"造此像已，欲求愿者著新净衣，受持斋戒，从白月一日至第八日，每日三时念诵此咒，一百八遍或无量遍。从此以后，于一静处敷清净座，安置所造观自在菩萨像，面向西方，随力所办献诸饮食，唯烧沉水及苏合香。……复次行者或于白月第十五日，以十一面观自在菩萨像，置有佛驮都制多中。著新净衣，受持斋戒，经一日一夜不饮不食。取苏末那花一千八枝，每取一花，咒之一遍，掷置像上，乃至皆尽。尔时其像当前一面，口中出声犹如雷喉……"[99]

4）有佛舍利的地方、舍利塔。

不空译《十一面观自在菩萨心密言念诵仪轨经》三卷（《陀罗尼集经》卷四所收），天宝后（746~770）。

"像成已，于有佛舍利处安置。持诵者身著净衣。若在家者持八戒。三时供养无限数念诵。从白月一日至八日，后于净处置此观自在菩萨形象，面西，吃乳或广麦，烧沉香苏合檀香。……"

"……复次第二仪则。从白月十五日，于舍利塔中安像。昼夜不食。以一百八枚惹底花诵密言一遍一掷击像。即于像当前面出大吼声……"[100]

从以上经典所规定的供养方法可见从隋、初唐时期杂密的公众性咒术到盛唐纯密个人性身、口、意合一的三密修法的变迁过程。以上经典都讲到十一面观世音菩萨具有无限的灵威，如果供养十一面观世音菩萨像，礼拜并念诵神咒，除了得到普遍的种种幸福以外，特别具有治疗疾病、征服敌人、平复怨恨和争斗的神奇法力。阿地瞿多译《十一面观世音神咒经》记载了如在征服敌人的时候举行以下仪式："复次若有他方怨贼欲来侵境，以此观世音像面正向彼怨贼来所，种种香花饮食供养。应取燕脂大如大豆，诵咒一千八百遍满已，涂像左厢嗔面之上，令彼怨贼不能前进。"[101]

初唐时期十一面观世音菩萨像作为独立的礼拜像已被广泛供养。武则天曾供养十一面观世音菩萨像，垂拱二年（686）武则天为高宗追善而在大明宫内敬造一千铺十一面观音绣佛像[102]。

据《唐大荐福寺故寺主翻经大德法藏和尚传》记载，神功元年，为击退契丹敌军，武则天令法藏在大明宫内设十一面观世音菩萨道场并行道，似乎具有击退敌军的神奇法力[103]。

（二）文献

1. 灵验

《宋高僧传》卷十八《唐泗州普光王寺僧伽传》记载龙朔初年（661）有古碑现十一面观音形。

"释僧伽者……当龙朔初年（661）也。……自此始露神异。初将弟子慧俨同至临淮，就信义坊居人乞地，下标志之，言决于此处建立伽蓝。遂穴土获古碑，乃齐国香积寺也。得金像衣叶，刻普照王佛字，居人叹异云：'天眼先见，吾曹安得不舍乎？'其碑像由贞元、长庆中两遭灾火，因亡迹矣。尝卧贺跋氏家，身忽长其床榻各三尺许，莫不惊怪。次现十一面观音形，其家举族欣庆，倍加信重，遂舍宅焉。其香积寺基，即今寺是也。由此奇异之迹，旋萌不止。中宗孝和帝景龙二年（708），遣使诏赴内道场……"[104]

《唐梓州慧义寺清虚传》记载了长安二年僧清虚念诵《十一面观音咒》而征服恶鬼的故事。

"长安二年（702），独游蓝田悟真寺上方北院，旧无井泉，……时华严大师法藏闻虚持经灵验，乃请祈泉。即入弥勒阁内焚香，经声达旦者三，忽心中似见三玉女在阁西北山腹，以刀子剜地，随便有水。虚熟记其处，遂趋起掘之，果获甘泉，用之不竭。（长安）四年（704），从少林寺坐夏。山顶有一佛室，甚宽敞，人无敢到者，云鬼神居宅焉。尝有律师持其戒行，夜往念律，见一巨人以矛刺之，狼狈下山，逡巡气绝。又持火头金刚咒僧，时所宗重，众谓之曰：'君咒力无双，能宿彼否！'曰：'斯焉足惧？'于是赍香火入坐持咒。俄而神出，以手临足，投之涧下，七日不语，精神昏倒。虚闻之曰：'下趣鬼物敢尔？'即往彼如常诵经，夜闻堂东有声甚厉。即念十一面观音咒，又闻堂中似有两牛斗，佛像皆振。咒既亡效，还持本经一契，帖然相次，影响皆绝。自此居者无患，神遂移去。神龙二年（706），准诏入内祈雨。绝二七日雪降。中宗以为未济时望，令就寺更祈请。即于佛殿内精祷，并炼一指。才及一宵，雨周千里，指复如旧。"[105]

2. 造像

1）金铜像。

《集今古佛道论衡》卷丁记载龙朔元年（661）长安西华观道士郭行真归依佛教，同时制作了五件金铜佛像和两件十一面观音菩萨像。从上下文推测这两件观音菩萨像也是金铜像。

"维唐龙朔元年京师西华观道士朝散大夫郭行真永所惟。……所以回心归向，奉敬无遗，造佛书经。……幸顾斯言金铜佛像五躯，十一面观音像二躯，并诸大乘经。"[106]

2）绣像。

从正仓院藏垂拱二年武则天写经题记可知垂拱二年（686）武则天造十一面观世音菩萨绣像一千铺。

《造菩萨愿文》卷第八，垂拱二年十二月四日。

"大唐皇太后奉为高宗大帝敬造绣十一面观世音菩萨一千铺，愿文一首，奉为先王先妃造十一面观世音菩萨，愿文一首，奉为……（下缺）"[107]

从以上文献可见，唐代十一面观世音菩萨像的材料除了经典所规定的白檀以外，还有金铜和刺绣织物等材料。

3. 道场

《唐大荐福寺故主翻经大德法藏和尚传》第八科记载了法藏应武则天之请，为了唐军战胜契丹军，在宫内设十一面道场并行道而御敌。

"神功元年契丹拒命出师讨之。特诏藏依经教遏寇虐。乃奏曰：'若令摧伏怨敌，请约左道诸法。'诏从之。法师盥浴更衣，建十一面道场，置光（观）音像行道。始数日羯虐睹王师无数神王之众，或瞩观音之像浮空而至。犬羊之群相次逗挠月捷以闻。天后优诏劳之曰：'蓟城之外兵士闻天鼓之声，良乡县中贼众睹观音之像。醴酒流甘于陈塞，仙驾引纛于军前。此神兵之扫除，盖慈力之加披。'"[108]

三 造型

本书在前人研究的基础上，将十一面观音菩萨像按照造像材料分类。基于这样的分类结果，将作品还原至原来的建筑和礼仪空间中进行研究。

现存十一面观音菩萨像的材料为石、木、金铜。如前所述，十一面观音菩萨像从初唐至武周时期，作为独立礼拜像的性质日渐增强。值得注意的是圆雕像忠实地遵守经典所规定的造型特征。特别是头部的表现为前、右、左各三面，后一面。顶上表现出佛头。法量可分为三种。

（一）石像

1. 圆雕像

西安碑林博物馆收藏十一面观音菩萨像头部[109]（图一一三），陕西省西安市西郊空军通讯学院出土。汉白玉，圆雕，高25.5厘米；推测该像全高在100厘米以上。西安碑林博物馆收藏观音菩萨像[110]（图一一四），陕西省西安市北郊大明宫遗址附近出土，汉白玉，圆雕，高110厘米，从该像身躯部分可推测十一面观音菩萨像的全貌。这种大型浮雕石佛像原来可能不是安置在普通的佛龛，而是安置在更大更华丽的道场。神功元年（697）为击退契丹敌军，武则天令法藏在大明宫内设十一面观世音菩萨道场并行道。这种国家宫殿内道场中安置的十一面观音菩萨像的法量应该比一般普通道场中礼拜像更大。由此推测长安大明宫遗址出土的汉白玉观音菩萨像可能为国家佛教活动而敬造。

图一一三　十一面观音菩萨像头部

汉白玉，圆雕，高25.5厘米，西安市西郊空军通信学院出土，现藏西安碑林博物馆
（图采自《西安碑林博物馆》，第134页）

图一一四　观音菩萨像

汉白玉，圆雕，高110厘米，西安市北郊唐大明宫遗址附近出土，现藏西安碑林博
物馆

2. 浮雕像

天授二年（691）杜山威等供养十一面观音菩萨像[111]为石浮雕等身像，在长方形石板上浮雕一尊十一面观音正面像，宝珠形头光内装饰火焰纹，观音左腿微曲站立于莲台之上。头部分三层雕刻出十面，从下往上各排列5、4、1面。右臂曲于体前，右手残；左臂下垂，左手提水瓶。十一面观音像上身薄衣贴体，下身腿部雕刻出平行U形衣纹线，颈部佩戴项饰，胸部和腹部垂下连珠纹璎珞，两条天衣从肩部垂于体前。该像有大周天授二年铭文《杜山威等造十一面观世音像铭》[112]，该铭文还见于《萝碧簃石言》[113]。

七宝台七件十一面观音菩萨浮雕像的高度都在80厘米左右。其造型和天授二年杜山威供养像相似，十一面观音像的造型都是正面像，头部分三层从下往上各排列5、4、1面。不同之处是在长方形石板上雕出内凹的龛，龛内浮雕十一面观音像。此外，七宝台七件十一面观音浮雕像的头光装饰更加华丽，风格更加洗练优雅，显示出上层造像与民间造像的差异。

（二）木像

木造像的法量为40厘米左右（唐大尺一尺等于29.6厘米，40厘米大约一尺三寸五分）这种木造像应该是《十一面观世音神咒经》所规定的身长"一尺三寸"的礼拜像。前人的研究已经确认四件唐代的十一面观音菩萨像：

1. 东京国立博物馆藏十一面观音菩萨像[114]（图一一五）。唐，7世纪中期以后。多武峰传来，木质，圆雕。

2. 法隆寺藏十一（九）面观音菩萨像（图一一六）。唐，7世纪后期[115]。木（檀），圆雕，高37.1厘米。

3. 德国柏林国立印度美术馆藏新疆图木休克出土十一面观音菩萨像[116]（图一一七）。唐，7~8世纪。木质，圆雕，高38厘米。

4. 日本山口·神福寺藏十一面观音菩萨像[117]（图一一八）。

图一一五 十一面观音菩萨像（多武峰传来）
时代为 7 世纪，木质，圆雕，高 42.4 厘米，现藏日本东京国立博物馆（图采自《三藏法师之道》，第 190 页，图 139）

图一一六　九面观音菩萨像

时代为 7 世纪后期，檀木，圆雕，高 37.1 厘米，现藏日本法隆寺（图采自松原三郎：《中国佛教雕刻史论》，图版三，图634）

图一一七　十一面观音菩萨像

7~8世纪，木质，圆雕，高38厘米，新疆图木休克出土，现藏德国柏林国立印度美术馆（图采自《三藏法师之道》，第61页，图15）

图一一八　十一面观音菩萨像

时代为8世纪，白檀，圆雕，高44.7厘米，现藏日本神福寺（山口）（图采自《三藏法师之道》，第191页，图141）

唐，8世纪中期。木（白檀），圆雕，高44.7厘米。

图木休克出土的38厘米高的十一面观音菩萨像是最接近经典记录的一尺三寸的檀像。头上十面与本面构成十一面。左手从肘部残失，右手持垂下的璎珞。胸部饰X形交叉璎珞，还佩戴宝冠、臂钏、腕钏等大量的装身具，而且各处镶嵌宝石。虽然有学者认为该像的制作年代为9世纪，但可能追溯到7世纪[118]。玛丽琳·爱姆·丽艾依据该像与敦煌石窟630年制作的第57窟的佛像同样的风格，认为该像的制作年代为630年，并推测该像是亚洲最古老的十一面观音菩萨像[119]。印度自古以来用白檀制作檀像，玄奘从印度请来的七躯佛像中的四躯就是檀像。中国因为白檀不容易制作，因此出现了其他的代用木像。虽然很难断定该像的制作地（中亚或中国），但可以推测其为檀像的代用像。

另一方面，松田诚一郎认为东京国立博物馆藏十一面观音菩萨像（多武峰传来）是初唐风格成立以前、7世纪中期制作于大陆的中央——长安的最古老的中国十一面观音檀像遗物[120]。松田诚一郎进一步指出该像在雕刻史上的性质：该像是与7世纪中期长安《十一面经》的第二译本（阿地瞿多所译本）和第三译本（玄奘的新译）同时期、同地域的典型的"檀像"；是与文献所记载最古的十一面观音檀像造像例（龙朔元年道士郭行真造像）同时代、同地域的檀像，是中国最古老的十一面檀像遗物。

这种类型的檀像也传播到日本。奈良国立博物馆藏十一面观音菩萨像（图一一九）是采用进口的白檀材料在日本制作的檀像的代表作。但是关于该像的制作年代有两种意见。1989年田边三郎助认为奈良国立博物馆藏的十一面观音菩萨像的年代为9世纪平安初期。1999年井上一稔认为该像表现出天平雕刻的特征，是8世纪第三、四半期的作品；并进一步从图像的角度论证了该像所受唐代的檀像——神福寺十一面观音像（图一一八）的影响[121]。

图一一九　十一面观音菩萨像

奈良时代（8世纪），白檀，圆雕，高 42.8 厘米，现藏日本奈良国立博物馆（图采自
《三藏法师之道》，第 220 页，图 171）

（三）金铜像

金铜十一面观音菩萨像的头部表现与檀像不同，与石浮雕像的表现一致：即这些像都有背光和头光，因此无法按照经典规定的那样表现头上一周十面，尤其是后面的一面无法表现。转而采用在头上部分三层，从下往上各排列 7、2、1 面。强调了作为礼拜像的正面观。但是手印和天衣等其他的表现与檀像一致。

1. 十一面观音菩萨像[122]（图一二〇），金铜圆雕，背光及台座残失，十一面，7 世纪后期。高 24 厘米。

2. 十一面观音菩萨像[123]（图一二一），金铜圆雕，背光及下段台座残失，左手指尖残失，天衣残失，8 世纪后半。高 77 厘米。德国国立东洋美术馆藏。

3. 十一面观音菩萨像，金铜圆雕，唐（650～720）[124]。8 世纪前半[125]。全高 20.5 厘米，像高 19.5 厘米。

4. 十一面观音菩萨像，金铜圆雕，唐（650～730）[126]。左手持水瓶，右手持杨柳枝，光背残失，头后部连接光背的钮残失。全高 23.4 厘米。

5. 十一面观音菩萨像，金铜圆雕，唐（650～730）[127]。全高 22.3 厘米。

从以上作品可见，从 7 世纪开始伴随着十一面观音菩萨经典的流布，造像也兴盛起来。这些造像遵循了经典的造型规定性。通过这些造像可推测当时长安和洛阳形成的十一面观音菩萨造像风潮。而且从造像材料的多样性及法量的差异可见供养者社会阶层的不同。将作品与文献结合起来看，观音菩萨像的供养者身份从皇室贵族到僧侣和庶民，阶层十分广泛。而且发愿的目的多样化：为国家祈福、战争胜利、镇服邪灵、治疗疾病、为生者的幸福和亡者的冥福而祈福。这种造像阶层的广泛性和发愿内容的多样化显示了初唐至武周时期十一面观音菩萨信仰和造像的兴盛。

图一二〇　十一面观音菩萨像（背光及台座残失）

时代为 7 世纪后半期，金铜，圆雕，高 24 厘米（图采自松原三郎：《中国佛教雕刻史论》，图版三，图 632）

图一二一　十一面观音菩萨像（背光及下半台座残失）

时代为 8 世纪后半期，金铜，圆雕，高 77 厘米，现藏德国国立东洋美术馆（图采自松原三郎：《中国佛教雕刻史论》，图版三，图 706）

浮雕十一面观音菩萨像在后面和左右面不能表现的情况下，强调正面观，在头顶分三层从下往上各表现5、4、1面。天授二年十一面观音菩萨龛像、七宝台的七件十一面观音菩萨像的头部（图一二二）、石窟庵十一面观音菩萨浮雕像（图一二三）正是这种形式。浮雕十一面观音菩萨像可能不是作为独立的礼拜像存在，而是作为守护神或护法神而存在。浮雕像必须镶嵌在建筑物的墙壁，实现浮雕像与建筑物的一体化。现存浮雕十一面观音菩萨像一种位于石窟的门口，例如龙门石窟东山擂鼓台北洞的门左右两侧（图一二四）的浮雕十一面观音菩萨像；另一种镶嵌于石窟的墙壁表面，如石窟庵的十一面观音菩萨浮雕像镶嵌于石窟庵内部墙壁表面，位于主尊背后。

四　性质：礼拜像与护法神

敦煌莫高窟武周时期的第32窟、第321、331、334、340窟残存十一面观音菩萨像壁画。这些壁画的共同特点是位于洞窟的东壁，即洞窟正门旁边。因此这些十一面观音菩萨像具有作为洞窟守护神祇的性质。

第32窟：东壁门北侧，六臂立像一尊，作为单尊像与地藏菩萨并列。

第321窟：东壁门北侧，六臂立像一尊，作为主尊两侧有二胁侍菩萨。

第331窟：东壁门北侧，二臂立像二尊，作为说法图中的二胁侍菩萨。

第334窟：东壁门上方，二臂立像一尊，作为主尊两侧有二胁侍菩萨。

第340窟：东壁门上方，二臂立像一尊，作为主尊有六胁侍菩萨。

莫高窟武周期第341窟：八臂观音菩萨像。

图一二二　七宝台的十一面观音菩萨像头部

石质，浮雕，现藏日本东京国立博物馆（图采自《三藏法师之道》，第 189 页，图 140）

图一二三　十一面观音菩萨像

统一新罗时代（751～775），石质，浮雕，高 220 厘米，现藏韩国石窟庵（图采自菊竹淳一、吉田宏志编：《世界美术大全集东洋编第 10 卷"高句丽·百济·新罗·高丽"》，第 140 页，图 105，小学馆，1998 年，东京）

图一二四　十一面观音菩萨像头部

龙门石窟东山擂鼓台北洞窟门南侧十一面八臂观音像，石质，高浮雕，高 53.5 厘米，现藏日本大原美术馆（图采自《古密教：日本密教的胎动》，第 9 页，图 2）

榆林窟第 32 窟：甬道南北壁各有一尊二臂十一面观音菩萨立像，作为单尊存在。

　　以上这类位于石窟门侧的十一面观音菩萨浮雕像显示出很强的守护神性质，具有神奇的法力，守卫着石窟寺。颜娟英以这些石窟壁画作品为依据，推测七宝台的十一面观音菩萨浮雕像原来安置在门口或边界。但是，七宝台的十一面观音菩萨像安置的场所是原来的奉纳石塔，而石塔的造型和庄严方式、建筑与图像程序与石窟寺是有差异的。因此七宝台的七件十一面观音菩萨像原来的安置场所是门口或边界的论点还值得思考。

本书认为七宝台的七件十一面观音菩萨像镶嵌在奉纳石塔的塔基周围，这种造型受到印度石柱的造型传统的影响。例如印度阿旃陀石窟第 26 窟佛塔的基础部分的周围环绕浮雕菩萨像（图一二五）；阿旃陀石窟第 2 窟右廊石柱基础部分的周围也环绕菩萨浮雕像（图一二六）；爱罗拉石窟第 29 窟内阵周围环绕着守护神浮雕像（图一二七）。此外，参考当时陀罗尼经幢台座部分的造型（彩图三二），本书认为七宝台的七件十一面观音菩萨浮雕石像镶嵌在奉纳石塔的基础部分周围。

前人已经研究浮雕十一面观音菩萨像与降魔印主尊的结合关系。2005 年稻本泰生论述了龙门石窟擂鼓台北洞两尊变化观音像与降魔印主尊的关系。现藏于日本大原美术馆的十一面观音菩萨像原来位于擂鼓台北洞西壁窟门南侧，从目前残存的身体部分可推测原来为四臂立像。擂鼓台北洞营造于武周时期或之后的 8 世纪初期，该十一面观音菩萨像长圆形秀丽的面部和纹理细致的头发所呈现的优美风格与同时期其他作品一致。头上部分分两排浮雕十面，下排七面，上排三面，上排中央的佛面较大。四臂十一面观音菩萨像所依据的经典是《十一面观自在菩萨心密念诵仪轨经》、《摄无碍论》（都是 8 世纪中期不空译），但该造像是这些经典在唐土出现以前的作品。该像与八臂的观音立像相对位于窟门左右，因此也有认为该像为不空羂索观音的观点。擂鼓台北洞三壁各安置一佛像，内壁（东壁）主尊虽然破损，但可判断施降魔印，或被称为金刚座真容像，为释迦成道地印度佛陀伽耶供奉敬拜的释迦像。7 世纪到该地访问的使者王玄策和求法僧人义净等

图一二五 印度阿旃陀石窟第 26 窟佛塔右背面

（图采自高田修、田枝宏干：《阿旃陀 石窟寺院与壁画》，图版 168，平凡社，1971年，东京）

图一二六　印度阿旃陀石窟第 2 窟右廊石柱

（图采自高田修、田枝宏干：《阿旃陀　石窟寺院与壁画》，图版 123，平凡社，1971
年，东京）

图一二七 印度爱罗拉石窟第 29 窟守护内阵的神像

（图采自上野照夫：《世界美术全集第 19 卷·印度》，图版 61，角川书店，1960 年，东京）

人将其像容传入中国，武周时期作为释迦佛像的代表性图像而被广为敬拜。擂鼓台北洞菩提像与两件变化观音像组合的方式共同显示出印度色彩浓厚的造型并同时流行，有学者认为对研究这两类造像的密教信仰、礼仪的相互关系具有重要意义[128]。

1986年姜友邦在《朝鲜半岛古代雕刻中观音信仰及其图像风格变化》[129]对庆州石窟庵的浮雕十一面观音菩萨像与主尊的关系作了如下论述："700年前后十一面观音的出现带来了图像发展的转换期。十一面观音的出现应该是受到西安宝庆寺一群立像的刺激所致。十一面观音图像遵守《十一面神咒心经》所规定之仪轨。一般被认为十一面观音是初期密教尊像的一种。然而笔者认为十一面观音的容像作为应化身（nirmana – kaya）思想具体而容易理解一种造型表现，既是圣观音的最终阶段，也是变化观音的最初阶段。"

统一新罗时期从唐朝开始请入十一面神咒经典。继承玄奘汉译本《十一面神咒心经》，弟子慧沼从法相宗的立场对该经典进行详细的注疏，编著《十一面神咒心经义疏》。活跃于统一新罗时代的智仁和导伦也可能同样对该经典进行注释。

与经典的请入同时，为了举行十一面观音菩萨仪轨而出现了相应的造型。据《三国遗事》，680年庆州的南港寺敬奉十一面观音画像，法相宗的憬兴国师向尼僧示种种滑稽的面貌而治愈其病。

据姜友邦的研究，石窟庵的十一面观音像占据着非常重要的位置。该石窟的主尊位于中央，环绕主尊的周壁为浮雕群像，当信者站立于石窟入口处礼拜主尊时，主尊释迦坐像与身后的十一面观音像在视觉上重叠。这种配置方法在佛教教义上意义深远，即大悲——释迦牟尼的心以十一面观音的形而具体表现，因此释迦牟尼与十一面观音重叠。而且如果不环绕到释迦牟尼像身后无法看见十一面观音菩萨像。

姜友邦的以上论述以主尊与十一面观音菩萨的关系为主，但十一面观音菩萨像只是石窟庵浮雕胁侍群像的一尊。石窟庵的建筑空间为圆形，主尊位于中央，形成向心性的礼拜空间，应该是受到武周时期向心性佛教建筑空间的影响。石窟周壁为数尊弟子和菩萨浮雕石像，这些浮雕群像环绕在主尊周围，对中央的主尊起胁侍和守护的作用，并构成等距离的礼仪空间。因此，主尊与其身后的十一面观音像在建筑和礼仪位置上应该和其他弟子像及菩萨像是同等的。另一参考作品为日本法隆寺金堂第十二号小壁所绘十一面观音菩萨像。这尊十一面观音菩萨像与对面的第七号小壁所绘观音像、第二号小壁所绘日光菩萨、第五号小壁画所绘月光菩萨、第八号正壁所绘文殊、第十一号小壁所绘普贤胁侍共同作为胁侍菩萨存在，对中央基坛上的主尊起护法的作用，即这些胁侍菩萨应该具有守护神的性质。

综上所述，本书认为石窟庵的十一面观音菩萨浮雕像与降魔印主尊的结合关系、法隆寺金堂壁画中十一面观音菩萨像与主尊的关系、七宝台奉纳石塔基础周围七件十一面观音菩萨浮雕像与中央降魔印释迦佛五尊像的结合关系都是守护神与佛法的关系。

---

〔1〕福山敏男：《宝庆寺派石佛的分类》，《佛教艺术》No.9（1950），第33~34页。

〔2〕小野胜年：《宝冠佛试论》，《龙谷大学论集》389、390合刊（1969），第280页。

〔3〕颜娟英：《武则天与唐长安七宝台石雕佛相》，《艺术学》第1期（1987年3月），第56~57页。

〔4〕赖鹏举：《北传密法形成的一个环节——唐代龙门擂鼓台三洞"卢舍那佛"与"十一面观音"的结合》，李振纲主编：《2004年龙门石窟国际学术讨论会文集》，第175~176页，河南人民出版社，2006年，郑州。

〔5〕赖鹏举：《北传密法形成的一个环节——唐代龙门擂鼓台三洞"卢舍那佛"与"十一面观音"的结合》，李振纲主编：《2004年龙门石窟国际学术讨论

会文集》，第 170～185 页，河南人民出版社，2006 年，郑州。

〔6〕肥田路美：《唐代佛陀伽耶金刚座真容像的流行》，《佛教美术史论丛》，町田甲一先生古稀纪念会编，第 155～186 页，吉川弘文馆刊行，1986 年，东京。

〔7〕山名伸生：《桂林调露元年铭摩崖佛》，《佛教艺术》198 号（1991 年 9 月），第 102 页。

〔8〕宫大中：《龙门东山的几处密教造像》，《河南文博通讯》1980 年第 1 期，第 45 页。

〔9〕李文生：《龙门唐代密教造像》，《文物》1991 年第 1 期，第 61～64 页。

〔10〕邢军：《广元千佛崖初唐密教造像析》，《文物》1990 年第 6 期，第 37～40 页。

〔11〕丁明夷：《公元七至十二世纪的四川密教遗迹》，胡素馨主编：《佛教物质文化：寺院财富与世俗供养国际学术研讨会论文集》，第 402～410 页，上海书画出版社，2003 年，上海。

〔12〕罗世平：《四川唐代佛教造像与长安样式》，《文物》2000 年第 4 期，第 53～54 页。

〔13〕"三、重要内容及相关佛教故事考：六：所谓的'毗卢遮那佛'"，雷玉华、程崇勋编著：《巴中石窟》，第 156～163 页，巴蜀书社，2003 年，成都。

〔14〕雷玉华、王剑平：《试论四川的"菩提瑞像"》，《四川文物》2004 年第 1 期，第 85～91 页。

〔15〕雷玉华、王剑平：《再论四川的菩提瑞像》，《故宫博物院院刊》2005 年第 6 期（总第 122 期），第 142～161 页。

〔16〕姚崇新：《对部分广元密教造像题材的再考察——兼析某些密教造型艺术的渊源》，《敦煌研究》2006 年第 2 期，第 1～5 页。

〔17〕李玉珉：《试论唐代降魔成道式装饰佛》，《故宫学术季刊》第二十三卷第三期，第 39～90 页。

〔18〕Janice Leoshiko, About Looking at Buddha Images in Eastern India, *Archives of Asian Art*, LII/2000 - 2001, pp. 63 - 82.

〔19〕（唐）玄奘、辩机原著，季羡林等校注：《大唐西域记校注》卷八：摩揭陀国上，第 668～670 页，中华书局，2009 年，北京。

〔20〕（唐）玄奘、辩机原著，季羡林等校注：《大唐西域记》卷八：摩揭陀国上，第 672～676 页，中华书局，2009 年，北京。

〔21〕（唐）道世：《法苑珠林》卷二十九，大正新修《大藏经》第53册，No. 2122。

〔22〕（唐）道世：《法苑珠林》卷二十九，大正新修《大藏经》第53册，No. 2122。

〔23〕（唐）玄奘、辩机原著，季羡林等校注：《大唐西域记》卷十二：瞿萨旦那国，第1015～1016页，中华书局，2009年，北京。

〔24〕（唐）义净著，王邦维校注：《大唐西域求法高僧传校注》，第10页，中华书局，1988年，北京。

〔25〕（宋）欧阳修、宋祁撰：《新唐书》卷十九，"吐蕃传"，第6076页，中华书局，1975年，北京。

〔26〕（唐）义净著，王邦维校注：《大唐西域求法高僧传校注》卷一，第11页，中华书局，1988年，北京。

〔27〕霍巍：《〈大唐天竺使铭〉摩崖石碑的考古发现》，《中国藏学》1994年第4期，第39页，及第43页；霍巍：《〈大唐天竺使铭〉相关问题再探》，《中国藏学》2001年第1期，第37～50页。

〔28〕李敬玄等出军吐蕃事迹见于：《新唐书》卷一百六，列传第三十一，李敬玄传；《新唐书》吐蕃传；（宋）司马光编著：《资治通鉴》卷202"高宗仪凤三年"条。

〔29〕李并成、马燕云：《炳灵寺石窟与丝绸之路东段五条干道》，《敦煌研究》2010年第2期，第79页。

〔30〕阎文儒主编：《炳灵寺石窟》，第64～66页，甘肃人民出版社，1993年，兰州；陆庆夫：《论王玄策对中印交通的贡献》，《丝绸之路史地研究》，第71～89页，兰州大学出版社，1999年，兰州。

〔31〕魏文斌：《炳灵寺石窟唐"永隆二年"诸龛简论》，《敦煌研究》1999年第3期，第15页。

〔32〕魏文斌：《炳灵寺石窟唐"永隆二年"诸龛简论》，《敦煌研究》1999年第3期，第12页。

〔33〕崔琳等出使吐蕃事见于（宋）司马光编著：《资治通鉴》卷213"开元十九年"条。

〔34〕阎文儒、王万青编著：《炳灵寺石窟》，第94～95页，甘肃人民出版社，1993年，兰州。

〔35〕魏文斌、吴荭：《炳灵寺石窟的唐蕃关系史料》，《敦煌研究》2001年第1期，第128页。

〔36〕蒋廷瑜：《桂林唐代摩崖造像》，《东南文化》1992年第5期，第111页。

〔37〕蒋廷瑜:《桂林唐代摩崖造像》,《东南文化》1992 年第 5 期,第 108 页,
　　　图三;山名伸生:《桂林调露元年铭摩崖佛》,《佛教艺术》198 号 (1991
　　　年 9 月),第 103 页,图 23。

〔38〕蒋廷瑜:《桂林唐代摩崖造像》,《东南文化》1992 年第 5 期,第 108 页,
　　　图二。

〔39〕甘肃省文物工作队、炳灵寺文物保管所编:《中国石窟·永靖炳灵寺》,第
　　　212 页,文物出版社、平凡社,1989 年,北京。

〔40〕甘肃省文物工作队、庆阳北石窟寺文管所:《庆阳北石窟寺》,第 31 ~ 33
　　　页,图版六七之 1、2,文物出版社,1985 年,北京。

〔41〕广元市文物管理所、中国社会科学院宗教所佛教室:《广元千佛崖石窟调查
　　　记》,《文物》1990 年第 6 期,第 5 ~ 7 页,图版壹:2;邢军:《广元千佛
　　　崖初唐密教造像析》,《文物》1990 年第 6 期,第 37 页。

〔42〕广元市文物管理所、中国社会科学院宗教所佛教室:《广元千佛崖石窟调查
　　　记》,《文物》1990 年第 6 期,第 6 ~ 7 页,图一〇。

〔43〕广元市文物管理所、中国社会科学院宗教所佛教室:《广元千佛崖石窟调查
　　　记》,《文物》1990 年第 6 期,第 7 ~ 8 页,彩色插页壹:1。

〔44〕罗世平:《巴中石窟三题》,《文物》1996 年第 3 期,第 63 页,图八,第
　　　64 页。

〔45〕罗世平:《巴中石窟三题》,《文物》1996 年第 3 期,第 63 页,图七,第
　　　64 页。

〔46〕彭州市博物馆、成都市文物考古研究所:《四川彭州龙兴寺出土石造像》,
　　　《文物》2003 年第 9 期,第 78 ~ 81 页,图十,图十一,图十三。

〔47〕龙门文物保管所、北京大学考古系编:《中国石窟·龙门石窟》第二卷,第
　　　293 页,图版 259,平凡社、文物出版社,1992 年,北京;李文生:《龙门
　　　唐代密宗造像》,《文物》1991 年第 1 期,第 61 页。

〔48〕李文生:《龙门唐代密宗造像》,《文物》1991 年第 1 期,第 61 ~ 62 页;龙
　　　门文物保管所、北京大学考古系编:《中国石窟·龙门石窟》第二卷,第
　　　207 页,平凡社、文物出版社,1992 年,北京;阎文儒、常青著,龙门石
　　　窟研究所编:《龙门石窟研究》,第 126 ~ 127 页,书目文献出版社,1995
　　　年,北京。

〔49〕张乃翥:《龙门石窟擂鼓台三窟考察报告》,《洛阳大学学报》第 10 卷第 3
　　　期 (1995 年 9 月),第 55 页。

〔50〕李文生：《龙门唐代密宗造像》，《文物》1991年第1期，第63页，图四。

〔51〕李文生：《龙门唐代密宗造像》，《文物》1991年第1期，第63页，图五。

〔52〕肥田路美：《唐代佛陀伽耶金刚座真容像的流行》，图1，町田甲一先生古稀纪念会编：《佛教美术史论丛》，第168～169页，吉川弘文馆刊行，1986年，东京；《尊古斋陶佛留真》有图版者十九件。

〔53〕周越：《陕西历史博物馆藏泥佛像综述》，陕西历史博物馆编：《陕西历史博物馆馆刊》第五辑，第224页，西北大学出版社，1998年，西安。

〔54〕肥田路美：《唐代佛陀伽耶金刚座真容像的流行》，图9，町田甲一先生古稀纪念会编：《佛教美术史论丛》，第177页，吉川弘文馆刊行，1986年，东京。

〔55〕东京国立博物馆：《宫廷的荣华——唐的女帝·则天武后与她的时代展》，第38～39页，1998～1999年。

〔56〕李浪涛：《陕西礼泉赵镇出土唐代阿弥陀石像塔铭》，《文物》2006年第4期，第81～83页。

〔57〕松原三郎：《中国佛教雕刻史论》，图版三，图673a。

〔58〕碑林博物馆编集：《西安碑林全集》第一〇卷，第225～227页。

〔59〕碑林博物馆编集：《西安碑林全集》第一〇卷，第230～232页。

〔60〕李裕群、李钢编著：《天龙山石窟》，第30～32页，彩色图版一七，科学出版社，2003年，北京；山西省古建筑保护研究所李裕群：《天龙山石窟调查报告》，《文物》1991年第1期，第37～38页；铃木洁：《天龙山唐朝窟编年试论》，町田甲一先生古稀纪念会编：《佛教美术史论丛》，第194～195页，图1（主尊），吉川弘文馆刊行，1986年，东京。

〔61〕李裕群、李钢编著：《天龙山石窟》，第35～39页，彩色图版二〇，科学出版社，2003年，北京；山西省古建筑保护研究所李裕群：《天龙山石窟调查报告》，《文物》1991年第1期，第39～41页，图17（石窟）平面图；铃木洁：《天龙山唐朝窟编年试论》，町田甲一先生古稀纪念会编：《佛教美术史论丛》，第196～197页，图5（东壁主尊弥勒），图6（西壁主尊如来坐像），吉川弘文馆刊行，1986年，东京。

〔62〕李裕群、李钢编著：《天龙山石窟》，第39～41页，图二七，科学出版社，2003年，北京；山西省古建筑保护研究所李裕群：《天龙山石窟调查报告》，《文物》1991年第1期，第41页。第39页，图18（石窟）平面图。

〔63〕李裕群、李钢编著：《天龙山石窟》，第79～81页，科学出版社，2003年，

北京；肥田路美：《唐代佛陀伽耶金刚座真容像的流行》，町田甲一先生古稀纪念会编：《佛教美术史论丛》，第 176 页，吉川弘文馆刊行，1986 年，东京。

〔64〕李裕群、李钢编著：《天龙山石窟》，第 81～84 页，科学出版社，2003 年，北京；肥田路美：《唐代佛陀伽耶金刚座真容像的流行》，町田甲一先生古稀纪念会编：《佛教美术史论丛》，第 176 页，吉川弘文馆刊行，1986 年，东京。

〔65〕李裕群、李钢编著：《天龙山石窟》，第 86～88 页，图版六四，科学出版社，2003 年，北京；肥田路美：《唐代佛陀伽耶金刚座真容像的流行》，町田甲一先生古稀纪念会编：《佛教美术史论丛》，第 176 页，吉川弘文馆刊行，1986 年，东京。

〔66〕李裕群、李钢编著：《天龙山石窟》，第 110～115 页，彩色图版六六，科学出版社，2003 年，北京；山西省古建筑保护研究所李裕群：《天龙山石窟调查报告》，《文物》1991 年第 1 期，第 49～51 页，图 34（北壁主尊），图 35（东壁造像），图 36（西壁主尊），图 37（西壁菩萨坐像）。

〔67〕郭玲娣、樊瑞平：《正定广惠寺华塔内的二尊唐开元年白石佛造像》，《文物》2004 年第 5 期，第 78～85 页，图二、图四、图六。

〔68〕郭玲娣、樊瑞平：《正定广惠寺华塔内的二尊唐开元年白石佛造像》，《文物》2004 年第 5 期，第 78～85 页，图二、图三、图五。

〔69〕Kang Woobang, A True Picture of Korean Buddhist Art and its Status in the Asian Art World, *Orientations*, Vol. 34 No. 3（March 2003）pp. 64 – 67. Fig. 7.

〔70〕温玉成：《韩国庆州石窟庵的原型探索》，古正美主编：《唐代佛教与佛教艺术》，觉风佛教艺术文化基金，2006 年，台湾新竹，第 158 页。

〔71〕李浪涛：《陕西礼泉赵镇出土唐代阿弥陀石像塔铭》，《文物》2006 年第 4 期，第 81～83 页。

〔72〕广元市文物管理所、中国社会科学院宗教所佛教室：《广元千佛崖石窟调查记》，《文物》1990 年第 6 期，第 6～7 页，图一○。

〔73〕彭州市博物馆、成都市文物考古研究所：《四川彭州龙兴寺出土石造像》，《文物》2003 年第 9 期，第 80～81 页。

〔74〕大村西崖：《支那美术史雕塑篇》，第 433～434 页，佛书刊行会图像部，1915 年，东京。

〔75〕大村西崖：《支那美术史雕塑篇》，第 435～436 页，佛书刊行会图像部，

1915 年，东京。

〔76〕大村西崖：《支那美术史雕塑篇》，第 565 ~ 569 页，佛书刊行会图像部，1915 年，东京。

〔77〕大村西崖：《支那美术史雕塑篇》，第 444 ~ 447 页，佛书刊行会图像部，1915 年，东京。

〔78〕李裕群、李钢编著：《天龙山石窟》，第 193 页，科学出版社，2003 年，北京。

〔79〕白文：《关中隋唐西方净土造像图像志研究》，第 160 页，三秦出版社，2010 年，西安。

〔80〕贺世哲：《关于敦煌莫高窟的三世佛与三佛造像》，《敦煌研究》1994 年第 2 期，第 84 页。

〔81〕贺世哲：《关于敦煌莫高窟的三世佛与三佛造像》，《敦煌研究》1994 年第 2 期，第 86 页。

〔82〕李文生：《龙门唐代密宗造像》，《文物》1991 年第 1 期，第 61 ~ 62 页；龙门文物保管所、北京大学考古系编：《中国石窟·龙门石窟》第二卷，第 207 页，平凡社、文物出版社，1992 年，北京；阎文儒、常青著；龙门石窟研究所编：《龙门石窟研究》，第 126 ~ 127 页，书目文献出版社，1995 年，北京；张乃翥：《龙门石窟擂鼓台三窟考察报告》，《洛阳大学学报》第 10 卷第 3 期（1995 年 9 月），第 55 ~ 57 页。

〔83〕龙门文物保管所、北京大学考古系编：《中国石窟·龙门石窟》第二卷，第 207 页，平凡社、文物出版社，1992 年，北京。

〔84〕稻本泰生："作品解说·2 十一面观音像头部"，奈良国立博物馆：《古密教：日本密教的胎动》，第 154 ~ 155 页，2005 年。

〔85〕广元市文物管理所、中国社会科学院宗教所佛教室：《广元千佛崖石窟调查记》，《文物》1990 年第 6 期，第 7 ~ 8 页，彩色插图壹：1。

〔86〕罗世平：《巴中石窟三题》，《文物》1996 年第 3 期，第 63 页，图七，第 64 页。

〔87〕（唐）地婆诃罗译：《最胜佛顶陀罗尼净除业障咒经》，大正新修《大藏经》第 19 册，No. 0970。

〔88〕（唐）地婆诃罗译：《最胜佛顶陀罗尼净除业障咒经》，大正新修《大藏经》第 19 册，No. 0970。

〔89〕罗世平：《千佛崖利州毕公及造像年代考》，《文物》1990 年第 6 期，第 34 ~

36 页。

〔90〕颜娟英：《唐代十一面观音图像与信仰》，《佛学研究中心学报》第十一期（2006 年），第 100 ~ 101 页。

〔91〕大正新修《大藏经》第 20 册，No. 1070。

〔92〕大正新修《大藏经》第 18 册，No. 0901。

〔93〕大正新修《大藏经》第 20 册，No. 1071。

〔94〕大正新修《大藏经》第 20 册，No. 1069。

〔95〕佐和隆研：《密教美术论》，第 188 页，便利堂，1939 年，东京。

〔96〕大正新修《大藏经》第 20 册，No. 1070。

〔97〕大正新修《大藏经》第 18 册，No. 0901。

〔98〕大正新修《大藏经》第 18 册，No. 0901。

〔99〕大正新修《大藏经》第 20 册，No. 1071。

〔100〕大正新修《大藏经》第 20 册，No. 1069。

〔101〕大正新修《大藏经》第 18 册，No. 0901。

〔102〕稻本泰生：《与奈良朝古密教前史相关的觉书——以中国武周朝前后的状况为中心》所引用灵实：《镜中集》正仓院文书《造菩萨愿文》，奈良国立博物馆：《古密教：日本密教的胎动》，第 140 页，2005 年。

〔103〕大正新修《大藏经》第 50 册，No. 2054。

〔104〕（宋）赞宁撰；范祥雍点校：《宋高僧传》卷 18，"唐泗州普光王寺僧伽传"，第 448 ~ 449 页，中华书局，1987 年，北京。

〔105〕（宋）赞宁撰；范祥雍点校：《宋高僧传》卷 25，"唐梓州慧义寺清虚传"，第 630 页，中华书局，1987 年，北京。

〔106〕（唐）道宣：《集合今佛道论衡》卷丁，大正新修《大藏经》第 52 册，No. 2104。

〔107〕池田温：《中国古代写本识语集录》第 647 条，第 235 页，东京大学东洋文化研究所出版，1990 年，东京。

〔108〕（新罗国）崔致远：《唐大荐福寺故主翻经大德法藏和尚传》第八科，大正新修《大藏经》第 50 册，No. 2054。

〔109〕碑林博物馆：《西安碑林博物馆》第 134 页，陕西人民出版社，2000 年，西安。

〔110〕碑林博物馆：《西安碑林博物馆》第 123 页，陕西人民出版社，2000 年，西安。

〔111〕颜娟英：《唐代十一面观音图像与信仰》，《佛学研究中心学报》第十一期（2006 年），第 98 页，图 5；Osvald Siren, *Chinese Sculpture from the Fifth to the Fourteenth Century*, Vol. III, London：Ernest Benn, 1925, PI. 379AB。

〔112〕颜娟英：《唐代十一面观音图像与信仰》，《佛学研究中心学报》第十一期（2006），第 111 页。

〔113〕《梦碧簃石言》，《石刻史料新编》，第 3 辑，第 2 册，第 195 页，新文丰出版公司，1977 年，台北；《观世音菩萨铭》，《北京图书馆藏中国历代石刻拓本汇编》第 17 册、第 157 页。

〔114〕《三藏法师之道》，第 190 页，图 139，朝日新闻社，1999 年。

〔115〕松原三郎认为该像可能相当于《法隆寺伽蓝缘起资材帐》所记载的"檀像壹具右养老三年岁次已未从唐请来者"。直立像头部的比例稍大，据前揭金铜十一面观音像（图版 632）推测其制作年代可能为 680 年。松原三郎：《中国佛教雕刻史论》，第 325 页，图版三　图 634 及图 635a, b，图 636，吉川弘文馆，1995 年，东京。

〔116〕《三藏法师之道》图 15，第 61 页，朝日新闻社，1999 年。

〔117〕《三藏法师之道》图 141，第 191 页，朝日新闻社，1999 年。

〔118〕宫治昭："列品解说·15 十一面观音菩萨立像"，《三藏法师之道》，第 291 页，朝日新闻社，1999 年。

〔119〕（美）玛丽琳·爱姆·丽艾：《公元 618～642 敦煌石窟初唐佛教雕塑的风格形成（摘要）》，《敦煌研究》1988 年第 2 期，第 73 页。

〔120〕松田诚一郎：《东京国立博物馆保管的十一面观音菩萨像（多武峰传来）》（上、下），《国华》第一一一八号，第 7～23 页；第一一一九号，第 32～46 页。

〔121〕井上一稔：《奈良国立博物馆所藏的十一面观音像》，《鹿园杂集》创建号（1999 年 3 月），第 1～19 页。

〔122〕松原三郎：《中国佛教雕刻史论》，第 325 页；图版三，图 632，吉川弘文馆，1995，东京。

〔123〕松原三郎：《中国佛教雕刻史论》，第 331 页；图版三，图 706，吉川弘文馆，1995 年，东京。

〔124〕松原三郎：《增订中国佛教雕刻史研究》图版卷，第 270 页，（a）正面，（b）P. 292 背面，吉川弘文馆，1966 年，东京。

〔125〕松原三郎：《中国佛教雕刻史论》，图版三，图 701C（正面），第 331 页，

吉川弘文馆，1995 年，东京。

〔126〕松原三郎：《增订中国佛教雕刻史研究》，图版卷，第 262（a）正面，（b）背面，吉川弘文馆，1966 年，东京。

〔127〕松原三郎：《增订中国佛教雕刻史研究》，图版卷，第 262（c），吉川弘文馆，1966 年，东京。

〔128〕稻本泰生："作品解说·2 十一面观音像头部"，奈良国立博物馆：《古密教：日本密教的胎动》，第 154～155 页，2005 年。

〔129〕姜友邦：《朝鲜半岛的古代雕刻中的观音信仰及其图像的样式变化》，国际交流美术史研究会第五回学术研讨会：《观音—尊像与变相—》，第 40～42 页，1986 年。

第四章 七宝台浮雕石佛群像的风格及复原研究

第一节 图像分类及风格分期

一 前人研究及存在的问题

长安光宅寺七宝台位于唐代长安城大明宫外光宅坊内的七宝台寺（原名光宅寺，因修造七宝台而改名为七宝台寺）（图一二八）。前人关于曾经是七宝台庄严物品的浮雕石佛群像的研究已经很丰富。但是在风格、图像及复原等三个问题上仍存在很多争议。

（一）数量、年代、风格

关于七宝台浮雕石佛群像的造像年代，一种意见认为属于不同时期。如福山敏男 1950 年在《宝庆寺派石佛的分类》[1]一文中辨别出 29 件七宝台造像的年代分别属于贞观前期、武周长安年间和开元年间三个不同的时期。福山敏男参考初唐至中唐的造像，从风格出发将七宝台的 29 件浮雕分为 A、B、C 三群：A 群为包含一件五尊像、六件十一面观音菩萨像的十三件浮雕像，年代可早至 630～640 年（贞观前半期）；B 群为有长安三年（703）铭文的七件、长安四年（704）铭文的一件和其他三件造像；C 群为有开元十二年（724）铭文的两件和其他三件造像。A 群造像的衣纹的雕刻手法端正有力，格调较高，与之相比 B 群造像已经趋向凋落。而且 A 群造像的天盖为造型端正的旧式，B 群造像的天盖为更加圆润并强调曲线性的造型，C 群造像的天盖的造型

北

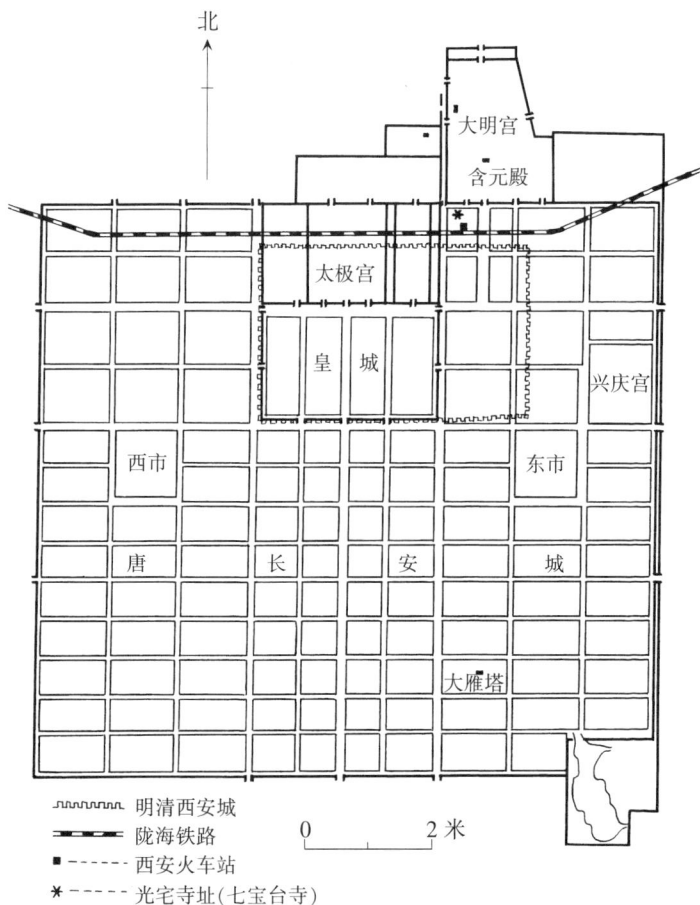

图一二八　唐代长安光宅寺的七宝台

（图采自《艺术学》第 1 期（1987 年 3 月），第 63 页，图二）

则已变得纤弱。福山敏男接着推测 A 群前半的造像与中印度笈多盛期的佛教雕刻有关联，法隆寺金堂壁画的天盖与 A 群的也有联系。药师寺东院堂的圣观音与 A 群造像相似。

　　另一种意见认为属于同一时期。如 1981 年本山路美认为开元年间的铭文为追刻、这批群像几乎都是长安年间作为七宝台内部庄严物品在德感的指导下完成的[2]。颜娟英1987年认为残存的32件石刻高浮雕像代表着8世纪初年佛教艺术的极品，与当时长安的宫廷艺术风格颇为一致[3]。1998年，颜娟英又对七宝台石刻进行了再次调查和研究，认为造像为35件，并确认开元年间的题记与七宝台原来的造像活动无关[4]。水野清一也认为七宝台的所有造像并不存在风格上的差异[5]。

关于七宝台的石刻在唐代佛教艺术史上的意义，一种意见认为是初唐风格古典的完成。持这种意见的有町田甲一[6]。另一种意见认为是盛唐风格的代表。持这种意见的有田边三郎助[7]和本山路美[8]。

（二）图像

七宝台造像中依据造像铭和图像特征可判定的有阿弥陀佛和弥勒佛三尊。目前对尊名有争议的是施降魔印的三尊像，1977年杉山二郎持阿弥陀佛说[9]，杉山二郎利用福山敏男的分类编号，从图像学的角度将12件浮雕像分为三类：释迦像5件，阿弥陀三尊像5件（有703年铭文的3件，戴宝冠降魔印佛像1件、无铭文1件），弥勒三尊像3件（分别有703年、704年、724年铭文）。

1987年颜娟英从图像学的角度将32件浮雕像分为五类[10]。第一类为十一面观音菩萨像7件；第二类为阿弥陀佛三尊像4件；第三类为弥勒佛三尊像7件；第四类为装饰佛龛（Adorned Buddha）9件（三尊像8件、五尊像1件）；第五类为无名三尊像。颜娟英认为这32件浮雕像全部为七宝台的庄严物品，曾经镶嵌在四面柱或八面柱的周壁，反映了《华严经》的中心思想[11]。颜娟英没有指出这群造像有时代差异[12]。

2004年赖鹏举持卢舍那佛[13]说。此外，关于1987年颜娟英的分类中的第五类5件无名三尊像，赖鹏举认为其造型、坐姿与手势均与第二类的阿弥陀佛类似，故将第五类与第二类合并。

（三）复原

1987年颜娟英对七宝台浮雕像的原始配置复原作出开创性研

究[14]（图一二九）。2001 年，杉山二郎参考日本平安时期兴福寺、法隆寺、荣山寺流行的八角圆堂建筑，推测七宝台为八角形层楼建筑，内部的壁面浮雕石龛像居中央，周围配合壁画分三层表现净土变相，下层为释迦净土，中层为阿弥陀净土，上层为弥勒净土[15]。然而，杉山二郎怀疑十一面观音像并非全是七宝台的造像，推测有可能是长安兴宁坊清禅寺十一面观音道场或龙门香山寺的遗物[16]。2004 年，赖鹏举在颜娟英复原的基础上提出新的见解。但是以上的复原研究存在以下问题：

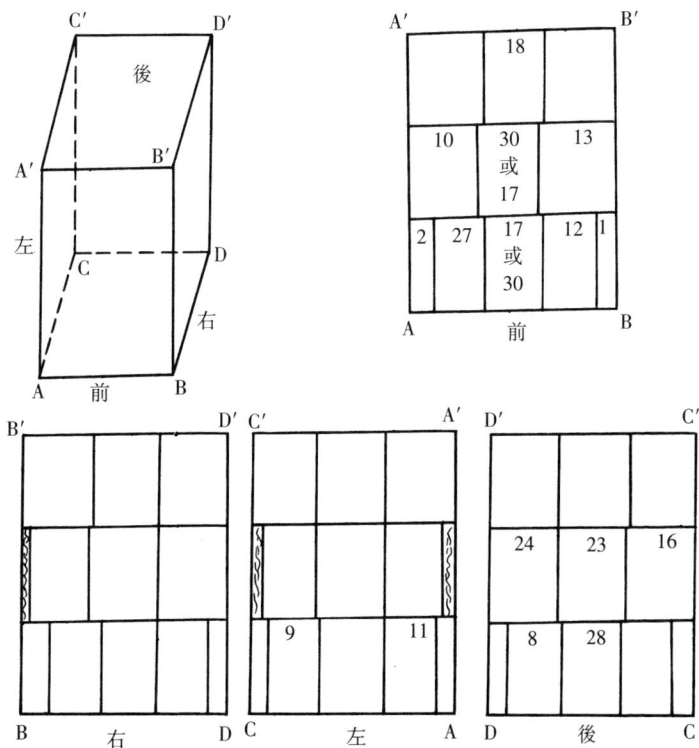

图一二九　颜娟英的复原图

（图采自《艺术学》第 1 期（1987 年 3 月），第 85 页，图三七）

如何选择复原这些石像的参考作品？1987 年颜娟英的复原依据是美国波士顿美术博物馆所藏长安四年（704）铭的石精舍（四方形石板所拼成的空心无顶 shrine）[17]。石精舍的造型为竖长方形，四面以阴刻线来刻出纹样。而七宝台的造像铭文说明这些造像原来装饰在石柱上，其整体造型是高耸的柱状，而不是 1987 年颜娟英复原图所表现的长方体。因此七宝台石刻复原的参考依据应该是同时代的石柱、石塔类柱状纪念性建筑或纪念性造型。2001 年杉山二郎虽然指出七宝台的复原参考作品是平安时期的佛教殿堂建筑，但没有具体指出浮雕像分为上、中、下三层排列的参考作品。而且从七宝台的造像铭文来看，这些浮雕龛像原来安置在类似石柱样的高耸的建筑物表面，而不是大场面的殿堂变相。

如何解释复原后造像的"建筑和图像程序"？1987 年颜娟英的复原图[18]将降魔印佛像放在中央，十一面观音像位于底层四个角落，推测这群造像的中心为金刚真容座的释迦佛，并指出十一面观音的护法作用，但是四面体每层造像的关系并不清楚。至少从复原图上看不出整个石柱的图像关系，更无法说明如何表达《华严经》的中心思想。然而，1998 年颜娟英的复原研究更进了一步，提出"这一批石刻应该立在一个台座上，层叠如石柱，此石柱或被视为'法柱'，或可视为法身塔。最后其四周围绕着两层楼以上的木构建筑"[19]，"但是目前笔者倾向于考虑此七宝台石刻为四面石柱，每一面的主尊相同，故分为四类主要图像"[20]。但令人遗憾的是具体如何配置并未详细说明。2004 年赖鹏举的复原研究支持颜娟英的四面石柱说，指出石柱有五层造像，每层的西面中央安置降魔印佛像，为北传密法中佛与菩萨因果互证的卢舍那佛，其两侧放置两件十一面观音像，左右两面为弥陀与弥勒，分别象征十方和三世佛。十一面观音依据经典应该面西，因此整个石柱的正面是西面[21]。但是四面柱只装饰了三面。其次，经典所指的是作为独立的单尊礼拜像而存在的一尺三寸的白檀十一面观音圆雕像在道场中面西安置，但是七宝台的十一面观音像是一组群像，且其雕塑门类（genre）为几乎等身的浮雕石像，其建筑和礼仪环境与经典所规定的独尊礼拜像有所不同。2001年杉山二郎将浮雕石龛像安置于变相壁画中央，并将三佛净土分上、中、下三层排列的复原研究也很难解释其图像程序，参考同时期敦煌石窟的净土变相壁画，大多是一佛净土各居一壁，上下分层的配置并不多见。同时期长安的佛殿壁画没有留下遗迹，但是唐代敦煌石窟壁画一般为一面墙壁描绘一佛净土变相，而且可以看出具有正面为释迦佛、左右为阿弥陀佛净土和药师净土、后壁为弥勒佛净土变相的建筑和图像程序。因此，三佛净土分上、中、下三层排列的建筑和图像意义不明。

复原后的建筑意义和相关的礼仪活动是什么呢？颜娟英持"华严经中心说"[22]，赖鹏举持"北传密法说"。还有本山路美的"《金光明最胜王经》译成的纪念"[23]、小泉惠英的"镇护国家说"[24]等观点。这些推测一步一步接近武周长安年间的政治和佛教环境，但是具体到七宝台石刻集团造像上，仍需要更有说服力的研究。

为了进一步解决以上三个问题，本书拟从实地调查入手，在武周佛教造型综合研究的基础上，重新考释这批造像的风格与图像，发现这批造像分为始建期与修补期两个时期。并参考武周时期的同类石造纪念性建筑、造型，对始建期的造像作新的复原研究，以探索其建筑及图像程序。最后简要推测七宝台在武周佛教视觉文化中的意义。

二　始建期

始建期指七宝台开始建造的时期。据《长安志》卷八记载，武太后开始在光宅寺建七宝台[25]，结合造像铭文可见七宝台的始建在长安三年至长安四年（703～704）。属于这一期的作品有24件。图像的主题为祈福、往生和灭罪。由两类图像组成。（表五：七宝台始建期的浮雕像）。

（一）图像

第一类为表五之1至7号的七件十一面观音菩萨像。七件十一面观音像（表五之1～7号）其中第1件观音像有长安三年九月十五日七宝台的督造者德感的题名。表明七宝台是为武周国家敬造的。第5件日本奈良国立博物馆所藏的十一面观音像的右手握有一枚印章，上刻"灭罪"二字。但是颜娟英文《武则天与长安七宝台石雕佛像》所附图有两处疑问：其一，没有收入东京国立博物馆所藏的一件十一面观音像，该像为表五之2号（彩图二），该像右手上举持花蕾，左手下垂持水瓶。其二，颜文所附图七与图十仔细看来为同一件作品（表五之7号，图一三四），即《中国佛教雕刻史论》图版三图652所载图，现藏美国弗利尔美术馆。因此谨慎推测十一面观音像为七件。

从7世纪开始，长安、洛阳随着十一面观音神咒经典的流行，十一面观音菩萨造像也开始流行。与经典所规定的一尺三寸的圆雕白檀像[26]所不同的是，浮雕十一面观音菩萨像的头部的后部、左、右的三面不能表现，只强调正面观。因此头上的十面分三层、各5、4、1面表现。七宝台造像的十一面观音菩萨浮雕像正是这种造型。这些浮雕像原来可能镶嵌在建筑物的壁面，造像与建筑一体化。因此可能不具备经典所规定的位于道场中央的独立的礼拜像的功能，而作为守护神存在的可能性极高。

1. 十一面观音菩萨像　高：85.1厘米，宽：33.9厘米（表五之1号，彩图一）

长安三年九月十五日　德感题　日本东京国立博物馆藏

该像在长方形石灰岩正面开内凹的尖拱形龛，龛内浮雕十一面观音菩萨像。龛左下部稍残。龛内上部左右两侧雕二飞天。十一面观音菩萨像头部分三层表现十面：下层五面，中层四面，顶部一面已残。宝珠形头光边缘有卷云纹。右臂上曲举，右手掌心向外持一枝花蕾；左手下垂，拇指与中指和无名指并拢提一水瓶口部。上半身条帛从左肩披垂至右侧腰际，颈部佩戴颈饰，双臂佩戴腕钏。下半身着裙，双腿表面刻出平行的 U 形衣纹线。跣足直立于莲台之上。

龛两侧边缘刻有铭文："检校造七宝台清禅寺主昌平县开国公翻经僧德感奉为国敬造十一面观音像一区，伏愿皇基永固，圣寿遐长。长安三年九月十□。"

《宋高僧传》卷四有"唐京洛佛授记寺德感传"。

"释德感，姓侯氏，太原人也。仪容瑰丽，学业精赡，众典服勤，于瑜珈论特振声彩。天皇大帝征为翻经大德。又与胜庄、大仪等同参义净译场，对扬受赐，言谢浏亮。帝悦，寻授封昌平县开国公，累井田至三千户。帝为赞曰：'河汾之宝，山岳之英，早祛俗累，凤解尘缨。缁门仰德，绀宇驰声。式亚龙树，爰齐马鸣。'为时君之所贵为若此也。御制风行，缁伍荣之。后充河南佛授记寺都维那，晚升寺任，中外肃然。终年六十余，著义门行于世。如其七方便人回心渐顿悟义，与湛法师为勍敌耳。故交绥而退焉。"[27]

从以上记载来看，德感精通瑜珈论，作为翻经大德曾参与义净译场，被皇帝封为"昌平县开国公"（从二品），享有世俗的官爵和财富。值得注意的是，以上文献提到德感最后任河南佛授记寺都维那，并未提及七宝台造像十一面观音造像题记中的"清禅寺主"。

道宣《续高僧传》卷二十九《唐京师清禅寺释慧胄传》：

"（慧胄）后住京邑清禅寺。草创基构，并用相委。四十余年，初不告倦。……京师殷有，无过此寺。始终监护，功实一人。"[28]

据清代徐松撰《唐两京城坊考》卷三记载:

"朱雀门街东第五街,街东从北第一坊。尽坊之地筑入苑,十六宅。次南兴宁坊,大中报圣寺。南门之东,清禅寺。隋开皇三年文帝为沙门昙崇所立。大中六年改为安国寺。《名画记》:清禅寺有郑法士画。华封观西南隅,开府仪同三司姚元崇宅。……"[29]

1987 年陕西省考古研究所在今西安市长乐路 40 号院内发现隋舍利墓出土墓志记载:

"大隋开皇九年岁星在车井次皇龙入大□十月□□□十一日京师于兴宁坊清禅寺主人德□□□……"[30]

据以上文献和考古资料可见,隋清禅寺由僧人慧胄创建,位于唐代长安兴宁坊南门之东,即大明宫之南,光宅寺东面。德感检校造七宝台时任清禅寺主,该寺距离武周政权长安所在地大明宫和七宝台所在的光宅寺都很近。

德感作为七宝台的督造者,不仅主持了这项造像活动,还敬奉十一面观音像一区,在发愿文"皇基永固,圣寿遐长"中表明了这次造像活动核心内容有两个方面:一是祝福佛法保佑武周国家的根基永远坚固,即铭文所述"皇基永固";二是祈求武周皇帝武则天的健康长寿,即铭文所述"圣寿遐长"。之所以发出这样的祈愿,是因为德感在长安三年督造七宝台时,已经是武周王朝晚期,在复杂多变的政治变更中,武周王朝的命运已经岌岌可危,而年老多病的武则天也处于生命的最后关头。在这样的时代背景之下,深受武则天嘉赏、活跃于武周宫廷的僧侣德感出于对武周国家和武则天个人的忠诚而发愿。这个发愿的基调贯穿在如下所述官僚集团的发愿文之中。

2. 十一面观音菩萨像　　高:108.5 厘米,宽:29.8 厘米,厚:13.8 厘米(表五之 2 号,彩图二)日本东京国立博物馆藏

该像在长方形石灰岩正面开内凹的尖拱形龛,龛内浮雕十一面观音菩萨像。龛两侧下部外缘残缺,右侧较严重。龛内上部左

右两侧浮雕二飞天。宝珠形头光
素面无纹。十一面观音菩萨头部
分三层表现十面：下层五面，中
层四面，顶部一面。颈部三道刻
画细致。卷曲状长发披垂于两
肩。右臂曲举，右手掌心向内持
一枝花枝，顶部有花蕾，两侧有
花叶；左手下垂，中指和无名指
夹瓶口提一水瓶。上半身条帛从
右肩披垂至左侧腰际，天衣从背
后绕过双肘垂于体侧。颈部佩戴
颈饰，双臂佩戴臂钏、腕钏。下
半身着裙，双腿表面刻出平行的
U形衣纹线。跣足直立于莲台之
上，莲台仰莲和覆莲瓣表面浮雕
装饰纹。

3. 十一面观音菩萨像

高：114.3厘米（表五之3号，
图一三〇）美国波士顿美术
馆藏

该像在长方形石灰岩正面开
内凹的尖拱形龛，龛内浮雕十一
面观音菩萨像。龛右侧边缘基本
完整，下部稍有残缺；左侧边缘
上部局部有残缺，下部残失严
重。龛内上部左右两侧雕二飞
天。宝珠形头光素面无纹。十一
面观音菩萨头部分三层表现十

图一三〇　十一面观音菩萨像

时代为长安年间（推测），高114.3厘
米，现藏美国波士顿美术馆（图采自松
原三郎：《中国佛教雕刻史论》，图版
三，图653）

面：下层五面；中层四面；顶部
一面残缺。颈部三道刻画细致。
卷曲状长发披垂于两肩。右臂下
垂至体侧，右手掌心向外，中指
和无名指夹瓶口提一水瓶，天衣
从掌心穿过。左臂上举，掌心向
内似握一花蕾，已残失。上半身
条帛从左肩披垂至右侧腰际，天
衣从双肩下垂绕过双肘垂于体侧。
颈部佩戴颈饰，双臂佩戴腕钏。
下半身着裙，双腿表面各刻出四
道平行的 U 形衣纹线。跣足直立
于莲台之上。

　4. 十一面观音菩萨像　高：
110 厘米（表五之 4 号，图一三
一）日本文化厅藏

　该像在长方形石灰岩正面开
内凹的尖拱形龛，龛内浮雕十一
面观音菩萨像。龛右侧边缘三分
之一残缺，左侧基本完整，下部
稍有残缺。龛内上部左右两侧雕
二飞天，右侧飞天仅余双腿部，
头部和上半身残缺。左侧飞天完
整，左下方为一朵卷云纹。宝珠
形头光分内外三重：内重椭圆形
素面无纹，中重椭圆形雕四瓣两
重花纹，外重雕一周火焰纹。十
一面观音菩萨头部分三层表现十

图一三一　十一面观音菩萨像
时代为长安年间（推测），高 110 厘
米，现藏日本文化厅（图采自松原三
郎：《中国佛教雕刻史论》，图版三，
图 650）

面，大部分残缺，仅余中层两侧两面。颈部三道刻画细致。卷曲状长发披垂于两肩。右臂残失。左臂上举，掌心向内握一花枝，顶部为花蕾，两侧各一三瓣花叶。上半身条帛从左肩披垂至右侧腰际，天衣从背后经双肩下垂绕过左肘垂于体侧。右侧残失。颈部佩戴颈饰，左臂佩戴臂钏和腕钏。下半身着裙，双腿上半部表面各刻出两道平行垂直竖线衣纹，膝盖以下部分刻出四道平行的U形衣纹线。跣足直立于莲台之上。莲台的仰莲瓣和覆莲瓣表面浮雕花叶纹装饰。有研究者认为丰满的肉体和整齐的衣纹线使得该造像呈现出优雅的感觉[31]。

5. 十一面观音菩萨像

高：85.1厘米，宽：112厘米，厚：30.6厘米（表五之5号，图一三二）日本奈良国立博物馆藏

该像在长方形石灰岩正面开内凹的尖拱形龛，龛内浮雕十一面观音菩萨像。龛两侧边缘基本完整，右侧稍有残缺。

图一三二　十一面观音菩萨像
时代为长安年间（推测），高85.1厘米，宽112厘米，厚30.6厘米，现藏日本奈良国立博物馆（图采自松原三郎：《中国佛教雕刻史论》，图版三，图655）

龛内上部左右两侧雕二飞天。宝珠形头光分内外重：内重椭圆形素面无纹；外重宝珠形浮雕卷草纹。十一面观音菩萨像头部分三层表现十面：下层五面；中层四面；上层一面，基本完整。颈部三道刻画细致。卷曲状长发披垂于两肩。上半身条帛从左肩披垂至右侧腰际，天衣从背后经双肩下垂绕过左肘垂于体侧。颈部佩戴颈饰，双臂佩戴臂钏和腕钏。右臂曲举于体侧，右手于肩部旁边持一刻"灭罪"铭文的印章；左臂下垂于体侧，左手掌心向外自然伸展，无持物。下半身着裙，双腿上半部表面各刻出两道从腿内侧向外伸展的垂直衣纹线，膝盖以下部分刻出四道平行的 U 形衣纹线。跣足直立于莲台之上。莲台的仰莲瓣和覆莲瓣表面浮雕花叶纹装饰。莲台下部为束腰二层素面台座。稻木泰生认为该十一面观音菩萨像手持"灭罪"印章，可能与《千手千眼观世音菩萨广大圆满无碍大悲心陀罗尼经》（千手千眼陀罗尼经）所说的千手观音的四十大手中所包含的"宝印手"有关。但是特别雕刻出"灭罪"二字铭文这一点使人联想起东大寺修二会所代表的十一面悔过仪式，值得在武周时期变化观音信仰的背景下考虑其意义[32]。

6. 十一面观音菩萨像　高：77.8 厘米，宽：31.5 厘米（表五之 6 号，图一三三）美国弗利尔美术馆藏

该像在长方形石灰岩正面开内凹的尖拱形龛，龛内浮雕十一面观音菩萨像。龛下部三分之一残失，残存部分右侧下部边缘残失严重，左侧边缘稍有残缺。龛内上部左右两侧雕二飞天。宝珠形头光分内外三重：内重椭圆形素面无纹，中重浮雕卷草纹，外重雕一周火焰纹。十一面观音菩萨头部分三层表现十面：下层五面，中层四面，上层一面，基本完整。颈部三道刻画细致。卷曲状长发披垂于两肩。右臂上举，掌心向外，拇指和食指捏一花枝，顶部为花蕾，两侧各一三瓣花叶。左臂下垂至体侧，左手掌心向内捏天衣。上半身条帛从左肩披垂至右侧腰际，天衣从背后

图一三三　十一面观音菩萨像

时代为长安年间（推测），高 77.8 厘米，宽 31.5 厘米，现藏美国弗利尔美术馆（图采自松原三郎：《中国佛教雕刻史论》，图版三，图 654b）

经双肩下垂绕过左肘垂于体侧。颈部佩戴颈饰，双臂佩戴臂钏和腕钏。下半身着裙，双腿上半部表面各刻出两道平行垂直竖线衣纹，膝盖以下部分残失。

7. 十一面观音菩萨像

高：108.6 厘米，宽：31.7 厘米（表五之 7 号，图一三四）美国弗利尔美术馆藏

该像在长方形石灰岩正面开内凹的尖拱形龛，龛内浮雕十一面观音菩萨像。龛右侧边缘下部残失严重，左侧边缘上部稍有残失。龛内上部左右两侧雕二飞天。宝珠形头光外缘左右各由三道内曲的卷云文组成，内部为花纹。十一面观音菩萨像头部分三层表现十面，大部分残缺。颈部三道刻画细致。卷曲状长发披垂于两肩。右臂上举，掌心向内握一花枝，顶部为花蕾，两侧为花叶。左臂下垂，左手掌心向外握天衣。上半身条帛从右肩披垂至左侧腰际，天衣从背后经双肩下垂绕过左肘垂于体

图一三四　十一面观音菩萨像

时代为长安年间（推测），高 108.6 厘米，宽 31.7 厘米，现藏美国弗利尔美术馆（图采自松原三郎：《中国佛教雕刻史论》，图版三，图 652）

侧。颈部佩戴颈饰，双臂佩戴臂钏和腕钏。下半身着裙，双腿上半部表面各刻出三道从腿内侧向外伸展的垂直竖线衣纹，膝盖以下部分刻出五道平行的 U 形衣纹线。跣足直立于束腰莲台之上。

第二类是大乘佛教的四佛：阿弥陀三尊，弥勒三尊，释迦三尊，药师佛三尊（推测）。

阿弥陀三尊像有四件（表五之 8～11 号），这四件龛像全部有长安三年的铭文。供养者为王璿、韦均、高延贵和李承嗣四位官吏。除了韦均之外，其他三人造像铭均明确提出所造像为阿弥陀像。这四件阿弥陀像的共同特征是主尊穿双领下垂式袈裟，右手施无畏印，在莲台上结跏趺坐。莲台座由仰莲、覆莲台组成，束腰处为六角形。天盖的形状有宝树盖和宝珠盖两种。

8. 阿弥陀三尊像　高：107.5 厘米，宽：64 厘米（表五之 8 号，彩图三）

长安三年（703）七月　王璿题　中国西安旧宝庆寺塔二层西南面

从造像铭文可见该像的供养者为"金紫光禄大夫行殿中监兼检校奉宸令琅玡县开国公王璿"，造像场所为"七宝台内"，三尊像主尊的尊名为"阿弥陀像"，造像时代为"长安三年七月"。

长方形石的上部平面浮雕宝树天盖。主尊左右两侧各伸出一树干，顶部分枝浮雕树叶。树叶分三层并列，每组树叶顶部托一圆形果实，下面为若干枚细长叶瓣呈伞状排列。天盖的左右各对称浮雕一逆向飞翔的飞天。

中部开内凹形龛，浮雕三尊像。主尊的头光为二重：外重为宝珠形，内重为椭圆形，素面无纹。主尊高肉髻，螺发。面颊丰满，额头有白毫相。右手残失，推测施无畏印。左手掌心向下置于左膝之上。腹部雕出几条平行的下垂衣纹线。右足向上结跏趺坐，两腿部各雕出几条平行的横向衣纹线。束腰莲台下部为覆莲瓣，束腰部分浮雕出三棱鼓腹，上部为两重仰莲瓣。莲台下部左右两侧各雕一蹲狮，双狮的头部面向主尊仰视。左右胁侍菩萨的二重头光和主尊头光形制相同。二菩萨均头顶宝髻，身姿呈三屈法，头侧向主尊方向，腰部稍微向内侧扭曲。右胁侍菩萨的左臂曲举，左手持天衣；右臂下垂，右手掌心向外，中指和无名指间夹水瓶瓶颈。左胁侍菩萨的右臂曲举，右手持宝相花；左臂自然下垂于体侧，左手持天衣的一角。左右胁侍菩萨的台座为仰覆莲瓣组成的莲台。

下部平面阴刻铭文：

> 石龛阿弥陀像铭并序
> 大周抚玄，岁在癸卯。皇帝以至圣之明，弘正真之道。
> 稽一乘之贝牒，崇七宝之花台。尧曦与佛日齐悬，阊阖与招提相拒。
> 大哉神圣，无得而称。金紫光禄大夫行殿中监兼检校奉宸令琅琊县开国公王璿安住宝心，体解尘迹，思法桥之永固，愿圣寿之无疆。
> 爰于七宝台内敬造石龛阿弥陀像一铺，相好圆明，威仪具足。金莲拥座，宝树□阴，同日月之光辉，若山河之静默。
> 所愿上资皇祚，傍济苍生，长齐北极之□，永奉南熏之化。
> 长安三年七月□□日造，王无惑书。

9. 阿弥陀三尊像　高：104.2 厘米（三尺六寸），宽：73.3厘米（二尺四寸），左厚：26 厘米（表五之 9 号，彩图四）

长安三年（703）九月三日　韦均题　日本东京国立博物馆藏

据铭文该像的供养者为"通直郎行雍州富平县丞韦均"，时代为"长安三年岁次癸卯九月己丑朔三日辛卯造"。

竖长方形石上下平面，上部为天盖，下部为铭文，中部开内凹形龛浮雕三尊像。背面为曲尺形，左侧龛壁打磨光滑，阴线刻宝相花纹。

上部平面开浅内凹尖拱形龛，龛内浮雕出宝树形天盖。主尊的左右两侧各伸出一树干，顶部分枝表现树叶。树叶共十一团，分4、5、6三层并列。每团树叶的顶部为颗粒状圆形果实，下部为七枚细长形树叶呈伞状排列。杉山二郎认为，据经典所述，说《大无量寿经》时涌出的净土中有七宝树，"七宝诸树，周满世界：金树、银树、琉璃树、玻璃树、珊瑚树、玛瑙树、砗磲树。或有二宝三宝乃至七宝转共合成，或有金树银叶果，或有银树金叶花果……"这种宝树天盖或许是这种观念的具体表现[33]。天盖左右对称浅浮雕两飞天。二飞天头结宝髻，面向宝树天盖，身体倒立，逆向飞翔。二飞天均双手于胸前捧圆盘，盘上有半圆形物。二飞天上身着衣未经详细刻画，下身着裙，天衣从背后绕过肩部和双肘随身体两侧呈飘飞状。

中部内凹形龛内高浮雕三尊像。主尊头后为二重头光：内重为圆形，外重为宝珠形，均素面无纹。主尊头顶肉髻浑圆，螺发。两颊丰满，面部肌肉饱满，眉毛雕刻出眉骨轮廓，中间无阴刻线。双眉中间有白毫相。双目轮廓为隆起的半圆球形，上下眼睑微闭，目光似投向向前方远，呈现出冥想和慈悲的面部表情。鼻尖残缺，小嘴轮廓清晰，双耳下垂至肩部，颈部刻出三道。主尊结跏趺坐，左足心朝上，右手上举至胸前施无畏印，左手掌心向上置于右足之上。腹部三道横向阶梯状衣纹线，左臂随着肉体起伏雕刻出衣纹线，两腿部各雕出三道突起的横向平行衣纹线。束腰莲台下部为一周覆莲瓣，束腰部分浮雕出三棱鼓腹，每棱正面中央浅浮雕稍内凹的壶门，上部为两重仰莲瓣。主尊两侧为二胁侍菩萨像，头光均为二重：内重为圆形，外重为宝珠形，素面无纹。二菩萨像呈腰部稍扭向主尊的三曲形身姿，头顶宝髻，佩戴颈饰，双臂佩戴腕钏，跣足立于由仰莲瓣和覆莲瓣组成的束腰莲台之上。左侧菩萨右臂上举，手持花蕾；左臂自然下垂于体侧，左手捏住天衣。右侧菩萨左手上举持花蕾，右臂自然下垂至体侧，右手掌心向外，中指和无名指夹住水瓶瓶颈。

下部平面阴刻铭文：

原夫六尘不定，五蕴皆空。将导群迷，爰登正觉。

法雄见世，既开方便之门；真谛乘时，更显因缘之路。

是以耆山广济，火宅斯分。给圆弘誓，樊笼自释。圣生之德，不可思议。

弟子通直郎行雍州富平县丞韦均比为慈亲不豫，敬发菩提之心。

今者所苦已寥，须表鉴明之力。退征琬琰，近备雕镌。谨造像一铺，敢为铭曰：

大哉至圣，妙矣能仁。济世无德，归功有因。潜开觉路，暗引迷津。

愿回光于孝道，永锡寿于慈亲。

长安三年岁次癸卯九月己丑朔三日辛卯造。

10. 阿弥陀三尊像　高：107.3 厘米，宽：65.8 厘米（表五之 10 号，彩图五）

长安三年（703）七月十五日　高延贵题　日本东京国立博物馆藏

据铭文该像的供养者为"渤海高延贵"，尊名为"阿弥陀像"，时代为"长安三年七月十五日"。

竖长方形石上下平面，上部为天盖，下部为铭文，中部开内凹形龛浮雕三尊像。

竖石上部浅浮雕天盖，造型为由七颗火焰宝珠组成的宝珠盖。顶部为莲花座上承托一颗最大的火焰宝珠，下面由连线组成屋檐形伞盖，六个屋檐顶端都承托一莲花座，上承一颗稍小的火焰宝珠。天盖左右两侧浮雕二飞天，右侧飞天回首向伞盖方向，仰身向上作飞翔状；左侧飞天面向前方，俯身作飞翔状，左臂曲举于头顶，左手托圆形盘，盘内盛放五枚尖头圆形物品；右手曲肘置于胸前。二飞天均披天衣，天衣从背后绕双肘随身体飘飞。

竖石中部开内凹形龛，龛内高浮雕三尊像。主尊头光为二重头光：内重为圆形，外重为宝珠形，素面无纹。主尊头顶为浑圆的高肉髻，头部竖向雕出若干刻线将头发分为若干股，每股内雕出卷曲的纹理，表现出波状发型。面部浑圆，眉骨中间用阴刻线表现眉毛的曲线，双眉间为白毫相。双目轮廓为半圆球形，双眼睑之间雕出细长的刻线，表现出微闭的双目。左侧鼻翼残缺。双唇紧闭，嘴角微微上扬，似在微笑。双耳垂至肩部，颈部刻出三道。主尊内层袈裟于胸前系纽。胸部挺起，腹部稍内收，作挺拔的结跏趺坐姿态，双足均露出袈裟，掌心向上置于双腿之上。右臂曲举于胸前，右手施无畏印，指尖残失。左手掌心向上置于右足之上。左侧肩部至肘部随着身体起伏刻画出若干条带状衣纹线，右腿近脚部刻出几道横长条棱形衣纹线，左腿部下侧刻出两条平行的长条衣纹线。主尊莲台为束腰莲台，下部为一周双瓣覆莲瓣；束腰部分浮雕出三棱鼓腹，每棱正面中央浅浮雕稍内凹的壶门；上部下层为一周双瓣覆莲瓣，上层为两重仰莲瓣，每瓣莲瓣尖稍翻向外侧。莲台左右两侧各浮雕一跪姿天人，二天人均头顶高宝髻，右侧天人双手合十拱于胸前；左侧天人右臂曲举，左臂向身后平伸。主尊两侧为二胁侍菩萨，其二重头光内重为圆形，外重为宝珠形，均素面无纹。均头顶高宝髻，佩戴项饰，双臂佩戴腕钏。上身条帛从肩部斜披垂至腰间，下身着裙，膝盖以下部分雕出平行的 U 形衣纹线。天衣从背后绕过双肘披垂于体侧。二菩萨均作腰部稍微扭向主尊的侍立状。右侧胁侍菩萨左臂曲举于体侧，左手持一花枝；右臂自然垂于体侧，右手持天衣。

左侧胁侍菩萨右臂曲举于体侧，右手掌心向上托一圆形鼓腹瓶状物，底部有座，顶部有盖，其余部分残失。左臂自然下垂于体侧，左手拇指于食指间捏交叠弯曲的天衣。二菩萨均跣足立于束腰莲台之上，莲台由仰莲瓣和覆莲瓣组成。

竖石下部正中长方形区域阴刻铭文。两侧开内凹的竖长方形小龛，内部各浮雕一跪姿供养人。右侧供养人头顶高髻，着裙装，为女性。双手拱于胸前，持一花枝，花枝已残，仅余顶部椭圆形花蕾。左侧供养人头戴幞头，顶部残，身着束腰袍服，为男性。双手拱于胸前，持一物品，似为香炉。

中间部分阴刻铭文：

> 夫悠悠三界，俱迷五净之因；蠢蠢四生，未窥一乘之境。
> 蒙埃尘于梦幻，隔视听于津梁。朝露溘尽，前途何托。
> 渤海高延贵，卓而生知，超然先觉，知灭灭之长乐，识空空之妙理。眷兹朽宅，思树法桥。
> 敬造石龛阿弥陀像一铺。具相端严，真容澄莹。金莲菡萏，如生功德之池；宝树扶疏，即阴经行之尘。
> 所愿以兹胜业，乘此妙因。凡应合灵，俱升彼岸。
> 长安三年七月十五日敬造。

11. 阿弥陀三尊像　高：104.2厘米，宽：65.5厘米（表五之11号，彩图六）

长安三年（703）九月十五日　李承嗣题　日本东京国立博物馆藏

据铭文该像的供养者为"陇西李承嗣"，尊名为"阿弥陀像"，时代为"长安三年九月十五日"。

竖长方形石上下平面，上部为天盖，下部为铭文，中部开内凹形龛浮雕三尊像。

竖石上部浅浮雕天盖，造型为宝珠盖。圆形伞盖上部由五条刻线雕出五条屋脊似的起伏，顶部承托一宝珠，伞盖边缘浮雕五颗圆珠，下部垂下宝珠串成的垂饰。天盖左右两侧为二飞天，均为面向前的俯身飞翔姿态，天衣从背后绕过背部和双肘，随着身体呈飘飞状。右侧飞天头部稍偏向天盖，双手拱于胸前，托一圆盘。左侧飞天双手合十拱于胸前。在两侧飞天和天盖之间为三朵卷云纹。

　　竖石中部开内凹龛，龛内高浮雕三尊像。主尊头光为二重头光：内重为圆形，外重为宝珠形，素面无纹。主尊头部为覆钵形肉髻，螺发。面部浑圆，双眉间用阴刻线表现出眉毛的曲线，眉间浮雕出白毫相。双目微睁，眼角稍朝上。鼻头残，双颊丰满鼓起，小嘴。耳朵垂至肩部，颈部刻出三道。内层袈裟于胸前系纽。结跏趺坐于莲台之上，双足均隐于袈裟中，仅雕出轮廓。右臂曲举于胸前，右手施无畏印，指尖残。左臂置于腹前，左手掌心向上置于右足上。双腿部下侧刻出三道突出的平行横长条衣纹线。主尊莲台为束腰莲台，下部为一周双瓣覆莲瓣；束腰部分浮雕出三棱鼓腹，每棱正面中央浅浮雕稍内凹的壸门；上部下层为一周双瓣覆莲瓣，上层为二重仰莲瓣，外重每瓣莲瓣外浮雕三瓣花叶状装饰，花瓣尖稍翻向外侧。莲台左右两侧各一跪姿天人，右侧天人双手拱于胸前。左侧天人右臂支撑于右膝上，右手托盛物圆盘，左臂自然向身后伸直。主尊左右两侧为二胁侍菩萨，宝珠形头光，素面无纹。二菩萨作腰部稍扭向主尊的侍立姿，跣足立于莲台之上。主尊右侧胁侍菩萨高宝髻，发髻前面正中花蕾装饰，胸部佩戴三圈项饰，右臂佩戴臂钏和腕钏，自然垂下，右手持天衣；左臂佩戴腕钏，曲举于体侧，左手持一花蕾。左侧胁侍菩萨高宝髻，发髻前面正中浮雕一尊坐佛，佩戴一圈颈饰。右臂佩戴腕钏，右手持拂尘；左臂自然下垂，左手拇指与食指和中指持水瓶颈部。二胁侍菩萨所站立莲台为束腰莲台，均由一重仰莲和覆莲瓣组成。

　　竖石下部正中长方形区域阴刻铭文。两侧开内凹的竖长方形小龛，内部各浮雕一跪姿供养人。右侧供养人头顶高髻，为女性，双手拱于胸前。左侧供养人头戴幞头，身着束腰袍服，为男性，面部偏向正前面，双手拱于胸前持一长柄圆头物品。

中部阴刻铭文：

> 维大周长安三年九月十五日陇西李承嗣为尊亲造阿弥陀像一铺。
>
> 镌镂庄严，即日成就。威严相好，灿然圆满。所愿资益慈颜，永超尘网。
>
> 铭曰：有善男子，投心正觉，是仰是瞻，爱雕爱斫。金容宝相，云蔚霞骇。一契三明，长销五浊。

弥勒三尊像有四件（表五之 12~15 号）。其中二件有长安三年的铭文，一件有长安四年的铭文。供养者为萧元眘、姚元之和姚元景等官吏。其中萧元眘的造像铭明确提出所造像为弥勒佛。四件弥勒像的共同特征是主尊在台座上倚坐、右手举于胸前施无畏印、左手掌心向下放置在左腿膝盖上，双足各踩一小莲台，两侧各蹲卧一狮子。这种造型与李玉珉所总结的隋唐弥勒佛像的图像特征相一致[34]。

12. 弥勒三尊像　高：108.2 厘米，宽：73.9 厘米（表五之12 号，彩图七）

长安三年（703）九月十五日　萧元眘题　日本东京国立博物馆藏

据铭文该像的供养者为"前扬州大都督府扬子县令兰陵萧元眘"，尊名为"弥勒像"，供养时间为"长安三年九月十五日"。

竖长方形石上下平面，上部为天盖，下部为铭文，中部开内凹形龛浮雕三尊像。

竖石上部浅浮雕天盖，造型为装饰宝珠的宝树盖。主尊身后左右两侧各浅浮雕出一枝树干。竖石上部开浅尖拱形龛，龛内分两重浮雕天盖：外重为宝树盖，顶部为一莲台承托宝珠，左右两侧各浮雕出五团树叶，每团树叶的顶部为颗粒状圆形果实，下部为六至八枚细长形树叶呈伞状排列；内重为宝珠装饰，在屋脊状起伏的伞盖外缘横向排列五颗火焰宝珠，正中一颗最大。天盖下部垂下串珠璎珞，富有装饰性。天盖左右两侧为二飞天，均呈面朝前方的俯身飞翔姿势。左侧飞天双手拱于胸前，似托物。右侧飞天头顶结高宝髻，左臂伸于体侧，左手似托物；右臂自然伸展。

竖石中部开内凹形龛，龛内高浮雕三尊像。主尊头光为单重宝珠形，素面无纹。主尊头顶浑圆的肉髻，螺发。双眉中间阴刻线，双目微闭。面相方圆，右侧鼻翼残。倚坐像。右手举起，在胸前施无畏印，指尖残失。左手掌心向下抚于左膝之上。两足跣足各踏一莲台。主尊身着双领下垂式袈裟，腹部雕刻出台阶状衣纹；双腿表面和双腿之间下垂衣裙雕出条带状的 U 形衣纹线。主尊台座为方形。脚下二莲台中间以蔓草纹连接。台座左右两侧下面各雕一蹲狮，狮子朝内的前爪抬起。左右二胁侍菩萨头光为单重宝珠形，素面无纹。均佩戴项饰和腕钏。右侧胁侍菩萨头部稍大，上半身稍长，右臂下垂，右手持水瓶瓶颈，左臂上举，左手持拂尘。左侧胁侍菩萨右臂曲举，右手持一物，下部残，上部为宝珠形顶；左手下垂持天衣。两菩萨呈腰部稍扭向主尊侍立姿态，跣足立于由仰莲和覆莲组成的束腰莲台之上。

竖石下部阴刻铭文：

闻夫香风扫尘，五百如来之出兴；宝花雨来，六万仙圣之供养。

岂若慈氏应现，弥勒下生，神力之所感通，法界之所安乐。

前扬州大都督府扬子县令兰陵萧元眘学菩萨行，现宰相身，留犊三江，还凫八水。

于是大弘佛事，深种善根，奉为七代先生，爰及四生庶类，敬造弥勒像一铺并二菩萨。

粤以大周长安三年九月十五日，雕镌就毕。

巍巍高妙，霞生七宝之台；荡荡光明，月满千轮之座。

无边功德，既开方石之容；无量庄严，希鋈恒河之果。

重宣此义，而为赞云：

巍巍梵仙，光宅大千。容开碧玉，目净青莲。歌陈相好，铭记因缘。等雨法雨，长滋福田。

13. 弥勒三尊像　高：67.9 厘米，宽：34.3 厘米（表五之13 号，图一三五）

长安三年（703）九月十五日　姚元之题　美国亚洲美术馆藏

据铭文该像的供养者为"银青光禄大夫行凤阁侍郎兼检校相王府长史姚元之"，时代为"长安三年九月十五日"。

推测原来形制与其他弥勒三尊像一致，为竖长方形石上下平面，上部为天盖，下部为铭文，中部开内凹形龛浮雕三尊像。该像仅残存主尊部分，为高浮雕。主尊头顶为浑圆的高肉髻，螺发。面部丰满圆润，右侧鼻翼稍残，颈部刻画出三道。倚坐像，右手上举，于胸前施无畏印，指尖残失。左手掌心向内抚左膝。两足跣足各踏一莲台，莲台之间以蔓草纹连接，右侧伸出一莲蓬。莲台右侧浮雕一蹲狮，前蹄着地向莲台蹲踞，头部偏向正面。主尊着双领下垂式袈裟，从左肩部至左手袖口部，腹部和两腿之间雕刻出由正面和斜面组成的突棱形较宽的台阶状衣纹线。两腿膝盖以下雕刻平行的 U 形突起带状较细的衣纹线。宣字形台座垂裳，正面两侧雕出规则的垂直突棱状纹。

竖石下部阴刻铭文[35]：

切（功？）□□□□□□□□彰，昊天之恩罔极。□□施渥，牛涔效浅。每以弄乌勤侍，思反哺而驰魂；托凤凌虚，愿衔书而走魄。

闻夫践宝田之界，登寿域于三明；扬慧炬之晖，警迷途

图一三五　姚元之题弥勒佛三尊像

长安三年（703）九月十五日铭，高 67.9 厘米，宽 34.3 厘米，现藏美国亚洲美术博物馆（图采自《艺术学》第 1 期（1987 年 3 月），第 69 页，图十六）

于六暗。

爱凭圣福，上治君亲。悬佛镜而朗尧曦，流乳津而沾血属。

下该妙有，旁括太无。并悟真诠，咸升觉道。铭曰：

地踊琳塔，天飞圣仪。丹楹日泛，锦石莲披。酌慧难测，资生不疲。长褰欲纲，永披禅枝。

长安三年九月十五日，银青光禄大夫行凤阁侍郎兼检校相王府长史姚元之造。

14. 弥勒三尊像　高：104.5 厘米，宽：79 厘米（表五之 14 号，彩图八）

长安四年（704）九月十八日　姚元景题　日本东京国立博物馆藏

据铭文该像的供养者为"朝散大夫行司农寺丞姚元景"，时代为"长安四年九月十八日"，造像场所为"光宅寺法堂石柱"。

竖长方形石上下平面，上部为天盖，下部为铭文，中部开内凹形龛浮雕三尊像背部呈曲尺形，左侧面磨平，阴刻缠枝花纹，花纹中有童子。

竖石上部开浅尖拱伞盖形龛，内浅浮雕宝珠盖。天盖中央最高处为一颗较大的火焰宝珠，左右两侧对称排列两颗较小的火焰宝珠，五颗宝珠之间以串珠组成的璎珞连接成伞盖形，璎珞之间垂下若干串珠组成的垂饰。天盖上部左右两侧各雕出两朵卷云纹。下部左右两侧为二飞天，右侧飞天呈面向前方，俯身飞翔姿态；左侧飞天身体向上，双膝曲折，作面向外侧的反向飞翔姿态。二飞天身体下方各衬托一朵卷云纹。天衣随着身体呈飘飞状。

竖石中部开内凹形龛，龛内高浮雕三尊像。主尊头光二重：内重圆形，素面无纹；外重为轮形，内重外缘伸出九条等距离的放射状短线，外重连线形成十条辐组成的轮状外重头光。主尊头顶肉髻，螺发。眉骨中间和眼睑上下边缘皆刻出一道阴刻线，表现出眉毛的线条和眼睛的轮廓线。双目微闭，目光投向前边远方。面相方圆，两颊丰厚，颈部刻出三道。双耳垂至肩部。倚坐像。右手举起，掌心向外，指头部分皆残，推测施无畏印。左手掌心向内抚左膝。两足跣足各踏一莲台。主尊身着袒右肩袈裟，袒露出来的胸部和右侧肩部丰厚健硕，腹部雕出台阶状衣纹线，两腿部分下垂衣裙雕出较宽的带状平行衣纹线，双腿膝盖以下部分正面各刻出四道平行的 U 形突起较细带状衣纹线。主尊台座为方形宣字形台座，上下各二层，中间为方形束腰部分。主尊背后浅浮雕出台座的背屏纹样，下部左右两侧为莲台上直立之动物形象，上部左右两侧为摩羯鱼的头部。脚下二莲台之间以蔓草纹连接，左右两侧各浮雕一蹲狮，面向主尊蹲踞，头部均残。左右二胁侍菩萨头光均为二重：内重为圆形；外重为宝珠形，素面无纹。二菩萨均上身着从肩头斜披至腰部的条帛，下身系裙，膝盖以上大腿表面刻出几道竖直凸棱状衣纹线，膝盖以下部分各刻出三道平行的突起 U 形衣纹线。胸部佩戴项饰，双臂佩戴腕钏。右侧菩萨高宝髻正面中央雕刻宝瓶，左臂曲举至体侧，左手掌心向上托一浅口盘，盘内盛放尖顶圆柱形表面有若干突起的物品；右臂垂至体侧，右手捏天衣一角。左侧菩萨高宝髻正面中央雕刻花蕾状物，右臂曲举，右手稍残，持拂尘；左臂垂至体侧，左手拇指和食指捏住水瓶瓶口。两菩萨都呈腰部稍扭向主尊侍立姿态，跣足立于由仰莲和覆莲组成的束腰莲台之上。二菩萨身体比例均呈现出头部稍大，上半身稍长。

竖石下部阴刻铭文[36]：

> 窃惟大雄利见，弘济无边；真谛克明，神通自在。
>
> 是以三千世界，禅河注而不竭；百亿须弥，甘露洒而恒满。

归依妙理，无乃可兮。

朝散大夫行司农寺丞姚元景，慈悲道长，忍辱心遐。悟未绽之觉来，沿绀池而利往。

发愿上下平安，爰于光宅寺法堂石柱造像一铺，尔其篆刻彰施，仪形圆满。

真容湛月，坐青石而披莲；法柱承云，排绀霄而舞鹤。

云日开朗，金光炳然；风尘晦冥，玉色逾洁。

身不可诟，道必长明；宴坐经行，善弘多矣。

俾我潘舆尽敬，将法轮而恒转；姜被承欢，曳天衣而下拂。

昆丘燎火，还披鹫岭之云；宝劫成尘，载涤龙宫之水。

乃为铭曰：法无□兮神化昌，流妙宇兮烁容光，弥亿龄兮庆未央。

长安四年九月十八日书

尚方监主簿姚元景造。

15. 弥勒三尊像　高：107 厘米，宽：72 厘米（表五之 15 号，彩图九）

中国西安旧宝庆寺塔二层西北面

竖长方形石上下平面，上部为天盖，下部平面未刻铭文，中部开内凹形龛浮雕三尊像。依据该龛主尊图像与前述三龛主尊弥勒佛一致推测为弥勒佛，据造像风格推测为长安年间。

竖石上部浅浮雕天盖，造型为装饰宝珠的宝树盖。主尊身后左右两侧各浮雕一枝树干。竖石上部开浅尖拱形龛，龛内浮雕宝树盖，宝树内部装饰宝珠盖。推测天盖左右两侧有二飞天，但因现在镶嵌于砖塔龛内无法看见。

竖石中部开内凹形龛，龛内高浮雕三尊像。主尊头光二重：内重圆形，素面无纹；外重为宝珠形，内外重之间浮雕轮形，内重外缘伸出八条等距离的放射状短线，外重连线形成九条辐

组成的轮状外重头光。主尊头顶肉髻，螺发。双目微闭，目光
投向前边远方。面相浑圆，颈部刻出三道。双耳垂至肩部。倚
坐像。右手举起，掌心向外，指头部分皆残，推测施无畏印。
左手掌心向内抚于左膝之上。两足跣足各踏一莲台。主尊身着
袒右肩袈裟，袒露出胸部和右侧肩部，左侧肩部和腹部衣纹线
为平行条带状。两腿部分下垂衣裙雕出四道均匀的平行衣纹线，
双腿膝盖以下部分正面各刻出四道平行的 U 形突起较细带状衣
纹线。主尊台座为方形宣字形台座，上部一层，垂裳；下部二
层；中间为方形束腰部分。主尊背后浅浮雕出台座的背屏纹样，
下部左右两侧为莲台上直立之动物形象，上部左右两侧为摩羯
鱼的头部。脚下二莲台之间以蔓草纹连接，左右两侧各浮雕一
面向主尊的蹲狮。左右二胁侍菩萨头光均为单重宝珠形，素面
无纹。二菩萨均上身着从肩头斜披至腰部的条帛，下身系裙，
膝盖以下部分各刻出三道平行的突起 U 形衣纹线。胸部佩戴项
饰，双臂佩戴腕钏。右侧菩萨左臂曲举至体侧，左手掌心向上
托水瓶，右臂垂至体侧，右手捏天衣一角。左侧菩萨右臂曲举，
右手持花束；左臂垂至体侧，左手捏天衣一角。两菩萨都呈腰
部稍扭向主尊侍立姿态，跣足立于由仰莲和覆莲组成的束腰莲
台之上。

　　推测为药师佛三尊像有四件（表五之 16～19）。这四件像都
无铭文。共同的造像特征是主尊的右手施无畏印、在八角台或宣
字形台座上结跏而坐。与阿弥陀佛的莲花台座不同。天盖的形状
有宝树盖和宝珠盖两种。

　　16. 三尊像　高：104.2 厘米，宽：96.1 厘米（表五之 16
号，彩图一〇）

　　日本东京国立博物馆藏

　　竖长方形石上部开拱形内凹龛，上部浮雕天盖，中部浮雕三
尊像，下部平面。

天盖造型为宝树盖。主尊身后左右两侧各浮雕出一枝树干。宝树盖整体轮廓为伞状，下部边缘呈圆弧状。伞状轮廓内分三层横向排列树叶，每团树叶的顶部为三颗小粒状圆形果实呈"品"字状堆起，下部为一周细长形树叶呈伞状排列。天盖左右两侧浮雕二飞天，均作双手合十拱于胸前的俯身飞翔姿态，天衣从背后绕过双臂随身体两侧呈飘飞状。

三尊像的主尊头后面为二重头光：内重为椭圆形；外重为宝珠形，均素面无纹。头部和面部大半部残失，仅余方圆形面颊和左侧耳垂下部。颈部刻出三道。主尊身着双领下垂式袈裟。结跏趺坐于束腰台座之上。双足露出袈裟，但仅雕出轮廓。右臂曲举于胸前，右手残失，推测施无畏印。左手掌心向下抚于左膝之上。主尊右侧肩部未刻出衣纹线，左侧肩部和腹部垂下若干平行条带状衣纹线。双腿部下侧刻出四道突出的较直平的突棱状衣纹线。主尊束腰台座下部为一周双瓣覆莲瓣；中部为束腰六棱柱；上部垂裳。主尊左右两侧为二胁侍菩萨，头后均为二重头光：内重为椭圆形；外重为宝珠形头光，均素面无纹。二菩萨作腰部稍扭向主尊的侍立姿，跣足立于莲台之上。二菩萨头部稍微偏向主尊侧，上身条帛从肩部披垂至另一侧腰部，下身着裙，腿部膝盖以下部分刻出三道平行的 U 形衣纹线。胸部均佩戴纹饰简洁的项饰，双臂佩戴腕钏。右侧胁侍菩萨左臂曲举于体侧，左手持一花蕾；右臂自然垂至体侧，右手持天衣。左侧胁侍菩萨右臂曲举至体侧，右手似持物；左臂自然垂下，左手持天衣。二胁侍菩萨所站立莲台为束腰莲台，均由一重仰莲和覆莲瓣组成。

17. 三尊像　高：109 厘米，宽：75 厘米，厚：21 厘米（表五之 17 号，彩图一一）

中国西安碑林博物馆藏

竖长方形石上部浮雕天盖，中部开拱形内凹龛浮雕三尊像，下部平面阴刻铭文。左半部三分之一处残失。

天盖造型为宝树盖。主尊身后左右两侧各浮雕一枝树干，树干顶部浮雕出若干分枝。宝树盖整体轮廓为伞状，上部中央为四粒宝珠组成的屋檐状伞盖，下部边缘呈圆弧状。伞状轮廓内分五排横向排列树叶，每层树叶的排列与上下层错列开，每团树叶的顶部为一粒状圆形果实，下部为一周细长形树叶呈伞状排列。天盖右侧飞天作双手合十拱于胸前的俯身飞翔姿态，天衣从背后绕过双臂随身体两侧呈飘飞状。右侧飞天残失。

三尊像的主尊头后为二重头光：内重为椭圆形，外重为宝珠形，均素面无纹。主尊头部为覆钵形肉髻，螺发。面部浑圆，双眉间用阴刻线表现出眉毛的曲线，眉间浮雕出白毫相。双目微睁，眼角稍朝上。双颊丰满，小嘴，似在微笑。双耳垂至肩部，颈部刻出三道。主尊身着双领下垂式袈裟。结跏趺坐于宣字形台座之上。双足隐藏于袈裟之中，仅雕出轮廓。右臂曲举于胸前，右手残失，推测施无畏印。左手掌心向内置于左膝之上。主尊右侧肩部未刻出衣纹线，左侧肩部和腹部垂下若干细密的平行条突起衣纹线。双腿部表面刻出若干突出的突棱状横向弧线形衣纹线。主尊莲台为宣字形台座，下部为一层较矮方形台座；中部束腰部为正方形，中央浮雕一束腰圆形香炉，左右浮雕二跪姿供养人，二供养人均双手拱于胸前，作面向主尊的跪拜姿态；上部为二重方台。主尊左右两侧为二胁侍菩萨，头后均为二重头光：内重为椭圆形，外重为宝珠形头光，均素面无纹。右侧菩萨胸部佩戴两圈串珠项饰，双臂佩戴腕钏，左臂曲举于体侧，左手持一花蕾；右臂自然垂至体侧，右手持天衣。作腰部稍扭向主尊的侍立姿，跣足立于莲台之上。莲台下部为八棱形二层底座，上部为单层仰莲瓣莲台。左侧胁侍菩萨仅余右臂曲举至体侧，右手拇指与食指捏拂尘柄。其余部分残失。

铭文[37]：

天际飞□□□虹舒□□□□踊出弟□□□严训早□□□灵萦增感□□集态。

思宏□□之基，异渐□□之福。

窃以□□山而纪石，劫火所不能讬；慧海而乘舟，岚风所不能击。

爰凭瑞塔，敬勒尊容。愿无际之生，感陟有缘之路。

铭曰：妙矣大雄，慈门是辟。纳芥留想，乘莲跃迹。宝台恒净，珠柱无夕。庶此刊金，期诸拂石。

18. 三尊像　高：107 厘米，宽：71 厘米（表五之 18 号，彩图一二）

中国西安旧宝庆寺塔二层西面

竖长方形石上部浮雕天盖，中部开拱形内凹龛浮雕三尊像，下部平面。

天盖造型为装饰宝珠的宝树盖。主尊身后左右两侧各伸出一枝树干，树干顶部浮雕出若干分枝。天盖内部为串珠组成璎珞表现出屋顶状轮廓，屋顶装饰一颗较大的火焰宝珠，边缘部上面等距离装饰五颗稍小的火焰宝珠，下面垂下串珠璎珞。天盖左右两侧为飞天，右侧飞天作回首转身向上的跌落姿态，身体下方衬托一朵卷云纹。

三尊像的主尊头后为二重头光：内重为圆形，外重为宝珠形，均素面无纹。主尊头部为覆钵形肉髻，螺发。面部浑圆，双眉间用阴刻线表现出眉毛的曲线，双目微闭。双耳垂至肩部，颈部短粗，刻出三道。主尊身着偏袒右肩袈裟，结跏趺坐于束腰宣字形台座之上。双足隐藏于袈裟之中，仅雕出轮廓。右臂曲举于胸前，右手残失，推测施无畏印。左手掌心向内置于左膝之上。主尊左侧肩部和腹部垂下若干等距离均匀的平行条突起衣纹线。双腿部表面下侧各刻出三道突出的突棱状横向弧线形衣纹线。主尊台座为宣字形台座，下部为一层较矮方形台座；中部为正方形束腰部，正面中央浮雕一束腰圆形香炉，香炉上下部浮雕出莲瓣纹，左右浮雕二面向主尊蹲踞的蹲狮，靠内侧的前爪抬起；台座上部垂裳，表面浮雕左中右三组圆弧状纹线。主尊左右两侧为二胁侍菩萨像，头后均为二重头光：内重为圆形；外重为宝珠形头光，均素面无纹。二菩萨均作腰部稍扭向主尊的侍立姿，胸部佩戴两圈串珠组成的项饰，双臂佩戴腕钏。上身条帛从一侧肩部披垂至另一侧腰间，下身系裙，腿部表面浮雕四道平行的 U 形衣纹线。右侧菩萨头部残，左臂曲举于体侧，左手持拂尘；右臂自然垂至体侧，右手持天衣。左侧胁侍菩萨右臂曲举于体侧，右手持花蕾；左臂自然垂至体侧，左手持天衣。其余部分残失。二菩萨跣足立于莲台之上，该莲台下部为八棱形二层底座，上部为单层覆莲瓣和仰莲瓣组成的束腰莲台。

19. 三尊像　高：107 厘米，宽：72 厘米（表五之 19 号，彩图一三）

中国西安旧宝庆寺塔二层东北面

竖长方形石上部开拱形内凹龛，上部浮雕天盖，中部浮雕三尊像，下部平面。

天盖造型为装饰宝珠的宝树盖。主尊身后左右两侧各浮雕出一枝树干，树干顶部浮雕出若干分枝。天盖内部为串珠组成璎珞表现出屋顶状轮廓，屋顶装饰一颗较大的火焰宝珠，边缘部上面等距离装饰五颗稍小的火焰宝珠，下面垂下串珠璎珞。天盖左右两侧为飞天，均头顶高宝髻，于胸前捧盛物圆盘，面向主尊作俯身飞翔姿态。

三尊像的主尊头后为二重头光：内重为椭圆形，浮雕一周莲瓣；外重为宝珠形，浮雕一周卷草纹。主尊头部为覆钵形肉髻，螺发。面部方圆，双目微睁。双耳垂至肩部，颈部短粗，刻出三道。主尊身着双领下垂式袈裟。结跏趺坐于宣字形台座之上。双足露出袈裟，仅雕出轮廓。右臂曲举于胸前，施无畏印。左手掌心向内抚左膝。主尊左侧肩部和腹部垂下若干突起平行衣纹线。双腿部表面下侧各刻出几道突出平行弧形衣纹线。主尊宣字台座下部为一层较矮方形台座；中部正方形束腰部正面中央浮雕一束腰圆形香炉，左右浮雕二跪姿供养人，头部和身体残缺严重；台座上部垂裳。主尊左右两侧为二胁侍菩萨像，头顶宝髻，头后均为二重头光：内重为椭圆形，素面无纹；外重为宝珠形头光，浮雕卷草纹。二菩萨均作腰部稍扭向主尊的侍立姿，略呈头大身小的比例。胸部佩戴有垂饰的串珠项饰，双臂佩戴臂钏和腕钏。上身条帛从一侧肩部披垂至另一侧腰间，下身系裙，腿部表面浮雕几道平行的 U 形衣纹线。右侧菩萨像头顶高宝髻，左臂曲举于体侧，左手持拂尘；右臂自然垂至体侧，右手持水瓶。左侧胁侍菩萨右臂曲举至体侧，右手持花蕾；左臂自然垂至体侧，左手捏天衣。二菩萨像均跣足立于由单重仰莲和覆莲瓣组成的束腰莲台之上。

释迦三尊像四件、五尊像一件（表五之 20～24 号）。这些造像均无铭文。共同的特征是主尊右手掌心向下抚右膝施降魔印，左手掌心向上，放置于右足上。天盖统一为菩提树盖。

20. 释迦三尊像　高：104.8 厘米，宽：74.2 厘米（表五之 20 号，彩图一四）

日本东京国立博物馆藏

竖长方形石上部三分之二部分开尖拱形内凹龛，上部浮雕天盖，中部浮雕三尊像。下部三分之一部分为平面。

天盖为宝树盖，轮廓为一突出龛平面的伞盖形，伞盖内浅浮雕树叶。从底部中央向上方和外围由内及外雕出五条圆弧状树枝，每条树枝下侧雕出等距离的叶柄，连接心形树叶。天盖两侧浅浮雕二飞天，均作面向前方俯身飞翔姿态。二飞天发髻低平，头发从头顶披垂至两侧，天衣从背后绕过双臂随身体呈飘飞状。右侧飞天双手合十拱于胸前。左侧飞天右臂曲举体侧，右手捏天衣；左臂曲举至胸前。二飞天身体下侧衬托一朵卷云纹。

　　三尊像的主尊头后为二重头光：内重为椭圆形，外重为宝珠形，均素面无纹。主尊头部肉髻低平，正面中央浮雕出一小圆形突起，周围一周花瓣。头发为波状发，正面中央浮雕出一圆形突起，围绕一周漩涡状卷曲纹，两侧头发向下方和后方卷曲，其间阴刻几道向后上方的曲线，表现头发纹理。主尊面部浑圆，双眉间用阴刻线表现出眉毛的曲线，眼睑呈现厚重的半圆球形，双目微睁，眼角稍微上扬，鼻翼稍有残缺。双耳垂至肩部，短颈。主尊身着偏袒右肩袈裟。结跏趺坐于莲台之上，双足露出。右手掌心向内抚于右膝之上，施降魔印。左手掌心向上置于左足之上。左侧肩部随着左臂曲折刻出几道衣纹线，腹部下方刻出四道较浅的阶梯状衣纹线。右腿下部外侧刻出几道横直线形衣纹线，左侧腿部下部外侧刻出几道平行排列较短的内曲圆弧形衣纹线。主尊莲台外部浮雕两层仰莲瓣，下面伸出一枝短茎，连于根部。主尊身后雕出莲台的背屏，两侧肩部后方浮雕一根直杠，上垂下织物状物品，两侧有二条竖直突棱。主尊左右两侧为二胁侍菩萨，头后均为宝珠形头光，素面无纹。二菩萨均作腰部稍扭向主尊的侍立姿，胸部佩戴二重圆圈组成的项饰，双臂佩戴腕钏。上身条帛从一侧肩部披垂至另一侧腰间，下身系裙，腿部表面下部浮雕三道平行的 U 形衣纹线，U 形中间转折处较尖锐。天衣从背后经两肩自然披垂至体侧。右侧菩萨左臂曲举于体侧，左手拇指与食指捏住，未持物；右臂自然垂至体侧，右手捏天衣。左侧菩萨右臂曲举至体侧，右手持花蕾；左臂自然垂至体侧，掌心向外自然舒展。二菩萨均跣足立于单层仰莲瓣莲台之上。主尊的莲台与二胁侍菩萨的莲台之间以蔓草纹连接。蔓草纹从中央根部呈卷曲状向两侧对称伸展，两侧雕出若干小卷草和花蕾。

　　21. 释迦三尊像　　高：104.5 厘米，宽：74.5 厘米（表五之21 号，图一三六）

　　日本奈良国立博物馆藏（2001 年日本文化厅拨给）

图一三六　三尊像

时代为长安年间（推测），高 104.5 厘米，宽 94.5 厘米，现藏日本奈良国
立博物馆（图采自松原三郎：《中国佛教雕刻史论》，图版三，图 661b）

竖长方形石上部五分之四部分开长方形内凹龛，上部浮雕天
盖，中部浮雕三尊像。下部五分之一部分为平面。

天盖为宝树盖，轮廓为一突出龛平面的伞盖形，伞盖内浅
浮雕树叶。从底部中央向上方和外围由内及外雕出六条圆弧状
树枝，每条树枝下侧雕出等距离的叶柄，连接心形树叶。天盖
两侧浅浮雕二飞天，均作面向前方俯身飞翔姿态。二飞天发髻
低平，头发从头顶披垂至两二侧，天衣从背后绕过双臂随身体

呈飘飞状。二飞天双手合十拱于胸前。身体下侧衬托一朵卷云纹。

三尊像的主尊头后为二重头光：内重为椭圆形，外重为宝珠形，均素面无纹。主尊头部为波状发，面部浑圆，双耳垂至肩部，颈部雕出三道。主尊身着偏袒右肩袈裟。结跏趺坐于宣字形台座之上。右臂佩戴臂钏，右手掌心向内抚右膝，施降魔印。左手掌心向上置于右足之上。腹部下方刻出若干较细密的突起细条状衣纹线。右腿下部外侧刻出几道横直线形衣纹线，左侧腿部下部外侧刻出几道平行排列较短的内曲圆弧形衣纹线。宣字形台下部为一层方形底座；中部为方形束腰部分，正面中央浮雕香炉，两侧各浮雕一跪姿供养人，均作面向香炉作双手拱于胸前的跪拜姿态；上部为二层方形台座。主尊身后雕出莲台的背屏，肩部后方浮雕一根直杠，垂下织物状物品，两侧有二条竖直突棱表示边缘。主尊左右两侧为二胁侍菩萨，头后均为宝珠形头光，素面无纹。二菩萨均作腰部稍扭向主尊的侍立姿，胸部佩戴装饰垂饰的项饰，双臂佩戴臂钏和腕钏。上身条帛从一侧肩部披垂至另一侧腰间，下身系裙，腿部表面下部浮几道平行的 U 形衣纹线。右侧菩萨左臂曲举于体侧，左手掌心向外，拇指与食指捏住一花蕾；右臂自然垂至体侧，右手捏天衣。左侧菩萨右臂曲举至体侧，右手掌心向外持花蕾；左臂自然垂至体侧，左手捏天衣。跣足立于由单层覆莲瓣和仰莲瓣组成的束腰莲台之上。

22. 释迦三尊像（表五之 22 号，彩图一五）

日本东京国立博物馆藏

竖长方形石上部五分之四部分开长方形内凹龛，上部浮雕天盖，中部浮雕三尊像。下部五分之一部分为平面。

天盖为宝树盖，轮廓为一突出龛平面的伞盖形，伞盖内浅浮雕树叶。从底部中央向上方和外围由内及外雕出六条圆弧状树枝，每条树枝下侧雕出等距离的叶柄，连接心形树叶。天盖两侧浅浮雕二飞天，均头顶高髻。右侧飞天佩戴项圈，面向前方，俯身作飞翔姿态，双手拱于胸前，似持一小圆盘，盘内有圆形隆起物，天衣从背后绕过双肘在身后呈飘飞状。左侧飞天戴项圈，双臂佩戴臂钏，回首仰身朝上作屈身飞翔状，右臂曲举，右手托一圆盘，盘内盛放三层小圆形物；左臂曲举至胸前。天衣于体前绕过双肘呈飘飞状。身体下侧衬托一朵卷云纹。

三尊像的主尊头后为二重头光：内重为圆形，外重为宝珠形，均素面无纹。主尊头部肉髻正中央浮雕一圆形宝珠状物，头发为波状发，正面中央浮雕出一圆形突起，环绕一周顺时针旋转的花瓣纹，两侧波状发纹理较粗。主尊面部浑圆，双眉中间阴刻曲线，鼻尖稍残，双耳垂至肩部，颈部雕出三道。主尊身着偏袒右肩袈裟。结跏趺坐于带背屏的宣字形台座之上。双足露出，仅雕出轮廓。右臂佩戴臂钏，右手掌心向内抚于右膝之上，施降魔印。左手掌心向上置于左足之上。腹部刻出规整的平行斜线衣纹线。左臂刻出几道竖直突起衣纹线。右腿表面刻出几道平行横直线形衣纹线，边缘呈若干圆弧形垂于台座之上。左侧腿部表面下部外侧刻出几道平行排列较短的内曲圆弧形衣纹线，边缘呈若干较长的圆弧垂于台座之上。宣字形台上下部各为二层方形台座。中部为方形束腰部分，正面中央浮雕束腰圆形带盖香炉。两侧各浮雕一跪姿供养人，均头顶高髻，胸部佩戴项圈，双臂佩戴腕钏，作面向香炉作双手拱于胸前的跪拜姿态。右侧供养人双手合十拱于胸前，着裙，仅仅刻出腰部以上部分。左侧供养人双手捧盘于胸前，盘内盛半圆形物。主尊身后雕出台座的背屏，主尊两侧肩部后方浮雕一根直杠，垂下织物状物品，两侧三条竖直突棱表现出边缘部。主尊左右两侧为二胁侍菩萨，头后均为二重头光：内重为圆形；外重为宝珠形，均素面无纹。二菩萨均作腰部稍扭向主尊的侍立姿，头顶宝髻。右侧菩萨胸部佩戴串珠组成的项饰，上身条帛从右侧肩部披垂至左侧腰间，腰部系带，下身系裙，两腿部膝盖以上部分刻出几道竖长衣纹线，膝盖以下浮雕三道平行的 U 形衣纹线。右臂佩戴臂钏和腕钏，垂于体侧，右手捏天衣；左臂肘部以下和左手残。左侧菩萨右臂曲举于体侧，左手掌心向外握拳；右臂自然垂至体侧，右手握水瓶瓶颈。二菩萨均跣足立于由单层覆莲瓣和仰莲瓣组成的束腰莲台之上。

23. 释迦三尊像　高：104.2 厘米，宽：95.1 厘米（表五之23 号，彩图一六）

日本东京国立博物馆藏

竖长方形石上部五分之四部分开长方形内凹龛，上部浮雕天盖，中部浮雕三尊像。下部五分之一部分为平面。

天盖为宝树盖，轮廓为一突出龛平面的伞盖形，伞盖内浅浮雕树叶。从底部中央向上方和外围由内及外雕出七条圆弧形树枝，每条树枝下侧雕出等距离的叶柄，连接心形树叶。天盖两侧浅浮雕二飞天，均双手合十拱于胸前，作俯身飞翔姿态，天衣从背后绕过双肘在身后呈飘飞状。右侧飞天头部残，左侧飞天戴项圈。二飞天的天衣从背后绕过双臂随身体呈飘飞状，身体下侧衬托一朵卷云纹。

三尊像的主尊头后为二重头光：内重为椭圆形，外重为宝珠形，内外重头光之间装饰一周花朵纹，每朵花纹中央为一圆形宝珠形突起花心，周围雕出五瓣花瓣轮廓。主尊头部肉髻，正中央为漩涡形卷发，波状发从中央向左右两侧各浮雕出几组漩涡状卷发。主尊面部浑圆，双眉中间阴刻曲线，鼻翼稍残，双耳垂至肩部，颈部雕出三道。身着偏袒右肩袈裟，结跏趺坐于带背屏的宣字形台座台之上。右肩和右臂袒露，雕刻出右侧胸肌下部轮廓线。双足露出，右脚掌和脚趾刻画细致。右臂佩戴臂钏和腕钏，右手掌心向内抚于右膝之上，施降魔印，拇指指尖残。左手掌心向上置于右腿之上，拇指和食指残。肩部和腹部刻出规整的平行突起细斜线衣纹线。双腿表面刻出几道横向突起细条状衣纹线，整体造型和谐优美，富有韵律感。宣字形台上下部各为二层方形台座；中部为方形束腰部分，正面中央浮雕一蹲踞的力士头顶圆形带盖香炉，两侧各浮雕一供养人，右侧供养人面向香炉呈站立姿态，头部残，双手并拢上举于体前，下身着裙。左侧供养人呈面向香炉的跪拜姿态，头部和上半身残。主尊身后雕出台座的背屏，肩部后方浮雕一根直杠，垂下织物状物品，两侧三条竖直突棱表现出边缘，边缘各内雕出四组上下等距离排列的花纹。主尊左右两侧为二胁侍菩萨，二重头光内重为圆形，外重为宝珠形，均素面无纹。二菩萨均作腰部稍扭向主尊的侍立姿。右侧菩萨头顶宝髻，胸部佩戴装饰垂饰的项饰。上身条帛从左侧肩部披垂至右侧腰间，腰部系带，下身系裙，两腿部表面浮雕几道平行的 U 形衣纹线。右臂佩戴腕钏，垂于体侧，右手提水瓶；左臂下半部和左手残，推测为曲举于胸前。左侧菩萨头部大部分残失，仅余右侧眼部和嘴、下巴，胸部佩戴装饰垂饰的项饰，双臂佩戴臂钏和腕钏，右臂曲举于体侧，右手掌心向外，拇指和食指似捏住一物；右臂自然垂至体侧，右手掌心向下，天衣绕过右手而垂下。二菩萨均跣足立于由单层覆莲瓣和仰莲瓣组成的束腰莲台之上。

24. 释迦五尊像　高：107 厘米（表五之 24 号，彩图一七）
中国西安旧宝庆寺塔二层东面

竖长方形石上部四分之三部分开长方形内凹龛，上部浮雕天盖，中部浮雕三尊像。下部四分之一部分为平面。

天盖为宝树盖，轮廓为一突出龛平面的伞盖形，伞盖内浅浮雕树叶。从中央向两侧对称伸出五条圆弧状树枝，每条树枝下侧雕出等距离的叶柄，连接心形树叶。天盖两侧浅浮雕二飞天，均作双手合十拱于胸前的俯身作飞翔姿态，右侧飞天似持一物。天衣从背后绕过双臂随身体呈飘飞状。身体下侧衬托一朵卷云纹。主尊头光为宝珠形内浮雕花纹。头部肉髻，波状发。主尊面向方圆，目视前方，表情庄严。颈部雕出三道。主尊身着偏袒右肩袈裟，结跏趺坐于带背屏的宣字形台座台之上。右肩和右臂袒露，肩部和胸部浑厚饱满。双足露出。右臂佩戴臂钏，右手掌心向内抚于右膝之上，施降魔印。左手掌心向上置于右足之上。肩部和腹部刻出规整的平行突起细斜线衣纹线，富有韵律感。右腿表面刻出几道横直线形衣纹线；左侧腿部下部外侧刻出几道平行排列较短的内曲圆弧形衣纹线。宣字形台座下部为一层方形台座；上部为三层方形台；中部为方形束腰部分，正面中央浮雕一束腰莲台上的圆形带盖香炉，两侧各浮雕一跪姿供养人，面向香炉双手捧物拱于体前。主尊两侧为二弟子二菩萨像。二弟子均身着袈裟，双手握于胸前呈正面站立姿态。右侧弟子面部两颊饱满，肌肉浑圆，似在表现青年像的阿难；左侧弟子双眉紧锁，表情严肃老成，胸部锁骨突出，似在表现老年像的迦叶。二菩萨头后为宝珠形头光，素面无纹。均作腰部稍扭向主尊的侍立姿。头顶宝髻，胸部佩戴装饰垂饰的项饰，双臂佩戴臂钏和腕钏。二菩萨所披条帛从一侧肩部披垂至另一侧侧腰间，下身系裙，两腿部表面浮雕几道平行的 U 形衣纹线。右侧菩萨左手曲举于体侧，左手持花蕾；右臂垂下，右手捏天衣一角。左侧菩萨右臂曲举于体侧，持花蕾；右臂自然垂至体侧，右手捏天衣一角。二菩萨的天衣从背后绕过肩部和双臂自然垂于体侧。均跣足立于由单层覆莲瓣和仰莲瓣组成的束腰莲台之上。

七宝台的降魔印佛像没有铭文来证明其尊名。在本书第三章图像学第一节降魔印佛像中已经研究，推测这些造像为武周时期释迦佛造像。

表五　七宝台始建期的浮雕像

参考图像：（支：大村西崖：《支那美术史雕塑篇附图》；中：松原三郎：《中国佛教雕刻史论》图版三；武：颜娟英：《武则天与唐长安七宝台石雕佛相》）

编号	像名	年代	主尊	天盖	台座	高、宽、厚（厘米）	供养者	参考图版	收藏地
1	十一面观音菩萨	703年9月15日	右手上举持花蕾，左手持水瓶		莲台	高：85.1 宽：33.9	德感、清禅寺主昌平县开国公（从二品）	支：第七百八十五图 中：图649 武：图五 （彩图一）	日本 东京国立博物馆
2	十一面观音菩萨		右手上举持花蕾，左手持水瓶		同上	高：108.5 宽：29.8 厚：13.8		支：第八百二图 中：图654a （彩图二）	日本 东京国立博物馆
3	十一面观音菩萨		右手持水瓶，左手上举持花蕾		同上	高：114.3		中：图653 武：图九 （图一三〇）	美国 波士顿美术馆
4	十一面观音菩萨		右手下垂，左手上举持花蕾		同上	高：110		支：第八百一图 中：图650 武：图八 （图一三一）	日本 文化厅
5	十一面观音菩萨		右手上举"灭罪"印章，右手垂下掌心向前		同上	高：85.1 宽：112 厚：30.6		支：第八百三图 中：图655 武：图六 （图一三二）	日本 奈良国立博物馆

续表

编号	像名	年代	主尊	天盖	台座	高、宽、厚（厘米）	供养者	参考图版	收藏地
6	十一面观音菩萨		右手上举、左手下垂		同上	高：77.8 宽：31.5		中：图654b 武：图十一（图一三三）	美国 弗利尔 美术馆
7	十一面观音菩萨		右手上举、左手下垂		同上	高：108.8 宽：31.7		中：图652 武：图十（图一三四）	美国 弗利尔 美术馆
8	阿弥陀三尊	703年7月	右手线	菩提树	莲台	高：107.5 宽：64	王瓒、金紫光禄大夫（正三品）、行殿中监、兼检校率更令、琅邪县寝、开国公	武：图三十一（彩图三）	中国 西安旧宝庆寺塔二层西南面
9	阿弥陀三尊	703年9月3日	右手施无畏印	同上	同上	高：104.2 宽：73.3 左厚：26厘米	韦均、通直郎（从三品）、行雍州富平县丞	支：第七百八十二图 中：图656a 武：图十四（彩图四）	日本 东京国立博物馆

续表

编号	像名	年代	主尊	天盖	台座	高、宽、厚（厘米）	供养者	参考图版	收藏地
10	阿弥陀三尊	703 年 7 月 15 日	同上	宝珠盖	同上	高：107.3 宽：65.8	高延贵	支：第七百八十一图 中：图 657a 武：图十二 （彩图五）	日本　东京国立博物馆
11	阿弥陀三尊	703 年 9 月 15 日	同上	同上	同上	高：104.2 宽：65.5	李承嗣	支：第七百八十四图 中：图 656b 武：图十三 （彩图六）	日本　东京国立博物馆
12	弥勒三尊	703 年 9 月 15 日	右手施无畏印、左手托左膝	饰宝珠的菩提树盖	方台	高：108.2 宽：73.9	萧元眘，前扬州大都督府扬子县令	支：第七百八十三图 中：图 657b 武：图十五 （彩图七）	日本　东京国立博物馆
13	弥勒三尊	703 年 9 月 15 日	同上		方台	高：67.9 宽：34.3	姚元之，银青光禄大夫（从三品），凤阁侍郎、兼检校相王府长史	武：图十六 （图一三五）	美国　亚洲美术馆

续表

编号	像名	年代	主尊	天盖	台座	高、宽、厚（厘米）	供养者	参考图版	收藏地
14	弥勒三尊	704年9月18日	同上	宝珠盖	方台	高：104.5 宽：79	姚元景、朝散大夫（从五品下）行司农寺丞、尚方方监主簿（从七品下）	支：第七百八十六图 中：图658a 武：图十七（彩图八）	日本 东京国立博物馆
15	弥勒三尊		同上	饰宝珠的菩提树盖	方台	高：107 宽：72		武：图三二（彩图九）	中国 西安旧宝庆寺塔二层西北面
16	三尊		右手施无畏印，左手抚左膝盖	菩提树	束腰台座	高：104.2 宽：96.1		中：图662a 武：图二九（彩图一〇）	日本 东京国立博物馆
17	三尊		同上	菩提树	宣字形台座	高：109 宽：75 厚：21		武：图三十（彩图一一）	中国 西安碑林博物馆
18	三尊		同上	饰宝珠的菩提树盖	同上	高：107 宽：71		武：图五（彩图一二）	中国 西安旧宝庆寺塔二层西面

续表

编号	像名	年代	主尊	天盖	台座	高、宽、厚（厘米）	供养者	参考图版	收藏地
19	三尊		同上	饰宝珠的菩提树盖	同上	高：107 宽：72		武：图三六（彩图一三）	中国 西安旧宝庆寺塔二层东北面
20	释迦三尊		右手施降魔印，左手掌心向上置于左足上	菩提树盖	莲台后设背屏	高：104.8 宽：74.2		中：图660a 武：图三五（彩图一四）	日本 东京国立博物馆
21	释迦三尊		同上	同上	宣字形台座后设背屏	高：104.5 宽：94.5		中：图661b 武：图三三六（图一三六）	日本 奈良国立博物馆（2001年文化厅拨给）
22	释迦三尊		同上	同上	同上			支：第八百六图 中：图661a（彩图一五）	日本 东京国立博物馆
23	释迦三尊		同上	同上	同上	高：104.2 宽：95.1		支：第八百五图 中：图660b 武：图三十一（彩图一六）	日本 东京国立博物馆
24	释迦五尊		同上	同上	同上	高：107		武：图三十四（彩图一七）	中国 西安旧宝庆寺塔三层东面

（二）风格

始建期的造像风格呈现以下特点：主尊与菩萨造型比例准确，表现手法有力，尊像面相慈悲圆满，整体风格优美和谐，呈现出高度洗练的形式化特点。主尊佛像着袈裟，衣纹线为突起的"凸"字形圆线，特别是肩部、腿部刻出三道平行线。菩萨像的身体呈S形曲线，服饰简约。天盖有菩提树式和宝珠式，天盖造型简洁。背光多为简单的宝珠形、内部装饰少。台座的装饰也较少。有些造像还残留头部略大的造型比例和初唐时期较宽带状衣纹的作风。然而、与初唐的造像如彬县大佛寺千佛洞的650年左右的造像相比，可见丰艳、柔软的印度造像风格的影响，与彬县大佛寺千佛洞武周时期的像呈现同样的武周风格。

三 修补期

修补期是指开元十二年（724）左右的8件作品（表六：七宝台修补期的浮雕像）。由三件弥勒三尊像、三件降魔印佛像三尊、两件戴冠佛三尊组成。其中一尊弥勒像（表六之1号）有开元年间杨思勖的题记，记录了自己开元年间重新修复七宝台的功德。一件降魔印佛像三尊像（表六之4号）刻有开元十二年杨思勖新装像铭。颜娟英文《武则天与长安七宝台石雕佛像》所附图的收藏于日本细川家族的第二十三图与第二十四图为同一图版，因此推测戴冠佛为两件（表六之7号、8号）。

（一）图像

1. 弥勒三尊像　高：105.7厘米，宽：65.8厘米（表六之1号，彩图一八）

开元年间　杨思勖题　日本九州国立博物馆藏

据铭文该像的供养者为"辅国大将军虢国公虢国公杨（杨思勖）"。关于该像的制作年代也有不同看法，杉山二郎倾向于认为该像是长寿二年（693）武则天建造光宅寺七宝台的龛像时制作的[38]。

竖长方形石上部五分之四部分开尖拱长方形内凹龛，龛内上部内凹幅度小，浮雕天盖；中部内凹幅度大，高浮雕三尊像；下部五分之一平面部分阴刻铭文。

竖石上部浅浮雕天盖，造型为装饰宝珠的宝帐盖。宝帐盖顶部为莲台承托的一颗大火焰宝珠。宝帐为八脊屋檐形，前面屋檐上装饰四颗较小的火焰宝珠，左右两侧面各装饰一颗较小的火焰宝珠。伞盖左右两端各下垂三股串珠和流苏组成的垂饰。伞盖下方装饰短幕帐，装饰四股流苏和四条串珠璎珞形成的网状装饰。宝帐盖左右两侧浮雕二飞天，均作面向前方，俯身倒立状飞翔姿态，天衣随身体两侧飞舞。右侧飞天右手拱于胸前，左手似托物。左侧飞天侧向天盖，双手捧物于胸前。两侧飞天身体下方均衬托一朵卷云纹。

三尊像的主尊头光二重：内重为圆形，素面无纹；外重轮形由一周内曲的圆弧线连接而成，每组连接处外侧浅浮雕一圆形节点，整个头光表现出光芒放射的感觉。主尊头顶覆钵形肉髻，螺发，前面发际正中浮雕出一颗较普通螺发大的圆珠形。面部方圆形，两颊丰满圆润，双眉中间一道细刻线，眼睛微闭，目光似投向前部下方，表情温和慈悲。主尊着偏袒右肩的袈裟，袈裟的一角披于右肩之上。胸部和右臂袒露。胸部丰厚，两侧胸肌突出。倚坐像，双足跣足各踏一莲台。右臂曲举，从肘部残失，推测施无畏印。左手掌心向下抚左膝。主尊肩部、腹部、两腿之间垂下均匀流畅的突起的细条线纹衣纹线，富有韵律地随身体起伏。两腿膝盖以下表面为三道 U 形平行线。主尊台座为宣字形台座，下部为三层方形底座；中部为方形束腰；上部为一层方形台，垂裳。台座附有背屏，主尊身后左右两侧下部浅浮雕出立于束腰莲台上的鸟足（推测为金翅鸟），上部为摩羯鱼的头部。主尊双足下二莲台浮雕于宣字形台下部底座前方，中间以蔓草相连。底座两侧各浮雕一面向主尊的蹲狮。主尊稳和的表情和身体恰当的比例表现出祥和与安定感。与始建期的弥勒像相比，身体的量感增加，整体感觉变得沉重。左右二胁侍菩萨均作腰部曲向主尊，身体扭曲幅度较大的三曲形。头光均为宝珠头光，素面无纹。二菩萨头顶高宝髻，胸部佩戴附有垂饰的项圈，双臂佩戴腕钏。右侧菩萨左臂曲举，左手持拂尘；右臂垂至体侧，右手持水瓶瓶颈。左侧菩萨右臂曲举，右手持花蕾；左臂垂至体侧，左手握天衣。二菩萨像均跣足站立于由单重仰莲瓣和覆莲瓣组成的束腰莲台之上。和始建期的菩萨像相比，这二尊菩萨像首先注重刻画胸部和腰部的肌肉，明确刻画出肌肉轮廓和起伏；其次，丰满的胸部和纤细的腰肢表现出性感的肉体，使得雕塑的现实感增强。最后，二菩萨像的姿态更加轻松自由，二菩萨朝主尊一侧的腿部伴随着扭曲的胯部呈直立姿状，而外侧的腿膝盖稍微向外弯曲，呈现较轻松的姿态。这种重心趋向主尊侧的站姿富有动感，与端正娴静的始建期菩萨像形成对比。

竖石下部阴刻铭文：

> 虢国公杨花台铭并序
> 原夫真性即空，从声色而有相；道源无体，因法教而沿流。
> 所以人天舍千万之资，神鬼建由旬之塔。
> 金衣绀发，尽留多宝之台；银台青莲，并入真珠之藏。
> 湛然释氏，一千余年。辅国大将军虢国公杨等，皆天子贵臣，忠义尽节。
> 布衣脱粟，将军有丞相之风；牛车鹿裘，骠骑减中人之产。
> 爰抽净俸，申庄严之事也。
> 华蕣覆像，尽垂交露之珠；玉砌连龛，更饰雄黄之宝。
> 风筝逸韵，飞妙响于天宫；花雨依微，洒轻香于世界。

犹恐蓬莱弃变，石折不周，仍镌长者之经，必勒轮王之偈。书工纪事，乃为铭曰。

判官亳州临涣县尉申屠液撰

2. 弥勒三尊像　高：106.1 厘米，宽：88.5 厘米（表六之2号，彩图一九）

日本东京国立博物馆藏

该像相比于其他造像更宽，而且材料与其他龛像所用的石灰石材料不同，颜色更暗，质地更加细密，与青石质更加接近。

竖长方形石开尖拱长方形内凹龛，龛内上部浮雕天盖，龛内高浮雕三尊像。下部五分之一平面。

龛内上部浮雕出伞状轮廓的宝帐盖。宝帐盖由三层组成：顶部中央和两侧各装饰一颗火焰宝珠，下面边缘装饰一周卷草纹；中部为帐体，浮雕出连续规则的三角形褶边；下部为帐幔。帐体与帐幔之间垂下几条弧线形装饰。天盖左右两侧浮雕二奏乐天人，均作面向前面、怀抱乐器的演奏状，下半身呈俯身飞翔姿态。右侧飞天，高发髻，头发从中央披垂至两侧，双手持小型的长方形乐器于口部，作吹奏状。左侧飞天头部大部残缺，怀抱一端稍宽的长方形条状乐器，右手在弹奏。二飞天身体下部均衬托一朵卷云纹。

三尊像的主尊头光为三重：内重圆形素面无纹；中间一重宝珠形，浮雕火焰纹；外重为轮形，由若干短圆弧连接而成，连接处外侧装饰宝珠形物。主尊肉髻和头发均为波状发，由几组涡状的卷发组成。面部丰满圆润，眉毛刻画出上下眉骨斜面，中间无刻线。双目轮廓呈半圆形，微闭，似在冥想。鼻翼下端稍残，小嘴，两颊肌肉丰圆，粗短的颈部刻画三道。主尊着偏袒右肩的袈裟，袈裟的一角披于右肩之上。内衬袈裟于胸前系带。胸部袒露。肩部丰厚，胸肌突出。倚坐像，双足跣足各踏一莲台。右臂曲举，右手施无畏印。左手掌心向上置于腹前。主尊肩部、腹部、两腿之间垂下袈裟的衣纹流畅，但略感繁复。两腿膝盖至双足部轮廓刻画鲜明，富有力度。两腿表面各刻出从内向外斜伸的五道衣纹线，呈现出倚坐姿态的自然衣纹特征。主尊台座为宣字形台座，上下部各为三层方形台；中部为方形束腰；台座附有背屏，主尊身后左右两侧下部浅浮雕出立于束腰莲台上的鸟头兽身侧面像（推测为金翅鸟），上部为摩羯鱼的头部。主尊双足下二莲台浮雕于宣字形台下部底座前方，中间以蔓草相连。左右二胁侍菩萨像均作腰部曲向主尊的三曲形身姿。头光均为二重：内重为圆形；外重为宝珠形，素面无纹。二菩萨胸部佩戴附有垂饰的项圈，双臂佩戴腕钏。右侧菩萨头部发髻残，左臂曲举，左手掌心向外握拳；右臂垂至体侧，右手捏天衣。左侧菩萨头顶高宝髻，腰部和腹部残缺严重。右臂曲举，右手残；左臂垂至体侧，左手持水瓶，水瓶大半残。二菩萨像均跣足站立于由单重仰莲瓣和覆莲瓣组成的束腰莲台之上。二菩萨像的衣纹线自由流畅，身体比例拉长，尤其是腰部和腹部拉长，呈现出松弛感。

3. 弥勒三尊像　高：103.6 厘米，宽：77.3 厘米（表六之 3 号，彩图二〇）

日本东京国立博物馆藏

竖长方形石开尖拱长方形内凹龛，龛内上部浮雕天盖，中部内凹幅度大，高浮雕三尊像。下部五分之一平面。

天盖中央浅浮雕人面鸟身的正面像。头部为双人面，左侧残缺严重。鸟身正面展开双翼，立于莲台之上。鸟左右两侧对称表现二乘鹤仙人。二仙鹤均作头部伸向中央，张开双翅，向后平伸双腿的飞翔姿态。右侧乘鹤仙人头顶高髻，身披天衣，双手于体前并拢持一宝幢。左侧仙人头部残，双手于胸前拱一盛放若干圆形物品的圆盘。鹤身后浮雕大朵卷云纹。

主尊头光为三重：内重和中间一重为圆形，素面无纹；外重为轮状，由若干短圆弧线连接而成。主尊头顶肉髻和头发均为波状卷发。双眉由上下两重阴刻平行线表现，双目闭合，似在冥想。倚坐像。右手施无畏印，指尖稍残；左手掌心向下抚于左膝之上，左手指头和指尖刻画细致写实。着双领下垂式袈裟，内衬袈裟在胸前系带，上半身衣纹线简练。下部两腿之间垂下袈裟和两腿表面均刻出若干平行 U 形衣纹线。双足跌足踏于二莲台之上。主尊台座为宣字形台座，由上下各二层方形台座和中间方形束腰组成。台座底座前为一层圆形台，承托主尊脚下二莲台。台座附属背屏，主尊背后浮雕出背屏下部左右两侧为鸟头兽身侧面像（推测为金翅鸟），上部为摩羯鱼的头部。二胁侍菩萨像的头光均为三重：内重和中部一重为圆形，素面无纹；外重为宝珠形。二菩萨均胸部佩戴项饰，双臂佩戴腕钏。右侧菩萨左臂曲举，左手持花蕾；右臂垂至体侧，右手握天衣。左侧菩萨右臂曲举，右手掌心向外持拂尘；左臂垂下，左手握水瓶瓶颈。二菩萨均立于莲台之上，莲台由一根短茎承托的单层仰莲瓣组成。二菩萨像头部略大，身体纤细，比例不够恰当，略呈简率粗糙之感。

下部平面中央浮雕一束腰莲台上承托的带盖圆形香炉，左右两侧为相对香炉而卧二蹲狮。

降魔印佛三尊像有以下三件。

4. 三尊像　高：110.6 厘米，宽：65 厘米（表六之 4 号，彩图二一）

开元十二年（724）十月八日　杨思勖题　日本奈良国立博物馆藏

据铭文该像的供养者为"杨将军"，时代为"开元十二年十月八日"。

竖长方形石上部四分之三部分开内凹的尖拱长方形龛，龛内上部浮雕天盖，中部内凹幅度大，高浮雕三尊像。下部四分之一平面阴刻铭文。

龛内上部浅浮雕宝帐盖。宝帐盖轮廓为伞盖形，顶部中央装饰一颗稍大的火焰宝珠，下部边缘装饰四颗稍小的火焰宝珠，两侧各装饰一颗稍小的火焰宝珠。下垂装饰串珠璎珞和流苏的帐幔。天盖左右两侧各浮雕一飞天，均头顶圆形发髻，作面向前面的俯身飞翔状，右侧飞天双手拱于胸前，持一盘；左侧飞天双手拱于胸前。

主尊头光为二重：内重为圆形，外重为宝珠形，均素面无纹。主尊头顶高肉髻，螺发。面部饱满浑圆，双眉由上下二斜面构成眉骨轮廓，中间未有阴刻线。双目微闭，表情沉稳。颈部刻画三道。主尊着偏袒右肩袈裟，结跏趺坐于莲台之上。二足均隐于袈裟之上，仅雕出轮廓。右臂佩戴七瓣莲瓣装饰的臂钏，右手掌心向下抚于右膝之上，施降魔印。左臂曲置体前，右手掌心向上，拇指、食指、中指自然伸直，无名指和小指曲握，置于右足之上。主尊袒露出来的肩部和胸部丰厚浑圆，右臂肌肉圆润，双手刻画自然生动。腹部刻出均匀的衣纹线。结跏趺坐的两腿表面则表现出自然凸起的不规则衣纹线，表现出衣纹线的自然状态。这种随着身体起伏，不规则的自然的衣纹线是盛唐风格区别于武周风格的重要特征之一。主尊台座为莲台座，半圆形莲台表面浮雕三层仰莲瓣装饰，下部托一蔓草装饰的短茎。该莲台区别于始建期形式化的莲台，而是表现出莲花从下往上逐渐开放、变大的自然形态，表面自然起伏的莲瓣和缠绕蔓草的花茎表现出莲花作为植物的特性，写实性较高。左右二胁侍菩萨像头光均为二重：内重为圆形；外重为宝珠形，均素面无纹。二菩萨头顶高宝髻，胸部佩戴装饰垂饰的项饰，双臂佩戴腕钏。上身条帛从一侧肩部斜披向另一侧腰际，下身系裙，双腿表面刻出四道平行的 U 形衣纹线。右侧菩萨左臂曲举，左手掌心向上托一颗圆形物品，推测为宝珠；右臂下垂，右手提水瓶瓶颈。左侧菩萨右臂曲举至肩部，右手持拂尘；左臂下垂，左手捏天衣一角。二菩萨均跣足站立于由单重仰莲瓣和覆莲瓣组成的束腰莲台之上。

下部四分之一平面阴刻铭文。

　　杨将军新庄像铭

　　昭昭大觉，巍巍圣功，身融刹海，愿洽虚空。闭众趣以窒惕，阐玄门以包蒙。

　　物成缘而必应，理无幽而不通。

　　有美至人，股肱良臣，受圣寄任，闻难经纶。英谋贯古，韬略通神。一蒙金钺，屡建华勋。善代不伐，功成不居。功归天子，善托真如。乃答灵相，用荅冥符。佛心虽空，佛福常在。愿普此因，同臻性海。

　　开元十二年十月八日

5. 三尊像　高：107 厘米，宽：72 厘米（表六之 5 号，彩图二二）

开元年间内侍九人题中国西安旧宝庆寺塔二层东南面

据铭文该像的供养者为"杨将军"，时代为"开元十二年十月八日"。

竖长方形石上部开长方形内凹龛，龛内上部浮雕天盖，中部内凹幅度大，高浮雕三尊像。下部平面阴刻铭文。

天盖为宝树盖，轮廓为一突出龛平面的伞盖形，伞盖内浅浮雕树叶。从底部中央向上方和外围由内及外雕出圆弧状树枝，每条树枝下侧雕出等距离的叶柄，连接心形树叶。天盖两侧浅浮雕二飞天，均双手合十拱于胸前，面向前方俯身飞翔。

主尊二重头光：内重圆形，内浮雕一周莲瓣纹；外重宝珠形，内浮雕一周蔓草纹。头顶高肉髻，螺发。面相方圆，目视前方，鼻翼稍残，双耳垂至肩部。主尊着偏袒右肩袈裟，结跏趺坐于宣字形台座之上。右足露出袈裟，仅雕出轮廓。右臂佩戴装饰较复杂的臂钏，掌心向下抚于右膝之上，施降魔印。左臂曲置体前，左手掌心向上置于右腿之上。袒露出来的肩部和胸部丰厚浑圆。腹部和左侧衣袖外部均刻出均匀的凸起条状平行衣纹线，双腿表面下部各刻出三道平行的凸起弧线形衣纹线。主尊台座为宣字形：下部为一层方形台座；中部为方形束腰部分，正面中央浮雕一束腰圆形莲台上的香炉，其造型类似博山炉，两侧浮雕二跪姿供养人，双手均拱于胸前，似持物，右侧供养人头部残；上部为二层方形台座。左右二胁侍菩萨像均有二重头光：内重为圆形；外重为宝珠形，二重光头间浮雕蔓草纹装饰。二菩萨像均作腰部曲向主尊，身体扭曲幅度较大的三曲状身姿。均佩戴装饰繁复的三重项饰，双臂佩戴腕钏。右侧菩萨左臂曲举，左手掌心向外托一圆形物品，推测为宝珠；右臂下垂，右手持水瓶瓶颈。左侧菩萨右臂曲举，右手掌心向外自然伸开；左臂垂于体侧，左手捏天衣一角。二菩萨均跣足立于由单重仰莲和覆莲组成的束腰莲台之上。

下部平面阴刻铭文：

镇军大将军左监门卫大将军上柱国梁义深
定远将军守左监门卫将军紫金鱼袋上柱国李善才
银青光禄大夫行内侍上柱国杨敬法
朝散大夫守内常侍上柱国杜怀敬
正议大夫行内给事上柱国张元泰
朝散大夫内给事借紫金鱼袋林招隐
太中大夫行内给事上柱国马元收
朝散大夫内给事上柱国苏仁义
朝议郎守内给事上柱国借绯赵元志。

6. 三尊像　高：104.5 厘米，宽：96.1 厘米（表六之 6 号，彩图二三）

开元年间内侍七人题　日本九州国立博物馆藏

据铭文该像的供养者为"朝请大夫内常侍上柱国冯凤冀"等

六人。

竖长方形石上部开长方形内凹龛，龛顶部残，龛内上部浮雕天盖，中部内凹幅度大，高浮雕三尊像。下部平面阴刻铭文。

中央主尊天盖为宝帐盖，顶部装饰一颗莲台承托的稍大火焰宝珠，右侧装饰一颗稍小的火焰宝珠。宝帐表面浮雕一周卷云纹，下垂装饰璎珞和流苏的帐幔。左右二胁侍菩萨天盖为由单重仰莲瓣和覆莲瓣组成的束腰莲花盖，顶部所连接弯曲花茎伸至龛两侧，花茎顶部伸出一片向上舒展的圆形莲叶，弯曲处伸出一朵莲蕾。

主尊的头光为二重头光：内重为椭圆形，素面无纹；外重为宝珠形，内外重之间浮雕蔓草纹。主尊身后为二重身光：内外重均为椭圆形，内外重之间浮雕一周火焰纹。主尊头顶圆形肉髻，卷发由几组涡状卷曲状头发组成。面部丰圆，似在微笑。双眉眉骨之间以一道阴刻线表现眉毛曲线，鼻翼和嘴巴略残。主尊着偏袒右肩袈裟，结跏趺坐于六边形束腰台座之上。二足均隐于袈裟之上，仅雕出轮廓。右臂似曲举至体前，大部已残缺。左手掌心向下抚左膝。袒露出来的肩部和胸部丰厚健硕。腹部和左侧衣袖外部，以及双腿表面均随着身体的自然起伏而刻出自然的凸起条状衣纹线（彩图二四）。与始建期主尊腿部规整优美的平行凸起弧线形衣纹线不同。主尊台座下部为一层六边形台座，浮雕一周双瓣覆莲纹；中部为六棱柱形束腰部分；上部垂裳。左右二胁侍菩萨像均有二重头光：内重为圆形；外重为宝珠形，二重光间浮雕一周火焰纹。右侧胁侍菩萨像头顶宝髻残，佩戴装饰垂饰的项饰，右臂佩戴臂钏和腕钏，左臂曲举于胸前，左手残失；右臂自然垂下，右手似提水瓶，残缺严重。左侧菩萨宝髻和面部残缺严重，胸部佩戴项圈，双臂佩戴腕钏，双手合十拱于胸前。二菩萨均跣足立于由单重仰莲和覆莲组成的束腰莲台之上。

下部平面阴刻铭文[39]：

> 朝请大夫内常侍上柱国冯凤翼
>
> 朝散大夫行内谒者监上柱国莫顺之
>
> 征事郎守内寺伯借绯鱼袋王忠谨
>
> 朝散大夫行内谒者监上柱国杜元璋
>
> 朝散大夫行太子内坊典内上柱国魏思泰
>
> 正议大夫行□□事上柱国
>
> 中大夫□□□□上柱

戴宝冠、施降魔印的佛三尊像两件。

7. 三尊像　高：104.5 厘米，宽：80.9 厘米（表六之 7 号，彩图二五）

日本东京国立博物馆藏

竖长方形石上部开内凹长方形龛，龛顶部残，龛内上部浮雕天盖，中部内凹幅度大，高浮雕三尊像。下部平面阴刻铭文。

竖长方形石上部五分之四部分开内凹长方形龛，上部浮雕天盖，中部浮雕三尊像。下部五分之一部分为平面。

天盖为宝树盖，轮廓为一突出龛平面的伞盖形，伞盖内浅浮雕树叶。从底部中央向上方和外围由内及外雕出五条圆弧状树枝，每条树枝下侧雕出等距离的叶柄，连接桃形树叶。主尊肩部以上左右两侧伸出树干，顶部分成若干树枝。天盖两侧浅浮雕二飞天，均作面向前方俯身飞翔姿态。二飞天头顶高宝髻。右侧飞天双手于胸前持一上宽下窄梯形物品，似乐器。左侧飞天双手合十拱于胸前。二飞天身体下方各衬托一朵卷云纹。

三尊像的主尊头后为二重头光：内重为圆形，外重为宝珠形，均素面无纹。主尊头戴装饰花纹的宝冠。主尊面相方圆，双眉间有阴刻线，眼梢稍微上扬，目光投向远方，嘴轮廓清晰，双目垂至肩部，表现出堂堂的容貌。鼻翼稍有残缺。着偏袒右肩袈裟，结跏趺坐于宣子形台座之上，右足脚掌向上露出袈裟，脚趾分明。主尊肩部宽阔圆润，胸肌发达，袒露出来的右侧胸肌上雕出乳头。右臂佩戴臂钏，右手掌心向内抚于右膝之上，施降魔印。左手掌心向上置于右足之上。腹部和双腿下部外侧刻出几道均匀的凸起横长线形衣纹线。宣字形台座上下均为二层方形底座；中部为方形束腰部分，正面中央浮雕束腰圆形台座，上托桃形物品，两侧各浮雕一跪姿供养人，头顶高髻，面向前方，侧身面向香炉作跪拜姿态，右侧供养人托一圆盘于胸前，盘内盛圆形物品；左侧供养人双手拱于胸前。主尊左右两侧为二胁侍菩萨像，头后均为宝珠形头光，素面无纹。二菩萨均作腰部稍扭向主尊三曲形侍立姿，胸部佩戴串珠组成的项饰，双臂佩戴腕钏。上身条帛从一侧肩部斜披垂至另一侧腰间，下身系裙，腿部表面上部各雕出两道突起的上下弯曲的竖线，膝盖以下部分浮三道平行的 U 形衣纹线。右侧菩萨像左臂曲举于体侧，左手掌心向内持拂尘；右臂自然垂至体侧，右手捏水瓶瓶颈。左侧菩萨像刻出胸部下缘线，浮雕出乳头。右臂曲举至体侧，右手持花蕾；左臂自然垂至体侧，左手捏天衣。二菩萨均跣足立于由单重覆莲瓣和仰莲瓣组成的束腰莲台之上。

该像天盖和飞天，以及台座的表现均继承始建期的特征，但是主尊庄严沉稳的表情与始建期主尊慈悲圆满的表情不同，肩部和胸部的肌肉表现充满力量感，尤其是主尊和左侧胁侍菩萨胸部乳头的刻画与始建期不同。这种表现肉感的现实性风格是盛唐时期造像的特征。

8. 三尊像　高：108.2 厘米，宽：77.6 厘米（表六之 8 号，彩图二六）

日本东京国立博物馆藏

竖长方形石上部五分之一部分开横长方形浅内凹龛，上缘为外凸的小圆弧线边，浅浮雕天盖；中部五分之二部分开竖长方形深内凹的龛，高浮雕三尊像；下部五分之一部分为平面。

天盖为宝帐盖，宝帐呈伞盖形，由帐顶、帐体和帐幔组成。帐顶部装饰一颗较大的火焰宝珠，边缘上沿装饰五颗稍小的火焰宝珠，下沿垂下若干串珠璎珞和流苏。帐身装饰一周花纹。帐幔装饰三条波状起伏的横带纹。天盖左右两侧为二飞天，右侧飞天头顶高髻，面容丰满圆润。面向前方，侧身飞翔，天衣从背后绕至体前，双手分别握一条天衣。左侧飞天后首侧身飞翔，双臂朝上伸展开，分别握住天衣一角。二飞天身下均衬托一朵祥云。

三尊像的主尊头后为二重头光：内重为圆形，外重为宝珠形，内外重之间装饰一周火焰纹。主尊头戴装饰花纹的宝冠，卷发。主尊面相方圆，双眉间有阴刻线，表情威严。着偏袒右肩袈裟，结跏趺坐于宣字形台座之上，右足脚掌向上露出袈裟，脚趾分明。主尊肩部宽阔圆润，胸肌发达，袒露出来的右侧胸肌上雕出乳头。胸部佩戴项饰，右臂佩戴装饰五瓣花瓣的臂钏，右手掌心向内抚于右膝之上，施降魔印，右手指头刻出每个指甲的形状。左臂曲置腹前，左手残。衣纹线较简单，稍感杂乱。宣字形台座下部为一层方形底座；中部为方形束腰部分，正面中央浮雕束腰圆形莲台座，上托带盖香炉，两侧各浮雕一跪狮，左侧狮子残缺严重；上部为二层台。主尊左右两侧为二胁侍菩萨，头后均为二重头光：内重圆形；外重宝珠形，素面无纹。二菩萨均作腰部稍扭向主尊三曲形侍立姿，胸部佩戴串珠组成装饰繁复沉重的项饰，刻出胸部下缘线。双臂佩戴腕钏。右侧菩萨头顶高髻，发髻正中浮雕宝瓶。左臂曲举于体侧，左手持宝珠；右臂自然垂至体侧，右手捏天衣一角。左侧菩萨头顶高发髻正面浮雕莲台上的坐佛像。右臂曲举至体侧，右手掌心向外持拂尘；左臂自然垂至体侧，左手握水瓶瓶颈。二菩萨跣足立于束腰莲台之上，莲台下部为六棱形底座，上部为由单重双瓣覆莲瓣和仰莲瓣组成的束腰莲台。

表六　七宝台修补期的浮雕像

参考图像：（支：大村西崖：《支那美术史雕塑篇附图》；中：松原三郎：《中国佛教雕刻史论》图版三；武：颜娟英：《武则天与唐长安七宝台石雕佛相》）

编号	像名	年代	主尊	天盖	台座背光	高、宽、厚（厘米）	供养者	参考图版	收藏地
1	弥勒三尊	开元年间	倚坐像	宝帐	椅子座后背雕出神兽纹样、轮光	高：105.7 宽：65.8	杨思勖辅国大将军、魏国公	支：第七百九十图 中：（图）658b 武：图二十 （彩图一八）	日本　九州国立博物馆
2	弥勒三尊		倚坐像	宝帐	椅子座后背雕出神兽纹样、背光外层轮光、内层火焰纹	高：106.1 宽：88.5		支：第八百四图 中：（图）659a 武：图十八 （彩图一九）	日本　东京国立博物馆
3	弥勒三尊		倚坐像	乘鹤仙人	椅子座后背雕出神兽纹样、轮光	高：103.6 宽：77.3		中：（图）662b 武：图十九 （彩图二〇）	日本　东京国立博物馆
4	三尊像	724年10月8日	降魔印	宝帐	莲台	高：110.6 宽：65	杨思勖	支：第七百十一图 武：图二七 （彩图二一）	日本　奈良国立博物馆（原藏→柳孝→1981年奈良国立博）
5	三尊像	开元年间	降魔印	菩提树	宣字形台	高：107 宽：72	内侍9人	武：图三十三 （彩图二二）	中国　西安旧宝庆寺塔二层东南面

续表

编号	像名	年代	主尊	天盖	台座背光	高、宽、厚（厘米）	供养者	参考图版	收藏地
6	三尊像	开元年间		宝帐	八角台	高：104.5 宽：96.1	内侍7人	支：第七百九十二图 中：图659b 武：图二八（彩图二三）	日本 九州国立博物馆
7	三尊像		袒右肩戴冠 降魔印	菩提树	方形台座	高：104.5 宽：80.9		支：第八百七图 中：图663a 武：图二四（彩图二五）	日本 东京国立博物馆
8	三尊像		袒右肩戴冠，火焰背光，降魔印	宝帐	方形台座	高：108.2 宽：77.6		支：第八百八图 中：图663b 武：图二六（彩图二六）	日本 东京国立博物馆

肥田路美认为该像主尊和两胁侍菩萨的头部和上半身较大，强调长方形面部和锐利的眼睑，但是下半身却萎缩和弱小。与宝庆寺石佛所具有的圆满明朗的造型感觉不同，因此制作年代应该不同[40]。

关于该造像主尊的尊名有各种意见。小野胜年认为该像胁侍菩萨宝髻中央浮雕水瓶和化佛，因此推测主尊为宝冠阿弥陀佛[41]。杉山二郎根据右侧胁侍菩萨宝髻中央的宝瓶而判断其为势至菩萨，左侧胁侍菩萨宝髻中央的化佛坐像而判断其为观音菩萨。并从势至和观音二胁侍菩萨而推测主尊为宝冠阿弥陀佛。接着论述了该像作为唐朝初期杂密的作品而具有深远的意义[42]。肥田路美认为，依据该像两胁侍菩萨头部的化佛和水瓶分别为观音、势至的表识物，将主尊判定为阿弥陀佛较妥当[43]。

（二）以弥勒佛像为中心考察从始建期到修补期的风格变化

以图像变化不大的弥勒佛像为例来考察始建期（彩图二七）与修补期（彩图二八）的造像风格变化。首先，修补期主尊佛像的身体更加写实、强调胸部的肌肉表现、面部腮部丰满、表情更加稳和，但是表现出过分写实和强调肉感的特点。菩萨像的姿态更加自由轻松。修补期造像的衣纹变细、更加流利、富有量感的躯体统一在曲线优美的衣纹之中。衣纹线由造型功能向装饰功能变化，或者更接近现实中衣纹自然的状态。与始建期相比、台座和背光的形式更加多样。宝帐形天盖出现。始建期的佛与菩萨背光多为简单的宝珠形，而修补期的背光里外还雕出精细的花纹，富于装饰性。源于印度的神兽图案、鸟面人身纹、甚至道教的骑鹤仙人图案也溶入造像之中。修补期的造像与盛唐时期长安青龙寺出土的浮雕像（表二之19号）、上海博物馆所藏的开元九年（721）阿弥陀、弥勒碑像（表三之30号）、美国芝加哥美术馆所藏的开元十二年（724）石浮图（表三之31号）造像的风格一致，呈现出与始建期的武周风格所不同的盛唐风格，由洗练简洁坠入写实和繁复，呈现出现实性风格。

第二节　始建期七宝台浮雕石佛群像的复原研究

在长安四年九月十八日姚元景的造像铭中提到"爰于光宅寺法堂石柱造像一铺"，并赞美法柱的样子："法柱承云，排绀霄而舞鹤。云日开朗，金光炳然；风尘晦冥，玉色逾洁。"可见法柱高入云霄，在晴日的阳光下金光闪耀，在风尘晦暗中更显其玉色之皎洁出尘。接着暗示这个法柱象征永远的道、佛法。颜娟英和赖鹏举据此认为石雕像的原始场所在法堂的石柱，因此推测法堂有可能是中心柱建筑。那么七宝台应该为一中心柱式阁楼建筑。这种可能性有，如考古发现已经证明了武周时期洛阳的明堂就是这样的中心柱式建筑[44]，但据文献记载，明堂的中心柱是一根上下贯通的巨大木柱[45]。如果七宝台为一木构建筑，中心柱不用木材，反而采用石材的可能性是否很大呢？

本书为了解决前人复原研究中存在的问题，从重新选择复原的参考作品、重构七宝台的建筑和图像程序入手来研究这个问题。

一　复原的参考作品

（一）七宝台浮雕石佛群像的性质

七宝台浮雕石佛群像的性质是集团奉纳像，是武周时期造塔造像功德风潮中代表性佛教纪念性建筑。因此，七宝台始建期浮雕像的复原应该参照同时期的石造纪念性建筑和造型。

（二）塔身四面浮雕像的复原应参考奉纳石塔

在第一章已经研究了初唐至武周时期造塔与造龛像作功德一时兴盛。一种类型是在塔的壁面开龛，其中镶嵌浮雕像。这种类型的塔与浮雕像的法量较大，浮雕像与建筑一体化的结果是实现了浮雕龛像在空间上的组织化。第一章已经论述从文献可见初唐到武周时期这类塔与龛像的同时供养关系。

但是这类建筑的塔身已毁，只留下浮雕龛像。因此，七宝台的浮雕龛像和这类的龛像一样，原来应该镶嵌在石塔的佛龛中，层层积累，所谓"玉砌连龛"，还应该有诸如宝珠顶、莲台、镶嵌宝石等附属装饰配件，所谓"更饰雄黄之宝"。表五第 17 号三尊像的铭文中有"爰凭瑞塔，敬勒尊容。……宝台恒净，珠柱无夕"字句，文中"宝台"应指七宝台，"珠柱"为象征佛法的石塔，据此推测该龛像是为石塔而造的龛像。

那么，七宝台始建期的浮雕像如何与原来的建筑实现一体化呢？本书拟参考另一类初唐至武周时期的石塔造型来复原造像的位置。这类石塔的各面雕出浮雕像，层层积累成塔。目前洛阳与长安地区还保留有完整的造型。这类石塔有一石雕成的，也有分层雕刻，再榫接层叠的。塔的层数由一层到几层不等，形状有四方形和圆形。但是基本都是由塔基、塔身、塔刹组成的。有的塔身四面开龛，龛内雕出佛像。

第一章奉纳石塔部分已经总结出洛阳地区初唐至武周时期的石塔分为浮雕和圆雕两类。共同的形制特征是方形四面双层塔基，塔身为四面柱体，层数不等。第一层较高，以上面宽有递减，每层均叠涩出檐，每檐出挑和内收三层或五层。有的塔身每层各面开龛，内供养佛像，有独尊、三尊等组合。塔刹由覆钵、莲台、宝珠三部分组成。如初唐 1 号塔[46]（龙门石窟潜溪寺洞前 45 龛）（图一七），为阁楼式四层方塔。高 298 厘米。由石雕构件拼合而成。无塔基。第一层塔身、塔檐为一个整体；第二层以上为一个整体。叠涩出檐，每檐向外挑出和内收五级。塔刹由覆钵、莲座、宝珠拼合而成。每层均开龛造像，第一层塔身开三龛，各龛内雕一佛二菩萨。二、三层四面开龛、四层一面开龛。

长安三年石塔[47]（79号）（表一之9号，图一五），为阁楼式四层方塔，由一块整石凿刻而成，通高164厘米。无塔基。第一层塔身正面刻尖拱龛，内刻一坐佛，着通肩袈裟，施禅定印。其左右各开一龛，内各雕一跪姿供养人。正面佛龛下部刻"清信佛弟子安思泰一心供养十方诸佛一切贤圣。"右面刻"大周浮图铭并序……长安三年岁次癸卯九月庚寅朔廿日安思泰造浮图一所为十世先亡敬造"。左面及背面皆有铭刻。

长安地区初唐至武周时期的石塔：这些石塔均无铭文，依据形制推测为初唐至盛唐时期。

从造型上分为两类：一类为多层石塔，原来为几层相叠积累成高塔，但现在仅存其中的一段，推原来由塔基、塔身、塔刹三部分组成。但塔基和塔刹多已残失，如西安市文物保护考古所编号为3gs47的石塔（图八）与编号为3gs48的石塔（图九）塔身为四面柱体，各面开一龛造五尊像，龛内造佛像与菩萨像、龛外造弟子像。西安市文物保护所编号为3gs51石塔（图一〇）的塔身为圆柱体。另一类为单层石塔，由塔基、塔身、塔刹三部分组成。塔基一般由下层基座与上层莲台组成。塔身为四面柱或圆柱体。相轮为屋顶上承莲台宝珠。代表性单层石塔为西安市文物保护考古所编号为3gs大3的石塔（图一四）。

第一章已经论述了虽然长安和洛阳地区的奉献石塔的造型大体一致，但是，两个地区奉纳石塔的庄严方式有所不同。初唐至武周时期洛阳地区的奉献石塔的表面浮雕佛像虽然有七佛、十方佛等题材、但是大多数为尊格不明的普遍性的佛像。与洛阳地区不同的是，长安地区的石塔四面的浮雕佛像的图像经过三个阶段的变化，体现出四面塔与四方佛的日趋密切的结合关系。第一阶段，唐以前，石塔各面的佛像造型大致相同。第二阶段，从初唐到武周时期，除了药师佛以外，阿弥陀佛、弥勒佛、释迦佛各自具备视觉上的特征（identity）。释迦佛像施降魔成道印、佩带印度风格的装饰，袒右肩、带颈、臂装饰品，结跏趺坐于金刚座上，以菩提树为天盖[48]。施降魔印坐于金刚座上的成道像的释迦佛表现得以流行，法力的象征物金刚座与永远的生命的象征物菩提树成为降魔印释迦佛的两个标识物。现在佛释迦佛与未来佛弥勒佛的对应关系形成。第三阶段，开元以后，四佛的尊格全部形成，四方四佛与石塔四面的结合关系形成。大概在武周之后的时期药师佛的造型定型。长安地区出现了双手持药钵结跏趺坐的药师图像，长安地区四佛的图像与中国传统的四个方位意识合流的过程中，通过与四面塔一体化，因而具备了其建筑与图像程序。如实际寺、青龙寺出土的四面石塔所示。佛寺殿堂的四方净土、石塔的四方四佛、无不体现了规整的对称关系：南方释迦佛与北方弥勒佛象征现在与未来的永恒的佛法；西方阿弥陀佛的极乐世界与东方药师佛的琉璃世界象征死后归宿和生前疾病治疗所关系的人生问题。因此本书推测七宝台的四方佛造像属于第二阶段，即药师佛造像尚未定型阶段。但是其造像的台座、天盖等与阿弥陀佛不同，且在石塔空间上已经形成与阿弥陀佛的对称关系。值得注意的是受此药师佛造型的影响，创建于日本白凤时期的药师寺金堂药师三尊的主尊药师佛结跏趺坐，右手上举作说法印，左手掌心向上，置于左膝上，也表现出同样未持药壶的特征（图一〇〇、一〇二）。有研究认为这种造型是药师佛的造型仪轨尚未严密化以前，沿袭飞鸟时代古制的作风[49]。

（三）十一面观音像位于石塔基础部的理由

颜娟英复原研究中指出七宝台造像中十一面观音像作为守护神的存在，并认为原来的位置也在门口或界边[50]。其依据是龙门石窟东山擂鼓台北洞的十一面观音像位于门口，作为守护神而存在。该窟三壁各安置一佛，东壁的主尊（石窟的主尊）施降魔印。现存浮雕十一面观音像位于石窟的门口，窟门的南侧浮雕一

尊八臂观音像，残高 183 厘米；北侧浮雕出一尊四臂观音像，残
高 190 厘米。然而，七宝台的造型如前文所论述应该为石塔，因
此其建筑空间的象征性与石窟寺应该有所不同。石窟寺的门或界
边在建筑上来说是须要重点守护的地方，而石塔的守护空间应该
是其基础部分。因此，本书推测十一面观音像原来的安置空间在
石塔的塔基各面。这种复原有四点依据：一、据笔者观察陈列于
东京国立博物馆的两件十一面观音像，其背部的形状与其他佛龛
像不同，呈现向后的"凸"形（彩图二九、三〇），因此其原来
的组合方法应该与镶嵌于四面体的佛像不同，镶嵌在八面体上的
可能性极大。二、武周时期兴盛菩萨群像造像的供养风潮。如：
龙门石窟净土堂洞前室北壁长安元年（701）的龛内并列造观音
菩萨像六尊；彬县大佛寺千佛洞中心柱东壁的证圣元年（695）
第 32 窟并列造半跏趺坐地藏菩萨像六尊一行。据此本书推侧十
一面观音像应该并列成群出现。三、复原的参考作品应该是同时
期石柱状纪念性建筑的基础。如推测为武周时期的礼泉县赵镇
小学校园内（广济寺遗址）的陀罗尼经幢的基础部的造型。该
石幢位于土台之上，推测原来位于建筑物内部。现存台座与幢
身，全高 214 厘米。台座高 102 厘米，圆柱体，南面开凿一佛
龛，残高 68 厘米。推测原来里面镶嵌石佛龛像（彩图三一）。
台座其余的壁面以两株菩提树组成八个佛龛（彩图三二），正
面佛龛右侧的龛内雕一弟子像，其余七龛内各雕一菩萨立像，
有正面像和侧面像两种造型，高 51～58 厘米左右。台座上为幢
身本体部分，高 112 厘米，中空，表面刻佛顶尊胜陀罗尼经。
第一章"经幢"部分已经研究了这尊本体为圆形、台座造型华
丽夸张的经幢属于佛顶尊胜陀罗尼经刚刚开始流行、造型处于
创始期的武周时期的作品。两株菩提树组成的佛龛、菩萨像腿
部的 U 形凸起衣纹线，正面佛龛顶部的飞天造型与七宝台的浮雕
像的飞天很近似。因此具有护法意义的七宝台十一面观音造像也

可能同样围绕石塔的基础部分一周。

四、印度石柱台座部分造型的渊源和影响。如印度阿旃陀第 26 窟佛塔的塔基部分的周围浮雕一周菩萨像（图一二五）；阿旃陀第 2 窟右廊的石柱的台座部分围绕一周女神像（图一二六）；爱罗拉第 21 窟的列柱和第 29 窟守护内阵的神像也位于石柱的台座部分（图一二七）。

二　七宝台奉纳石塔的建筑和图像程序

通过以上的研究发现始建期的浮雕石佛群像原来可能镶嵌在一个四面石塔上，这个石塔由塔基、塔身（本体）、塔刹组成（图一三七）。因为每件浮雕龛像的平均高度为 105 厘米左右，推测石塔的高度为 6～7 米。

塔基为长安地区武周时期流行的八面柱体，八面台基上莲台承托塔基中部。正面（南面）为一佛龛，其中镶嵌这批造像中唯一的五尊造像，高度与七件十一面观音像相近，为 107 厘米。其余七面各开一龛，镶嵌七件十一面观音，具有护法的意义。七件十一面观音像的宽度大概为五尊像的一半，这样七件十一面观音像装饰在台座四周，恰好构成八面体。恰似印

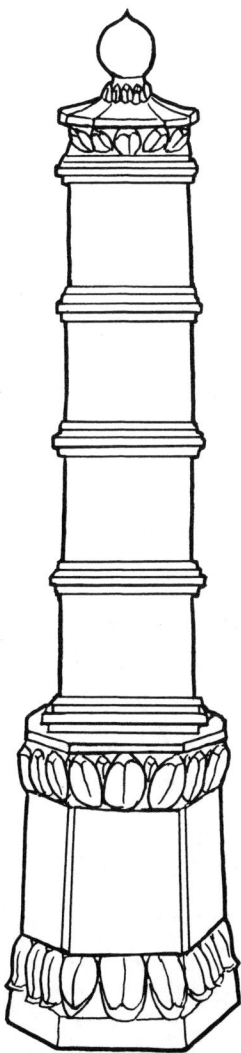

图一三七　七宝台始建期
浮雕像的复原
石塔（正面）

度石柱的基础雕一周的女神像，具有护法的功能。五尊像与十一面观音像的组合关系和石窟庵主尊与后壁十一面观音浮雕像、法隆寺的金堂中央坛上主尊与壁画中的十一面观音菩萨像的关系一样是佛法与守护神的关系。

塔身由四层组成、各层之间叠涩出檐，每檐出挑和内收三层或五层。每层塔身四面各开一龛、内镶嵌一件三尊佛像。参考实际寺出土的石塔的四面造像、如果将四面塔与四个方位对应、推测正面（南面）为降魔印的释迦佛、与之相对的面（北面）为弥勒佛；西面是西方净土世界的教主阿弥陀佛、与之相对的东面是尚为定型的琉璃世界的教主药师佛。侧面具有装饰纹的两尊阿弥陀佛三尊像和弥勒佛三尊像位于第一层，以便观赏。很难将七宝台的建筑意义与具体的经典流派进行直接联系，但是塔身的四面佛像与初唐、武周时期长安地区流行的大乘四佛应该一致。

塔刹已经遗失，但依据同时期的长安地区奉献石塔的塔刹造型，推测为八角屋檐、其上莲台承托宝珠。

该石柱因为其身形高耸，且供养于七宝台法堂内部，所以也被称为石柱或法柱。石塔的礼拜方式推测为常见的右绕礼拜。在形式上继承了长安地区四面石塔的造型、同时融入了极具印度色彩的石柱台座造型要素，形成了中国石造纪念性建筑的古典性，被后世所遵循。远播至东亚其他国家，激发朝鲜半岛统一新罗时代建造石塔的风潮，在 8 世纪中叶达到顶峰，并完成了石塔造型的定型化：上下二层基坛，方形塔身，顶部露盘上装饰相轮[51]。统一新罗时代 8 世纪的石窟庵的三层石塔，高约 3 米，二层基为八角形，三层四方形塔身，宝珠塔刹[52]（图一三八）。典型的例子还有葛项寺址纪年为 758 年的东塔。在新罗石塔的定型化的方形多层基本形态下，塔基与塔身各面以天人像、眠象、八部神众、十二支神像、四方佛、菩萨像、仁王像等诸浮雕像装饰而成华丽的石塔也有很多[53]。与唐土善用砖来造塔、券制佛龛的技术传统不同，新罗的石塔纯粹是用石块拼接砌筑起来。

　　修补期的浮雕龛像也可能是一座奉献石塔的配件。依据残存的八件石雕还难以作出复原。从龙门石窟的状况来看，开元年间的修补活动如奉先寺大佛龛周围的立佛龛像，一般都是另起工事，对武周时期的佛教造型毁坏和破坏的活动很少，尽量修补前代造像，并与之融和。因此，本书推测开元年间以杨思勖为首的内侍在修补了七宝台始建期

图一三八　石窟庵石塔
（图采自黄寿永：《韩国美术全集6 石塔》，第68页，图版55，同和出版公社，1974年，首尔）

的奉献石塔后，有可能再次集团造塔造像作功德。

第三节　从七宝台看武周长安年间的佛教视觉文化

一　光宅寺的伽蓝布局

　　本书推测七宝台是高基础台上的二层阁楼。有两个理由。一是因为长安三年供养者姚元之将七宝台称为"塔"："……铭曰：地踊珍塔，天飞圣仪。丹楹日泛，锦石莲披。酌慧难测，资生不疲。长寨欲纲，永披禅枝。……"开元十二年杨思勖也称七宝台为塔："……所以人天舍千万之资，神鬼建由旬之塔。""由旬之塔"应指七宝台，据《寺塔记》记载，该建筑为木构建筑，有门窗，墙壁上是当时长安有名的画家绘制的壁画。浮雕铭文和文献（《寺塔记》卷下）有相关记载。

推测七宝台很高，可以攀登，登至上层目光可以看到很远的地方。上层窗下为尉迟所绘壁画，下层窗下是吴道玄所绘壁画，但都不是他们的得意之作。文宗朝丞相韦处厚经常来到光宅寺，在七宝台前焚香瞻礼。

二是因为七宝台作为光宅寺的主体建筑，其建筑形制为二层阁楼式建筑，和伽蓝的其他建筑物取得很好的平衡。

第一章已经论述了初唐至武周时期长安伽蓝建筑配置的一般制度。武周时期长安怀远坊所建大云经寺的伽蓝布局为"品"字形，中心为宝阁，东西两侧为塔。而且中心建筑宝阁的名称随着时代变迁而变化，隋代因为塔内壁画为三位有名画家的画迹，因此被称为"三绝塔"。到了武周时期，随着《大云经》的流布，寺院的名称变为大云经寺，宝阁的名称变为"七宝台"。

光宅寺的伽蓝布局也应遵循以上所述的一般制度。即中央主体建筑两侧配置附属阁楼的"品"字形布局，中央主体建筑为七宝台，两侧阁楼为普贤堂和文殊堂。在佛教经典中七宝台作为供养舍利和佛经的建筑经常出现。例如在西晋无罗又所译《放光般若经》中描述七宝台的样子："见七宝台以赤栴檀而校饰之，真珠交露，其台四角有四宝罋盛摩尼珠昼夜常明。有宝香炉常烧名香昼夜常香。当台中央有七宝塔，又以四色之宝作函，以紫磨金薄为素书般若波罗蜜作经在其函中。"[54]可见七宝台为木构建筑，四角装饰摩尼珠，中央有七宝塔，内供奉装有佛经的宝函。

七宝台除了以上所述作为佛教建筑的普遍意义之外，还具有和转轮王、弥勒佛相关联的特殊意义[55]。可见光宅寺的七宝台的建筑形制可能是与佛教经典所述一致，为中央供养塔的木造阁楼。武则天利用这个信仰，为了彰显自己作为转轮王和弥勒佛的神圣存在，而建造了七宝台这个具有象征性的佛教建筑。

（一）光宅寺的沿革

光宅寺沿革和建筑布局的直接关联史料是造像铭文。武周朝官员作为功德而供奉的浮雕石佛像上一部分刻有铭文。长安三年（703）纪年的浮雕像有七件：王璿造像、高延贵造像、韦均造像、姚元之造像、李承嗣造像、萧元眘造像、僧德感造像。长安四年（704）年纪年的浮雕像一件：姚元景造像。这些铭文全部收录于《金石萃编》卷六五。开元十二年（724）纪年的造像有虢国公杨（推测为杨思勖），收录于《金石萃编》卷七五。

和光宅寺相关的地理志，例如《长安志》卷八、《两京城坊考》卷三、《唐会要》卷四八按照时间顺序记述建筑物。有两点值得注意：一是仪凤二年（677）光宅坊发现舍利，因之建造"光宅寺"。二是"武太后，始置七宝台，因改寺额焉"。即因武则天的命令而建立七宝台，因之寺院的名称改为"七宝台寺"。从现在残存的七宝台奉纳浮雕石佛像的铭文可见七宝台完工于长安三年（703）。虽然没有关于七宝台始建年代的确切记录，但从武周长安年间重修大慈恩寺既已坍塌的大雁塔的记录可见[56]，武周长安年间随着武则天的政治舞台从洛阳回归长安，长安已经存在的一些佛教建筑得以修理和更新。七宝台应该是这个修理和更新风潮中的代表作。比七宝台规格更高、建筑规模更大的洛阳明堂的建造时间仅仅一年间[57]，可见七宝台的建造也不会需要更长的时间，推测始建于长安二年。

《历代名画记》卷三、《寺塔记》卷下、《唐画断》（《太平广记》卷二一一）等艺文类文献关于光宅寺的建筑形制、残存佛教造型的作者、图像及风格、主题等有所记述。

《宋高僧传》所记录"光宅寺僧竭传"、"慧忠"、"释法成"[58]，

《广弘明集》卷二十二"光宅寺释法云咨二谛义"和"光宅寺释敬脱咨二谛义"等史料对和光宅寺相关的人物活动有所记述。

从以上三类文献可大致了解光宅寺的沿革（表七：光宅寺的沿革与建筑配置）。

光宅寺原来是官葡萄园。最古老的建筑物是武则天的梳洗堂，后来成为普贤堂。推测其建筑形制为殿堂。

仪凤二年（677）舍利发现以后，建造了光宅寺。随之原来武则天的梳洗堂变为寺院的佛教建筑，其中安置佛像，墙壁绘制壁画，变为佛殿。但其名称不知何时变为普贤堂。

接着的建筑是七宝台，推测为二层阁楼建筑，从"上层窗下尉迟画，下层窗下吴道玄画"记载可见七宝台有上下二层。

推测七宝台始建于长安二年（702）。

长安三年（703）七宝台建成，光宅寺因之改名为七宝台寺。

七月：王璪奉纳阿弥陀三尊龛像。

七月十五日：高延贵奉纳阿弥陀三尊龛像。

九月三日：韦均奉纳阿弥陀三尊龛像。

九月十五日：李承嗣奉纳阿弥陀三尊龛像；姚元之奉纳弥勒三尊龛像；萧元眘奉纳弥勒三尊龛像；僧德感检校七宝台，并奉纳十一面观音龛像。

长安四年（704）：

九月十八日：姚元景奉纳弥勒三尊龛像。

开元十二年（724）：

十月八日：杨思勗奉纳弥勒三尊龛像。

建中年间（780～783）：僧竭建造文殊堂。

表七 光宅寺的沿革与建筑配置

时代	名称	建筑物	关联人物	事件	文献
仪凤二年 (677)	官葡萄园	武则天的梳洗堂	武则天		《寺塔记》卷下
	光宅寺	普贤堂（堂中尉迟画）		发现舍利	《寺塔记》卷下《长安志》卷八《两京城坊考》卷三《唐会要》卷四八
长安三年 (703)	七宝台寺	七宝台	武则天、德感、王勮、高延贵、韦承庆、姚元之、萧元昚	供奉浮雕石龛像、绘制壁画	《寺塔记》卷下《长安志》卷八《两京城坊考》卷三 浮雕铭文
长安四年 (704)			姚元昚	供奉浮雕石龛	浮雕铭文
		"上层窗下尉迟画，下层窗下吴道玄画" "七宝台后画降魔像"	尉迟、吴道玄 尉迟乙僧		《唐画断》卷二一一
开元十二年 (724)			杨思勖	新装佛像	浮雕铭文
		菩提院（"院内北壁东西偏，尉迟画画降魔等变，殿内吴生、杨廷光画，又尹琳画西方变"）	尉迟、吴生、杨廷光、尹琳		《历代名画记》卷三
上元二年 (761)			惠中禅师	惠中禅师上京居此寺	《寺塔记》卷下《宋高僧传》卷九

续表

时代	名称	建筑物	关联人物	事件	文献
大历五年（770）			大耳三藏	西域大耳三藏入京，帝令人光宅寺，请国师惠中试验	《编年通论》卷十七
建中年间（780—783）		曼殊堂	僧竭	三月道场尝转经，每赐香	《寺塔记》卷下 《宋高僧传》卷二十七
晚唐？		惠中禅师影堂	韦处厚	塔前焚香瞻礼	《长安志》卷八

（二）法堂与奉纳石塔

关于七宝台的内部构造和空间，根据造像铭文可知内部应该设有可以攀登的楼梯，此外有门窗，上下层窗下均有名家所绘壁画。其性质推测为法堂。长安三年（703）王璿在奉纳的阿弥陀三尊龛像铭文中提到："……爰于七宝台内，敬造石龛阿弥陀像一铺"，可见是为了七宝台内部空间庄严的目的而奉纳的石龛像。长安四年（704）姚元景在奉纳弥勒龛像的铭文中提到"……爰于光宅寺法堂石柱，造像一铺"，因此推测七宝台为光宅寺法堂，而且法堂内有石柱似的纪念性建筑。七宝台有可能具有将大明宫内的临时道场常设化的功能。据文献记载，大明宫内有佛教供养和佛事活动。如武则天于垂拱二年（686）为高宗追善在大明宫内制作了千铺十一面观音绣佛像[59]；神功元年，僧法藏为了契丹战事胜利在大明宫内设十一面观音道场，演习咒术[60]。七宝台紧邻大明宫，可能具有举行宫廷佛教仪式的功能。

二 七宝台所代表的佛教视觉文化

（一）建筑、壁画、雕塑的整合关系：印度阿旃陀主义的影响

七宝台始建期的壁画是由初唐至武周在两京地区以异国人物和佛像而著称的尉迟派[61]画家创作的（表八：光宅寺的壁画）。绘画的场所在七宝台的上层窗下、后面。光宅寺内尉迟派所绘壁画的内容三处为降魔成道变相图。普贤堂的降魔成道为大型变相构图，中间为释迦佛，旁边绘有妨碍释迦成正觉的变形三魔女，她们富有诱惑力的身体仿佛破壁而出。佛的头光以绚丽的色彩造成光芒万丈、使人眼花缭乱的视觉感受。与中华传统端正古雅之佛画趣味不同的是，这些壁画的风格以鲜艳的颜色、具有立体感的凹凸画法、极具异国情调的逼真夸张的人物造型、给观者以"奇"和"险"的视觉感受。以下文献关于

光宅寺的壁画有记录。

"宝台甚险，登之四极眼界。其上层窗下尉迟画、下层窗下吴道玄画、皆非其得意也。……普贤堂本天后梳洗堂，葡萄垂实，则幸此堂。今堂中尉迟画，颇有奇处。四壁画像及脱皮白骨，匠意极险。又变形三魔女，身若出壁。又佛圆光，均彩相。错乱目成讲。东壁佛座前，锦如断古标。又左右梵僧及诸蕃往奇，然不及西壁，西壁逼之摽摽然。"[62]

"尉迟乙僧，……光宅寺七宝后面画降魔像。千怪万状，实奇迹也。然其功德人物花草，皆外国之象。无中华礼乐威仪之德。"[63]

"东菩提院内北壁东西偏，尉迟画降魔等变。殿内吴生、杨廷光画。又尹琳画西方变。"[64]

表八　　　　　　　　　　　　光宅寺的壁画

建筑场所	七宝台			普贤堂	东菩提院		
	上层窗下	下层窗下	后面	堂中	院内北壁东西偏	殿内	
画家	尉迟	吴道玄	尉迟乙僧	尉迟	尉迟	吴生杨廷光	尹琳
主题			降魔像	降魔成道图（脱皮白骨、变形三魔女）	降魔等变		西方变

从以上分析看来、七宝台的雕塑是与建筑、壁画密切关联的。雕塑和壁画的题材均以释迦降魔成道图像为主，都呈现出丰艳、柔软的印度风格。在风格上，七宝台浮雕石佛群像自然的人体表现、轻薄柔软的服饰无不体现出印度笈多（Gupta）艺术风

格的影响。在图像上，七宝台雕塑和壁画中的降魔印释迦像与义净请来的金刚座真容像有直接的联系。从七宝台这种融和建筑、雕塑、绘画各种门类的艺术为一体的做法可看出印度阿旃陀主义的影响。

在开元十二年虢国公杨思勖修补七宝台时，在造像铭文"虢国公杨花台铭并序"中记录了自己当时所见之七宝台法堂的样像（image）："华蕶覆像，尽垂交露之珠；玉砌连龛，更饰雄黄之宝。风筝逸韵，飞妙响于天宫；花雨依微，洒轻香于世界……"可见，七宝台内有两尊引人瞩目的佛教造型：其一为佛像，所谓"华蕶覆像"；其二为多层堆砌的石雕龛像，所谓"玉砌连龛"，即本书所复原的奉献石塔。该石塔有可能位于法堂的中央，因其高耸也被称为法柱。其实在武周时期石窟建筑中也多处可见将塔柱位于石窟中央的布局：如庆阳北石窟寺如意元年（692）的第32窟，敦煌莫高窟圣历元年（698）的第332窟，推测为武周时期的须弥山第105窟，四川省广元千佛崖第400号窟[65]。甚至将礼拜的中心由佛像转移到中心塔[66]。整个法堂富于装饰性：覆盖佛像的天盖缀满闪闪发光的宝珠，奉献石塔的龛像之间装饰着各种宝石，再通过壁画等装饰手法使整个法堂似乎是回荡着美妙音乐的天宫，是一个飘洒着花雨、香气弥满的世界。因此，本书推测七宝台的形制似乎更接近武周时期洛阳的著名佛教建筑：天堂。天堂为五层木构建筑，三层即俯视明堂，其中供奉大像，小指尤藏数人，可见其高大[67]。七宝台可能也是一个二层以上的高台木构建筑，称为宝阁更为恰当。它居于光宅寺的中央，最为高大耀眼。同时代的人因其华美的造型也称其为花台，或者因其高大的外形而称为七宝塔。后世的人也将其作为塔而礼拜。

长安年间武周王朝在长安的另一处重要的佛教建筑营造是重建大慈恩寺的大雁塔[68]。该塔一改原来初唐时期永徽三年（652）玄奘所督造的富有印度气息的外形，而是采用华夏旧制。但是内部的壁画却如七宝台一样主要由尉迟派画家装饰（表九：慈恩寺大雁塔的壁画），题材与光宅寺那样适应大型殿堂壁面的降魔变相不同的是，多为小幅的华严经的文殊、普贤菩萨和杂密的变化观音像，但是两处壁画都呈现出艳丽的色彩、凹凸画法所表现的立体感，造成华丽、灵异的视觉效果。从七宝台与大雁塔这两个典型建筑可看出武周长安年间的佛教视觉文化的特征：有别于武周前期在洛阳所修造的明堂、天堂那样具有革命意味的新奇大胆怪异的建筑风尚，武周时期在长安试图营造一种与初唐传统融和的都市佛教景观。大雁塔、七宝台石塔的外形、浮雕图像都遵循了长安初唐以来的造型传统。但是，在壁画的题材和风格上却表现出武周时期的新风尚，杂密的变化观音系图像纷纷登场，呈现出华丽新奇的意象和丰艳柔软的印度艺术风潮的影响。

表九 **慈恩寺大雁塔的壁画**

场所	塔内面东西间	塔下南门	塔西面	塔前面中间	西面中间
画家	尹琳	尉迟	尉迟	尉迟乙僧	尉迟乙僧
画题	西面：文殊（骑狮子）东面：普贤（骑象）	西壁千钵文殊	湿耳狮子仰蟠龙、花子钵曼殊（文殊）		千手千眼菩萨
文献	《历代名画记》卷三	《历代名画记》卷三	《寺塔记》卷下	《太平广记》卷二一一唐画断	《太平广记》卷二一一唐画断

（二）七宝台所关联的佛教行事和礼仪活动

武周时期盛行的集团造像、造塔作功德行为也起到了增进社会组织的作用。从造像铭文来看，七宝台浮雕像所装饰的石塔集合了忠于武则天的僧团和官僚集团的功德。其中两尊弥勒三尊像的供养者：当时的"相王府长史姚元之"以及其弟姚元景和两尊阿弥陀三尊像的供养者"雍州富平县丞韦均"、"陇西李承嗣"可代表当时以长安相王为中心的长安地区的政治势力。710年睿宗将自己相王时代的宅第奉献为寺，即位于光宅寺对面的安国寺[69]。从光宅寺、安国寺和大明宫的近邻关系可看出武周至睿宗时期长安地区佛教与政治的密切结合。开元二十三年（735）为了纪念玄宗注释《金刚经》完毕，长安众僧请求立般若台，荣新江推测其在安国寺境内[70]。由此可见，盛唐时期安国寺内的般若台与武周时期光宅寺内的七宝台在地理上形成某种对称关系。成为两座引人瞩目的代表性国家佛教建筑。其地位应该同等重要，因此推测七宝台法堂应该举行过与国家关联的重大的佛教仪式。或者可以说是将大明宫内道场实体化的结果。至于具体有那些佛教行事和礼仪本书有以下推测：

受戒：戒坛。每逢遭遇重大变故时，皇室贵族有受戒的行为[71]。或者皇室成员的受戒仪式在此举行，如法藏曾为中宗、睿宗授菩萨戒[72]。

礼忏：七宝台造像中十一面观音手中的"灭罪"印章说明造像与佛教礼忏活动可能有关。这与武周长安年间武则天的忏悔思想、武周向李唐政权回归的等政治气候不无关系。如，久视元年（700）七月七日、武则天为了除去自身的罪恶、向嵩山的山门投放"则天武后除罪简"。

"上言大周国主武曌好乐真道长生神仙，谨诣中/岳嵩高山门，投金简一通，乞三官九府除武曌罪名，/太刚庚子七月甲申朔七日甲寅小使臣胡超稽首再拜谨奏。"[73]

讲经：颜娟英推测七宝台为了庆祝长安三年义净《金光明经》的翻译成功，就如同开元二十三年，安国寺所立之"般若台"是为了庆祝《金刚经》的翻译成功[74]。

〔1〕福山敏男：《宝庆寺派石佛的分类》，《佛教艺术》第 9 号（1950 年），第 31 ~ 43 页。

〔2〕本山路美：《宝庆寺石佛群的造像情况》，早稻田大学美术史学会：《美术史研究》第 18 号（1981 年），第 14 ~ 15 页。

〔3〕颜娟英：《武则天与唐长安七宝台石雕佛相》，《艺术学》第 1 期（1987 年 3 月），第 41 页。

〔4〕颜娟英：《唐长安七宝台石刻的再省思》，陕西省考古研究所编：《远望集 - 陕西省考古研究所华诞四十周年纪年文集》（下），第 829 ~ 830 页，陕西人民美术出版社，1998 年，西安。

〔5〕水野清一：《唐代的佛像雕刻》，《佛教艺术》第 9 号（1950 年），第 14 ~ 15 页。

〔6〕町田甲一：《概说东洋美术史》，第 177 ~ 178 页，国际书院，1989 年，东京。

〔7〕田边三郎助：《隋·唐的佛像》，百桥明穗、中野彻编：《世界美术大全集东洋编第 4 卷"隋·唐"》，第 203 ~ 204 页，小学馆，1997 年，东京。

〔8〕本山路美：《宝庆寺石佛群的造像情况》，《美术史研究》第 18 号（1981 年），第 1 页。

〔9〕杉山二郎：《宝庆寺石佛研究序说》，《东京国立博物馆纪要》第 3 号（1977 年），第 242 ~ 290 页。

〔10〕颜娟英：《武则天与唐长安七宝台石雕佛相》，《艺术学》第 1 期（1987 年 3 月），第 56 页。

〔11〕颜娟英：《武则天与唐长安七宝台石雕佛相》，《艺术学》第 1 期（1987 年 3 月），第 56 ~ 57 页。

〔12〕颜娟英的其他研究：Chuang - ying Yen, *The Sulpture from the Tower of Seven Jewels*：*The Style, Patronage and Iconography of the Monument*, Ph. D thesis, Harvard University, 1986; Yen Chuan - ying, The Tower of Seven Jevels and Empress Wu, *National Palace Museum Bulletin（Taipei）*, 22. 1（March - April，1987），pp. 1 - 18.

〔13〕赖鹏举：《北传密法形成的一个环节——唐代龙门擂鼓台三洞"卢舍那佛"
　　　与"十一面观音"的结合》，李振纲主编：《2004 年龙门石窟国际学术讨论
　　　会文集》，第 175～176 页，河南人民出版社，2006 年，郑州。

〔14〕颜娟英：《武则天与唐长安七宝台石雕佛相》，《艺术学》第 1 期（1987 年
　　　3 月），第 55～57 页。

〔15〕杉山二郎：《宝庆寺石佛龛像的研究》，《国际佛教大学院大学研究纪要》
　　　第 4 卷（2001 年 3 月），第 52～53 页；杉山二郎：《宝庆寺石佛龛像再
　　　考》，《国际佛教大学院大学研究纪要》第 5 卷（2002 年 3 月），第 41 页。

〔16〕杉山二郎：《宝庆寺石佛龛像再考》，《国际佛教大学院大学研究纪要》第 5
　　　卷（2002 年 3 月），第 41 页。

〔17〕颜娟英：《武则天与唐长安七宝台石雕佛相》，《艺术学》第 1 期（1987 年
　　　3 月），图三九～四二，第 86～89 页。

〔18〕颜娟英：《武则天与唐长安七宝台石雕佛相》，《艺术学》第 1 期（1987 年
　　　3 月），图三七，第 85 页。

〔19〕颜娟英：《唐长安七宝台石刻的再省思》，陕西省考古研究所编：《远望
　　　集——陕西省考古研究所华诞四十周年纪年文集》（下），第 832 页，陕西
　　　人民美术出版社，1998 年，西安。

〔20〕颜娟英：《唐长安七宝台石刻的再省思》，陕西省考古研究所编：《远望
　　　集——陕西省考古研究所华诞四十周年纪年文集》（下），第 834 页，陕西
　　　人民美术出版社，1998 年，西安。

〔21〕赖鹏举：《北传密法形成的一个环节——唐代龙门擂鼓台三洞"卢舍那佛"
　　　与"十一面观音"的结合》，李振纲主编：《2004 年龙门石窟国际学术讨论
　　　会文集》，第 170～185 页，河南人民出版社，2006 年，郑州。

〔22〕颜娟英：《武则天与唐长安七宝台石雕佛相》，《艺术学》第 1 期（1987 年
　　　3 月），第 56 页。

〔23〕本山路美：《宝庆寺石佛群的造像情况》，早稻田大学美术史学会：《美术
　　　史研究》第 18 号（1981 年），第 18～20 页。

〔24〕小泉惠英：《中国佛教美术史所见的阿育王信仰》，东京国立博物馆、朝日
　　　新闻社编集：《中国国宝展》（2004），第 244 页，朝日新闻社，2004 年。

〔25〕"横街之北，光宅寺。仪凤二年，望气者言，此坊有兴气。敕令掘得石函，
　　　函内有佛舍利骨万余粒。遂立光宅寺。武太后始置七宝台，因改寺额焉。

《西阳杂俎》曰，宝台甚显，登之四极眼界。"见（宋）宋敏求撰；（清）毕沅校正：《长安志》卷八，第 176 页，成文出版社有限公司，1970 年，台北。

〔26〕耶舍崛多译：《佛说十一面观世音神咒经》北周（570 年前后），大正新修《大藏经》第 20 册，No.1070；阿地瞿多译：《十一面观世音神咒经》唐永徽五年（654 年），大正新修《大藏经》第 18 册，No.0901，《陀罗尼集经》卷四；（唐）玄奘译：《十一面神咒心经》唐显庆元年（656 年），大正新修《大藏经》第 20 册，No.1071，《陀罗尼集经》卷四。

〔27〕（宋）赞宁撰；范祥雍点校：《宋高僧传》卷四，第 84 页，中华书局，1987 年，北京。

〔28〕（唐）道宣：《续高僧传》卷二十九《唐京师清禅寺释慧胄传》，大正新修《大藏经》第 50 册，No.2060。

〔29〕（清）徐松撰、李健超增订：《增订唐两京城坊考》（修订版），第 142～143 页，三秦出版社，2006 年，西安。

〔30〕郑洪春：《西安东郊隋舍利墓清理简报》，《考古与文物》1988 年第 1 期，第 65 页。

〔31〕中村元、久野健监修：《佛教艺术事典》，第 798 页，东京书籍株式会社，2002 年，东京。

〔32〕奈良国立博物馆：《古密教：日本密教的胎动》，第 154 页，2005 年。

〔33〕杉山二郎：《宝庆寺石佛研究序说》，《东京国立博物馆纪要》第 3 号（1977），第 266～267 页。

〔34〕李玉珉：《隋唐之弥勒信仰与图像》，《艺术学》第一期（1987 年 3 月），第 103 页。

〔35〕参考《全唐文》卷二百六。（清）王昶著：《金石萃编》卷六五《姚元之造像记》，唐二十五，中国书店影印，1985 年，北京。

〔36〕（清）王昶著：《金石萃编》卷六五《姚元景造像记》，唐二十五，中国书店影印，1985 年，北京。

〔37〕参考（清）毛凤枝：《关中石刻文字新编》卷二，第十四页上。

〔38〕杉山二郎：《宝庆寺石佛研究序说》，《东京国立博物馆纪要》第 3 号（1977 年），第 288 页。

〔39〕参考（清）陆耀遹著：《金石续编》卷五，唐二，《华塔寺冯凤翼等造像题名》，《石刻史料新编》第一辑，第四册，第 3108 页，新文丰出版公司，1977 年，台北。

〔40〕 肥田路美：《唐代佛陀伽耶金刚座真容像的流行》，町田甲一先生古稀纪念
会编：《佛教美术史论丛》，第 176 页，吉川弘文馆刊行，1986 年，东京。

〔41〕 小野胜年：《宝冠佛试论》，《龙谷大学论集》389、390 合刊（1969 年），
第 281 页。

〔42〕 杉山二郎：《宝庆寺石佛研究序说》，《东京国立博物馆纪要》第 3 号
（1977 年），第 279～281 页。

〔43〕 肥田路美：《唐代佛陀伽耶金刚座真容像的流行》，町田甲一先生古稀纪念
会编：《佛教美术史论丛》，第 176 页，吉川弘文馆刊行，1986 年，东京。

〔44〕 中国社会科学院考古研究所洛阳唐城队：《唐东都武则天明堂遗址发掘简
报》，《考古》1988 年第 3 期，第 227～230 页。

〔45〕 "辛亥，明堂成，高二百九十四尺，方三百尺。凡三层：下层法四时，各随
方色；中层法十二辰；上为圆盖，九龙捧之。上施铁凤，高一丈，饰以黄
金。中有巨木十围，上下贯通，栭栌橕橝借以为本。下施铁渠，为辟雍之
象。号曰万象神宫。"见（宋）司马光编著：《资治通鉴》卷二百四唐纪二
十一"则天后垂拱四年（六八八）"第 6454 页，中华书局，1956 年，北京。

〔46〕 杨超杰、严辉著：《龙门石窟雕刻粹编·佛塔》，"1 号塔（潜溪寺前四层塔
〈45 龛〉）"，第 76 页，图三四，图版一、二，中国大百科全书出版社，
2002 年，北京。

〔47〕 杨超杰、严辉著：《龙门石窟雕刻粹编·佛塔》，"79 号塔"，第 103～108
页，图八九，图版九二、九三，中国大百科全书出版社，2002 年，北京。

〔48〕 苏思勖所造的铭文为"印度佛像"的泥佛像中也有这类图像。推测其图像
来源为印度。

〔49〕 长谷川诚："药师寺的创建与药师三尊"，长谷川诚、入江泰吉：奈良的寺
9《药师寺　金堂药师三尊与圣观音》，第 9 页，岩波书店，1974 年，
东京。

〔50〕 颜娟英：《唐代十一面观音图像与信仰》，《佛学研究中心学报》第十一期
（2006 年），第 100～101 页。

〔51〕 田村园澄、秦弘燮编：《新罗与日本古代文化》，第 215～216 页，吉川弘文
馆刊行，1981 年，东京。

〔52〕 黄寿永编：《韩国美术全集6 石塔》，第 68 页，图55，同和出版公社，1974
年，汉城。

〔53〕 田村园澄、秦弘燮编：《新罗与日本古代文化》，第 227～228 页，吉川弘文

馆刊行, 1981 年, 东京。

〔54〕（西晋）无罗叉：《放光般若经》20, 大正新修《大藏经》第 8
册, No. 0221。

〔55〕（后秦）鸠摩罗什译：《佛说弥勒大成佛经》, 大正新修《大藏经》第 14
册, No. 0456。

〔56〕（宋）宋敏求撰；（清）毕沅校正：《长安志》卷八, 第 192 页, 成文出版
社有限公司, 1970 年, 台北。

〔57〕"垂拱三年, 毁乾元殿, 就其地创造明堂（注：令沙门薛怀义充使）, 四年
正月五日毕工。"见（宋）王溥撰：《唐会要》卷十一, "明堂制度", 第
318 页, 上海古籍出版社, 2006 年, 上海。"垂拱三年春, 毁东都之乾元
殿, 就其地创之。四年正月五日, 明堂成。"见（后晋）刘昫等撰：《旧唐
书》卷二十二, 志第二, "礼仪二", 第 862 页, 中华书局, 1975 年, 北
京。"（垂拱）四年正月……庚午, 毁乾元殿, 作明堂。十二月……辛亥,
改明堂为万象神宫, 大赦。"见（宋）欧阳修 宋祁撰：《新唐书》卷四,
本纪第四"则天皇后", 第 87～88 页, 中华书局, 1975 年, 北京。

〔58〕"仪凤二年, 望气者云：'此坊有异气。'掘之, 得石函, 函内贮佛舍利万
余粒, 光色灿烂而坚刚。敕于此处造光宅寺, 仍散舍利于京寺及诸州府各
四十九粒。武后于此始置七宝台, 遂改寺额, 成公居之, 行其激励, 多以
崇福为己任焉。"见（宋）赞宁撰；范祥雍点样：《宋高僧传》卷二十六
"周京师法成传", 第 653 页, 中华书局, 1987 年, 北京。

〔59〕稻本泰生：《与奈良朝古密教前史相关的觉书——以中国武周朝前后的状况
为中心》所引用灵实《镜中集》正仓院文书"造菩萨愿文", 奈良国立博
物馆：《古密教：日本密教的胎动》, 第 140 页, 2005 年。

〔60〕（新罗）崔致远：《唐大荐福寺故主翻经大德法藏和尚传》第八科, 大正新
修《大藏经》第 50 册, No. 2054。

〔61〕"尉迟乙僧, 于阗国人。父跋质那, 乙僧国初授宿卫官, 袭封郡公。善画外
国及佛像。时人以跋质那为大尉迟, 乙僧为小尉迟。画外国及菩萨, 小则
用笔紧劲, 如屈铁盘丝, 大则洒落有气概。僧悰云, 外国鬼神, 奇形异貌,
中华罕继。"见（唐）张彦远著：《历代名画记》卷九, 唐朝上, 第 172
页, 人民美术出版社, 2004 年, 北京。

〔62〕（唐）段成式著：《寺塔记》, 第 19～20 页, 人民美术出版社, 2003 年, 北京。

〔63〕（唐）李昉等编：《太平广记》卷二一一, 第 1618～1619 页, 中华书局,

1961 年，北京。

〔64〕（唐）张彦远著：《历代名画记》卷三，"记两京外州寺观壁画"，第51～52 页，人民美术出版社，2004 年，北京。

〔65〕雷玉华、王剑平编著：《广元石窟》，第45～47 页，巴蜀书社，2002 年，成都。

〔66〕如营建于圣历元年（698）的敦煌332 窟即为中心塔窟，据《武周圣历李君莫高窟佛龛碑》（698）所记，石窟的中心为宝刹，完工之日，在塔前设供发愿："后起涅槃之变、中浮宝刹、迥四面以环通、旁列金姿、俨千灵而侍卫。……以圣历元年五月十四日修葺功毕、设供塔前、陈桂馔以薰空、奠兰羞而味野、伏愿一人有庆、九域无虞……"见宿白：《"武周圣历李君莫高窟佛龛碑"合校》，宿白：《中国石窟寺考古》，第267 页，文物出版社，1996 年，北京。

〔67〕"（则天后天册万岁元年），初，明堂既成，太后命僧怀义作夹纻大像，其小指中犹容数十人，于明堂北构天堂以贮之。堂始构，为风所摧，更构之，日役万人，采木江岭，数年之间，所费以万亿计，府藏为之耗竭。"见（宋）司马光编：《资治通鉴》卷二百五唐纪二十一"则天后天册万岁元年（695）"第6498 页，中华书局，1956 年，北京。"又于明堂北起天堂五级以贮大像，至三级，则俯视明堂矣。"见（宋）司马光编：《资治通鉴》卷二百四唐纪二十"则天后垂拱四年〈688〉"第6455 页，中华书局，1956 年，北京。

〔68〕"寺西院浮图六级，崇三百尺。永徽三年沙门玄奘所立。初唯五层，崇一百九十尺，砖表土心。仿西域窣堵波制度，以置西域经像。后浮图心内，卉木钻出。渐已颓毁。长安中更折改造，以东夏刹表旧式，特崇于前。有辟支佛牙、大如升、光彩焕烂。东有翻经院。"见（宋）宋敏求撰，（清）毕沅校正：《长安志》卷八，第192 页，成文出版社有限公司，1970 年，台北。

〔69〕"景云元年九月十一日，敕舍龙潜旧宅为寺，便以本封安国为名。"见（宋）王溥著：《唐会要》卷四八，第992 页，上海古籍出版社，1991 年，上海。

〔70〕荣新江：《盛唐长安与敦煌——从俄藏"开元廿九年（741）授戒牒"谈起》，《浙江大学学报》（人文社会科学版）第37 卷第3 期（2007 年5 月），第21 页。

〔71〕严耀中：《论佛教戒律对唐代司法的影响》，荣新江主编：《唐代宗教信仰

与社会》，第 163 页，上海辞书出版社，2003 年，上海。

〔72〕（新罗）崔致远：《唐大荐福寺故寺主翻经大德法藏和尚传》，大正新修
《大藏经》第 50 册，No. 2054。

〔73〕"则天武后除罪简"，东京国立博物馆：《宫廷的荣华——唐的女帝·则天
武后与她的时代展》，第 158 页，1998～1999 年。

〔74〕《贞元新定释教目录》卷十四记："时圣上万枢之暇，注《金刚经》，至
（开元）二十三年著述功毕。释门请立般若经台，二十七年其功终竟。"见
大正新修《大藏经》第 55 册，No. 2157。

第五章　武周时期两京地区的佛教视觉文化

近年，艺术史学界视觉文化（Visual Culture）的理论和方法开始盛行。与古典艺术史学注重学科的独立性和艺术品的绝对价值的哲学相比，视觉文化将研究对象从艺术品（Fine Art）扩展到视觉材料（Visual Material），研究目的由探索作品的艺术价值扩展到社会文化的范畴[1]。在研究方法上也提倡打破学科界线、多学科综合的方法。在这个大的氛围中，佛教视觉文化的研究也开展起来了。将佛教造像与其他门类的艺术品结合起来，综合地从政治、社会、民族、性别等角度来考察佛教艺术的研究富有成效。汪娟探讨了唐代弥勒信仰与政治的关系[2]，以及唐代弥勒信仰与其他佛教宗派的关系[3]。颜娟英在论述长安光宅寺七宝台佛教造像时综合运用历史学和艺术史的方法，从三个典型案例光宅寺舍利发现、万象神宫与《大云经疏》、七宝台与《华严经》《金光明经》的翻译，论证了武周政治与佛教造型密切结合的关系[4]。宁强认为敦煌第96窟的大佛像表现了女性的特征，是象征女皇武则天的"女性佛陀"（Female Buddha），在远离都城的敦煌地区表现弥勒或是天女化身的女皇武则天的神圣存在[5]。接着，宁强认为敦煌第321窟南壁的宝雨经变是依据693年菩提流志翻译的《宝雨经》的经典描绘的。位于这个经变中央的是沐浴着日光和月光的女王，她从佛国接受了自己统治的神圣使命。据宁强的研究，这个女王的图像象征着女皇武则天，而包围着她的日光、月光和宝雨则是武周政权的象征符号[6]。以上前人研究无一例外地肯定了武周时期佛教与政治的密切关系。然而，系统地运用视觉文化理论和方法全面分析武周时期的佛教与政治、社会、文化艺术的研究还在期待之中，本书称之为武周时期的佛教视觉文化。其次，武周时期佛教视觉文化的时间与地域特征尚未得到注意。

本书试图在前人研究的基础上，运用视觉文化的理论和方法，重点分析武周时期两京地区佛教视觉文化的要素、分期和机制。

一 要素

武周时期的佛教视觉文化由三个要素组成。第一是经典、文字。第二是象征物（Symbolic Material），包括建筑、工艺品和美术品等造型。象征物的制作有三个方法：即制造新的象征物；更新旧的、传统象征物的名称；改变传统象征物的场所。第三是礼仪活动（ritual），礼仪活动的主人公（Leading Role）武则天为了规定自己的特殊身份（role），对传统的皇帝名称进行了几次再命名；特别的仪式活动在布置了象征物作为媒介（media）的特定建筑空间里举行。

二 分期

（一）前期（690～700）：以洛阳为中心

从690年至700年，以洛阳为中心形成了象征武周国家的佛教视觉文化。

前期的经典主要是制造了有利于武周革命的经典，并大量翻译了论说国家统一的经典。这些经典辑录在静泰编撰的《大唐东京大敬爱寺一切经论目录》五卷和明佺撰《大周刊定众经目录》十五卷之中。为了应和武周革命，以薛怀义为首的僧侣在初唐时期已经流行的弥勒净土信仰的基础上制造了伪经《大云经》，建立武则天与弥勒佛、大周国土与弥勒净土之间的直接联系。

"怀义与法明等造大云经，陈符命，言则天是弥勒下生，作阎浮提主，唐氏合微，故则天革命称周，怀义与法明等九人并封县公，赐物有差，皆赐紫袈裟、银龟袋，其伪大云经颁于天下，寺各藏一本，令升高座讲说。"[7]

除此之外，还完成了《宝雨经》；圣历二年（699）完成了《华严经》八十卷的编译。武则天在《大周新译大方广佛华严经序》[8]中陈述到，通过《大云经》《宝雨经》和《华严经》这些经典，武周国家秉承了佛的旨意，得以地平天成，河清海晏。在这三部经典中，伪经《大云经》和《宝雨经》带有很强的功利色彩，为武周革命制造直接的理论依据；《华严经》则是一部论述诸法圆融无碍的体系庞大的经典，可以视为有利于国家统一的护国经典。

前期佛教视觉文化的重要舞台是位于洛阳宫城中央的明堂和天堂。关于明堂，《唐会要》卷一一、《通典》卷四四、《旧唐书》卷二二及卷一八三、《元河县志》卷四都有记载。

《唐会要》卷一一"明堂制度"条记载了明堂的场所、营造过程、建筑规模和风格。

"垂拱三年，毁乾元殿，就其地创造明堂。四年正月五日毕功。凡高二百九十四尺，东西南北各广三百尺。凡有三层：下层象四时，各随方色；中层法十二辰，圆盖，盖上盘九龙捧之；上层法二十四气，亦圆盖。亭中有巨木十围，上下通贯，栭、栌、樽、楹，藉以为本，亘之以铁索。盖为鸑鷟，黄金饰之，势若飞翥。刻木为瓦，夹纻漆之。明堂之下施铁渠，以为辟雍之象。号万象神宫。"[9]

证圣元年（695），旧明堂失火，武则天命再营建明堂。新明堂和旧明堂的规模相当，但是装饰风格发生了变化，而且名称由万象神宫变为通天宫。

"（证圣元年）其年三月，又令依旧规制，重造明堂，凡高二百九十四尺，东西南北，广三百尺，上施宝凤，俄以火珠代之。明堂之下，圜绕施铁渠，以为辟雍之象。至天册万岁二年三月二日，重造明堂成，号曰通天宫。"[10]

《资治通鉴》卷二〇四也详细地记录了明堂的建制："太宗、高宗之世，屡欲立明堂，诸儒议其制度，不决而止。及太后称制，独与北门学士议其制，不问诸儒。诸儒以为明堂当在国阳丙巳之地，三里之外，七里之内。太后以为去宫太远。二月庚午，毁乾元殿，于其地作明堂，以僧怀义为之使，凡役数万人。"[11]

"辛亥，明堂成，高二百九十四尺，方三百尺。凡三层：下层法四时，各随方色；中层法十二辰；上为圆盖，九龙捧之。上施铁凤，高一丈，饰以黄金。中有巨木十围，上下贯通，栿栌橕楷借以为本。下施铁渠，为辟雍之象。号曰万象神宫。宴赐群臣，赦天下，纵民入观。改河南为合宫县。"[12]

1986 年 10 月至 12 月，中国社会科学院考古研究所洛阳唐城队在现今洛阳市定鼎路与中州路相交的东北角发掘了武周时期的明堂遗址[13]。该遗址位于隋唐洛阳城宫城中轴线上，其南部 405 米处是宫城的正门应天门，南部 135 米处是干元门。位于西北部的圆形建筑遗迹距明堂 140 米。

考古发掘出土的明堂夯土基础为八角形，复原后的基础东西宽 87.5 米，基础的中央有一个巨大的圆形中心柱基础[14]。这个圆形基础有两层，口径 9.8 米，底径 6.16 米。基础底部有四个大石作柱础石。石柱础的东西南北四面用刻线刻出方位，方位角 358 度。石柱础的中心部有方形的柱槽，边长 0.78 米，深 0.4 米。这个中心柱槽以外，东南、西南、西北三面石上也有柱槽。

以上的考古资料不仅可以肯定明堂曾经存在的事实，也可以基本推测出明堂的建筑形式。将考古发现与文献结合起来，可以基本复原明堂的建筑形制。首先，明堂的基础是八角形。其次，明堂是中心柱式高层建筑。正符合文献中"巨木十围，上下通贯"的记载。即明堂由上、中、下三段组成：下段是方形，中部和上部是圆柱形。这种"上圆下方"体现了中国传统的天地构想。再次，值得注意的是"为辟雍之象"，即明堂的周围配置铁渠，表现出"明堂辟雍一体化"的特征。关于明堂的建筑规模，从文献记录的"凡高二百九十四尺，东西南北广三百尺"可以推测明堂为平面正方形的高层阁楼建筑。根据考古调查，明堂遗址台基的规模"东西长约 85 米，台基北部为晚期石子夯土打破，南北残宽约 72 米"。与文献记录相符合[15]。

明堂的确是空前的礼制建筑。首先在形制上明堂辟雍一体化。采用中心柱式建筑，有天地贯通的象征意义。其次，将"天圆地方"的宇宙观念和"四时十二辰"的时间观念融为一体。除了建筑本身之外，明堂里还陈设着象征国家统一的九鼎、象征天地的十二神像等中国传统国之重器。

"（则天后天册万岁元年）命更造明堂、天堂，仍以怀义充使。又铸铜为九州鼎及十二神，皆高一丈，各置其方。"[16]

"乃于明堂下置九州鼎，铸铜为十二属形象，置于本辰位，皆高一丈，怀义率人作头号安置之。"[17]

明堂的性质作为国家最高礼制建筑，是国家祭祀、政治活动和儒家礼仪活动的空间；金子修一指出明堂是武周政权事实上的正殿[18]。此外，明堂还具有佛教法堂的性质，这里经常举行佛教仪式。张乃翥依据洛阳宫城应天门轴线位于明堂西侧的唐代地层中出土的摩羯鱼石刻残件，认为武则天当年构建这一礼制建筑的目的是要效仿印度阿育王故事，在宫廷内部设立一座带有鲜明佛教色彩而便于举行无遮大会的法堂建筑[19]。

本书认为明堂是一座复合性的礼制建筑，是演示武则天政治与佛教统一的理想舞台。明堂是运用一系列的临时陈设物品而装饰成法堂的，这些佛教工艺品、佛画等临时陈设物品具有易移动、易组合的特征。在这些佛教工艺品中最具象征意义的是七宝。从后秦时代起，论说转轮王持有七宝、为弥勒佛供奉七宝台的经典《佛说弥勒大成佛经》、《佛说弥勒下生成佛经》已经陆续翻译出来。因此，从造型上七宝成了转轮王的象征物，而七宝台和弥勒佛下生说密切地联系起来。

《大楼炭经》转轮王品第三讲到伴随着转轮王世间自然生出七种宝物。

"佛语比丘，世间有转轮王。时自然生七宝有四德。何等为七？一者金轮宝，二者白象宝，三者绀色马宝，四者明月珠宝，五者玉女宝，六者藏圣臣宝，七者导道圣臣宝。"[20]

《佛说轮王七宝经》也论说七宝会随着受人尊重且具有威德的转轮王而出现在世间。

"汝等当知，有刹帝利大灌顶王，以受灌顶得轮王位，威德自在，人所尊重，出现世间。其王出时有七宝现。何等为七？所谓轮宝、象宝、马宝、主藏臣宝、主兵臣宝、摩尼宝、女宝。如是七宝随王出现。"[21]

长寿二年（693）武则天在接受金轮圣神皇帝的尊号时，在明堂里装饰七宝等工艺品，制造自己作为转轮王的神圣存在。每逢朝会的时候，就将七宝陈设在明堂的大殿上。七宝成为武周佛教视觉文化的重要象征物品。

"（则天后长寿二年）魏王承嗣等五千人表请加尊号曰金轮圣神皇帝。乙未，太后御万象神宫，受尊号，赦天下。作金轮等七宝，每朝会，陈之殿庭。"[22]

天册万岁元年（695），接受"慈氏越古金轮圣神皇帝"的尊号，将慈氏（弥勒）与皇帝、神权与君权结合起来。薛怀义在明堂主持无遮会，为了这次盛大的佛教法事，明堂里装饰了织物、佛像、佛画等佛教庄严物品，将明堂改造为佛教法堂。

"正月，辛巳朔，太后加号慈氏越古金轮圣神皇帝，赦天下，改元证圣。"[23]

"（则天太后天册万岁元年）乙未，作无遮会于明堂，凿地为坑，深五丈，结彩为宫殿，佛像皆于坑中引出之，云自地涌出。又杀牛取血，画大像，首高二百尺，云怀义刺膝血为之。丙申，张像于天津桥南，设斋。"[24]

与明堂复合的性质相比，位于明堂北部的天堂是纯粹的佛教建筑。其规模比明堂更为高大，其中安置着大佛像。

"（则天后天册万岁元年）初，明堂既成，太后命僧怀义作夹纻大像，其小指中犹容数十人，于明堂北构天堂以贮之。堂始构，为风所摧，更构之，日役万人，采木江岭，数年之间，所费以万亿计，府藏为之耗竭。"[25]

据 2008 年 3 月至 2010 年 9 月对洛阳宫城中心区遗址进行的科学的考古发掘工作，清理出天堂遗址。

"天堂遗址位于明堂遗址西北 155 米，处于宫城轴线区域西侧，是一处方形台基上有五重圆形承重基础的建筑基址，形制非常独特，是武则天命薛怀义主持建造的用以贮佛像的佛堂建筑。天堂遗址遗迹可分为五期，其中第一（隋至初唐）、第三（中晚唐）、第四期（唐末五代）、第五期（北宋）遗迹由东西步廊、东西向水渠和隔墙，仅第二期（武周时期）为大型建筑基址天堂遗址。天堂基址仅存台基基础，其东面与宫城西步廊相连，北面与东西向步廊房相接，西面有砖铺散水并有宽 4.33 米的东西向步廊与其他建筑相连。台基略呈方形，南北宽 77.7 米，东西宽 69.15 米。台基中心为石砌圆形坑，其外有两周柱础石、一周夯土基础和一周碎石块建筑基础。柱础石两圈，内圈础石 12 个，外圈础石 20 个，础石为四块青石拼合而成，并为由一层夯土、一层础石层层叠加而成。夯土基础一周宽 5.35 米，直接打在生土之上。碎石基础一周，为由残石块组成的圈形带状建筑基础，宽约 0.5 米。水渠呈东西走向，以砖和石块由白灰黏砌而成。在台基北侧曲折以环绕台基北部。水渠宽约2 米，北折部分南北长约 15 米，台基北侧部分东西长约63 米。"[26]

这两座建筑全部位于宫城的中央，而且佛教建筑与作为政治舞台的中心建筑之间是密切的结合关系，相互之间是支持和补充的关系。明堂与天堂的密切结合关系反映了武周时期 694 年前后佛教建筑礼制化过程。

在前期佛教视觉文化中对应武则天与弥勒佛，大周国土与弥勒净土之间的直接联系，弥勒大佛像的造像背景就是皇帝崇拜与佛教理想主义的结合。武周时期，弥勒造像在洛阳附近的龙门石窟兴盛起来，对此温玉成有专门的论述。他指出唐高宗以前龙门的弥勒造像有两点可以注意：第一，没有独立开窟，把弥勒作主尊供养的；第二，弥勒像均较小，没有达到两米的。但是，自唐高宗、武则天时期以来，弥勒像发生了明显的变化是：第一，由独立开窟，专供弥勒，发展到以弥勒居中的三佛题材（如摩崖三佛）。第二，洞窟和弥勒像不断增大，弥勒像高度由 1.5 米发展到 5.5 米。第三，在龙门，唐中宗神龙以后不再见到弥勒大洞[27]。可见将弥勒作为独立主尊供养集中于武周时期，而且出现了弥勒大像，应该具有彰显和夸大弥勒佛的视觉效果。这种弥勒大像的造像活动在全国的影响力是巨大的。据敦煌莫高窟第 156窟的壁题《莫高窟记》记载：延载二年（695），禅师灵隐和居士阴祖等共同修建了高一百三十尺的北大像，即现在敦煌第 96 窟的倚座弥勒像，该像高 34 米，波浪状的头发，丰满圆润的面庞和优美的身体表现与两京地区武周时期的佛教造像十分相似，可见受到了中央造像风格的影响。段文杰认为该窟的营造与武则天载初元年（690）命令天下诸州修建大云寺的诏令有关[28]。颜娟英推测须弥山石窟第 5 窟高 20.6 米的倚坐大像显然是继承敦煌96 窟北大像而来[29]。

（二）后期（700～704）：以长安为中心

久视元年（700）年武则天除去了"天册金轮大圣皇帝"的尊号，从转轮王的身份回复到传统的皇帝身份。从久视元年至长安四年（704），武周佛教视觉文化进入后期。

这个时期洛阳地区前期表征武周国家的佛教视觉文化的特点仍然存在，继天堂的大佛像之后再造大佛像。武则天不顾群臣反对，从久视元年起计划在洛阳白马阪造大像，至长安四年终于完工。

"长安末，则天将建大像于白司马坂，峤上疏谏之，其略曰：'臣以法王慈敏，菩萨护持，唯拟饶益众生，非要营修土木。伏闻造像，税非户口，钱出僧尼，不得州县祇承，必是不能济办，终须科率，岂免劳扰！……造像钱见有一十七万余贯，若将散施，广济贫弱，人与一千，济得一十七万余户。拯饥寒之弊，省劳役之勤，顺诸佛慈悲之心，沾圣君亭育之意，人神胥悦，功德无穷。'疏奏不纳。"[30]

"（长安四年）太后复税天下僧尼，作大像于白司马阪，令春官尚书武攸宁检校，縻费巨亿。"[31]

洛阳佛教视觉文化的舞台明堂后期举行的盛大法事活动是佛舍利供养佛事。长安四年遣凤阁侍郎崔玄晖、沙门法藏、沙门文纲等十人往岐州无忧王寺迎舍利，长安五年（705）正月于明堂供养[32]。沿途幡花幢盖、音乐相迎。华严高僧法藏应武则天之命在明堂举行隆重的法事。

《唐大荐福寺故寺主翻经大德法藏和尚传》第八科：

"洎新年端月孟旬有一日入神都，敕命王公已降洛城近事之众精事幡华幢盖，仍命太常具乐奏迎置于明堂。观灯日，则天身心护净，头面尽虔，请藏捧持，普为善祷。其真身也始自开塔戒道达于洛下。凡擒瑞光者七日，抱戴者再。"[33]

但是伴随着这个时期政治的中心地从洛阳回归至长安，佛教视觉文化的舞台也部分转移至长安。后期长安佛教视觉文化有两个特点：一是洛阳已经形成的佛教视觉文化的整理、调节；二是与长安初唐佛教视觉文化的融合。

从经典来说，主要是对已经翻译经典的整理和编集。在象征物方面，与前期充满革命意味的新建象征物所不同，对旧的象征物的修理和更新是后期的特征。首先，更新旧的、传统象征物的名称。如将含元殿的名称变为大明宫，光宅寺变为七宝台寺。其次，修复改造旧的象征性建筑。长安年间，武周王朝集合王公贵族之力，修复改造了已经破旧坍塌的初唐代表性建筑大雁塔，将原来玄奘所督造的富有印度气息的五层塔修造为符合华夏旧制的四面阁楼型七层塔。最后，修建新的象征性建筑。从大足元年（701）十月至长安三年（703）十月的两年间，武则天在大明宫处理朝政。据第四章研究，七宝台也是在这两年间修造的，是武周王朝晚期代表性的佛教纪念性建筑。从文献推测该宝台为高耸的阁楼式建筑，内有浮雕石佛龛像砌筑的奉献石塔，无论七宝台还是奉献石塔的形制都体现了武周佛教造型和初唐佛教造型的融合关系。

从佛教信仰的角度来看，可见大乘佛教与杂密信仰的合流。七宝台造像的主题是祈福、净土往生（四方佛净土）等大乘信仰，同时也有灭罪、破地狱等杂密信仰。因为，武则天在晚期有很强的除罪和忏悔意识，举行了一系列赦免等政治活动和宗教仪式。久视元年七月七日，武则天为了除去自身罪恶，向嵩山的山门投放"则天武后除罪简"[34]。这个简为厚1厘米、长36.3厘米，宽17.8厘米的长方形金板，分三行刻出六十三字，其中使用了五种武周文字："上言：大周国主武曌好乐真道长生神仙，谨诣中/岳嵩高山门，投金简一通，乞三官九府除武曌罪名。/太岁庚子七月甲申朔七日甲寅，小使臣胡超稽首再拜谨奏。"（表面铭刻）[35]

另外，对洛阳成立的佛教视觉文化进行了整理和调节。如前

文所述长安的七宝台就是对洛阳成立的佛教视觉文化的再生。从
地理上来看，七宝台与大明宫的结合关系与明堂与天堂的关系很
相似。大明宫是武则天晚年的政治舞台，也是长安最重要的礼制
建筑。像明堂一样，大明宫内部也有临时性的佛教内道场[36]。而
七宝台近邻大明宫，是纯粹的佛教建筑，有可能是大明宫内道场
实体化的产物。大明宫的内道场、光宅寺、七宝台都具有将洛阳
成立的佛教视觉文化在长安再整理和再创造的功能。

　　武则天以七宝台的营造为契机再次将支撑武周王朝的两大
集团结合起来。始建期的供养人是以德感为代表的僧团和以姚
元之为代表的官僚集团，他们都通过造像和刻铭表达了对武周
的忠诚。僧团在七宝台的营造中注入了佛教界的最新成果，设
计奉献了人人赞叹的华美的"花台"。而恪守儒道、尊崇佛教
的官僚则奉献了初唐以来长安地区十分流行的四方佛。官僚集
团的中心人物姚元之的造像题记"银青光禄大夫行凤阁侍郎兼
检校相王府长史姚元之造"说明当时姚元之的身份是相王府长
史，因此推测七宝台的供养人为长安聚集的相王的政治集团。
710 年，睿宗将自己相王时代长乐坊的住宅奉献为寺院，即安
国寺。安国寺的北面即大明宫，它的对面即七宝台所在的光宅
寺。由这种密切的地理位置关系可见从武周至中宗时期佛教与
政治密切的结合关系。七宝台作为武周晚期的象征性佛教建筑，
在造型上既继承了初唐佛教建筑的传统，又融和了武周前期佛
教视觉文化的诸多因素。

三　机制

（一）法律：佛教礼治化

　　据《旧唐书》"天皇后本纪"记载，武周时期通过"释教在
道法之上制"确立了佛教优于道教的地位。"（天授二年）夏四
月，令释教在道法之上，僧尼处道士女冠之前。"[37]

《唐大诏令集》卷一一三《释教在道法之上制》：

"朕先蒙金口之记，又承宝偈之文，历教表于当今，本愿标于曩劫。大云阐奥，明王国之祯符；方等发扬，显自在之丕业。驭一境而敦化，弘五戒以训人，爰开革命之阶，方启惟新之运。宜协随时之义，以申自我之规，虽实际如如，理忘于先后；翘心恳恳，畏展于勤诚。自今已后，释教宜在道法之上，缁服处黄冠之前，庶得道有识以归依，拯群生于回向，布告遐迩，知朕意焉。天授二年三月。"[38]

此外，694年以前，僧尼事务归鸿胪寺管理，后改名"司宾"，即佛教事务与外国事务等同对待。然而，694年，武则天命令佛教事务归属礼部祭祠部司管理，从此，从法律上规定佛教事务是国家礼治的一部分。伴随着佛教礼仪上升为国家礼仪的重要组成部分，举办这些礼仪的建筑也与国家的礼制建筑合流。

（二）机构：内道场与官寺

1. 内道场

从以下文献来看，武周时期的确存在内道场。

1）龙门石窟万佛洞题刻表明这个洞窟及一万五千尊像是永隆元年（680）由大监姚神表和内道场禅师智运供养的。

"大监姚神表，内道场运禅师，一万五千尊像，大唐永隆元年十月卅日成。"（阴刻于天井莲花的周围）"沙门智运奉为天皇、天后、太子、诸王敬造一万五千尊像一龛（通道北侧壁上层）。"[39]

2）比丘尼惠灯于八十二岁去世时造的瘗窟位于龙门石窟奉先寺洞南北市丝行像龛附近，时代为开元十九年（731）。该洞窟铭文表明智运去世后（680年以后），天后武则天下令将惠灯及其妹惠某度为尼并征入内道场供奉。

"……资慧晤年囗（甫）十余与妹囗（惠）……事内供奉

禅师尼智运□（归）依……行勤诚□（初）□（以）□（出）……于是郡县上其精高尤异，天后闻而嘉焉。寻有诏，姊妹并度为尼，征入内道场供奉一侍轩阙卅余年。绝粒纳，衣无所营欲，人主钦其高节，躬亲供养，既以师资见重，遂谓之和和焉……"[40]

3）据《旧唐书》记载薛怀义和其他大德在内道场念诵经文。可见在垂拱年间前后已经有内道场，而且大德高僧在其中活动。

"自是与洛阳大德僧法明、处一、惠俨、棱行、德感、感知、静轨、宣政等在内道场念诵。……"[41]

4）《唐荆州当阳山度门寺神秀传》记载武则天迎禅宗法师神秀入东都洛阳，由东都洛阳内道场对其提供丰厚的供养。

"则天太后闻之，召赴都，肩舆上殿，亲加跪礼。内道场丰其供施，时时问道。"[42]

5）长安四年法藏在内道场活动，从上下文来看，这个内道场位于神都洛阳。

"唐大荐福寺故寺主翻经大德法藏和尚传"第八科：

"长安四年冬杪于内道场因对敷言及岐州舍利是阿育王灵迹，即魏册所载扶风塔是。则天特命凤阁侍郎博陵崔玄晖与藏偕往法门寺迎之。时藏为大崇福寺主。遂与应大德纲律师等十人俱至塔所行道七昼夜。"[43]

中宗时代内道场持续存在。

《宋高僧传》卷一四《唐京师崇圣寺文纲传》："景龙二载，中宗孝和皇帝延入内道场行道。"[44]

《唐京北大荐福寺义净传》："暨和帝神龙元年乙巳、（义净）于东洛内道场译《孔雀王经》。"[45]

由以上文献可见内道场的功能主要是供奉高级僧尼，如智运和惠灯姊妹等尼姑和神秀等高僧。这些高级僧尼在内道场内受到丰厚的供奉，侍奉于宫廷，念诵经文，修习佛法，翻译编修佛经，并随时接受武则天的问道。同时可能会举行各种和国家、宫廷密切相关的法事活动。因此内道场是武周宫廷内最核心的佛教机构，武则天通过和活动在其中的高级僧尼集团的密切接触，获取佛教界的最新情态，获得政治活动的佛教支持，实现武周政治和佛教的结合。同时，武则天对佛教的供养所需的各种物品也应该由内道场制作完成。关于武则天的造像活动，文献也有记载。

据正仓院藏的垂拱二年（686）武则天写经题记记载，武则天造绣十一面观世音菩萨一千铺。《造菩萨愿文》卷第八，垂拱二年十二月四日："大唐皇太后奉为高宗大帝敬造绣十一面观世音菩萨一千铺，愿文一首。奉为先王、先妃造十一面观世音菩萨，愿文一首，奉为……（下缺）"[46]

据《千手千臂观世音菩萨陀罗尼神咒经序》记载："神功年中有一仁者自京都至，将通师所翻后本，有上下两卷，惟阙身咒。琳参入其中，事若一家，婉而备足。又佛授记寺有婆罗门僧达摩战陀，乌伐那国人也，善明悉陀罗尼咒句，常每奉制翻译。于妙氎上画一千臂菩萨像并本经咒进上。神皇令宫女绣成，或使匠人画出，流布天下，不坠灵姿。"[47]

2. 官寺

载初元年（689）薛怀义等僧十人为武则天呈上伪撰的大云经，作为武周革命的经典依据，因之在各州置国寺大云寺。各地的大云寺各藏一本大云经，由大德高僧讲说。

"（载初元年）有沙门十人伪撰大云经，表上之，盛言神皇受命之事。制颁于天下，令诸州各置大云寺，总度僧千人。"[48]

据《长安志》卷一〇与《历代名画记》卷三等文献记载，武则天在长安怀远坊敬造了大云经寺。大云寺以宝阁为中心，东西两侧各安置一塔，平面呈"品"字形。这个寺院在隋代已经存在，武周时代寺院的名称变为大云寺，中央宝阁的名称也变为七宝台。

　　第一章已经论述了中国各地残存大云寺的遗迹和遗物。如山西省猗氏县（临猗县）残存大云寺遗迹，甘肃省泾川县残存大云寺遗址。洛阳龙门奉先寺是一座于调露元年（679）创建的敕愿寺。考古发掘也证明了奉先寺遗址的存在[49]。从考古发现来看，首先，奉先寺是作为武周时期皇家寺院而存在的，寺院的规模，建筑和造像均为武周时期的最高水平。其次，武周时期在洛阳华严和禅宗建筑居于重要位置，显示了这两个宗派的重要性。

　　武周时期声势显赫的大云寺到了开元时期仍然发挥着重要的作用。寺中的名僧大德在京城和地方宣扬佛法，主持法事，通过他们在全国的互相连通，形成了国家佛教网络。

　　据敦煌文书《慧超往五天竺国传残卷》记载，到了开元时期，敦煌依然存在大云经寺。这个寺院的都维那是来自长安七宝台寺（光宅寺）的僧侣。这些僧侣掌握着长安佛教界的最高佛教知识，精通律藏。

　　"……开元十五年十一月上旬（？）安西于时节度大使赵君且（？）安西为两所汉僧住持行大乘法不食肉也大云寺主秀行善（？）讲说先是京中七宝台寺僧大云寺都维那名义超善解律藏（？）讲说先是京中七宝台寺僧大云寺都维那名义超善解律藏旧是京中庄严寺僧也……"[50]

　　敦煌文书 Дх. 02881 + Дх. 02882《唐开元二十九年（741）二月九日沙州大云寺授菩萨戒牒》："……（大）唐国沙州敦煌县大云寺僧伽□□□京大安国寺法师讲《御注金刚经》《法华》《梵网经》清净道场，听法二七日□（日），然后忏悔四重、五逆、十恶、谤方等经一切诸罪，今对十方诸佛、一切圣贤、天曹地府、善恶部官、阎罗大王、怨家债主、负财负命，□□道眼证明，令得罪障消灭，授得金刚不坏□□□□菩萨戒品具足，任为公验，请乞大乘六念，谨牒……"[51]

　　从以上的文献来看，开元二十九年沙州大云寺举行了僧俗两

界全部参加的大型授菩萨戒仪式。长安大安国寺的授戒师道建来
到沙州，作为授菩萨戒师主持了这个盛大的仪式。根据荣新江的
研究，沙州大云寺是武周时期的官寺，开元十六年（728）玄宗
下诏在各州设立官寺开元寺[52]。沙州也有开元寺。因此，开元二
十九年，大云寺已经不再是官寺。但是仍然是和龙兴寺、开元寺
同等重要的沙州寺院。道建在此讲经可能和为这个寺院的僧侣授
戒有关，也可能是沙州当时的法会就设在大云寺[53]。长安作为国
寺的七宝台寺、安国寺与沙州大云寺的联系从武周时期至开元年
间变得更密切了。长安佛教的最新知识、礼仪、艺术等通过僧侣
以大云寺为据点向沙州、敦煌传播。通过沙州大云寺的例子可推
测武周时代各地大云寺的显著存在。

四　印度佛教视觉文化的传入及影响

前述薛怀义等活跃于武周宫廷的僧侣集团担负着建立武周
时期佛教视觉文化的使命，而入竺求法僧和东来印度僧实现了
印度佛教视觉文化向中国的传入。武周时期，大量入竺中国僧
和东来印度僧将最新的佛教情报带到中国。随着经典和佛教仪
轨、咒术的大量传入，地道的印度佛教造型和视觉文化也传入
中国。

义净在二十五年的印度佛教巡礼后，于证圣元年（695）经
东南亚回到洛阳。久视元年（700）义净在洛阳组织译场，翻译
佛经。义净崇奉律宗，回国后翻译了大量的律宗经典。此外，义
净在印度那烂陀学问寺求法时对密教很有兴趣，回国后翻译了
《佛说大孔雀咒王经》等密教经典，在附录中还介绍了制作坛场
和绘制佛像的方法。在这部经典中将陀罗尼称为明王（Vidyara-
ja）[54]。翻译经典的同时，义净撰写了《大唐西域求法高僧传》、
《南海寄归内法传》等著作，真切地记录了印度求法的体验。义
净并不局限于只向唐土传播佛教的经典和教义，还将印度地道的

佛教造型传播给唐土。从700年开始，义净一边翻译经典，一边在洛阳试验建造印度见闻的佛教道场。704年，义净质疑长安道宣的戒坛图经，基于印度那烂陀寺戒坛的形制在少林寺结坛[55]。他还携带一尊金刚座真容像回到洛阳。水野清一指出七宝台石刻佛像中的宝冠佛与义净请来的金刚真容座真容像可能有直接的关系[56]。除了义净之外，武周时期为数众多的入竺中国僧和东来印度僧将印度、尤其是中印度的最新佛教情报传入中国。伴随着印度佛教经典与仪轨、咒术向中国佛教界传播，印度的佛教造型和视觉文化也在中国流播。如精通戒律和密咒的宝思惟（Ratnacinta）于693年从迦湿弥罗来到洛阳，在洛阳依照印度伽蓝的式样修筑了"天竺寺"。王玄策将自己的印度见闻进行整理，于乾封元年（666）完成《西域志》六十卷，图画四十卷。这部著作应该对武周时期的佛教绘画和雕刻起到了直接的影响。这种佛教造型的实践给中国寺院建筑带来的影响是非常直接的。尤其在印度古代以来所擅长的窣堵婆（Stupa）、支提（Cetiya）、石柱等纪念性建筑造型传统的影响下，武周时期涌现出大量的佛教纪念性建筑和造型，浮雕像的技法也因此取得了长足进展。而出身于阗的尉迟派画家则担负起了绘画造型的使命。《历代名画记》卷第九记载天后（武周时期）的中央工艺家是尚方丞宝弘果、毛婆罗、苑东监孙仁贵三人。毛婆罗是出身于中亚的工艺家，他应该理解外来艺术风格，在他的作品中很可能融汇中国传统与外来风格。由毛婆罗主持修建的洛阳有名的武周国家纪念碑天枢正是反映了这种特征。

　　以洛阳为中心兴起了印度热潮，与之对应兴起了新的佛教视觉文化，并从洛阳向长安传递。武周时期盛行的十一面观音菩萨造像、释迦真容像、坛、陀罗尼经幢、塔等造型都显示了明显的印度风格。此外，明堂、天堂、七宝台等佛教建筑呈现出华丽、柔美的风格。从审美标准而言，印度艺术浓艳的官能魅惑和丰圆柔软的趣味取带了六朝以来刻削细腰的理智美，直接发展为盛唐时代丰美肥艳的审美标准。

　　随着唐蕃新道和海上丝绸之路的开通，隋唐以来逐渐传入唐土的佛教和佛教造型在长期自然发展的基础上乘着新的外来风潮，在武周时期达到了超越的境界。武周时期印度文化中柔软、合理的成分融入中国文化，进而形成了更具包容性和活力的新文明。武周时期佛教视觉文化则体现了是中国和印度两大古老文明在中古时期深入接触、交流和影响的过程。

〔1〕（美）约翰·沃克萨拉查普林：《视觉文化分析模式》，《新美术》2004 年第 3 期，第 8～23 页。

〔2〕汪娟：《唐代弥勒信仰与政治关系的一个侧面——唐朝皇室对弥勒信仰的态度》，《中华佛学学报》1991 年第 4 期，第 288～296 页。

〔3〕汪娟：《唐代弥勒信仰与佛教诸宗派的关系》，《中华佛学学报》1992 年第 5 期，第 193～231 页。

〔4〕颜娟英：《武则天与唐长安七宝台石雕佛相》，《艺术学》1987 年第 1 期（1987 年 3 月），第 41～47 页；颜娟英：《唐长安七宝台石刻的再省思》，陕西省考古研究所编：《远望集——陕西省考古研究所华诞四十周年纪年文集》下，第 829～842 页，陕西人民美术出版社，1998 年，西安。

〔5〕Ning Qiang, Gender Politics in Medieval Chinese Buddhist Art：Images of Empress Wu at Longmen and Dunhuang, *Oriental Art*, pp. 28 – 39.

〔6〕Ning Qiang, *Art, Religion and Politics in Medieval China*, pp. 114 – 118, University of Hawai'I Press, 2004, Honolulu.

〔7〕（后晋）刘昫等撰：《旧唐书》卷一八三，"外戚"，第 4742 页，中华书局，1975 年，北京。

〔8〕《全唐文》卷九七"高宗武皇后"，第 1002 页，中华书局，1983 年，北京。

〔9〕（宋）王溥撰：《唐会要》卷一一，"明堂制度"，第 318～319 页，上海古籍出版社，2006 年，上海。

〔10〕（宋）王溥撰：《唐会要》卷一一，"明堂制度"，第 321 页，上海古籍出版

社，2006 年，上海。

〔11〕（宋）司马光编著：《资治通鉴》卷二百四，"则天后垂拱四年二月"，第6447 页，中华书局，1956 年，北京。

〔12〕（宋）司马光编著：《资治通鉴》卷二百四，"则天后垂拱四年十二月"，第6454~6455 页，中华书局，1956 年，北京。

〔13〕中国社会科学院考古研究所洛阳唐城队：《唐东都武则天明堂遗址发掘简报》，《考古》1988 年第 3 期，第 227~230 页。

〔14〕姜波：《汉唐都城礼制建筑研究》，"图29：武则天明堂遗址中心柱坑图"（引自《考古》1988 年第 3 期），第 222 页，文物出版社，2003 年，北京。

〔15〕王岩：《关于唐东都武则天明堂遗址的几个问题》，《考古》1993 年第 10期，第 950~951 页。

〔16〕（宋）司马光编著：《资治通鉴》卷二百五，"则天后天册万岁元年正月"，第 6499 页，中华书局，1956 年，北京。

〔17〕（后晋）刘昫等撰：《旧唐书》卷一八三《列传一三三外戚》，第 4743 页，中华书局，1975 年，北京。

〔18〕金子修一：《则天武后的明堂的政治功能》，金子修一著：《古代中国与皇帝祭祀》，汲古书院，2001 年，东京。

〔19〕张乃翥：《从洛阳出土文物看武周政治的国际文化情采》，《唐研究》第八卷（2001 年），第 205~224 页。

〔20〕（西晋）法立、法炬译：《大楼炭经》，大正新修《大藏经》第 1 册，No.0023。

〔21〕（宋）施护译：《佛说轮王七宝经》，大正新修《大藏经》第 1 册，No.0038。

〔22〕（宋）司马光编著：《资治通鉴》卷二百五，"则天后长寿二年九月"，第6492 页，中华书局，1956 年，北京。

〔23〕（宋）司马光编著：《资治通鉴》卷二百五，"则天后天册万岁元年正月"，第 6497 页，中华书局，1956 年，北京。

〔24〕（宋）司马光编著：《资治通鉴》卷二百五，"则天后天册万岁元年正月"，第 6498~6499 页，中华书局，1956 年，北京。

〔25〕（宋）司马光编著：《资治通鉴》卷二百五，"则天后天册万岁元年正月"，第 6498 页，中华书局，1956 年，北京。

〔26〕石自社、曹岳森、韩建华、周立、张如意：《河南洛阳隋唐城明堂和天堂遗址的发掘》，《中国文物报》2011 年 4 月 15 日，第四版。

〔27〕温玉成：《试论武则天与龙门石窟》，温玉成著：《中国佛教与考古》，第

311 页，宗教文化出版社，2009 年，北京。

〔28〕段文杰：《唐代前期的莫高窟艺术》，敦煌文物研究所编：《中国石窟·敦煌莫高窟》第三卷，第 176 页，平凡社、文物出版社，1981 年，东京。

〔29〕颜娟英：《盛唐玄宗期佛教艺术的转变》，《中央研究院历史语言所集刊》第六十六本，第二分（1995 年 6 期），第 581 页。

〔30〕（后晋）刘昫等撰：《旧唐书》卷九四，"李峤传"，第 2994～2995 页，中华书局，1975 年，北京。

〔31〕（宋）司马光编著：《资治通鉴》卷二〇七，"则天后长安四年四月"，第 6571 页，中华书局，1956 年，北京。

〔32〕《唐京师寺崇圣寺文纲传》，（宋）赞宁撰、范祥雍点校：《宋高僧传》卷十四，第 332 页，中华书局，1987 年，北京；张彧：《无忧王寺宝塔铭》，王昶辑：《金石萃编》第一〇一卷，唐六一（二），北京市中国书店；《唐大荐福寺故寺主翻经大德法藏和尚传》第八科，大正新修《大藏经》第 50 册，No. 2054。

〔33〕（新罗）崔致远：《唐大荐福寺故寺主翻经大德法藏和尚传》第八科，大正新修《大藏经》第 50 册，No. 2054。

〔34〕东京国立博物馆：《宫廷的荣华——唐的女帝·则天武后与她的时代展》，第 158 页，1998·1999 年。

〔35〕"则天武后除罪简"，东京国立博物馆：《宫廷的荣华——唐的女帝·则天武后与她的时代展》，第 158 页，1998－1999 年。

〔36〕周一良著，钱文忠译：《唐代密宗》，第 84～87 页，上海远东出版社，1996 年，上海。

〔37〕（后晋）刘昫等撰：《旧唐书》卷六，本纪六"则天皇后"，第 121 页，中华书局，1975 年，北京。

〔38〕（宋）宋敏求编：《唐大诏令集》卷一一三，第 538 页，学林出版社，1992 年，上海。

〔39〕龙门文物保管所、北京大学考古系编：《中国石窟·龙门石窟》第二卷，第 260 页，文物出版社，1992 年，北京。

〔40〕王去非：《关于龙门石窟的几种新发现及其有关问题》，《文物参考资料》，1955 年第 2 期，第 121 页。

〔41〕（后晋）刘昫等撰：《旧唐书》卷一八三，列传一三三，"外戚"，第 4741 页，中华书局，1975 年，北京。

〔42〕《唐荆州当阳山度门寺神秀传》，（宋）赞宁撰、范祥雍点校：《宋高僧传》卷八，第177页，中华书局，1987年，北京。

〔43〕（新罗）崔致远：《唐大荐福寺故寺主翻经大德法藏和尚传》第八科，大正新修《大藏经》第50册，No. 2054。

〔44〕（宋）赞宁撰、范祥雍点校：《宋高僧传》卷十四，第332页，中华书局，1987年，北京。

〔45〕（宋）赞宁撰、范祥雍点校：《宋高僧传》卷一，第2页，中华书局，1987年，北京。

〔46〕池田温：《中国古代写本识语集》第647条，第235页，东京大学东洋文化研究所出版，1990年，东京。

〔47〕大正新修《大藏经》第20册，No. 1057a。

〔48〕（后晋）刘昫等撰：《旧唐书》卷六，本纪六，"则天皇后"，第121页，中华书局，1975年，北京。

〔49〕龙门卢舍那像座铭刻：《河洛上都龙门山之阳大卢舍那像龛记》："调露元年己卯八月十五日，奉敕于大像南置大奉先寺，简召高僧行解兼备者二七人，阙即续添，创基住持。范法、英律而为上首。至二年正月十五日大帝书额。前后别度僧一十六人，并戒行精勤，住持为务。……"温玉成：《龙门奉先寺遗址调查记》，《考古与文物》，1986年第2期，第28页。

〔50〕伯希和、羽田享共编：《慧超往五天竺国传残卷》，《敦煌遗书》影印本第一集，第9~10页，东亚研究会发行，1926年。

〔51〕俄罗斯科学院东方研究院圣彼得堡分所，俄罗斯科学出版社东方文学部。

〔52〕《唐会要》卷五〇《杂记》条："（开元）二十六年六月一日，敕每州各以郭下定形胜观寺，改以'开元'为额"，第1029页，上海古籍出版社，2006年，上海。

〔53〕荣新江：《盛唐长安与敦煌——从俄藏"开元廿九年（741）授戒牒"谈起》，《浙江大学学报》（人文社会科学版）第37卷第3期（2007年5月），第21页。

〔54〕大正新修《大藏经》第19册，No. 0985。

〔55〕（唐）义净：《少林寺戒坛铭》，王昶辑：《金石萃编》卷七〇，唐三（六），中国书店影印，1985年，北京。

〔56〕水野清一：《唐代的佛像雕刻》，《佛教艺术》No. 9（1950年），第26页。

附表一　　隋唐时期的纪年奉献石塔

编号	年代	来源	形制			造像	材料技法	高、宽、厚 cm	铭文	文献（图版）	收藏地
			塔刹	塔身	塔基						
1	隋开皇三年（583）	1978年西安市未央区汉城公社（乡）雷寨村出土	覆钵	一层方形	一层方形	塔身四面各开一方形佛龛，龛内一佛二菩萨像。	汉白玉 圆雕塔 浮雕像	高：32 宽：14	塔基阴刻："开皇三年七月十五日佛弟子杨金元口合门大口造玉爱……又愿七世父母因缘口属与一切众生口春营乐……清……事……"	翟春玲:《西安市出土的一批隋代佛道造像》,《文物》2002年第12期,图一~图三,第82~83页。	中国西安市文物保护考古所
2	隋开皇九年（589）	1977年西安市西五路西段出土	覆钵	一层方形	一层方形	塔身四面各开一尖拱形龛，龛内一坐佛。塔基正面阴刻香炉，两侧为供养者像。	汉白玉 圆雕塔 浮雕像	高：31 宽：15	塔背面阴刻："开皇九年二十七日佛弟子张土信敬造四面佛像一区"	翟春玲:《西安市出土的一批隋代佛道造像》,《文物》2002年第12期,图四~图七,第83~84页。	中国西安市文物保护考古所
3	永徽三年（652）	龙门石窟第159窟左壁	最下部为覆钵受花，上为三重相轮、圆光、宝珠。	三层方形阁楼式塔，每层均叠涩出檐，每檐出挑和内收共五层。	双层	各层塔身开一圆拱形佛龛，龛内浮雕一坐佛。塔台刻七佛坐佛龛。	浮雕	高：114	龛左侧造型记:"李夫人摩阿造浮图为作七佛供养未徽三年"	杨超杰、严辉:《龙门石窟雕刻粹编·佛塔》,第76~77页,中国大百科全书出版社,2002年,北京。	中国龙门石窟第159窟左壁

续表

编号	年代	来源	形制 塔刹	形制 塔身	形制 塔基	造像	材料技法	高、宽、厚 cm	铭文	文献（图版）	收藏地
4	麟德元年（664）	原发现地不详，1980年由洛阳博物馆调拨。	残失	七层密檐式塔，每层均叠涩出檐，每檐出挑和内收共三层。	无	第一层正面开尖拱形龛，龛内浮雕一佛二菩萨。	一石雕成，圆雕	残高：163；第一层高：40；宽：35～39	两侧面刻供养人名、官职，右侧有麟德元年纪年。	严辉、李春敏：《洛阳地区唐代石雕塔》，《文物》2001年第6期，图五，第53～54页。	中国洛阳古代艺术馆0033号塔
5	乾封元年（666）		方座覆盆，山花蕉叶宝珠	七层密檐式塔，每层均叠涩出檐，每檐出挑和内收共三层。	方形。残高：12；宽：44	第一层正面开圆拱形龛，龛内浮雕一佛二菩萨。	高浮雕	高：114；第一层高：24；宽：31	第679窟的纪年为乾封元年（666）。第678龛塔作为第679窟的一部分，推测其年代也是乾封元年（666）。	杨超杰、严辉：《龙门石窟雕刻粹编·佛塔》，图伍一，第87～88页，中国大百科全书出版社，2002年，北京。	中国龙门石窟第678龛
6	咸亨三年（672）	原发现地不详，1980年由洛阳博物馆调拨。	残失	方形阁楼式塔，残存三层，每层同叠涩二层，上层屋檐雕成屋檐形状。	无	每层四面开佛龛。第一层正面开尖拱形龛，内浮雕一佛二菩萨，龛外线刻二力士，下部。	一石雕成，圆雕	全高：94；第一层高：39；宽：30；第二层高：12.5；宽：27.5	第一层佛龛下部：正面佛龛下部："大唐□□□岁次壬申之八月己未廿四日壬午佛弟子孙口德敬造石浮图一区上为皇帝陛下	严辉、李春敏：《洛阳地区唐代石雕塔》，《文物》2001年第6期，图一，图四，第51～53页。	中国洛阳古代艺术馆0043号塔

续表

编号	年代	来源	塔刹	塔身	塔基	造像	材料技法	高、宽、厚 cm	铭文	文献（图版）	收藏地
						浮雕二狮子及二供养人。其他三面龛内浮雕一佛二菩萨。		第三层高：12.5，宽：25.5	及法界生同此善根俱登正觉德婆罗供口男保生供口保妻马口口口供养帅口第二、三层各面也有铭刻。		
7	垂拱元年（685）－神龙元年（705）	龙门石窟第313龛	塔刹高：10，山花环绕椭圆覆钵、宝珠形尖。	阁楼式七层方塔、塔干圆拱形塔龛内。每层均叠涩出檐，每檐叠涩三层。	立面梯形。高：7，上幅：13，下幅：15	每层塔身浮雕一结跏趺坐佛一尊，无塔龛。	浮雕	龛高：74，宽：28，深：9，塔高：68，第一层高：9	塔身左侧造像记："弟子苏大娘为亡夫大州参军长孙减造浮图图七级内皆造像一躯"（《旧唐书·地理志》载，垂拱元年改华州为大州，神龙元年复改为华州。	杨超杰，严辉：《龙门石窟雕刻粹编·佛塔》第77～79页，图三五，第83页，中国大百科全书出版社，2002年，北京。	中国龙门石窟第313龛
8	垂拱元年（685）	河北省隆尧县景福村北半里（安乐寺遗址）东西双塔		密檐式七层方塔，每层之间叠涩。东塔一层南面正门。西塔均方向面正门。		西塔门两侧鎏金刚像。	石建筑		东塔室内塔门正上方："大唐垂拱元年七月十五日日比丘智口供养"	《河北隆尧县发现唐代石碑及石塔》，《文物》1956年第2期，第67～68页。	

续表

编号	年代	来源	形制			造像	材料技法	高、宽、厚cm	铭文	文献（图版）	收藏地
			塔刹	塔身	塔基						
9	长安三年（703）		宝珠形，环以山花蕉叶。	阁楼式四层方塔。每层塔檐叠涩三层。	残失。第一层塔身下存一方形槽头，边高11cm，长19cm	第一层正面开尖拱龛，龛内浮雕一施禅定印佛坐像。尖拱龛两侧各开一方形附龛，龛内各浮雕一跪姿供养人。	圆雕	全高：164 第一层：高：38 上宽：28.5 下宽：40.5	第一层正面佛龛下铭刻："清信佛弟子安思泰一心供养十方诸佛一切资圣。"铭文诸见表后附	严辉、李春敏：《洛阳地区唐代石雕塔》，《文物》2001年第6期，图一四、4，第53页，第58页；杨超杰、严辉：《龙门石窟雕刻粹编·佛塔》，第103～110页，中国大百科全书出版社，2002年，北京。（图一五）	中国龙门石窟研究所
10	长安四年（704）	原发现地不详，1980年由洛阳市博物馆调拨。	宝珠形，环以山花蕉叶。	阁楼式六层方塔。每层塔檐叠涩三层。	一层方形	无佛像	一石雕成，圆雕	塔身高：136 第一层：高：27 上宽：32 下宽：39～40	第一层塔正面有四行塔铭："长安四年五月十……州西水县今田义……娘先去夫人视九（无）年……六日身亡兄仲丘"	严辉、李春敏：《洛阳地区唐代石雕塔》，《文物》2001年第6期，图八，第55页。（图一六）	中国洛阳古代艺术馆0034号石塔

续表

编号	年代	来源	形制			造像	材料技法	高、宽、厚 cm	铭文	文献（图版）	收藏地
			塔刹	塔身	塔基						
11	神龙二年（706）	河南省偃师高店乡孙窑村西大路旁	山花环绕，蜿蜒覆钵，三层相轮，宝珠顶。	密檐式五层方塔，一层较高，每层间叠涩五层。	二层方形	第一层塔身四面浮雕一佛二弟子，其他层四面浮雕一坐佛。	一石雕成，圆雕	塔身高：179	塔基和第一层有刻铭，但只见塔基"惟大唐神龙二年（706）岁次丙午辛未朔三十日庚子"	严辉、李春敏：《洛阳地区唐代石雕塔》，《文物》2001年第6期，图十四：7，第54页，第38页。	海外流失
12	开元三年（715）		连苞上托宝珠	密檐式五层方塔，同正反叠涩三层。第五层同屋檐石两层。	无	无	一石雕成，圆雕	高：137 第一层塔身高：40 上段高：34.5 宽：30～35 下段高：5.5 宽：26.5	第一层塔身正面造塔记："大唐开元三年正月十七日窦人自野舟为曾主故王元郎造正级浮图一区为记"	严辉、李春敏：《洛阳地区唐代石雕塔》，《文物》2001年第6期，图九，第55～56页。	中国洛阳古代艺术馆0042号石塔
13	开元八年（720）以前	今河北省石家庄附近本愿寺	相轮上托宝珠			四周壁上浮雕像				下中弥三郎编：《世界美术全集》第8卷 中国古代II 隋、唐，第19页，平凡社，1950年，东京。	

续表

编号	年代	来源	形制			造像	材料技法	高、宽、厚 cm	铭文	文献（图版）	收藏地
			塔刹	塔身	塔基						
14	700年前后	河北省房山云居寺	顶上屋檐上承相轮。	方形一层阁楼式空心塔。	方形三层	正面开门，门上浮雕尖拱，门两侧浮雕二力士。	石			下中弥三郎编：《世界美术全集 第8卷 中国古代II 隋、唐》，图24，第17页，平凡社，1950年，东京。	
15	景龙二年(711)～开元十五年(727)		顶上连台承托宝珠。	方形九层阁楼式空心塔。	无	正面开门，门上浮雕尖拱，门两侧浮雕二力士。第一层正面浮雕佛像	石			下中弥三郎编：《世界美术全集 第8卷 中国古代II 隋、唐》，图22，第16页，平凡社，1950年，东京。	
16	开元九年(721)	河南省淇县城西7公里良相村天宁寺内	残失	密檐式方塔（现存四层）每层同叠涩正反五层，一层正面开半圆形门，门上浮雕尖拱。		塔心室后壁一佛二菩萨，正门两侧浮雕力士，各层各面中央一佛龛。	青石 建筑浮雕	残高：163 身高：83 四壁宽：55	塔身右壁：《陈婆造心经浮图记》	杨焕成：《豫北石塔纪略》，《文物》1983年第5期，图版伍：5，第73页。	

续表

编号	年代	来源	形制 塔刹	形制 塔身	形制 塔基	造像	材料技法	高、宽、厚 cm	铭文	文献（图版）	收藏地
17	开元十四年（726）	1988年山东省微山县薛河出土		八面柱体（据同时出土石碑铭文推测为九级浮图的一级）		各面各开一佛龛，龛内浮雕一尊坐佛像，共八龛。	浮雕	高：33 径：35	同时出土石碑铭文："开元十四年岁次丙寅丁未朔六月十日丙神辰……今有清信士发心主……谨同庆……敬造浮图八棱九级弥陀像一铺……"	微山县文物管理所：《山东微山县出土唐代石刻》，《考古》2001年第9期，第51～58页。	
18	开元十四年（726）（推测）			八面柱体（据同时出土石碑铭文推测为九级浮图的一级）		表面浮雕八根装饰莲花的柱子。	浮雕	高：28 径：45	无		
19	开元十七年（729）	河南省浚县城西北25公里耀村西南两隅福胜寺内东侧	盝顶	方形七层密檐式。每层之间正反叠涩一层南壁正门。	束腰基台下为一层所构成的基座。	基台：束腰每面中央浮雕力士。四隅雕盘龙柱。下层须弥座的下枭雕走狮；上层须弥座覆莲、束腰四隅浮雕走狮；座的束腰满布浮雕；南面中央一人倒立。	青石建筑浮雕	高：345	塔身西壁：《浮图颂并序》"……皇唐开元十七年岁在己巳……戊午口乙丑，建窣堵波于大霍村，伽蓝所其地也……侯文亮、刘神德、向端、张方、王十合村人等同造"	杨焕成：《豫北石塔纪略》，《文物》1983年第5期，图版伍：1，第70～71页。	

续表

编号	年代	来源	形制 塔刹	形制 塔身	形制 塔基	造像	材料 技法	高、宽、厚 cm	铭文	文献（图版）	收藏地
						两边各一羽人，其余三面中央浮雕力士，两边为奏乐人。塔心室正面浮雕一佛二菩萨二弟子。塔门两边各雕一身依大象，足踏魔鬼的天王。塔门上雕一兽面，其上有二龙交缠。塔身各层雕佛龛，龛内皆雕坐佛一尊。					
20	天宝□年	河南省浚县城西北25公里翟村西南娘娘庙正寺中间阁内	盝顶	方形七层密檐式。每层之间正反叠涩。一层南壁正门。	束腰基台上为二层须弥座构成的基座。	基台：中央开尖拱门，门两侧线刻花卉。下层须弥座束腰四面浮雕伎人，	青石建筑浮雕	高：352	塔身东壁："维大唐天宝□□岁次□□正月壬申朔□□五日……"西壁：《般若波罗密多心经》	杨焕成：《豫北石塔纪略》，《文物》1983年第5期，图版伍：2，第70～71页。	

续表

编号	年代	来源	形制			造像	材料技法	高、宽、厚 cm	铭文	文献（图版）	收藏地
			塔刹	塔身	塔基						
21	天宝二年（743）	河南省内黄县城西南25公里东花固村外坡沙岭内	残失	方形八层密檐式。各层叠涩同叠涩檐。	三层青石板砌成基台，上为双层须弥座组成的基座。	四隅雕力士。上层须弥台的上、下枭雕仰覆莲瓣，束腰四面中央各雕一狮首，四隅各雕一托塔踏狮。塔心室后壁雕一佛二菩萨二弟子。正门门楣尖拱形，门两侧雕上力士。门楣上雕一化生，两边雕龙，上方为二飞天。下层须弥座：浮雕力士、乐人。上层须弥台座：莲台。	青石建筑浮雕	西塔高：250	塔身东壁："唯大唐天宝二年岁次癸未……造浮图，浮图图主佛弟子华希额，上为皇帝	杨焕成：《豫北石塔纪略》，《文物》1983年第5期，图四，图五，第71~72页，第76页。	

编号	年代	来源	形制 塔刹	形制 塔身	形制 塔基	造像	材料 技法	高、宽、厚 cm	铭文	文献（图版）	收藏地
						塔心室后壁：一佛二菩萨。正门两侧力士；门楣中央兽面，上飞天。塔身半圆龛内一坐佛。第一层塔身四隅雕盘龙柱。			皇后，又为师僧、父母、法界仓生……合家大小，内外眷属，并愿平安，一心供养。"塔身南壁：《佛说般若波罗密多心经》		
22	天宝二年（743）	河南省内黄县城西南 25 公里东花固村外复兴庵内	残失	方形九层密檐式方塔。	基台上为双层须弥座组成的基座。	下层须弥台座四隅雕力士。束腰北面雕力士，其余三面雕龙。上层须弥座束腰四面中央各雕一人面像，四隅各雕一莲瓣。	青石 建筑 浮雕	东塔高：260	塔身西壁：天宝二年建塔发愿文 塔身南壁：《佛说续命经》	杨焕成：《像北石塔纪略》，《文物》1983年第5期，图六，第76页，第72页。	

续表

编号	年代	来源	形制				造像	材料 技法	高、宽、厚 cm	铭文	文献（图版）	收藏地
			塔刹	塔身	塔基							
							塔心室内雕一佛二菩萨。北壁开半圆拱门，在尖拱门楣中央雕一狮首，两边雕飞天。楣角为方首形，门两侧各雕一力士。第一层塔身四隅雕盘龙柱。					
23	天宝二年（743）	河南省孟津会盟镇铁炉村学校内，残存覆钵及山花蕉叶，2000年移至孟津县文管会。	残存覆钵及山花蕉叶	密檐式七层方塔。每层间正反叠涩五层	扁平方形台基。	仅第一层塔身正面开尖拱形小龛，内雕一佛一菩萨	青石——石雕成，圆雕	高：158 第一层： 高：44 上宽：30 下宽：42 二层以上各层高：4～5	第一层背面有题记，字迹多有风化，共13行。"大唐河南府洛阳县故成阳郡成府君浮图记"	严辉 李春敏：《洛阳地区唐代石雕塔》，《文物》2001年第6期，图六、图七，第54～55页。	中国 河南省孟津县文管会

续表

编号	年代	来源	形制（塔刹）	形制（塔身）	形制（塔基）	造像	材料技法	高、宽、厚 cm	铭文	文献（图版）	收藏地
24	天宝九年（750）	河南省林县城南42公里西岗村东南隅阳台寺旧址西侧	宝瓶形塔刹已不存	密檐式七层方塔。每层反叠涩，同正一层南壁正门。	石板上为双层须弥座构成的塔基。	下层须弥座仪束腰部分每面中央浮雕兽面，左右两侧各雕一乐舞伎。四隅雕托塔力士。上层须弥座上下为莲仰覆莲瓣，束腰无饰。正门两侧各雕一力士。门楣为尖拱形，门楣中刻一龙戏珠，门楣两上雕龙头及门塔，两楣各一飞天。门楣两边各雕一伽陵频伽。塔身各层间各开一尖拱形龛，龛内佛像作禅定印。	青石建筑浮雕	高：304	塔身东壁："维大唐天宝九载岁次庚寅八月十八日，浮图主孟崇仙抽减净财，敬造石浮图□级。今将成就。上为□□圣神文武皇帝陛下郡□□又为七代亡师僧父母普及法界仓生，同沾此福"	杨焕成：《豫北石塔纪略》，《文物》1983年第5期，图九，图一〇，第77页，第72页；张肇午：《河南林县阳台寺唐代石塔》，《考古与文物》1985年第2期，图一：5、第29～32页。	

续表

编号	年代	来源	形制 塔刹	形制 塔身	形制 塔基	造像	材料技法	高、宽、厚 cm	铭文	文献（图版）	收藏地
25	天宝九年（750）	河南省林县城南42公里西岗村东南隅阳台寺旧址东侧	无存	密檐式七层方塔。每层间正反叠涩，一层南壁正门。	三层青石板砌筑基台，上为双层须弥座构成的基座。	下层须弥座束腰每面中央雕一兽头，两边各雕一乐舞伎。上层须弥座雕刻与西条大致相同，塔基四隅雕力士。门楣为尖拱形，门内两侧各雕一天王像。塔身各面四面一尖拱龛，龛内神像作定印。	青石建筑浮雕	高：279		杨焕成：《豫北石塔纪略》，《文物》1983年第5期，图十一，第77页，第72页；张增午：《河南林县阳台寺唐代石塔》，《考古与文物》1985年第2期，图一：1，第29~32页。	
26	天宝十四年（755）	河南省浚县城北25公里大八角村黄武庙旧址	宝瓶状塔刹	密檐式七层方塔。每层同正反叠涩。一层南壁南门。	须弥座	主脚部分每面刻定门佛龛两个，内佛像多已风化。四隅雕狮首。上下雕莲首，束雕仰覆莲瓣，上方雕伎乐飞天等，束腰上。	青石建筑浮雕	高：400	塔身西壁 天宝十四年八月二十七日《陇西尹公浮图铭》	杨焕成：《豫北石塔纪略》，《文物》1983年第5期，图版伍：3，第72~73页。	中国河南浚县博物馆（1974年移入）

续表

编号	年代	来源	形制			造像	材料技法	高、宽、厚 cm	铭文	文献（图版）	收藏地
			塔刹	塔身	塔基						
						雕人个狮首。塔心室后壁雕一佛二菩萨二弟子。尖拱形门楣上雕两个兽面，门两侧各雕一力士。门楣上端雕一佛二菩萨二弟子。第一层塔身四隅雕盘龙柱。西壁雕刻伎乐人，北壁开龛，无佛像，龛外刻双龙和两个羽人。二层以上东、西、南三面皆开龛，龛内一坐佛像。					

长安三年（703）安思泰造浮图铭文：

第一层正面佛龛下铭文："清信佛弟子安思泰一心供养十方诸佛一切贤圣"。

右面："大周浮图铭并序/若夫业运经化上哲不能移丹徒水迂/中才莫由晚遂使埋魂窆里委骨泉门/铖松松抱怨思泰罪积早丧/慈亲风树馨庭蓼莪栖野敬造灵塔武报/露静/寂静/露敬灭其二敬造灵塔象影图一所/荒其一风树神销陉兰气绝堂宇/先之永谢三途长归八正其识曰/□贝口而应枯枯丹青而简珠□□□□□□□□□□□□□□□

为十世先亡"敬造"。

左面："南无大慈大悲观世音□愿□□□□□□□□□/婆娑世界重□□□□□□□□□/音愿/恒受持本舍□西方阿弥陀佛观世音菩萨普得/大势至有能诵此一佛二菩萨恒值善知识有疑有难者诵/经/千遍即得解脱一愿三宝恒存立/二愿风雨顺时行三愿国王受万万岁/四愿边地无刀兵五愿□途离苦难六愿众生行慈/孝/八愿屠儿不煞生九愿年囚诉得脱十愿法界普宁安宁眼不见刀光刃/耳愿不闻冤枉声口愿不用造心语/手愿众生总愿当来值/弥勒/连辞相□□□□成"。

背面："次西边坟坟/祖婆康氏/右麟德二年八月亡/祖父俱口/右上元二年八月亡/其年八月葬口/洛州河南县龙口乡孙村西一里口父口政/合葬记孙男法藏阿仲口口/惠琳孙男崇基万岁/父德口右去垂拱三年七月七日亡/母尹氏/母尹氏/右去长安元年十一月九日亡/右/去长安元年十一月廿九日亡"。

唐代纪年石龛像（七宝台浮雕龛像以外）

附表二

编号	像名	年代	来源	主尊	胁侍	供养人像	龛形	材质	高、宽、厚（cm）	铭文	共存物	文献（图版）	收藏地
1		永徽六年（655）铭	1974年洛阳市郊区邙山乡徐村北约200米处出土	观世音菩萨立像		龛左下角一跪姿供养人	长方形帷幕状龛楣	青灰石灰岩	高：114 宽：66.5 厚：31	龛左侧下部阴刻楷书题记："大唐永徽五年岁次甲寅洛州河南县、郑家乡徐村里故人王君才，其年三月朔日崩，春秋六十有三，长子普贤等敬造救苦观世音菩萨一躯，惟愿亡考、法界群生，神生净土，面奉弥陀，宁愿解脱三涂八难，俱经正觉，永徽六年三月一日建立。"		洛阳市文物工作队：《洛阳徐村发现一批唐代石刻造像》，《中原文物》1984年第3期，图版七1、2。	中国 洛阳市文物管理委员会
2		龙朔元年（661）铭		坐像。右手举于胸前，左手抚左膝。	二菩萨立像		半圆顶	石灰岩	全高：44	正面下段铭文："龙朔元年四月廿日佛弟子敬口口管造石像，口口愿得口还敬造口及口世父母今离苦共成佛道"		松原三郎：《中国佛教雕刻史论》，图版三，图版611b，图版三	日本 京都大学文学部
3	弥勒像	乾封元年（666）铭		结跏趺坐手束腰靠台，右手掌心向下抚右膝，左手曲举于胸前。	二菩萨立像		尖拱形顶	石灰岩	全高：38.5	台座正面："乾封元年四月十日佛弟子李威口母楚敬造弥勒像一铺上为皇帝下及仓生普为法界同登觉。"		松原三郎：《中国佛教雕刻史论》，图版三，图617a 大村西崖：《支那美术史雕塑篇》附图第七七0	

续表

编号	像名	年代	来源	主尊	胁侍	供养人像	龛形	材质	高、宽、厚(cm)	铭文	共存物	文献(图版)	收藏地
4		乾封二年(667)	1984年河南省偃师县李村乡上庄村陈昌寺塔上的遗物	坐像,着通肩袈裟,右手施无畏印	二菩萨	佛龛下中央为香炉,两侧为狮子、力士像。	半圆顶	青灰岩石	高:55 宽:30 厚:12	正面下部:"乾封二年十二月八日清信女王婆为男冠士聪征辽愿得归还又为男士通女大娘二娘三娘孙休贞七代先亡敬造像一铺又愿令离苦俱令离苦。"	唐代观音像(残),《□□寺□□德□□禅师路铭》(万岁通天元年696)	李献奇:《唐干封二年王婆造像碑》《考古与文物》1987年第5期,第32~33页。	
5		总章元年(668)	河南省洛阳	正面上下四层:上层一佛坐像。第二层七佛坐像。	正面第三层:六菩萨,二天王立像	正面第四层:中央为香炉,两侧二狮子,二供养者,二天王。	半圆顶,背面及二侧面无加工	石灰岩	高:65 宽:47.5 厚:12.5	正面下部:"佛弟子……父母见存父母……造像一龛……总章元年九月十八日成就"		洛阳古代艺术馆《洛阳魏唐造像碑谈》,《文物》1984年第5期,图一六,图一七,第51~52页(图一八)	中国洛阳古代艺术馆

续表

编号	像名	年代	来源	主尊	胁侍	供养人像	龛形	材质	高、宽、厚（cm）	铭文	共存物	文献（图版）	收藏地
6	弥陀石像	仪凤三年(678)		弥陀、坐像、着袈裟，右手施无畏印，左手掌心向上置于右足之上。五枝连台座，主尊连台座下有狮子。	二菩萨 二弟子。	正面下部：中央为香炉，两侧各六名男女跪坐像。	尖拱形顶		高：53 宽：40	座背面："仪凤三年三月廿一日弟子绵郡行内谒者黄行基敬造弥陀石像一龛一佛二菩萨二圣僧二师子并供养二具奉上为大圣天后天下为七代父母所生父母身内外眷属及法界众生等菩同此福。"		大村西崖：《支那美术史雕塑篇》，第553页，附图第七七七	老田君
7	释迦三尊身铭	圣历元年(698)铭	1994年四川彭州龙兴寺出土(94PL15)	释迦像，坐像。着袈裟，右手施降魔印，左手掌心持宝珠。三枝莲台座，台座下有狮子。	二菩萨正面立像，右侧菩萨残存，左手持水瓶。		方形石板表面浮雕	红砂岩	高：39 台座宽：32 厚：2.8	背面铭文："弟子王弘礼今为父母敬释迦像三身并及见在家口乞愿平安敬造供养圣历元年五月七日记"		彭州市博物馆、成都市文物考古研究所：《四川彭州龙兴寺出土石造像》，《文物》2003年第9期，第78～81页，图十，图十一、图十三(图三〇)	

续表

编号	像名	年代	来源	主尊	胁侍	供养人像	龛形	材质	高、宽、厚(cm)	铭文	共存物	文献（图版）	收藏地
8		长安二年(702)		坐像，高肉髻，右手曲举手于胸前，左手掌心向下抚右腿。			尖拱形顶		高：59 宽：56	龛左侧铭文："大周长安二年岁次壬寅十二月廿二日施主……"		大村西崖：《支那美术史雕塑篇》，第565页，附图第七八〇	原来位于中国山东省曲阜
9		武周时代（八世纪初期）（推测）	河南省洛阳龙门石窟奉先寺遗址出土	坐像，通肩袈裟，左手置左膝上，右手残	只残存右侧菩萨像，戴项饰，腕饰。		半圆顶	石灰岩	高：36.2 宽：33			Miho博物馆：《龙门石窟展图录》图41，第82页，Miho博物馆，2001年，（图一九）	中国洛阳龙门石窟研究所
10	阿弥陀像观音大世至菩萨	神龙元年(705)	1973年河南省偃师市寇店乡出土	阿弥陀像，坐像，通肩袈裟，右手施降魔印，一手残枝三茎莲台。	二菩萨，左侧菩萨像左手持水瓶	主尊龛下部中央为为香炉，右侧女供养人，左侧男供养人，跪姿二人手持莲枝。	半圆顶顶部七佛	石灰岩	高：43，宽：29，厚：9	正面刻："清信弟子骨二娘敬造阿弥陀像观音菩萨又造七佛上为皇帝合家大小及六亲眷属无诸灾障 神龙元年二月十三日敬造" 背面刻：《般若波罗蜜多心经》		东京国立博物馆：《宫廷的荣华-唐的女帝·则天武后与她的时代展》，第38-39页，1998-1999年，（图二〇）	中国洛阳博物馆

续表

编号	像名	年代	来源	主尊	胁侍	供养人像	龛形	材质	高、宽、厚（cm）	铭文	共存物	文献（图版）	收藏地
11		神龙二年（706）		坐像，着裂装，右手残。			尖拱形顶		高：34，宽：21.5	正面龛下部："佛弟子飞骑尉督，神龙二年行亡，十二日灵武军行阵亡，为天造石像一区。（上）为天皇天（后），下为法界皇天（后），下为法界咨一心（供养）"	只残留拓片。	中国历史博物馆 周铮：《骆思慎造像小考》，《文物》1984年第12期，第23~24页。	中国国家博物馆
12	弥勒佛三尊	景龙二年（708）	陕西省西安	弥勒佛，倚坐像双手残，双足踏于二莲台上。	二菩萨，高宝髻，上半身近裸体，下着裙，向主尊内侧手举花蕾，外侧手垂下，左侧菩萨左手持水瓶。		圆弧形顶。背面有七佛及铭文。左侧为多宝塔，右侧为药师如来。上面浮雕花纹。	汉白玉	高：23	背面铭文："大唐景龙二年四月廿口新丰县口珎宝为祖口传造弥勒口辅七佛等曾祖父婆等亡见存及法界众生敬造。"		大村西崖：《支那美术史雕塑篇》，第574页，附图第七八八	铃木君从长安带来、和田千男君藏

续表

编号	像名	年代	来源	主尊	胁侍	供养人像	龛形	材质	高、宽、厚(cm)	铭文	共存物	文献(图版)	收藏地
13	阿弥陀像	景龙三年(709)	1986年9月陕西省礼泉县县城东北14公里处的赵镇水泥厂出土	阿弥陀，坐像偏袒右肩，右手施降魔印、宣字形台座。	二菩萨，正面像，右侧菩萨右手持水瓶。	主尊台座左右二跪姿供养者。	方形石中央开尖拱形龛。龛顶浮雕二飞天、龛上缘有云纹，两侧有装饰龙的立柱。	汉白玉	高：46.5 宽：44 厚：7.6	背面阴刻：《大唐阿弥陀石像塔铭并序》"大唐阿弥陀石像塔铭并序"如阳铜衡广运天门而仰而奠穷金榜遥临地户窥而写测况乎/他方世界三千日月之循环聚落城池百亿山河之禅压然则/不生无来湛然常住而安居无无染导引/群述故能教荄搽源导引/群述者裁醒夫荼布像光庵园晦速胜蟠西振像教东流水县/神州相望列刹者弟子接也可略而言此塔者安之所立也水贞家人未安之所立也水安姓霍氏元北狄人鹗属/皇运勃兴赉行薄伐戮驹年剪巢穴无遗南通火鼠之墟咸督台额北达烛龙之境奠不称臣自求书咎移缇褚	该像出土地点在赵镇广济寺陀罗尼经幢正北500米处。	李浪涛：《陕西礼泉镇出土唐代阿弥陀石像塔铭》，图一~图三，图版，《文物》2006年第4期，第81-83页。	中国陕西省礼泉县博物馆

续表

编号	像名	年代	来源	主尊	胁侍	供养人像	龛形	材质	高、宽、厚（cm）	铭文	共存物	文献（图版）	收藏地
										悲生树枯朽根起鸣茹思腊 祭而无日衮仁把而有托速 消衣减膳命匠征工菜合 溥之珠玑琢峰之玉石上 为应天皇帝爱及曹主下 为法界生存亡眷属敬造 阿弥陀像／一铺并摹若家 波罗蜜多心经一卷摹丹家 碧似满月之坡云／镂珠雕 琼若晴虹之上汉故知如来 变现尽入针锋菩萨经行／ 翻从毫末尔其池涵宝叶雨 降祥华天乐自然法音演畅 当生／彼国我无愧焉不可 思维洒为铭曰： 圆盖上浮方与下薄三千国 土百亿城郭无晦无明惟寂 惟寞／孫拔生死归依长乐其 一沙河辍浪宝树枝星雨 玄阴风逆吹旛西振象 马东驰法堂郁起塔云			

续表

编号	像名	年代	来源	主尊	胁侍	供养人像	龛形	材质	高、宽、厚（cm）	铭文	共存物	文献（图版）	收藏地
										披其二复有勇猛记身遭怀破窑覆巢流津泛树德谢梁布名衲童水志在福田心游妙境其王傍献求帝天官访神工既图净空竦衣端叶擎露祥花酒空铢衣恍拂万劫无劳其四号景龙三年岁次已酉六月八日建			
14	弥陀景云二年石像	景云二年(711)	河南省洛阳	弥陀，坐像。着通肩裂装，波形发，左手置左膝上，右手作手契。	二菩萨。X形璎珞，胸前两条，天衣。右侧菩萨头发正面有水瓶；左侧菩萨左手持水瓶。		半圆顶背面及侧面无加工	石灰岩	高：120 宽：88 厚：28.5	正面下部： "弥陀石像一铺弥陀石像 铭并序姿水横流色风惊口 恒文口口犹迷弱色之津乐 界退通即口日依次之路爱有 汝州司土参军范阳口卢昭顺 为亡息卢等都督参军迁遣 恳敬造弥陀石像一龛…… 父子之道天性难忘或或资泉 路敬树梁石相其质口载 其口贞坚不口子口之阳 大唐景云二年岁次辛亥九 月癸酉朔廿八日庚子建"		洛阳古代艺术馆：《洛阳魏唐造像碑撷说》。《文物》1984年第5期，图十八，图十九，第51~53页。(图二一)	中国洛阳古代艺术馆

续表

编号 像名	年代	来源	主尊	胁侍	供养人像	龛形	材质	高、宽、厚（cm）	铭文	共存物	文献（图版）	收藏地
15 弥陀石像	先天元年（712）	河南省洛阳	弥陀坐像，着通肩裂裟。发形波形左手置左膝上，右手残。	二菩萨。X形璎珞，胸前两条天衣。右侧菩萨右手持花茎，左侧菩萨右手持拂子。		半圆顶背面及侧面无加工	石灰岩	高：120 宽：86 厚：21	正面下部：“□弥陀石像铭并序□州西城县□敬□……大□先天元年壬子九月十五日建成”		洛阳古代艺术馆：《洛阳魏唐造像碑撷说》，《文物》1984年第5期，图二十，第51～53页。（图二）	中国洛阳古代艺术馆
16 阿弥陀像	先天二年（713）	山东省滋阳县兴隆寺八楞碑幢同	阿弥陀像，坐像	四菩萨		方形右中央开尖拱形龛			龛正面从左侧至右侧铭文：“大唐先天二年九月十二日僧九之僧玄附僧义隆僧惠激僧黄空等奉为皇帝皇后及师僧父母法界有情敬造阿弥陀像一铺大匠赵守忠造浮图匠苏则”		大村西崖：《支那美术史雕塑篇》，第576页，附图第七八九	

续表

编号/像名	年代	来源	主尊	胁侍	供养人像	龛形	材质	高、宽、厚（cm）	铭文	共存物	文献（图版）	收藏地
17	开元四年(716)		坐像，着通肩裂裟。右手施降魔印，左手置右足之上。结跏趺坐，三尊像的连台为一枝三茎相连。	二菩萨戴颈饰、腕饰。右侧菩萨呈阙藏X形璎珞。		半圆顶	砂岩	高：26.8	龛从左侧向右侧铭文："大唐开元四年正月十二日佛弟子姚海冲口口僧为亡女造像一龛令德成就遂愿亡者都斯功德口口花台生者佰安去口口口口一心天二面靓弥陀行顺天心见登明路男怀王一心供养男女子一心供养（以上左侧）"		松原三郎：《中国佛教雕刻史论》，图版三，图673a	美国弗利尔美术馆
18	开元七年(719)	出土时间地点不详	坐像，高肉髻，未雕出头发纹理。着裂裟，结跏趺坐，右手施无畏印，左手手掌心向下抚于左膝之上。	二菩萨立像，右侧菩萨左手曲臂上举，左手持莲蕾，右手下垂持天衣一角。左侧菩萨右臂屈肘，右手持物，左臂下垂，左手持水瓶。		正方形石板形雕出拱形石板，其上浮雕佛像，尖拱形装饰浮雕卷云纹。	石灰岩	高：47.5 宽：47	背面铭文："开元七年闰七月十二日竖塔"		碑林博物馆：《西安碑林全集》一〇六卷，第219~221页。	1952年起藏于中国西安碑林博物馆

续表

编号	像名	年代	来源	主尊	胁侍	供养人像	龛形	材质	高、宽、厚（cm）	铭文	共存物	文献（图版）	收藏地
19	三尊像	八世纪前半（推测）	1973年陕西省西安市青龙寺遗址出土	坐像。螺发，偏袒右肩，两手残失。火焰背光、三尊像的连台为一枝三茎相连。	二菩萨，戴须饰、臂饰、胸饰。一条天衣，右侧菩萨左手持壶，左侧菩萨右手持佛手。		尖拱形顶，主尊身后浮雕两株菩提树。	石灰岩	高：75 宽：61 厚：40	龛背面铭刻《佛顶尊胜陀罗尼咒》、《佛说般若波罗蜜多心经》。		东京立博物馆编集：《中国国宝展》（2004），图121，第154页，朝日新闻社，2004年。（图二三）	中国西安市文物保护考古所
20		八世纪（推测）		坐像。螺发，着裂裟，左手置左膝之上，右手残。	线刻表现。一弟子像，右侧菩萨左侧像，少年形象。		向内弯曲的长方形。石中央尖拱形龛。	石灰岩	高30.8 宽37.8 深10.8		推测原来为塔内部壁严刻物品。	松原三郎：《中国佛教雕刻史论》，图版三，图678a；朝日新闻企画局大阪企画部等：《三藏法师之道》图145，第195页，朝日新闻社，1999年。（图二四）	日本大阪市立美术馆

续表

编号 像名	年代	来源	主尊	胁侍	供养人像	龛形	材质	高、宽、厚（cm）	铭文	共存物	文献（图版）	收藏地
21	八世纪前半（推测）		坐像，右手前端缺失。	龛外线刻比丘及花纹。		方形石中央尖拱形龛	石灰岩	全高：33.4			松原三郎：《中国佛教雕刻史论》，图版三，图677a（图二五）	
22	八世纪前半（推测）	陕西省西安（据传来自开元寺）	坐像。	龛外线刻菩萨像。		方形石中央尖拱形龛	大理石	全高：40.5 宽：49			松原三郎：《中国佛教雕刻史论》图版三，图677b（图二六）；大村西崖：《支那美术史雕塑篇》第594页，附图第八百十二	
23	八世纪（推测）	原长安城城南的香积寺塔壁。	右端大失。	龛外二弟子像（右侧残）。		方形石中央尖拱形龛	大理石	全高：38.1			松原三郎：《中国佛教雕刻史论》，图版三，图678b（图二七）	美国弗利尔美术馆
24	八世纪（推测）		结跏趺坐于圆形莲台上，着通肩袈裟，两手手腹前持缺。	龛外阴线刻二弟子像。		方形石中央尖拱形龛	石灰岩	高：36 宽：46			大村西崖：《支那美术史雕塑篇》第594页，附图第八百二十（图二八）	日本帝室博物馆

编号/像名	年代	来源	主尊	胁侍	供养人像	龛形	材质	高、宽、厚(cm)	铭文	共存物	文献(图版)	收藏地
25	八世纪前半(推测)		结跏趺坐于束腰圆形莲台上。着通肩袈裟,两手手腹前持钵。	龛外阴线刻二弟子像。		方形石中央尖拱形龛	白玉石	高:36 宽:42			大村西崖:《支那美术史雕塑篇》第594页附图第八百十一(图二九)	日本帝室博物馆
26	开元十七年(729)		弥勒,坐像			尖拱形顶	石灰岩	全高:54	台座正面下部铭文:"夫以至理无言而口不言法身无像口遍十方金沙演妙转四帝以降魔尚灭影子双林能无生岁者矣佛弟子赵洪珠为亡父速舍口口敬造弥勒像一铺上为皇帝皇后合家供养开元十七年五月廿四日"		松原三郎:《中国佛教雕刻史论》,图版690b	
27	至德三年(758)铭		坐像,偏袒右肩,右手施降魔印,一枝三茎莲台。	二菩萨		长方形石浮雕	石灰岩	高:39.5 宽:44	背刻:《佛顶尊胜陀罗尼咒》题记:"至德三载二月四日汤游仙为亡父……"		碑林博物馆:《西安碑林全集》一〇六卷,第225~227页。	1952年起收藏于中国西安碑林博物馆

续表

编号	像名	年代	来源	主尊	胁侍	供养人像	龛形	材质	高、宽、厚（cm）	铭文	共存物	文献（图版）	收藏地
28		咸通五年（864）	咸阳龙华寺	坐像。偏袒右肩，右臂戴臂钏，右手施降魔印，一枝三茎莲台。	二菩萨正面立像。右侧菩萨右手持拂子，左侧菩萨右手持宝珠。左手持拂子，左侧菩萨右手持宝珠。	主尊莲台下左右侧二跪姿供养人。	长方形石浮雕	石灰岩	高：42.5 宽：47	背面刻："窣堵波塔铭并序"及"时咸通五年……廿六日更辰建立"		碑林博物馆：《西安碑林全集》一〇六卷，第230~232页。王翔：《金石萃编》卷一一七"龙华寺窣堵波塔铭"。	1952年起收藏于中国西安碑林博物馆

唐代纪年石碑像

附表三

编号	像名	年代	来源	主尊	胁侍	供养人像	碑首	台座	材料	高、宽、厚（cm）	铭文	文献（图版）	收藏地
1	阿弥陀三尊	永徽元年（650）		阿弥陀佛肉髻低平，颈部有三道，着偏袒右肩袈裟，结跏趺坐于束腰莲台之上。	二菩萨。均花冠低平，赤裸上身，下身着裙，天衣U形垂于体前。右侧菩萨双手合于胸前，左侧菩萨右手持花枝，左手下垂天衣。	无	尖拱形	长方形	石灰岩	全高：48.5	台座正面刻铭文："大唐永徽元年五月廿八日佛弟子王玛德合家敬造阿弥陀像一躯及二菩萨上为皇帝陛下师僧父母法界众生病者得口俱登正觉"	松原三郎：《中国佛教雕刻史论》，图版三，图版604a	
2	阿弥陀三尊	永徽三年（652）		阿弥陀佛肉髻低平，着双领下垂式袈裟，裟一角搭于左臂之上。右手似施无畏印，左手抚左膝。结跏趺坐于束腰莲台之上。	二菩萨。均戴束腰高花冠，跣足立于莲台之上。佩璎珞项圈，腰繋子文，胸前十字交叉。二菩萨向主尊内侧的手屈臂上举，外侧手持水瓶。	无	半圆形拱顶，正面下方垂下华盖。	残失，碑下刻有佛。	石灰岩	全高：53	碑身下方刻铭文："大唐永徽三年岁次壬三月玄朔十六日癸酉盖阿玄黄口口口造像口口建?昊?莫千坤负方口矣形观妙相辉蔡幽察八?会通正成群品是以口口更易山谷婴口地久天长铭为己祭今有正信仕佛弟子苗师逸弟胡师上为老帝普及法界亡父见存老母普及法界众生敬造阿弥陀像俱出泥黎?咸登妙果"	松原三郎：《中国佛教雕刻史论》，图版三，图版604b	日本浜松市美术馆

续表

编号 像名	年代	来源	主尊	胁侍	供养人像	碑首	台座	材料	高、宽、厚（cm）	铭文	文献（图版）	收藏地
3	永徽四年（653）		正面上方中间龛内浮雕一佛像结跏趺坐于单层莲台之上，头部残失，着通肩袈裟，双手合于腹前，手印不明。下方开二方形龛内各雕刻二弟子二菩萨像，主尊均结跏趺坐于宣字形台座之上。宝珠形头光。头部残，着双领下垂武裟，台座前、右手残，左手抚膝左膊。	菩萨像均身体修长，上身近赤裸，下身着裙，跣足立于莲台之上。弟子像着袈裟。	无	正面碑头透雕二龙，二龙中间开尖拱形龛，下方开二方形龛。上部龛下华盖和缨珞，两侧立柱，背面上层为两株菩提树中间开尖拱形龛，下层开二尖拱形龛，龛顶有宝珠装饰		石灰岩	全高：123.3	碑身正面下方刻铭文："惟大唐永徽四年岁次癸丑四月壬子朔八日己未造 若夫至仁口觉超万口而独旷先相忧名洞百非而口上慈兼六道运含类于舟航悲口四生齐群口口高轩然今李庄村老宿邑又李口口张马通杜孝顺长仁匡张公干李口生李仁口萨永定口地德李仁口昊丁口疚杜行口口易奴邻租养武成梁口胡口口口口 生口德口口仙杨僧满口君口廿一人等口谓口山口丽水名口蕴信文子圆怀抱口于口齐口口口袖邑号英赟口口昙口非可法婆坐池台口之口不除倍游馆阁之口息口旨莘音口口口像口建法惠于法之年戢长口口待仲口"	松原三郎：《中国佛教雕刻史论》三，图版三，图605ab	日本京都国立博物馆

续表

编号	像名	年代	来源	主尊	胁侍	供养人像	碑首	台座	材料	高、宽、厚（cm）	铭文	文献（图版）	收藏地
				反面：上层中间龛内一坐佛二菩萨像；两侧龛内尖拱像龛内各一结跏趺坐佛像。下层两侧龛内均为一佛二弟子二菩萨像，右侧龛内主尊结跏趺坐于宣字形台座之上，左侧龛内主尊为向坐像。							圣明之日□共□□珍敬造石碑像一区十龛？□供事可 奇资□□□□切利之始现□ 使 雕 橛 暗□□此非能悊王融金 方兹未□以斯□福佛资 皇帝师僧著友七世先 亡现存家□法界有利同 沐恩光俱沾此□"大像主□□□"愿主……" "大番主……"（以上正面下段上方）"当阳佛主……妻□为七世父母所生父母法界众生"（以上正面中段中央）。反面下段下方邑长一名，邑子二十人的愿文，背面下段记录主化主二十一名，都化主一名的愿文。		

续表

编号	像名	年代	来源	主尊	胁侍	供养人像	碑首	台座	材料	高、宽、厚（cm）	铭文	文献（图版）	收藏地
4	阿弥陀像碑	永徽六年（655）		上段中央龛内雕一佛二菩萨像，主尊阿弥陀结跏趺坐于莲台上，施禅定印，双手似平；下段中央龛内倚坐弥勒像。左右龛内阿弥陀像，双手施禅定印，结跏趺坐。	每龛各二菩萨，均直立像，花冠低平，身姿细长，天衣垂直，天衣呈多重U形垂于体前。	无	上层开并列的三个内凹形的半圆形龛；下层开并列的三个内凹半圆形龛，中间龛稍大。中龛左上部开方形和半圆形小龛。		石灰岩	全高：94	"……车辛渝妻魏敬造像一口"（上段左方龛像下）"……姑……造阿弥陀像一口上为亡父母下及己身见此同福清信女张敬造阿弥陀一铺上为七世父母下及己身见存眷属俱同此福"（上段左方中央龛像下）"永徽六年岁次乙卯七月己巳朔十五日癸未李世也母冯敬造弥陀像一区"（下段左方龛像下）"周世才妻冯敬造弥勒像一铺上为皇帝皇后七世先亡父母见存眷属同斯福"（下段中央龛像下）"清信女王及女夫张信敬造阿弥陀像一龛"（下段右方龛像下）	松原三郎：《中国佛教雕刻史论》，图版三，图606a	中国上海博物馆

续表

编号	像名	年代	来源	主尊	胁侍	供养人像	碑首	台座	材料	高、宽、厚（cm）	铭文	文献（图版）	收藏地
5	阿弥陀像碑	显庆二年(657)		阿弥陀佛圆形头光内浮雕佛花纹。肉髻低平浑圆，着双领下垂式袈裟，结跏趺坐于束腰莲台之上。右手施无畏印，左手抚左膝。	二菩萨花冠低平，上身近赤裸。戴项圈，肉髻低平浑圆，着裙，面向主尊，内侧手垂下，外侧手持水瓶。跣足直立于莲台之上，莲台下有狮子承托。	无	半圆形，上部正面中央浮雕宝珠华鬘，左右二飞天。	残失，碑身下有榫。	石灰岩	全高: 35.7	正面下部铭文："显庆二年五月廿日弟子赵敬婆婆敬造阿弥陀佛一躯为七代父母及法界众生俱成佛道"	松原三郎：《中国佛教雕刻史论》，图版三，图614a	美国弗利尔美术馆
6	释迦多宝二躯像	显庆二年(657)	河北省曲阳县修德寺遗址出土(1953~1954)	多宝释迦像二佛二躯，像螺发，面部浑圆低平，着双领下垂式袈裟，结跏趺坐于束腰莲台之上。右侧佛右手施无畏印，左手抚左膝；左侧佛左手施无畏印，右手抚右膝。	无	无	尖拱形背板正面高浮雕二佛像	长方形台座	大理石	全高: 37.5	背面铭文："显庆二年六月八日比丘尼张惠观等为皇帝及师僧父母法界众生一躯度心供养　比丘尼孙佛念供养　观门徒惠藏常等供养"	松原三郎：《中国佛教雕刻史论》，图版三，图607	中国故宫博物院

续表

编号/像名	年代	来源	主尊	胁侍	供养人像	碑首	台座	材料	高、宽、厚（cm）	铭文	文献（图版）	收藏地
7 道德寺碑	显庆三年(658)	1950年陕西省西安市西郊窑家庄出土	主尊，圆形头光，结跏趺坐于束腰连台之上，上身近赤裸，右肩袒，右手印不明，左手抚左膝。	二弟子，圆形头光，直立于莲台之上。二菩萨，圆形，上身近赤裸，跣足立于莲台之上，身姿略呈S形。二天王着盔甲，脚踩小鬼。	尊像下方长方形栏内中央浮雕香炉，两侧狮子，栏外及下部分排阴刻线表现供养人。	二龙交又碑首	残失		全高：292 宽：93		西安碑林博物馆编《西安碑林博物馆》第36页，陕西人民出版社，2000年，西安。	中国西安碑林博物馆
8 阿弥陀石造像碑	显庆五年(660)	山东省荏平县广平出土	阿弥陀佛，通肩袈裟，着裙前裂长，上半身稍长，结跏趺坐于束腰莲台上，莲台束腰部分雕刻人物。主尊右手于胸前似施无畏印，左手置于束足上。	二菩萨，花冠低平，上半身赤裸，下身着裙，璎珞交叉于腹前，跣足立于束腰莲台之上。	尊像下方长方形栏内为香炉、狮子。	尖拱形	长方形		全高：52 宽：32.9 像高：18.2	正面下方小龛两侧："显庆五年四月卅日比丘尼行褊敬造弥陀像一铺为皇帝师僧父母合家众生咸同斯福。"	刘善沂《山东荏平县广平出土唐代石造像》《考古》1983年第8期，第752页。	中国山东省聊城地区博物馆

续表

编号	像名	年代	来源	主尊	胁侍	供养人像	碑首	台座	材料	高、宽、厚（cm）	铭文	文献（图版）	收藏地
9	七尊佛碑像	麟德元年(664)		坐像。圆形头光，肉髻，着双领下垂袈裟，结跏趺坐于宣字形台座之上。右手举于胸前，手印不明；左手置于左膝上。	二弟子四菩萨，均直立于台座之上。	主尊台座前二跪姿供养人。	半圆形碑首中间浮雕单层塔，两侧各一身飞翔的飞天，手提华鬘，形成下面的龛顶。		砂岩	全高：63	正面下部铭文："大唐麟德元年四月八□弟子翟伯成为为七代父母见存家口等敬造石像一区资生之善教口左口妙口如来一心敬侍为男平娘口回反复陈见存亡妻特悟道成亡妻陈见利它男武男口口善会全利它男□□膊见存男善祭口智可□□集要郝会妻祭口智可智可智□□妻妻孙膊口智□智□□静口道□□膊庆智一□伯成妻陈武东□男善咸孙女口妃□□□毛罗玉罗□罗□好一心侍佛妹二……侍佛"等铭文。其他"咸亡□翟□□陈母口妹二……侍佛"等铭文。	松原三郎：《中国佛教雕刻史论》，图版三，图613a	
10		麟德二年(665)		坐像。肉髻浑圆，着双领下垂式袈裟，结跏趺坐于束腰台座上。垂裳。右手似随无畏印，左手抚右膝。	二弟子，二菩萨着衣简化，内侧手均举手体侧，外侧手垂下。	二狮子，无供养人。	半圆形，中央一层宝塔左右一身飞天，下开二立柱支撑的尖拱形龛。	长方形	砂岩	全高：35.5	台座正面铭文："维大唐麟德二年岁次乙丑三月壬申朔廿一日王辰……"台座两侧背面有铭文，但判读困难。	松原三郎：《中国佛教雕刻史论》，图版三，图613b	

续表

编号名称	年代	来源	主尊	胁侍	供养人像	碑首	台座	材料	高、宽、厚（cm）	铭文	文献（图版）	收藏地
11 阿弥陀陀像碑	乾封二年(667)		阿弥陀佛结跏趺坐于宣字形台座之上，右手举于胸前，手印不明；左手至左膝上。	二弟子二菩萨二力士	主尊龛下面开长方形龛，龛内有一尖香炉，两侧二蹲狮。	半圆形顶，正面上部浮雕二龙，中央一螭首托一层宝塔，下开尖拱形龛，龛饰宝珠，两侧装饰宝珠，两侧二立柱。	方形	石灰岩	全高：59.8	台座正面铭文："乾封二年岁次……敬造阿弥陀像……若夫五蕴□器方身故慈氏□号命□器广树□草比灵王假□高□作爱河之舟栴为欲渡之津梁攘彼□鹤林□□寺标名……"两侧面及背面铭文判读困难。	松原三郎《中国佛教雕刻史论》，图版三，图版614b|	美国弗利尔美术馆
12 弥陀像碑	咸亨元年(670)	1960年由鄠城县征集。	阿弥陀像，肉髻稍小，面部浑圆，着双领下垂式袈裟，结跏趺坐台上，腰垂裳，右手举于胸前，左手抚左膝。	无	无	半圆形碑首。	正方形台座。		全高：25.7	台座正面铭文："咸亨元年七月十五日，巩智才为母身愿敬造弥陀像一躯"	《西安碑林全集》一○六卷，第211～212页。	中国西安碑林博物馆

续表

编号	像名	年代	来源	主尊	胁侍	供养人像	碑首	台座	材料	高、宽、厚（cm）	铭文	文献（图版）	收藏地
13	阿弥陀佛碑	咸亨元年（670）		阿弥陀佛。龛内一佛三尊像。着双领下垂式袈裟，结跏趺坐于束腰叠字形台座之上，垂裳覆右手上举胸前，指尖残失。	二菩萨身姿。微扭向主尊侧，跣足直立于束腰莲台之上。外二天王像，足踩小鬼。	主尊下面分区表现：中央香炉，两侧狮子，二跪姿比丘尼，二站姿比丘尼。	碑头残失，开尖拱形龛。	台座残失，碑身下面有榫。	青石	高：46	正面下部铭文： "夫大觉应声潜运随逝万水然机若响应声子化比丘德造今亡娥弟子化比丘德敬造阿弥陀碑像一铺造金刚般若一百卷一铺造阿阇陀住生经一卷药师经一卷因果经一卷并务多心般若一卷一卷今得成就借此功德资益亡娥及亡崔女沙弥尼五儿普及亡崔德及生界苦登正觉亡比丘德道供养（以上正面）（背面心经）咸亨元年十二月八日敬造"	大西修也：《支那美术史雕塑篇》第551页，附图版第七百七十三	益田英作氏藏
14		咸亨三年（672）		主尊螺髻低肉，着双领下垂式袈裟，右手施无畏印，左手抚左膝，结跏趺坐于束腰莲台之上。	龛内二弟子，二菩萨。	主尊分区表现，中央为香炉，两侧一跪姿供养人，二狮子。	碑首半圆形，内尖拱形龛。	方形台座	石灰岩	全高：46	"惟大唐咸亨三年岁次壬申四月戊朔三日甲子盖闻神光未披圣教四口迷众品之沉论晓群生之述源咸口冑田超超河之朔去彼海之源超河之朔去彼岸口口母口之神识道尊体之亡父母之机玄静等为盛口敬报之恩昊天口口"	松原三郎：《中国佛教雕刻史论》，图版三，图618a，b	

续表

编号 像名	年代	来源	主尊	胁侍	供养人像	碑首	台座	材料	高、宽、厚（cm）	铭文	文献（图版）	收藏地
										故□心竭？力敬遘尊□一躯亡孝凭斯□□楼冥滞之□□□□神功处仙岩（以上正面）□□兴宋□□□十善长□□幻？影□侧所法音容□□形佛□侧听法音难□悲摧痛切（以上右侧）玄机姊妹容一姊三容妹四娘共妻亡妻孙男仁完仁□路女妙光弟玄静妻杜女罗儿（以上背面）		
15	咸亨四年（673）		上部龛内主尊：倚坐佛像；下部龛内主尊：莲台上结跏趺坐佛像。	上部龛内二弟子，龛外二力士；下部龛内二弟子二菩萨，龛外二力士。	正面下部龛下：中央香炉，两侧二狮子，二供养人。	碑首半圆形，正面浮雕左右二飞天，下面为尖拱形龛。	方形台座		高：50	台座正面铭文："咸亨四年岁次癸酉八月癸未朔廿五日乙未佛弟子故人王恒祥见存夫榆自惟不幸夭惶早钟夫镇番敬从朝露遽含珍物敬刊真容伏黄资资魂归净国又愿存亡七代过见尊亲众及含灵同登觉亡夫王恒祥妻榆女六娘道亡夫恒祥妻普及王阿举杨男义如义隆等合家供养"	大村西崖：《支那美术史雕塑篇》第552页，附图第七百七十五	黑田氏

续表

编号	像名	年代	来源	主尊	胁侍	供养人像	碑首	台座	材料	高、宽、厚(cm)	铭文	文献(图版)	收藏地
16		咸亨四年(673)	1987年山西省平顺县西南三十公里的北社乡东禅村荐福寺遗址出土	主尊结跏趺坐,高肉髻,面部圆润,着通肩袈裟,右手举至胸前,左手托膝。佛体绘红黄二彩。	无	无	舟形背光,彩绘红蓝二色缠枝莲花	长方形台座	青石彩绘	全高:50 像高:29 座高:15 背光高:26 底边长:30	长方形底座阴刻发愿文12行,计64字:"惟大唐咸亨四年四月廿三日佛弟子清信女罗续拜我在男师夔令等敬亡男夔师则师合等得生造像一区愿亡者早得生天现在者与法界同归此果俱开正觉"	崔利民、宋文强、刘林:《平顺龙门寺与荐福寺的部分唐代石窟像》,《文物世界》2004年第3期,第41~42页,图四,图五	中国山西省顺县博馆
17	阿弥陀像碑	上元三年(676)		阿弥陀佛,肉髻扁平,着双领下垂式袈裟,右手施无畏印,左手托左膝。结跏趺坐于束腰台座上,垂发。	龛内二弟子,二菩萨,龛外两侧二力士	主尊台座下左右二跪姿供养人,二腾狮。	半圆形碑首,正面顶部中央浮雕一层佛塔,两侧二飞天。下部为方形龛,顶部龛下雕螺髻。		石灰岩	全高:36.5	正面佛龛下阴刻铭文:"上元三年闰三月十五日佛弟子刘思约?为见存口(父?)及亡母敬造阿弥陀像一铺约娑昊男知市?知娑知礼女三娘法女妙胜口娑张(?)男口贞等一心供养"	松原三郎:《中国佛教雕刻史论》,图版二,图613c	日本滨松市美术馆

续表

编号	像名	年代	来源	主尊	胁侍	供养人像	碑首	台座	材料	高、宽、厚（cm）	铭文	文献（图版）	收藏地
18	阿弥陀像	仪凤年间		上段：阿弥陀佛一头部残，结跏趺坐，双手跏趺定印；下段：一倚坐佛，头、双足各残，双足各踏一连合。	上段：二菩萨立像，向主尊内侧手均上举持物，外侧手均下垂持天衣。下段：二弟子拱手站立，中间、二相对坐姿菩萨像。	无	碑首残，长方形右内开尖拱形龛。				正面佛龛下刻铭文："大唐雍州同官县□乡武定村碑之□仪 若夫丽空阴阳创分……月手是丽空阴阳创分……其形五□□与□□通于曰海自尔先微……是□□□满灵岳镇大地以顺苍生四液分一于村所佛堂……爱建像一口口口人敬……殊王省说法未异口□敬造阿弥陀像正面口叹势至观音魏……口奇工雕刊……日月开彭"	大村西崖《支那美术史雕塑篇》，第553～554页，附图第七百七十八	中国陕西省三原县学署衙门观音庙
19		仪凤四年（679）		正面佛龛中间一倚坐像，着双裂褶式裳，倚坐于宣字形台座。右手似施无畏印，左手抚膝无膝。	正面佛龛内二弟子、二菩萨立像，龛外侧为供养二力士，赤裸上身。	下方中间佛龛为香炉，左为一跪姿持香护男供养人；右侧为一跪姿女供养人。	碑首残，正面上部开方形佛龛；下方开方形三小方形龛。	长方形台座。	石灰岩	全高：37	台座正面刻铭文："维大唐仪凤四年六月廿日佛弟子张□为亡父母亡姊妹相见口姊光严敬妃夫妻二人会女大姚外生女今□□口一心供养佛光严女四站界众生一心供养佛光严□背面口道刻铭文："诸佛众围绕……彼岸兴广大供……本来际常修习"	松原三郎《中国佛教雕刻史论》，图617b；大村西崖《支那美术史雕塑篇》附图七百七十九	中国陕西省三原县学署衙门观音庙

续表

编号	像名	年代	来源	主尊	胁侍	供养人像	碑首	台座	材料	高、宽、厚（cm）	铭文	文献（图版）	收藏地
20	阿弥陀像碑	永隆二年（681）		阿弥陀佛著通肩袈裟，右手施无畏印，左手手抚左膝，结跏趺坐于正中莲台上。	龛内左右各分台各一枝小莲台，小莲台上各一菩萨。龛外立柱两侧为二力士像，力士脚下二蹲狮。	主尊龛下分三格表现：中央为香炉，左右两格各三名供养人，左侧一格为一跪姿男子和二男子站相；右侧方格内为一跪姿女子和一站立女子及男子。	碑首半圆形，正面顶部中央浮雕一层佛塔，左右二飞天，底部村托卷云纹。正面中间开间供佛顶佛龛，两侧二立柱。	台座残失，碑身下有榫。	石灰岩	全高，54.5	主尊龛下三格中间题榜供养人名：左侧内为"户口香男公则为一心供养；右侧为"香妻孙女先王男口良供养"。碑侧有"公则妻口亡女贾嬷亡女来口"，"公意妻杨口真见存男"，"口良小亮一心供养佛"，"口良妻口女安须供养"等题榜。正面供养人下方铭刻："惟大唐永隆二年岁次辛巳二月辛丑朔八日己亥为亡度群生皆超教阐益依境然今佛弟子户公则弟公意弟子良妹在等同发心先亡父见存母孙陀丽显出真容影华院丽阿弥陀像一区金佛宝瑛然虚净上为天皇天后下及法界众生一切有形同登正觉。"	松原三郎：《中国佛教雕刻史论》图版三六区a（图三一）	美国弗利尔美术馆

续表

编号	像名	年代	来源	主尊	胁侍	供养人像	碑首	台座	材料	高、宽、厚（cm）	铭文	文献（图版）	收藏地
21	阿弥陀像碑	永淳元年（682）	推测为山西省	碑首二龙间一坐佛像。佛龛内主尊、阿弥陀佛，肉髻桃形，着双领下垂式袈裟，结跏趺坐于束腰座台上。右手抚右膝，左手施无畏印。	主尊左右两侧为二弟子，二菩萨立像，跣足立于从底部伸出的连台上。台座下左右两侧为二蹲狮、二力士。	无	碑首为二龙交叉。下面为宝石、花纲装饰的方形龛。龛左右二飞天，右侧弹琵琶，左侧吹笛。	无	石灰岩	全高：73.6 宽：34.5	"永淳元年岁次壬□八月辛酉朔廿六日景子佛弟子李怀秀窃闻二仪开辟功包像帝之先七曜初□德冠苍苍生之肇体腾神兴率啭之者陕落□□十号神尊济共生于苦海弟子门崇景福宿寐至真术谓积无征口流亡息师满今肯为造石像一躯软修已毕乃作其同得过往升露见存获昌父李士威常前任伍坡县主簿母向男怀口合家一心供养（正面下段）；平安一心供养亡父口合家子孙翁和耆（以上右侧上段）；佛弟子李怀秀为亡妹五相孙儿敬造阿弥陀像一躯（正面上段）；又愿见存妹普相合家平安一心供养（以上右侧下段）；佛弟子李怀秀思福敬造阿弥陀像一躯供养"（以上左侧上段）	松原三郎：《中国佛教雕刻史论》，图版62a，（图三二）；《三藏法师之道》图146，第196页。	日本大阪市立美术馆

续表

编号/像名	年代	来源	主尊	胁侍	供养人像	碑首	台座	材料	高、宽、厚(cm)	铭文	文献(图版)	收藏地
										"口州口口晋城县口兴乡佛弟子骑?骑赐李怀秀妻彭息师赐之妻盖司徒息师满?之妻和女子金满男息口赐女小可口女口女可子合家一心供养(以上左侧中段)女子金夫主口骑口尉托戊礼之女可子女之过为亡口师满一心供养"(以上左侧下段)		
22 石像碑	永淳元年(682)		龛顶二龙正中为小坐佛。佛龛内主尊圆形头光，着双领下垂裂装，结跏趺坐于台座上，龛形台座上。右手曲举至胸前，手印不明；左手托左膝。	佛龛内主尊台座两侧二蹲狮，二菩萨二立像，龛外二天王(足踏小鬼)。	佛龛下开一长方形龛栏，正中香炉，右侧五女，左侧四男，香炉左右两侧男女为跪姿，其余均站姿。	碑首为半圆形，二龙交叉，下部为尖拱形龛。		石灰岩	全高:48	正面供养人下阴刻铭文:"大唐永淳元年岁次壬午十一月庚寅朔八日丁酉清信佛弟子萨?野仁弟仁恭为亡父母及见存家口敬造石碑像一区以此功德惟上为天皇天后俱成佛果野仁姊仁恭妻娘妻张恭妻野仁女女女供养"	松原三郎:《中国佛教雕刻史论》，图版三，图版626b(图三三三)	

续表

编号	像名	年代	来源	主尊	胁侍	供养人像	碑首	台座	材料	高、宽、厚(cm)	铭文	文献(图版)	收藏地
23		垂拱元年(685)		龛内主尊为二佛并坐像，二佛均着双领下垂式袈裟，结跏趺坐于长方形台座上。右臂曲举，右手手印不明；左手抚膝左膝。	主尊两侧二菩萨立像。台座下二方形龛内各一蹲狮。	佛座下分两层表现供养人。上层分六框内，右侧三框内各1、2女性；左侧三框内各1、1、2男性；台座右下侧框内为二跪姿人像；左下侧框二框内各一比丘立像。	碑首为半圆形，正面中央为二层佛塔，两侧二飞天。	长方形	砂岩	全高：37.2	台座正中阴刻铭文："大唐垂拱元年岁次乙酉十二月壬申朔十三日甲申　　夫玄挺？存？虚？□□生面……妙□施……之国尽忠……水毕？爱河之敏然（以上左侧）正面□今佛弟子上护？军张二阴弟队正毛仁义□命父具兄弟□□五口等共……"（以上右侧）"发心为亡父亡伯亡兄□□眄？父戚见在口口佰母主七始□娘？合家小口口口口祐真□晋口口以春属敬造石像一区彩□妹四娘尼光儿？……妻口口娣（以上背面）"□口女口姪□□□□□汉子口口又口以斯□□口祐真□晋口口以口口登口口"（以上左侧）	松原三郎：《中国佛教雕刻史论》，图版三，图627b	

续表

编号	像名	年代	来源	主尊	胁侍	供养人像	碑首	台座	材料	高、宽、厚(cm)	铭文	文献（图版）	收藏地
											其他供养者像有"父张一心供养""母口一心供养"等题榜。碑像左侧有"高相张定国相口儿"、"口师"、"伯大口口伯昚口"等题榜。		
24	石像碑	永昌元年(689)		宝珠形头光，外缘施绿彩，肉髻扁圆，头发刻画出纹理。面相浑圆。着双领下垂式袈裟，残留红彩。结跏趺坐于束腰莲台上。右臂曲举至胸，左手抚左膝。	无	无	尖拱形	长方形台座	石灰岩（白土上彩色）	全高：41.5	从台座正面到右侧铭文："永昌元年二月十七日佛弟子冯雅立姜王息仁海仁贤合家等敬造石像一躯上为天皇天后师僧父母下及法界生生弟子口诸四济口口师口口请从识悔？当来生生亲近供养愿"（以上正面）"值善知识弟子雅立合家一心供养佛时"（以上右侧）	松原三郎：《中国佛教雕刻史论》，图版三，图629b 松原三郎：《中国的美术（1）雕刻》图版57（图三四）	日本京都国立博物馆

续表

编号	像名	年代	来源	主尊	胁侍	供养人像	碑首	台座	材料	高、宽、厚（cm）	铭文	文献（图版）	收藏地
25	涅槃变相碑	天授二年（691）	原来位于山西省稷县（临稷县）大云寺所在地（至1957年）	碑正面从下往上分四栏浮雕：临终遗诫、涅槃图、纳棺、再生、说法、荼毗、送葬，碑阴上部雕八王分舍利。正面和背面合起来为涅槃故事的八个画面。	无	无	碑首半圆形，正面高浮雕二龙交叉，中间为佛龛。	龟座	石灰岩	高：203 宽：87 厚：25	碑背面上部记录铭文："大周大云寺率为圣神皇帝敬造涅槃变相碑一区"与"唐天授二年镌造"。	松原三郎：《中国佛教雕刻史论》，图版三，图版630。（图三五） 郭志诚、高生记：《论山西唐代佛教造像的艺术性》，《沧桑》2002年第6期，第32～33页。	中国山西省博物馆
26		圣历元年（698）	1988年甘肃省古浪县城隍庙内城隍庙废墟中发现	一佛立像，主尊着偏袒右肩露相右跣足立于莲台之上。右臂下垂，右手残失，左手于胸前握袈裟一角。腿部和袈裟	无	台座左右二跪姿供养人像	碑首半圆形	正方形台座	石灰岩	全高：94	台座四面铭文镌天，仅可判读"圣历元年□□□戊戌弟□□……"碑身背面刻《大般若波罗蜜多心经》	松原三郎：《中国佛教雕刻史论》，图版三，图版631。（图三六） 唐晓军：《甘肃古代石刻艺术》，第	中国甘肃省博物馆

续表

编号	像名	年代	来源	主尊	胁侍	供养人像	碑首	台座	材料	高、宽、厚（cm）	铭文	文献（图版）	收藏地
				边缘表现出密集的平行衣纹线。								291页，图114，民族出版社，2007年，北京。	
27	弥勒佛像碑	圣历三年（700）	1986年山西省阳城县文博馆征集	碑首尖拱龛内高坐佛像，着双领下垂式袈裟，倚坐于台座上。右手举于胸前，左手抚左膝。	主尊两侧二弟子，二菩萨立像。台座两侧二腾狮。	无	碑首半圆形，正面高浮雕二龙，中间一尖拱形龛。正面正中开拱形龛，龛顶两侧二飞天，龛侧二连珠纹装饰的立柱。	长方形台座	青灰岩石	全高：40 座高：9.7 座宽：21 座厚：10.7	下层为龛座，正面刻行书铭记12行，每行6-7字不等："惟大周圣历三年二月八日佛弟子候怀让，为何谓（求拜）近行至至家不见父、亡、发心敬造石像一区，今得成就。元口（为）正姜田，见存母，兄怀庆、兄弟口口、男元仅、无相，女伍，口口表妻玉口，让妹光素。"	张惠民：《武周圣历三年石周释迦造像铭》，《考古与文物》2004年第1期，图一，图二，第96页。	山西省阳城县文博馆

续表

编号	像名	年代	来源	主尊	胁侍	供养人像	碑首	台座	材料	高、宽、厚（cm）	铭文	文献（图版）	收藏地
28	阿弥陀佛像碑	长安三年（703）		阿弥陀佛主尊着通肩袈裟，双手合于腹前，手印不明；结跏趺坐于宣字台座上，重裳。	主尊两侧二菩萨立像。右侧菩萨右手下垂，左手持莲枝；左侧菩萨左手持水瓶，右手持莲枝）	无	碑首尖拱形龛	长方形台座	石灰岩	全高：23	从台座正面至右侧的铭文："大周长安三年岁次癸卯四月辛酉朔八日戊辰弟子衷五妃见存男袭任峻明及亡夫"（以上正面）"见敬造阿弥陀像一铺，供养六道四生咸同斯福"（以上右侧）（年、月、日用武周文字）	松原三郎：《中国佛教雕刻史论》，图版640a	美国弗利尔美术馆
29	阿弥陀佛像碑	神龙二年（706）		阿弥陀佛主尊肉髻呈桃形，着双领下垂式袈裟，结跏趺坐于台座上。右手置于腹前，左手托左膝。	主尊两侧二菩萨立像，面向主尊内侧手持花蕾，外侧手下垂。跣足立于从主尊台座伸出的两个小莲台上。	无	碑首残	正方形台座	石灰岩	全高：27.5	台座正面铭文："神龙二年七月五日常大娘为侄小惜敬造弥陀像一铺以小惜为侍者一心供养"	松原三郎：《中国佛教雕刻史论》，图版642a	

续表

编号	像名	年代	来源	主尊	胁侍	供养人像	碑首	台座	材料	高、宽、厚（cm）	铭文	文献（图版）	收藏地
30	阿弥陀佛、弥勒佛像碑	开元九年（721）		上龛：阿弥陀佛结跏趺坐于莲台。下龛：弥勒佛。宝珠形头光，身宜字形台座上，倚坐于莲台，垂足，两脚各踩一小莲台。	无	无	半圆形碑首残，正面高浮雕二龙交叉，中央拱为尖拱形。	无	石灰岩	全高：129	正面铭文："……长史……长史……亡妻张四娘男……亡父母……家造右碑阿弥陀佛一铺一搭左右二菩萨一至？僧……先造右碑像一铺一佛二菩萨二……开元九年十二……"	松原三郎：《中国佛教雕刻史论》，图版三，图673b	中国上海博物馆
31	石浮雕十二年图	开元十二年（724）		佛坐像，宝珠形头光外缘为火焰纹。宝珠形头光，外缘火焰火。螺发，面部袈裟，罩衣搭于右肩上，结跏趺坐于莲台上。右手残，左手掌心向下抚左膝。	内面右佛两侧二菩萨，宝珠形头光，佩戴项饰和胸饰，腰部粗，向主尊侧，跣足立于束腰莲台上。外面右龛外二力士。	无	正方形，正面浮雕二龙，中央宝珠，下部归进形龛。	无	石灰岩	全高：66	龛右侧铭文中有"造石浮图一所"字句。末尾有"开元十二年岁在甲子九月丁巳朔十八日甲戌中旬翌日建比丘尼释法空"纪年铭。"口口口妻霍女五娘合家供养""南无药王菩萨"题记。龛背面有线刻菩萨像和"南无药王菩萨"题榜，以及题记："菩萨主比丘释空愚供养。"	松原三郎：《中国佛教雕刻论》，图版三，图687、688	美国艺加福美术馆

续表

编号	像名	年代	来源	主尊	胁侍	供养人像	碑首	台座	材料	高、宽、厚（cm）	铭文	文献（图版）	收藏地
32		开元十八年(730)		主尊圆形头光，倚坐于台座上，右臂曲举，左手抚左膝，双足各踩一小莲台。	主尊台座下左右两侧二蹲狮，左右两侧二菩萨立像。		残（推测为半圆形碑首）。	长方形底座		全高：49.5 宽：33	台座正面铭文："大唐开元十八年闰六月十日……"（以上左侧）"□□杨思义造成"（以上右侧）	《西安碑林全集》一〇六卷 第222～224页。	中国西安碑林博物馆
33		开元二十二年(734)		碑首尖拱形龛内一佛倚坐像；中央方形佛龛内一佛坐像，着双领下垂式袈裟，结跏趺坐于束腰莲座上，左手残，右手抚左膝。	中央佛龛内主尊双侧二狮子，二弟子，二菩萨，二力士。	佛龛下分两栏，中央为香炉，左右各三格，每格内一人。	半圆形碑首，正面高浮雕二龙，中央为尖拱形龛，正中开方形佛龛，龛顶垂飘帷幔。	无		全高：179	"开元廿二年岁次甲戌四月壬辰朔十五日"	松原三郎，《中国佛教雕刻史论》，图版710，711，图版三，Oswald Siren "Chinese Sculpture" pl.479所载。	日本滨松市美术馆
34	石像碑	天宝九年(750)		主尊圆形头光、身光，倚坐于台座上，两足各踩一小莲台。	主尊两侧二弟子，二力士。	佛龛下分栏表现，正面一人舞蹈，两侧各一人弹奏乐器。	残，残存龛上二飞天。	无	石灰岩	全高：65	龛侧及背面铭文："若夫洪炉□□□□合日 停火仪口于四地? 天地 口子口口释迦速沉轮 穆沛者多弥勒唐末不生 口口禅林者少然承仙父 在之日疾患孀身自发 愿造石第一躯未有良劫"	松原三郎，《中国佛教雕刻史论》，图版三，图版724b（图三七）	日本东京艺术大学

续表

编号	像名	年代	来源	主尊	胁侍	供养人像	碑首	台座	材料	高、宽、厚（cm）	铭文	文献（图版）	收藏地
											口造口已后口莲口口抽威净口口口（以上龛侧）右碑象一口……（不明）……毫相阴手……（不明）……而常口密……（不明）……沙为口口口金口所……（不明）……应？口口之……（不明）……人天……（不明）……道口　帝　下……（不明）……编咸经路乃为……（不明）……明朗毫光夜放恒转十口口除三障……（不明）……生遍向合家大小受（不明）…佛弟子湖卫……（不明）……姑慈口妻张口男游光……（不明）…万载……（不明）…大唐天宝九载岁次庚黄二月庚口……（不明）广平郡口　假宝珎建立成就古记"		

附表四

唐代纪年石佛像

编号	像名	时代	来源	造型				高、厚 Cm	材料	铭文	文献（图版）	收藏地
				主尊	台座	背光	技法					
1	阿弥陀佛像	贞观六年(632)铭	二十世纪八十年代初陕西省麟游县兴国寺遗址出土	头残。着双领下垂式袈裟。内层衣褡系带。	长方形台座，正面中央刻香炉，两侧隅高浮雕双狮。背左侧有铭刻。		裂裟一角搭于左臂及繁复的下垂褡为北朝遗风。	残高：105 座高：43 下宽：80 上宽：72 厚：40	砂石	佛座背后左侧有楷书题记："大唐贞观六年岁次壬辰九月辛巳口口廿九日己亥，左武卫府院内先有如□象礼，兵曹皇甫楷等合卫省人及卫士吕世威等为法界众生，修治敬造阿弥陀佛一区并三区小象未来及见在苍生。愿使过去未来及见在苍生，具登正觉。"	《慈善寺与麟溪桥——佛教造像碑调查研究报告》，第189页，图九十七。第190页，图九八，2002年，科学出版社，北京。	中国陕西省麟游县博物馆
2	佛坐像	贞观十三年(639)铭	据松本白西安	螺发，右手残，左手托右膝，结跏趺坐。	八角形台座，基础上浮雕仰莲，八面柱束腰，台座上每面刻出U形纹。	舟形背光，外缘火焰纹。圆形头光三重；内重宝相花；外重七佛。	面部浑圆，眉毛中间有旋纹。颈部三道。道式出肉感。腿部和肩部各起三道。凸起的近似平行衣纹线左右对称形式化。面部和手部的表现细致写实。	全高：81	石灰岩，莲台残留彩色。	台座后面铭文："金人逃牲群生幽光远口中怕之功诚多安全之德莫不信学圣群无私恩同再造贞观十三年岁次己亥五月二十五日中舍人马周为亡伯敬造佛像二区。"	马周：《旧唐书》七十四有列传；大村西崖《支那美术史雕塑篇》附图七六六八；松原三郎：《中国佛教雕刻史论》，图版三，图599（图八《有邻馆精华》No.28	日本藤井有邻馆（原来永青文库）

续表

编号	像名	时代	来源	造型				高、厚 Cm	材料	铭文	文献（图版）	收藏地
				主尊	台座	背光	技法					
3	弥陀像	乾封元年(666)铭		头部残失，着双领下垂式袈裟，双手交于腹前，结印相不明。结跏趺坐。	正方形台座，上为八角束腰莲台，束腰部分为八棱柱体，浮雕人大神将。上下各四重，最下层浮雕单层仰莲瓣，最上层浮雕三重莲瓣。			全高：116 座高：66	青石	台座正面铭文："□□□□□□□□□□ □□□道 幽 玄 理 归 真 □□ 迦□教 未 绝 名 言 □□宿 植 善 根 无 以 解□□卿 文 绪 合 邑 人 等 □□四 生 轮 转 命 等 浮 逝 □类 浮 泡 衰 而 还 散 □□发 心 敬 造 弥 陀 像 一 区 上 愿 圣 主 理 国 □□四 海 清 谧 合 邑 人 等 法 □ 一 切 众 生 合 邑 人 等 七 代 父 母 未 来 过 去 见 在 春 属 不 赠 三 涂 合 邑 之 今 共 同 □果 车 仁 感 为 被 差 辽 东 行 愿 兵 戈 息 偃 海 内 大 定 □若 从 军 愿 平 安 归 国 率 悴 父 母 伃（怵）大 像 主"（发愿文下刻至心性名及纪年）□□绪 张 师 师 刘 文 如 □□□马 师 嶷 王 郭 行 □□□和 行 信 车 仁 感 □□感 郭 二 基	朱晓芳、王进先：《长治元年阿弥陀造千封元年阿弥陀像》，《文物》1987年第3期，第91～92页。	中国山西省长治市博物馆

续表

编号	像名	时代	来源	造型				高、厚 Cm	材料	铭文	文献（图版）	收藏地
				主尊	台座	背光	技法					
4	佛坐像	乾封二年(667)铭	1987年山西省平顺县西南三十公里的北社乡东禅村荐福寺遗址出土	佛坐像。面部浑圆,肉髻扁圆,低平。右手手手胸前施说法印?	长方形台座,上置一字形佛座。	宝珠形头光	未雕出腿部现状,只表现出长方形轮廓及象征性衣纹线条。	全高:42	青石	底座正面反侧面阴刻铭文:"乾封二年十二月廿三日弟子囗囗敬造像一囗上皇帝下及囗廿成佛囗"	崔利民、刘林、宋文强:《平顺存福寺遗址出土的佛教石造像及龙门寺部分造像》,《文物》2004年第11期,图一〇、第71页。	
5	阿弥陀像	咸亨三年(672)铭		佛坐像。右臂屈举手胸前,右手残,左手抚左膝,去床?	长方形台座,上为宣字形佛座。上下各三层,最上面和下面浮雕出莲瓣,束腰部分四角圆形立柱。	宝珠形头光	肉髻扁圆低平。颈部刻出三道,大致雕刻出结跏趺坐的腿部轮廓,肩部和腿部的衣纹线随身体变化而起状。	全高:73	石灰岩	台座从正面向右侧面至背面刻铭文:"窃闻凡求常乐必资三藏为先欲悟真如唯崇十方为始但以咸亨三年二月囗囗四日(以上正面)囗君才弟子志合家为亡父阿弥敬造阿弥陀像一躯上为皇帝下及七母(以上右侧)父母囗蠢动众生俱获觉道囗囗(以上背面)"	松原三郎:《中国佛教雕刻史论》,551页,图版622a;大村西崖:《支那美术史雕塑篇》第551页,附图百七十四	日本永青文库

续表

编号 像名	时代	来源	造型				高、厚 Cm	材料	铭文	文献（图版）	收藏地
			主尊	台座	背光	技法					
6 佛倚坐像	咸亨三年(672)铭		倚坐像，着双领下垂式袈裟。右臂曲举于胸前，右手残；左手托右膝。双足（推测）各踩一莲残，各踩一莲台。	宣字形榻座，上矮榻、下部残。	残失	身体造型敦厚，残留平板印像。头部螺发，细部；颈部三道；肩部凸起衣纹线；腿部行U形纹线。	全高：103	石灰岩，彩绘	台座铭文："维大唐咸亨三年岁次壬申十二年戊午朔十六日癸酉并州大都督府仓曹祭军事表居俭兄弟等奉为舒州使君敬造供养"	松原三郎：《中国佛教雕刻史论》，图版三 图62c, 62a, b；松原三郎，《中国的美术（1）雕刻》，图版56（图四一）	中国山西省博物馆
7 弥勒像	上元二年(675)铭		倚坐像，着双领下垂式袈裟。右臂曲举于胸前，右手残；左手托右膝。双足、各踩一莲残，各踩一莲台。	长方形台座，上为宣字形佛座，上下三层各层最下层和最上层浮雕一周莲瓣。	宝珠形头光残缺。	身体比例佶适，眉间有白毫相。头部螺发，细部；颈部三道，肩部凸起衣纹线；腿部衣线绕膝盖，有向心圆式纹线衣纹线。	全高：70	石灰岩	台座从正面至右侧 铭文："夫金□□□梦□□□像于□□首九大□□三会之□□使慈□□□闻普□含生敬□弥勒一□菩萨□□慈官祐异接幽空"（以上正面）"□□三元□从天路椎大唐上元二年岁次乙亥三月己巳朔□五日佛弟子高□□□□惠受"（以上右侧）	松原三郎：《中国佛教雕刻史论》图版622b（图四二）	美国旧金山市亚洲美术馆

续表

编号	像名	时代	来源	造型				高、厚 Cm	材料	铭文	文献（图版）	收藏地
				主尊	台座	背光	技法					
8	阿弥陀坐像	仪凤四年(679)铭		坐像。着双领下垂式裂裟。右手曲举至胸前，左手托左膝，结跏趺坐于台座之上。	正方形台座。	宝珠形头光，残。	肉髻祥阔。颈部三道，肩部衣纹线随身起伏，腿部雕刻出轮廓。背后雕出下垂的衣纹线。	全高：44	石灰岩	台座正面铭文："维仪凤四年□改己卯三月辛卯朔佛弟子阿弥陀像一男玄感敬造阿弥陀像一区上为天皇下及法界众生共登正觉"	松原三郎：《中国佛教雕刻史论》，图版三 623a, b	日本沃松市美术馆
9	弥勒像	调露二年(680)铭	1987年山西省平顺县西南三十公里的北社乡东底村荐福寺禅址出土	倚坐像。着双领下垂式裂裟。右手曲举，左手托左膝，双足各踏一莲台。	正方形台座。宣字形佛座，上下各二层台。	头光残。	头部螺发刻画细致。颈部三道。肩部衣纹线随身体起伏，腿部为U形衣纹线。	全高：52.4	青石	台座正面及西侧铭文："惟大唐调露二年四月廿六日佛弟子牛师奭请清信女牛匡儿姐妹五人等亡为天皇天后及七代先亡复为阿弥娘(娘)敬造弥勒像一区合家供养"	崔利民，刘林，宋文凎：《平顺荐福寺遗址出土的佛教石造像及龙门寺部分造像》，《文物》2004年第11期，第70页，图八。（图四）	

续表

编号	像名	时代	来源	造型				高、厚 Cm	材料	铭文	文献（图版）	收藏地
				主尊	台座	背光	技法					
10	阿弥陀佛像	调露二年（680）铭	山西省芮城县城厢土产公司基建工地原延庆寺遗址	螺髻，双领下垂裤裟，内层裤裟系于胸前。裤裟前系带，一角经左臂搭手左腿之上。双腿跏趺坐，双足隐于衣下。右臂曲举，右手残，左手抚左膝。	八边形须弥座，垂裘。	舟形背光（背后镌刻铭文）。	肉髻扁圆形，面部长圆形。颈部三道。肩部刻出凸起阶梯状衣纹线。双腿部刻出三条平行突起横条状衣纹线。		青石	舟形背光后铭文："夫无量寿者，□□□之净城，金绳界道，珠纲交阴。天口六时之花，池莹八功之水。斯道大口圣之所，栖集至人，思以往生。今有僧释（辩）积普，芮城人也，俗姓路氏，上柱国成之长子。凝神人解，诚珠镫照，心镜澄虑四禅，每神游妙乐，若梦寐于华肯，目想生净因，等肯兴于台殿。遭捐珍晔，敬造阿弥陀像一铺。面含月彩，顶负日晖。散玉融金，披连分菓。灵姿安佑，不可胜图。以兹奚佑，或济合生，俾景净居，咸是乐成妙乐，净景净居。粤非有乐，净景无会，咸是乐成妙漏，俗心回向，愿我大土，俗心回向，逮至灵相。月渚面	张俊良：《山西芮城发现唐纪年佛教石刻造像》，《中国文物报》2009年11月5日第5版，图二（图四七）	

续表

编号	像名	时代	来源	造型				高、厚 Cm	材料	铭文	文献（图版）	收藏地
				主尊	台座	背光	技法					
										前，日华顶上，伸聚含生，日华歆辰量。调露二年岁次庚辰五月十五日甲戌朔，比丘僧释（辩）为亡师僧父母敬造阿弥陀佛一铺。须弥座腰部正立面镌刻："上柱国路戒供养。比丘尼路（辩）积供养。"		
11	释迦佛像	调露二年(680)铭	山西省芮城县城关原土产公司基建工地原延庆寺遗址	螺髻，结跏趺坐。面相长圆，眉目不清。着双领下垂式袈裟，右臂曲举，右手残；左手抚右足之上。	正方形(?)须弥座。底座下为正方形榫头，座佚。	宝珠形头光（背后刻铭文）。		全高：95	青石	头光背后铭文："调露二年岁次庚辰人月十五日甲寅朔，比丘正路僧（辩）积者，丙人入世，悟群迷于福叶，爰合净珍，为亡皇天后、七代师僧父母敬造像一铺。在门徒敬造释迦像，善愿敬佛果。比丘正路僧怀贞敬供养。外祖婆路足娘供养。上柱国路成一心供养，妻李。"头光左边款刻："路公子供养，比丘尼路南灾相供养。"右边款刻："路君度供养，弟子路公君供养。"	张俊良：《山西芮城发现唐纪年佛教石刻造像》《中国文物报》2009年11月5日第5版，图四	

续表

编号	造像名	时代	来源	造型				高、厚 Cm	材料	铭文	文献（图版）	收藏地
				主尊	台座	背光	技法					
12	弥勒像	永淳二年（683）铭		头残，倚坐像，右手残，左手抚左膝。	宣字形，上下垂裳，束腰两侧面及背面有佛龛。	残存头光下像。	比例恰当，衣纹线流畅细腻。	全高：33	石灰岩	台座左、右侧铭文："永淳二年二月八日护众寺比丘僧慈□"（以上右侧）"造弥勒像并二菩萨合家供养"（以上左侧）	松原三郎：《中国佛教雕刻史论》，图版三 图624b、625a、b	美国克利夫兰美术馆
13	佛坐像	垂拱二年（686）铭	1996年发现于山西省侯马市东阳村西北宝峰院	结跏趺坐着双领下垂式袈裟，内重袈裟组，结跏趺坐，双足隐于衣内，右手残，左手抚左膝。	八角形台座，上层悬裳，下层为仰莲座，正方形下坊的正面、左右侧面刻铭文。	舟形身光，圆形头光内重和中内重刻莲花纹，外重忍冬纹。	头部略大，身体端正，衣纹线较繁复。	全高：116	石灰岩（青灰色）	下坊正面铭文："垂拱二年二月八日、弟子娄善会、郑善会、杜静、李山纲、段善福、续文果、常公立、段怀意、侯山护、段怀果、姬伯养、娄供果、段怀静、并年余五十、咸奉纶言、□但□王□、各竭家资敬造石像一区。乃为妙叫腾芳、相豪鹏光翩翥、鹿野降魔、王宫无暗、道树降魔。四神离霭、八音圆成、实智圆成、咸蒙何让、疑情□敬、虚懔、解绳、正报因恩、虚懔、常乐。供养礼佛娄善福、娄娄。愿成主段善福正妻文清。"	张维纳、梁军：《侯马市宝峰院发现的唐代石造像》，《文物世界》2006年第5期，图一，第94～96页，及62页。（图九六）	中国山西省侯马市

续表

编号	像名	时代	来源	造型				高、厚 Cm	材料	铭文	文献（图版）	收藏地
				主尊	台座	背光	技法					
										右侧：队正段怀愿，娄思隆，卫著合，队副娄师果，张君舒，娄玄表，安西贺山感，常玄表。愿成德政。亡人范德政，发心主姬伯来，常行立。左侧："侯山护母郭，刘行懞母王，段母意妻王，娄玄奖母史，范意妻正妻家，娄思运母贺，贺山感母嫩，愿成主娄蔚段母妻段，愿和妻段，蔚段君信妻装。"		
14	释迦牟尼像	长安三年（703）铭	1982年山西省芮城县风陵渡东章出土	坐像，螺发，着双领下垂式，内裂裟，衣于腹前系带。右手曲举，左手抚左膝盖，结跏趺坐。	八棱形台座，台座上面浮雕一周蔓草纹。上为八棱形束腰佛座，上面垂裟。	残	身体比例恰当。螺发刻画细致，面部浑圆柔和，眉毛中间刻出细内回纹线，双目下垂，眼稍朝上。	全高：80 像高：46 宽：40 深：36	石灰岩，彩色	台座周围有铭文："大周长安三年岁次癸卯正月癸亥朔廿三日乙酉佛弟子张思庆奉为度瞻敬造释迦牟尼像一铺铭口口河易湖极济庭赖于慈航火宅椎居靖口必资于法雨口信弟子张思庆见存家口敬造释迦牟尼像一铺王豪杨彩金	东京国立博物馆：《宫廷的荣华—唐的女帝·则天武后与她的时代展》，图11，第36页，1998～1999年。（图三九）	中国山西省芮城县博物馆

续表

编号像名	时代	来源	造型				高、厚 Cm	材料	铭文	文献（图版）	收藏地
			主尊	台座	背光	技法					
						颈部刻出三道。肩部和腿部刻出突起的衣纹线，随身体轮廓起伏。			色口罕天口之相好不差自在之威神有祐所愿以斯功德成就彼口闵未离盖殖长生快乐		
15 佛坐像	长安三年(703)铭		倚坐像。右手上举，左手抚左膝。佛双足各踩一小莲台。	宣字形佛座。下面为三层台，上面垂裳。	身光和背光残。	头部比例稍大。螺发刻画细致，面部眼部圆润，眼目下垂。双轮廓，双纹刻出眉背斜面。肩部和腿部衣纹简洁，腿部为U形平行衣纹线。	全高：33.3		台座正面铭文："长安三年十月八日"（正面）——"比丘尼"	《大唐王朝女性之美》，图86，图120页，大阪市立美术馆，中日新闻社，2004年；《三藏法师之道》，第194页，图144，朝日新闻社，1999年。（图四四）	日本大阪市立美术馆

续表

编号	像名	时代	来源	造型				高、厚 Cm	材料	铭文	文献（图版）	收藏地
				主尊	台座	背光	技法					
16	弥勒像	神龙元年(705)铭		倚坐像，右手上举，左手抚左膝，佛双足各踩一小莲台。	正方形台座，宣字形佛座，圆形下面为两重台，上面垂裳。	舟形身光，边缘为一周火焰纹，圆形头光，圆圈内连瓣纹。	身体比例恰当，胸部和腹部的肌肉表现得当，富有质感。整体和谐优美。头发为旋涡状卷曲，颈部三道，衣纹线流畅，腿部平行的U形衣纹饰。	全高：83	石灰岩	台座正面铭文："大唐神龙元口岁次乙己六月己酉朔十八日佛弟子国宗率为亡父母七代先亡及见存家口内外眷属敬造弥勒像并二菩萨合家大小一心供养"	松原三郎：《中国佛教雕刻史论》，图版三 图三（图四五），645a，b	美国芝加哥美术馆
17	阿弥陀像	神龙元年(705)铭		坐像，着双领下垂式袈裟，内衣腹前系，结跏趺坐，右手托右足，左足。	正方形台座，宣字形佛座，下层浮雕一周覆莲瓣纹，上层重裳。	残存圆形头光，边缘一周火焰纹，圆圈内七佛。	全身比例恰当，大肉髻，大个螺发刻画细致。手部和足部周围列的刻画，肩部和腿部。	全高：78	石灰岩	台座正面："大唐神龙元年十一月廿八日佛弟子将仕郎杨文将及妻李季为见存母弟先亡父文亡弟见存亡女三娘四娘及见存家口大小诸亲眷属敬造阿弥陀像一区愿男女进卓蹉超蹉思礓愕怅比丘尼纽杻愕怅女比丘尼七娘八娘"	松原三郎：《中国佛教雕刻史论》，第572页，图版三 图640b，c（图四八）；大村西崖：《支那》附美术史雕塑篇 图七八	日本永青文库

续表

编号	像名	时代	来源	造型 主尊	台座	背光	技法	高，厚 Cm	材料	铭文	文献（图版）	收藏地
							的凸起的平行线的衣纹线。可见某种造型上的规定性和形式化。					
18	佛坐像	景龙四年(710)铭	1982年山西省芮城县风陵渡东章出土	坐像，着双领下垂式袈裟，内衣裹前系。结跏趺坐。右手曲举，左手残，左手托左腿。	八角形台座，台座上面浮雕一周莲瓣。上面为八角形束腰佛座，下层为四足台，中间位圆柱体束腰，上层垂裟。	无	全身比例恰当，螺发刻画细致，颈部三道，胸肌浑厚，手的表现细致周到，写实形高。肩部和腿部凸起多道平行衣纹线。	全高：93 像高：53 最宽：44.5 深：45	石灰岩，彩色	台座周围铭文："大唐景龙四年四月十五日弟子张敬笃为七世先□□帝及师僧父母法界苍生同出苦门俱登正觉合家□心供养"	东京国立博物馆：《宫廷的荣华—唐代女帝·则天武后与她的时代展》，图12，第37页，1998~1999年；东京国立博物馆，朝日新闻社：《中国国宝展》(2004)，图120，第153页，2004年。(图九七)	中国山西省芮城县博物馆

续表

编号像名	时代	来源	造型				高、厚 Cm	材料	铭文	文献（图版）	收藏地
			主尊	台座	背光	技法					
19 阿弥陀像	景云二年(711)铭		坐像，着双领下垂式袈裟，内衣结跏趺坐，右臂曲举，右手残，左手托右膝。	正方形台座，台座正面为铭文，两侧分格表现供养人。	舟形身光，边缘为一周火焰纹；圆形头光。	全身比例恰当，富有量感，面部和胸前部浑厚，漩涡状头发，胸部衣纹较简化，颈部三道和手部的表现富有肉感。	全高：125	石灰岩	台座正面正中： "维大唐景云二年岁次辛亥十二月辛丑朔十五日乙卯邑又十六人芊知身幻化命若浮口口火宅之趣苇离四口地而径彼岸所以人人励口各各口心抽舍财口敬造阿弥陀像一铺上为皇帝皇后下法界苍生俱勉盖罐戒登正觉" 底座正面两侧四列，每列四人：供养人像及姓名	松原三郎：《中国佛教雕刻史论》，图版三，图版674（图四九）、675、676	日本书道博物馆
20 双身弥陀像	开元十年(722)铭	1953～1954年河北省曲阳县修德寺遗址出土	二佛并坐像，头皆残。右侧造像右臂曲举，左手抚左膝；左侧造像右手抚右膝，右臂残，左臂曲举。	长方形台座，左右两端各一八棱柱立柱，上托一长方形佛座，浮雕一周仰莲瓣。	无	雕出胸肌，富有肉感，衣纹简略。	全高：34.5	汉白玉	台座正面铭文："开元十年正月廿三日刘三娘妹五娘嫂郭为亡过父母七代先亡敬造玉石双身弥陀像一区合家供养佛时"	松原三郎：《中国佛教雕刻史论》，图版三，图版685	中国故宫博物院

续表

编号	造像名	时代	来源	主尊	台座	背光	技法	高、厚 Cm	材料	铭文	文献（图版）	收藏地
21	阿弥陀像	开元十一年（723）铭		坐像，着双领下垂式袈裟，结跏趺坐，右手曲举，左手残，托左膝。	长方形台座，上面浮雕一周莲瓣。宣字形佛座，束腰部分正面浮雕二狮子，上面垂裳。	身光残。	比例不由得当，头部稍大，面部浑圆，颈部粗短，整体软弱无力。螺发较细。	全高：78	石灰岩	台座正面铭文："大唐开……岁次癸……丑朔十五日……佛弟子相里家口敬造像阿弥陀一躯愿此造像功德贺为一切含口及其亡父母并见存家口同口福当来往生值佛闻法"台座两侧排列供养人名。	松原三郎：《中国佛教雕刻史论》，图版三，图690a	中国上海博物馆
22	阿弥陀像	开元十四年（726）铭	1957年山西省运城县夏县收集	坐像，右臂曲拂，右手施无畏印，左手抚右膝。	八棱形佛座，下层上面浮雕双瓣覆莲，束腰部分为八棱柱，上部重裳。	舟形身光，边缘一周火焰纹。圆形头光，二重圆圈内浮雕七佛。	整体注重量感和肌肉表现，衣纹线繁复，风格厚重沉雄。	全高：152 宽：73 深：72	石灰岩	底座周围铭文："窃以七水沉沦浩浩若之浪十山口口烈口岳口之玲自非智口未能达于彼岸若非法雨无以息此救救如口口六尘数佛弟子海清大城商曼思佛子思良安安思思思道等为人奉为开元皇帝敬造阿弥陀像一区愿万国安口人快乐又愿过去先亡口超三界又见存家口福乐万春眷属口烟同沾此果一切含生口……"	东京国立博物馆：《宫廷的荣华——唐的女帝·则天武后与她的时代展》，图15，第40页（图五〇）；松原三郎：《中国佛教雕刻史论》，图版三，图686	中国山西省博物馆

续表

编号	像名	时代	来源	造型				高，厚 Cm	材料	铭文	文献（图版）	收藏地
				主尊	台座	背光	技法					
23	弥陀像	开元二十四年(736)铭	1953—1954年河北省曲阳县修德寺遗址出土	佛坐像，头残，右臂曲举，右手残，左手抚左膝，结跏趺坐。	宣字形佛座，下层上面浮雕一周莲瓣纹，上层垂裳。	残失。	身体浑厚，衣纹线粗糙。	全高：39.5	汉白玉	斯因承昔口沙为佛塔然今口石造此真容相好口口口口然如在口口青口口口口碧海口生口立斯口口口把以大唐开元十四年岁在景寅秋功毕主散官李道礼书" 台座从正面至右侧面，背面铭文："开元廿四年六月廿八日安宁寺四弟女子口等"（以上正面）"亡比父敬造弥陀像一躯合家供（以上右侧）养（以上背面）"	松原三郎：《中国佛教雕刻史论》，图版三，图708	中国故宫博物院
24	弥勒像	天宝四年(745)铭	1957年山西省运城城隍山县收集	简坐像。右臂曲举，右手残，左手抚左膝，双足各踏一小莲台。	椅子形台座。背屏有日、月图案，西侧有摩羯鱼头等图案。	头后浮雕莲瓣。	螺发较大，面部表情呆滞。身体僵硬呆板，衣纹线呈现程式化倾向，与身体造型脱离。	全高：155 底宽：79 深：57	石灰岩，彩色	台座正面铭文："中信邑弥勒像……大唐天宝四载岁次乙酉四月戊子朔八日乙未蜂郡稷山县还净乡永安里李村邑子一十九人发心速口"另口口外铭刻邑子十九人的身份及姓名。	东京国立博物馆：《宫廷的荣华——唐的女帝·则天武后和她的时代》展，图16，1998～1999年（图四六）；松原三郎：《中国佛教雕刻史论》，图版三，图723	中国山西省博物馆

续表

编号 像名	时代	来源	造型				高，厚 Cm	材料	铭文	文献（图版）	收藏地
			主尊	台座	背光	技法					
25 佛坐像	天宝五年(745)铭	1953～1954年河北省曲阳县修德寺遗址出土	坐像。头残，右臂曲举，右手残；左手托左膝。结跏趺坐。	正方形台座。圆形束腰佛座，下层为三重，上层台，垂裳。		身体臃肿肥胖，衣纹写实，繁褶下坠。	全高：30	汉白玉	台座从正面至右侧面铭文："天宝五载十一月八日邸延果□□□弟□朝丁氏女六娘□"（以上正面）"□□二娘为亡过父见存母敬造玉石像一铺合家供养"（以上右侧）	松原三郎：《中国佛教雕刻史论》，图版三 图版三 图721	中国故宫博物院

参考文献

论著

历史文献

（后晋）刘昫等撰：《旧唐书》，中华书局，1975年，北京。

（宋）欧阳修、宋祁撰：《新唐书》，中华书局，1975年，北京。

（宋）司马光编著：《资治通鉴》，中华书局，1956年，北京。

（宋）王溥撰：《唐会要》，上海古籍出版社，2006年，上海。

（唐）李林甫等撰；陈仲夫点校：《唐六典》，中华书局，1992年，北京。

（宋）宋敏求编：《唐大诏令集》，学林出版社，1992年，上海。

（清）王昶：《金石萃编》，中国书店影印，1985年，北京。

（清）陆增祥：《八琼室金石补正》，文物出版社，1985年。

《石刻史料新编》，新文丰出版公司，1977年，台北。

（宋）宋敏求撰；（清）毕沅校正：《长安志》，成文出版社有限公司，1970年，台北。

（清）徐松著、李健超增订：《增订唐两京城坊考》（修订版），三秦出版社，2006年，西安。

（清）徐松撰；张穆校补、方严点校：《唐两京城坊考》，中华书局，1985年，北京。

（唐）李昉等编：《太平广记》，中华书局，1961年，北京。

（唐）张彦远著：《历代名画记》，人民美术出版社，2004年，北京。

（唐）段成式著：《寺塔记》，人民美术出版社，2003年，北京。

何志明、潘运告编著：《唐五代画论》，湖南美术出版社，1997年，长沙。

（宋）赞宁撰、范祥雍点校：《宋高僧传》，中华书局，1987 年，北京。

高楠顺次郎、渡边海旭监修：大正新修《大藏经》，大正一切经刊行会，1927 年，东京。

中华电子佛典协会（CBETA）：CBETA 电子佛典，依大正新修《大藏经》所编辑。

唐代宗教与文化研究

伯希和、羽田亨共编：《敦煌遗书》影印本第一集，东亚研究会，1926 年，上海。

矢吹庆辉著：《三阶教的研究》，岩波书店，1927 年，东京。

道端良秀著：《唐代佛教史的研究》，法藏馆，1956 年，京都。

平冈武夫著：《唐代的长安与洛阳》，京都大学人文科学研究所，1956 年，京都。

向达著：《唐代长安与西域文明》，三联书店，1957 年，北京。

Kenneth K. S. Ch'en, *The Chinese Transformation of Buddhism*, Princeton University Press, 1973.

那波利贞著：《唐代社会文化史研究》，创文社，1974 年，东京。

Antonino Forte, *Political Propaganda and Ideology in China at the End of the Seventh Century*, *Inquiry into the Nature*, *Anthors and Function of the Tunhuang Document S. 6502*, *Followed by Annotated Translation*, Napoli：Istituto, Universitario Orientale, 1976.

陈寅恪著：《金明馆丛稿二编》，上海古籍出版社，1980 年，上海。

陈观胜著　福井文雅、冈本天晴译：《佛教与中国社会》（*The Chinese Trasformation of Buddism*），金花社，1981 年，东京。

陈寅恪著：《隋唐制度渊源略论稿》，上海古籍出版社，1982 年，上海。

汤用彤著：《隋唐佛教史稿》，中华书局，1982 年，北京。

福永光司著：《中国中世的宗教与文化》，京都大学人文科学研究所，1982 年，京都。

砺波护著：《唐代政治社会史研究》，同朋社，1986 年，京都。

胡戟著：《武则天本传》，三秦出版社，1986 年，北京。

北京大学中国中古史研究中心编：《敦煌吐鲁番文献研究论集》（一——五集），中华书局，1982～1990 年，北京。

小野胜年编：《中国隋唐长安·寺院史料集成》，法藏馆，1989 年，京都。

砺波护编：《中国中世的文物》，京都大学人文科学研究所，1993 年，京都。

伊藤博之等编：《唱道的文学》（佛教文学讲座　第八卷），勉诚社，1995 年。

姜伯勤著：《敦煌艺术宗教与礼乐文明》，中国社会科学出版社，1996 年，北京。

周一良著，钱文忠译：《唐代密宗》，上海远东出版社，1996 年，上海。

赵文润、李玉明主编：《武则天研究论文集》，山西古籍出版社，1998 年，太原。

（财）奈良·丝绸之路纪念国际交流财团丝绸之路学研究中心：《三藏法师·玄奘的丝绸之路“遗产与理想”：1999 年奈良丝绸之路国际学术研讨会》，平成十二年（2000 年）。

西胁常记著：《唐代的思想与文化》，创文社，2000 年，东京。

赵文润、辛加龙主编：《武则天与咸阳》，三秦出版社，2001 年，西安。

金子修一著：《古代中国与皇帝祭祀》，汲古书院，2001 年，东京。

藤善真澄著：《道宣传的研究》，京都大学出版会，2002 年，京都。

荣新江著：《敦煌学新论》，甘肃教育出版社，2002 年，兰州。

荣新江主编：《唐代宗教信仰与社会》，上海辞书出版社，2003 年，上海。

葛承雍著：《唐韵胡音与外来文明》，中华书局，2006 年，北京。

金子修一著：《中国古代皇帝祭祀的研究》，岩波书店，2006 年，东京。

Jinhua Chen, *Philosopher, practitioner, politician: the many lives of Fazang* (643 –712), Leiden, The Netherlands; Boston: Brill, 2007.

王双怀、郭绍林主编：《武则天与神都洛阳》，中国文史出版社，2008 年，东京。

佛教艺术

大村西崖著：《支那美术史雕塑篇》，佛书刊行会图像部，1915 年，东京。

Siren O，*Chinese Sculpture from the Fifth to the Fourteenth Centuries A. D.*，London：E. Benn Ltd，1925.

松本荣一著：《敦煌画的研究：图像编》，东方文化学院东京研究所，1937 年，东京。

刘志远、刘廷壁著：《成都万佛寺石刻艺术》，中国古典艺术出版社，1958 年，成都。

高田修、上野照夫著：《印度美术》，日本经济新闻社，1965 年，东京。

松原三郎著：《中国佛教雕刻史研究》，吉川弘文馆，1966 年，东京。

高田修著：《佛像的起源》，岩波书店，1967 年，东京。

水野清一著：《中国的佛教美术》，平凡社，1968 年，东京。

高田修著：《佛教美术史论考》，中央公论出版社，1969 年，东京。

佐和隆研著：《密教美术论》，便利堂，1969 年，京都。

小林太市郎著：《小林太市郎著作集 7·佛教艺术的研究》，淡交社，1974 年，京都。

小野玄妙著：《小野玄妙佛教艺术著作集》，开明书院，1977 年，东京。

《变化观音的形成与发展：研究发表与座谈会》，佛教美术研究上野纪念财团助成研究会报告书第六册，1979 年。

山本智教著：《佛教美术的源流》，东京美术，1981 年，东京。

宫治昭著：《印度美术史》，吉川弘文馆，1981 年，东京。

松原三郎著：《中国的美术（1）雕刻》，淡交社，1982 年，京都。

吉村怜著：《中国佛教图像的研究》，东方书店，1983 年，东京。

杨伯达著，松原三郎译、解题：《被埋藏的中国石佛的研究·河北省曲阳出土的白玉像与编年铭文》，东京美术，1985 年，东京。

町田甲一先生古稀纪念会编：《佛教美术史论丛》，吉川弘文馆，1986 年，东京。

町田甲一著：《概说东洋美术史》，国际书院，1989 年，东京。

萧默著：《敦煌建筑研究》，文物出版社，1989 年，北京。

宫治昭著：《涅槃与弥勒的图像学：从印度到中亚》，吉川弘文馆，1992 年，东京。

Dorothy C. Wong, *The Beginning of the Buddhist Stele Traditon in China*, Ph. d Dissertation, Harvard University, Cambridge, Massachusetts, October, 1995.

松原三郎著:《中国佛教雕刻史论》,吉川弘文馆,1995 年,东京。

百桥明穗、中野彻编:《世界美术大全集东洋编第 4 卷"隋·唐"》,小学馆,1997 年,东京。

清水善三著:《佛教美术史的研究》,中央公论美术出版,1997 年,东京。

季崇建著:《千年佛雕史》,艺术图书公司,1997 年,台北。

上海古籍出版社主编:《俄藏敦煌文献》,上海古籍出版社,1998 年,上海。

潘亮文著:《中国地藏菩萨像初探》,国立台南艺术学院,1999 年,台南。

李淞著:《陕西佛教艺术》,艺术家出版社,1999 年,台北。

宫治昭著:《佛教美术的图像学》,吉川弘文馆,1999 年,东京。

百桥明穗著:《佛教美术史论》,中央公论出版社,2000 年,东京。

巫鸿主编:《汉唐之间的宗教艺术与考古》,文物出版社,2000 年,北京。

杨泓著:《汉唐美术考古与佛教艺术》,文物出版社,2000 年,北京。

宫治昭编:《观音菩萨的形成与发展——以印度到日本的变化观音为中心》(丝绸之路学研究中心研究纪要 II)丝绸之路学研究中心,2001 年。

《佛教美术从印度到中国的传播与发展的相关研究》,(平成 10 年度—12 年度科学研究费补助金(2001 国际学术研究)研究成果报告书),2001。

李淞著:《长安艺术与宗教文明》,中华书局,2002 年,北京。

Zhihui Ai – Choo Tan, *Daoxuan's Vision of Jetavana: Imagining a utopian monastery in early Tang*, Ph. D. dissertation of the University of Arizona, 2002.

胡素馨主编:《佛教物质文化:寺院财富与世俗供养国际学术研讨会论文集》,上海书画出版社,2003 年,上海。

John Kieschnick, *The Impact of Buddhism on Chinese Material Culture*, Princeton and Oxford, 2003.

Ning Qiang, *Art, Religion, and Politics in Medieval China: The Dunhuang Cave of the Zhai Family*, University of Hawai'I Press, 2004, Honolulu.

八木春生著:《中国佛教美术与汉民族化——以北魏时代后期为中心》,法藏馆,2004 年,京都。

金申著:《佛教美术丛考》,科学出版社,2004 年,北京。

巫鸿著　郑岩、王睿编：《礼仪中的美术：巫鸿中国古代美术史文编》，三联书店，2005年，北京。

古正美编：《唐代佛教与佛教艺术》，觉风佛教艺术文化基金，2006年，台湾，新竹。

张乃翥著：《龙门石窟与西域文明》，中州古籍出版社，2006年，郑州。

Angela Falco Howard, Li Song, Wu Hung and Yang Hong, *Chinese Sculpture*, New Haven and Beijing, 2006.

Denise Patry Leidy, *The Art of Buddhism – An Introduction to its History and Meaning*, Shambhala Publications, Inc. 2008, Boston.

佛教考古学

外村太治郎著：《天龙山石窟》，金尾文渊堂，1922年，东京。

小野玄妙、田中俊逸著：《天龙山石窟》，金尾文渊堂，1922年，东京。

常盘大定、关野贞著：《支那佛教史迹》，佛教史迹研究会，1925~1928年，东京。

常盘大定、关野贞著：《支那佛教史迹评解》，佛教史迹研究会，1925~1929年，东京。

足六喜一著：《长安史迹的研究》，东洋文库，1933年，东京。

水野清一、长广敏雄著：《响堂山石窟》，东方文化学院东京研究所，1937年，京都。

朝鲜总督府：《佛国寺与石窟庵》，桑名文星堂，1938年，京都。

东方文化研究所水野清一、长广敏雄著：《龙门石窟的研究》，座右宝刊行会，1941年，东京。

敦煌文物研究所编：《中国石窟·敦煌莫高窟》，平凡社、文物出版社，1981年，东京。

敦煌文物研究所编：《中国石窟·敦煌莫高窟》，文物出版社，1987年，北京。

甘肃省博物馆、炳灵寺石窟文物保管所编：《炳灵寺石窟》，文物出版社，1982年，北京。

河南省文物研究所编：《安阳修定寺塔》，文物出版社，1983年，北京。

甘肃省文物工作队、庆阳北石窟寺文管所编：《庆阳北石窟寺》，文物出版社，1985年，北京。

贺世哲编：《敦煌莫高窟供养人题记》，文物出版社，1986年，北京。

龙门文物保管所、北京大学考古系编：《中国石窟·龙门石窟》第二卷，平凡社、文物出版社，1988年，东京。

龙门文物保管所、北京大学考古系编：《中国石窟·龙门石窟》第二卷，文物出版社、1992年，北京。

甘肃省文物考古研究所编：《河西石窟》，文物出版社，1987年，北京。

甘肃省文物工作队、庆阳北石窟寺文物保管所编：《陇东石窟》，文物出版社，1987年，北京。

宁夏回族自治区文物管理委员会等编：《须弥山石窟》，文物出版社，1988年，北京。

段文杰等编：《1987敦煌石窟研究国际研讨会文集·石窟考古集》，辽宁美术出版社，1990年，沈阳。

河南省古代建筑保护研究所编：《宝山灵泉寺》，河南人民出版社，1991年，郑州。

温玉成：《中国石窟与文化艺术》，上海人民美术出版社，1993年，上海。

龙门石窟研究所编：《龙门石窟研究论文选》，人民美术出版社，1993年，上海。

龙门石窟研究所、中央美术学院美术史系编：《龙门石窟窟龛编号图册》，人民美术出版社，1994年，北京。

柏明主编：《唐太平坊与实际寺》，西北大学出版社，1994年，西安。

段文杰等编：《1990敦煌学国际研讨会文集·石窟考古编》，辽宁美术出版社，1995年，沈阳。

宿白著：《中国石窟寺研究》，文物出版社，1996年，北京。

龙门石窟研究所编：《龙门石窟一千五百周年国际学术研讨会论文集》，文物出版社，1996年，北京。

灵岩寺编辑委员会编：《灵岩寺》，文物出版社，1999年，北京。

常青著：《彬县大佛寺造像艺术》，现代出版社，1998年，北京。

敦煌研究院编：《2000年敦煌学国际学术讨论会文集——纪念敦煌藏经

洞发现暨敦煌学百年》，2000年，甘肃民族出版社，兰州。

西北大学考古专业、日本赴陕西佛教遗迹考察团、麟游县博物馆编著：《慈善寺与麟溪桥：佛教造像窟龛调查研究报告》，科学出版社，2002年，北京。

杨超杰、严辉著：《龙门石窟雕刻粹编·佛塔》，中国大百科全书出版社，2002年，北京。

雷玉华、王剑平编著：《广元石窟》，巴蜀书社，2002年，成都。

雷玉华、程崇勋编著：《巴中石窟》，巴蜀书社，2003年，成都。

李裕群、李钢编著：《天龙山石窟》，科学出版社，2003年，北京。

阎文儒著：《中国石窟艺术总论》，广西师范大学出版社，2003年，桂林。

李裕群著：《北朝晚期石窟寺研究》，文物出版社，2003年，北京。

李崇峰著：《中印佛教石窟寺比较研究——以塔庙窟为中心》，北京大学出版社，2003年，北京。

梁银景著：《隋代佛教窟龛研究》，文物出版社，2004年，北京。

李振纲主编：《2004年龙门石窟国际学术讨论会文集》，河南人民出版社，2006年，郑州。

龚国强著：《隋唐长安佛寺研究》，文物出版社，2006年，北京。

陕西省考古研究院、法门寺博物馆、宝鸡市文物局、扶风县博物馆编著：《法门寺考古发掘报告》，文物出版社，2007年，北京。

展览图录

陕西省博物馆编：《陕西省博物馆藏石刻选集》，文物出版社，1957年，北京。

《大东洋美术展目录》，读卖新闻社，1977年，东京。

奈良国立博物馆：《佛教工艺之美——堂内庄严的精粹》，1982年。

熊本县立美术馆：《以细川家藏品为中心的中国佛像展》，1985年。

大阪市立博物馆：《大阪市立美术馆藏品选集》，1986年。

奈良国立博物馆：《菩萨》，1987年。

大原美术馆：《大原美术馆·Ⅵ东洋的美术》，1994年。

大阪市立美术馆：《中国的石佛——庄严的祈祷》，1995年。

金申著:《中国历代纪年佛像图典》,文物出版社,1995年,北京。

李域铮编著:《陕西古代石刻艺术》,三秦出版社,1995年,北京。

奈良国立博物馆:《东亚的佛》,1996年。

东京国立博物馆:《宫廷的荣华——唐的女帝·则天武后与她的时代展》,1998-1999年。

《西游记的丝绸之路:三藏法师之道》,朝日新闻社,1999年。

青州市博物馆:《青州龙兴寺佛教造像艺术》,山东美术出版社,1999年。

中国历史博物馆、北京华观艺术品有限公司、青州市博物馆编:《青州龙兴寺出土佛教石刻造像精品》,1999年。

西安碑林博物馆编:《西安碑林博物馆》,陕西人民出版社,2000年,西安。

Miho博物馆:《龙门石窟展图录》,Miho博物馆,2001年。

有邻馆学艺部:《有邻馆精华》,财团法人藤井斋成会,2003年,京都。

东京国立博物馆、朝日新闻社:《中国国宝展》,2004年。

斋藤龙一编集:《大唐王朝女性之美》,中日新闻社,2004年。

Watt, James C. Y., *China: down of a golden age*, 200-750AD, The Metropolitan Museum of Art, New York, 2004.

曾布川宽、出川哲朗监修,《中国 美的十字路展》,大广编修·发行,2005年。

斋藤龙一编集:《大阪市立博物馆 小野顺造所藏中国雕刻》,大阪市立博物馆,2005年。

奈良国立博物馆:《古密教:日本密教的胎动》,2005年。

Miho博物馆:《中国·山东省的佛像——飞鸟佛的面貌》,2007年。

西安文物保护考古所编著:《西安文物精华·佛教造像》,世界图书出版西安公司,2010年,西安。

西安碑林博物馆编:《长安佛韵:西安碑林佛教造像艺术》,陕西师范大学出版社,2010年,西安。

论文

风格研究

矢代幸雄：《唐代雕刻三种》，《美术研究》No. 3：5（1934 年 5 月），第 207~219 页。

水野清一：《唐代的佛像雕刻》，《佛教艺术》No. 9（1950 年 10 月），第 3~30 页。

上野照夫：《佛像的礼拜与观照》，《佛教艺术》No. 7（1950 年 5 月），第 5~8 页。

水野清一：《一〇、唐代的雕刻的诸相》，《世界美术全集 8·中国Ⅱ》，第 43 页，平凡社，1950 年，东京。

Soper, A. C. "T'ang Parinirvana stele", *Artbus Asiae* 22：1 – 2（1959），pp159 – 169.

高田修：《观佛·观像》，《国华》No. 840（1962 年 3 期），第 105~111 页。

山本智教：《中国佛像的发展与印度的影响》，《印度学佛教学研究》No. 11：2（1963 年 3），第 264~267 页。

松原三郎：《隋造像风格形成考——以与北周废佛的关联为重点》，《美术研究》No. 288（1973 年 12 期），第 12~31 页。

陈之佛：《中国佛教艺术与印度佛教艺术之关系》，《佛教艺术》（台）No. 1（1986 年 5 月），第 10~26 页。

松原三郎：《中国佛教雕刻的变迁》，松原三郎：《中国的美术（1）雕刻》，第 104~108 页，淡交社，1982 年，京都。

李玉珉：《隋唐的佛教雕塑》，《故宫文物月刊》No. 2：12（1985 年 3 月），第 79~87 页。

徐纯译：《南北朝至中唐的佛教雕刻艺术》，《故宫文物月刊》No. 3：12（1986 年 3 期），第 130~136 页。

冈田健：《长安初唐造像的展望》，《佛教艺术》No. 177（March 1988），第 61~74 页。

大桥一章：《奉先寺洞诸像的制作与白凤·天平雕刻》，龙门石窟保管所、北京大学考古系编：《中国石窟·龙门石窟》第二卷，第259页，平凡社、文物出版社，1988年，东京。

"第5章 唐时代"，町田甲一著：《概说东洋美术史》，第173～189页，国际书院，1989年，东京。

松原三郎：《隋造像风格形成考——以石如来像为例》，《佛教艺术》No. 208（1993年5期），第102～112页。

颜娟英：《盛唐玄宗朝佛教艺术的转变》，《中央研究院历史语言研究所集刊》第六十六本第二分（1995年6期），第559～670页。

李玉珉：《中国佛教美术研究之回顾与省思》，《佛学研究中心学报》第一期（1996年），第209～234页。

曾布川宽：《隋·唐的石窟雕刻》，百桥明穗、中野彻编：《世界美术大全集·东洋编第4卷"隋·唐"》，第181～190页，小学馆，1997年，东京。

李玉珉：《佛教艺术区域研究之回顾与省思》，《艺术史研究》第一辑（1999年），第187～203页。

Angela F. Howard, From Han to Tang：The Acculturation of Buddhist Images inChina, *Orientations*, October 2004, pp. 47 – 56.

Annette L Juliano, Beyond the Forest of Steles：5th and 6th Century Buddhist Sculpture in the Beilin Museum, Xi' an, *Orientations*, VoL. 38, No. 6, September 2007, pp. 66 – 73.

图像学研究

清水善三：《释迦像形式的发展——中国·日本》，《佛教艺术》No. 111（1977年2月），第3～32页。

通口隆康：《阿弥陀三尊佛的源流》，《佛教艺术》No. 7（1950年5月），第108～113页。

李淞：《龙门石窟唐代阿弥陀造像的考察笔记》，《艺术学》第17号（1997年4月），第51～101页。

李玉珉：《隋唐之弥勒信仰与图像》，《艺术学》No. 1（1987年3月），第91～117页。

汪娟：《隋唐弥勒信仰与政治关系的一侧面——唐朝皇室对弥勒信仰的态度》，《中华佛学学报》第四期（1991年7月），第288～296页。

李玉珉：《敦煌初唐之弥勒经变》，敦煌研究院编：《2000年敦煌学国际学术讨论会文集——纪念敦煌藏经洞发现暨敦煌学百年》，第54～87页，2000年，甘肃民族出版社，兰州。

王惠民：《敦煌隋至初唐的弥勒图像考察》，敦煌研究院编：《2000年敦煌学国际学术讨论会文集——纪念敦煌藏经洞发现暨敦煌学百年》，第25～53页，2000年，甘肃民族出版社，兰州。

严智宏：《唐朝前期的药师经变》，敦煌研究院编：《2000年敦煌学国际学术讨论会文集——纪念敦煌藏经洞发现暨敦煌学百年》，第88～103页，2000年，甘肃民族出版社，兰州。

百桥明穗：《敦煌的药师变与日本的药师如来像》（摘要），《敦煌研究》1988年第2期，第45～46页。

李玉珉：《敦煌药师经变研究》，《故宫学术季刊》第七卷第三期（1990年），第1～39页。

常青：《龙门石窟地藏菩萨及其有关问题》，《中原文物》1993年第4期，第27～34页。

姚崇新：《广元的地藏造像及其组合》，《艺术史研究》第四集（2002年），第305～323页。

陈佩妏：《从地藏造像的组合看其与西方净土信仰的关系》，《宗教学研究》2010年第2期，第190～194页。

Zhiru, The Maitreya Connection in the Tang Development of Dizang Worship, *Harvard Journal of Asiatic Studies*, Volume 65: Number 1 (June 2005), pp. 99～132.

石田尚丰：《飞来峰的华严佛会像——新毘卢遮那像的源流》，《Museum》No. 194（1967年5月），第2～6页。

海住：《莫高窟华严经变相的考察》，敦煌研究院编：《2000年敦煌学国际学术讨论会文集——纪念敦煌藏经洞发现暨敦煌学百年》，第133～155页，2000年，甘肃民族出版社，兰州。

赖文英：《唐代安西榆林第25窟之卢舍那佛》，《圆光佛学学报》第四期（1999年12月），第325～349页。

陈清香：《祖师传承说的石刻例证——龙门看经寺洞罗汉群像考》，《东方宗教研究》第四期（1997 年 10 月），第 211 ~ 232 页。

肥田路美：《初唐时代的优填王像——玄奘请来的释迦像及其受容》，《美术史》No. 35：2（1986 年 4 期），第 81 ~ 94 页。

Janice Leoshko, About Looking at Buddha Images in Eastern India, *Archives of Asian Art*, VoL. LII（2000 – 2001,）pp. 63 – 82.

松原三郎：《千佛像考》，《美术史》第 48 号，VoL. XII No. 4（1963 年 3 月），第 118 ~ 123 页。

梁晓鹏：《敦煌千佛图像的符号学分析》，《敦煌研究》2006 年第 2 期，第 11 ~ 15 页。

佐和隆研：《三 观世音菩萨像的研究》，佐和隆研著：《密教美术论》，第 140 ~ 207 页，便利堂，1969 年，京都。

小林太市郎：《晋唐的观音》、《唐代的大悲观音》、《唐代的救苦观音》、《奈良朝的千手观音》、《千手信仰的民间潮流》，《佛教艺术的研究》（小林太市郎著作集 7），淡交社，1974 年，东京。

井上正：《变化观音的诸形式及其作品——十一面·千手·不空羂索》，《变化观音的形成与发展：研究发表与座谈会》，佛教美术研究上野纪念财团助成研究会报告书第六册，第 7 ~ 17 页，1979 年。

陈清香：《观音菩萨造像系统述源》，《佛教艺术》（台）No. 2（1986 年 11 月），第 24 ~ 37 页。

彭金章：《敦煌第 14 窟十一面观音经变》，《敦煌研究》1994 年第 2 期，第 89 ~ 97 页。

松原三郎：《观音菩萨像》，《国华》No. 836（1996 年 11 月），第 509 ~ 514 页。

朴亨国：《中国的变化观音》，宫治昭编：《观音菩萨的形成与发展——以印度到日本的变化观音为中心》（丝绸之路学研究中心纪要 II）丝绸之路学研究中心，2001，第 95 ~ 121 页，作品目录第 197 ~ 216 页。

朴亨国：《中国甘肃省的变化观音》，《佛教美术从印度到中国的传播与发展的相关研究》（平成 10 年度 ~ 12 年度科学研究费补助金研究成果报告书）2001 年，第 381 ~ 420 页。

山岸公基：《中国四川省的如意轮观音菩萨像——作为变化观音像研究的一环》，《佛教美术从印度到中国的传播与发展的相关研究》（平成 10 年度~12 年度科学研究费补助金研究成果报告书）2001 年，第 375~378 页。

山岸公基：《千手观音像相关的二、三问题——经轨与 8~9 世纪的中国（四川省）、日本的作品》，《丝绸之路学研究中心研究纪要》II，丝绸之路学研究中心，2001 年。

李翎：《十一面观音像式研究：以汉藏造像对比研究为中心》，《美术史论坛》No19（2004 年 2/2），第 72~85 页。

其他

柴田泰：《敦煌文献的净土思想》，《印度学佛教学研究》No. 26：2（1978 年 3 期），第 285~288 页。

野村伸夫：《念佛与偶像崇拜》，《印度学佛教学研究》No. 38：2（1990 年 3 月），第 157~161 页。

金子修一：《略论武则天在政治上对祭祀礼仪的利用》，收入赵文润、李玉明主编：《武则天研究论文集》，山西古籍出版社，1998 年。

金子修一：《则天武后的明堂的政治功能》，金子修一著：《古代中国与皇帝祭祀》，汲古书院，2001 年。

Jinhua Chen, More than a Philosopher：FaZang（643 – 712）as a Politician and Miracleworker, *History of Religion* 42. 4（2003）

Jinhua Chen, Fazang the Holyman, *Journal of the International Association of Buddhist Studies* 28. 2（2005）pp. 11~84.

Jinhua Chen, A Daoist Princess and a Buddhist Temple：A New Theory on the Causes of the Canon – delivering Mission Originally Proposed by Princess Jinxian（689 – 732）in 730, *The Bulletin of the School of Oriental and African Studies* 69. 2（2006）pp. 267 – 292.

后 记

本书是在作者博士论文的基础上修改而成的。本书关于武周时期佛教造型的研究是初步的和探索性的，不当之处敬请方家指正。希望本书能起到抛砖引玉的作用，推动这个课题更深入和广泛的研究。书中除了注明出处图版外，均为作者摄影。

书中的相关内容已经在学会和杂志发表的论文有：

《从七宝台看武周长安年间的佛教视觉文化》（日文）（第五十一"东方学会"，2006 年 5 月 19 日，东京；英文提要："The Buddhist – Oriented Culture of the Wu – Chou Ch'ang – an Period as Seen in the Seven Treasure Tower" 发表于《国际东方学者会议纪要》第五十一册，No. LI2006，第 120 ~ 122 页）

《以长安洛阳为中心的初唐时代的佛教造型：以七宝台的浮雕石佛群像为中心》（日文）（鹿岛美术财团：《鹿岛财团报告书》年报第 24 号别册，第 178 ~ 187 页，2007 年 11 月，东京）

《唐代佛教造像的研究综述》（《考古与文物》2007 年汉唐考古增刊，第 212 ~ 220 页）

《长安光宅寺七宝台浮雕石佛群像的风格、图像及复原探讨》（《考古与文物》2008 年第 5 期，第 69 ~ 83 页）

《武周时期两京地区的佛教视觉文化》（《唐史论丛》第 12

辑，第265～280页，三秦出版社，2010年3月）

《浅谈隋代长安造像风格的多样性与融合性——以纪年石造像为中心》（山东博物博物馆编：《齐鲁文物》第1辑，第109～125页，科学出版社，2012年12月，北京）

非常感谢我的博士生导师神户大学百桥明穗教授，是他指导我完成博士课程和博士论文。

非常感谢陕西历史博物馆的领导和同事们，是他们给予我安稳优越的研究条件并资助出版这本书。

非常感谢在我博士论文写作和研究过程中给予我鼓励和帮助的神户大学宫下规久朗教授、森纪子教授，奈良国立博物馆内藤荣教授，大正大学加岛胜教授，文物出版社葛承雍教授，中国社会科学院考古学研究所徐光冀研究员、金文馨副研究员，中央美术学院郑岩教授，北京大学韦正教授，西北大学王建新教授、冉万里教授，陕西师范大学杜文玉教授，陕西省考古研究院张建林研究员、王小蒙研究员、谭青枝研究员，西安碑林博物馆赵力光研究员，陕西历史博物馆申秦雁研究员、张维慎研究员等老师。

非常感谢感谢神户大学美术史研究室的李天铭、王云、王元林、苏佳莹、入江多美、田林启、安永幸史等同学在我求学和博士论文写作过程中的帮助。

非常感谢在我研究过程中帮助我收集资料、交流思想并提出宝贵意见的同学、同行和朋友，他们是郭艳利、李举纲、樊波、梁云、赵曼妮、李后笑、陈宇、尹夏清、白文、徐涛、文军、高兵兵、路伟。

非常感谢我的父母和哥哥姐姐长期以来对我求学和研究的默默支持。

非常感谢2006年度日本鹿岛美术财团的美术调查资助，使我得以完成博士论文所需要的基本实地调查和文献搜集。非常感谢第三批"中国博士后科学基金特别资助（编号：201003663）"，使得我完成博士论文修改成书过程中的调查和研究。

　　非常感谢文物出版社为本书的出版提供了支持，感谢责任编辑窦旭耀先生为此付出的艰辛劳动。

　　非常感谢李振远先生为本书绘制了线图。

杨效俊

2011 年 11 月 24 日于西安